2015 住民行政の窓号外

JN310729

必携！
マイナンバー制度
最新データブック

編集協力　市町村自治研究会

日本加除出版株式会社

「住民行政の窓」号外を刊行するにあたり

平成二十五年五月二十四日、行政手続における特定の個人を識別するための番号の利用等に関する法律（平成二十五年法律第二十七号）（以下「番号法」という。）が成立し、同年五月三十一日に公布されました。そして、マイナンバー制度導入に向け、本年一〇月には、住民一人一人にマイナンバーが各市区町村から全国民へ通知されます。さらに、来年一月には、個人番号カードの交付が開始される予定となっており、現在、各地方公共団体等においては、マイナンバー制度導入に向け、準備を進められているところかと存じます。

中でも、マイナンバー制度導入の準備として、番号法別表第一及び第二に規定されている主務省令を受けて関係システムの整備改修や運用面の検討など、各地方公共団体等におかれては、率先して対応していただく必要があります。

本書では、制度導入に向け、円滑な事務の遂行の一助として、番号法別表第一及び第二主務省令をまとめ、番号法については、番号法、番号法施行令、番号法施行規則・番号法総務省令を三段表として整理しました。また、今回の制度については、関連している機関が複数あり、各地方公共団体等においては、関連する事務が多岐にわたっていることをふまえ、マイナンバー制度導入に向けた各機関の資料等をまとめました。

この「住民行政の窓」号外が、マイナンバー制度に携わる事務を担当されておられる各地方公共団体関係者の皆様をはじめ、事業者の皆様、また、制度に関心をもたれておられる方々にとって、利便性を供しお役に立つことを願ってやみません。

平成二十七年三月

市町村自治研究会

目次

1 行政手続における特定の個人を識別するための番号の利用等に関する法律関係法令三段表……1

2 行政手続における特定の個人を識別するための番号の利用等に関する法律（平成二十五年法律第二十七号）別表……163

3 行政手続における特定の個人を識別するための番号の利用等に関する法律別表第一の主務省令で定める事務を定める命令（平成二十六年内閣府・総務省令第五号）……211

4 行政手続における特定の個人を識別するための番号の利用等に関する法律別表第二の主務省令で定める事務及

び情報を定める命令（平成二十六年内閣府・総務省令第七号）…… 237
5　電子署名等に係る地方公共団体情報システム機構の認証業務に関する法律（平成十四年法律第百五十三号）…… 289
6　個人番号の独自利用条例・個人情報保護条例の制定・改正に係る参考情報について（送付）（平成二十六年十二月十五日事務連絡）…… 422（1）横組
7　マイナンバー制度の導入に係る地方自治体への財政措置 …… 410（13）
8　マイナンバー制度導入に向けた最近の動き …… 392（31）
・マイナンバー制度の概要と最新動向について（内閣官房社会保障改革担当室）…… 391（32）

・地方公共団体における社会保障・税番号制度の導入について
（総務省自治行政局住民制度課）……376（47）
・自治体中間サーバーの整備等について
（総務省大臣官房企画課個人番号企画室）……359（64）
・マイナンバー制度に係る地方税分野の業務について
（総務省自治税務局市町村税課）……356（67）
・特定個人情報の適正な取扱いに関するガイドラインのポイント
（特定個人情報保護委員会事務局）……353（70）
・社会保障分野における番号制度の導入に向けて
（厚生労働省）……349（74）
・法人番号について　法人番号で、わかる。つながる。ひろがる。
（国税庁・内閣府）……332（91）
・法人番号の情報提供機能に係る仕様
（国税庁長官官房企画課法人番号準備室）……329（94）
9　個人番号カード　広報リーフレット……316（107）

1

行政手続における特定の個人を識別するための番号の利用等に関する法律関係法令三段表

1　行政手続における特定の個人を識別するための番号の利用等に関する法律関係法令三段表

行政手続における特定の個人を識別するための番号の利用等に関する法律関係法令三段表

※移動…法律・政令の根拠条文と省令の規定の順序がずれるもの

番号法

行政手続における特定の個人を識別するための番号の利用等に関する法律

目次

第一章　総則（第一条―第六条）
第二章　個人番号（第七条―第十六条）
第三章　個人番号カード（第十七条・第十八条）
第四章　特定個人情報の提供
第一節　特定個人情報の提供の制限等（第十九条・第二十条）
第二節　情報提供ネットワークシステムによる特定個人情報の提供（第二十一条―第二十五

番号法施行令

行政手続における特定の個人を識別するための番号の利用等に関する法律施行令

目次

第一章　総則（第一条）
第二章　個人番号（第二条―第十二条）
第三章　個人番号カード（第十三条―第十八条）
第四章　特定個人情報の提供
第一節　特定個人情報の提供の制限等（第十九条―第二十六条）
第二節　情報提供ネットワークシステムによる特定個人情報の提供（第二十七条―第二十九

番号法施行規則・番号法総務省令

行政手続における特定の個人を識別するための番号の利用等に関する法律施行規則

行政手続における特定の個人を識別するための番号の利用等に関する法律の規定による通知カード及び個人番号カード並びに情報提供ネットワークシステムによる特定個人情報の提供等に関する省令

目次

第一章　総則（第一条）
第二章　個人番号
第一節　個人番号とすべき番号の生成等（第二条―第六条）
第二節　通知カード（第七条―第十六条）
第三章　個人番号カード（第十七条―第三十九条）
第四章　特定個人情報の提供
第一節　特定個人情報の提供の制限等（第四十条―第四十四条）

条）
第五章　特定個人情報の保護
第一節　特定個人情報保護評価（第二十六条―第二十八条）
第二節　行政機関個人情報保護法等の特例等（第二十九条―第三十五条）
第六章　特定個人情報保護委員会
第一節　組織（第三十六条―第四十九条）
第二節　業務（第五十条―第五十六条）
第三節　雑則（第五十七条）
第七章　法人番号（第五十八条―第六十一条）
第八章　雑則（第六十二条―第六十六条）
第九章　罰則（第六十七条―第七十七条）
附則

第一章　総則

（目的）
第一条　この法律は、行政機関、地方公共団体その他の行政事務を処理する者が、個人番号及び法人番号の有する特

条）
第五章　特定個人情報の保護（第三十条―第三十三条）
第六章　特定個人情報保護委員会（第三十四条）
第七章　法人番号（第三十五条―第四十二条）
第八章　雑則（第四十三条―第四十五条）
附則

第一章　総則

第二節　情報提供ネットワークシステムによる特定個人情報の提供（第四十五条―第四十七条）
第五章　雑則（第四十八条）
附則

第一章　総則

第一条　この省令において使用する用語は、行政手続における特定の個人を識別するための番号の利用等に関する法律（以下「法」という。）及び行政手

定の個人及び法人その他の団体を識別する機能を活用し、並びに当該機能によって異なる分野に属する情報を照合してこれらが同一の者に係るものであるかどうかを確認することができるものとして整備された情報システムを運用して、効率的な情報の管理及び利用並びに他の行政事務を処理する者との間における迅速な情報の授受を行うことができるようにするとともに、これにより、行政運営の効率化及び行政分野におけるより公正な給付と負担の確保を図り、かつ、これらの者に対し申請、届出その他の手続を行い、又はこれらの者から便益の提供を受ける国民が、手続の簡素化による負担の軽減、本人確認の簡易な手段その他の利便性の向上を得られるようにするために必要な事項を定めるほか、個人番号その他の特定個人情報の取扱いが安全かつ適正に行われるよう行政機関の保有する個人情報の保護に関する法律（平成十五年法律第五十八号）、独立行政法人等の保有する個人情報の保護に関する法律（平成十五年法律第五十九号）及び個人情報の保護に関する法律（平成十五年法律第五十七号）の特例を定めることを目的とする。

続における特定の個人を識別するための番号の利用等に関する法律施行令（以下「令」という。）において使用する用語の例による。

（定義）

第二条 この法律において「行政機関」とは、行政機関の保有する個人情報の保護に関する法律（以下「行政機関個人情報保護法」という。）第二条第一項に規定する行政機関をいう。

2 この法律において「独立行政法人等」とは、独立行政法人等の保有する個人情報の保護に関する法律（以下「独立行政法人等個人情報保護法」という。）第二条第一項に規定する独立行政法人等をいう。

3 この法律において「個人情報」とは、行政機関個人情報保護法第二条第二項に規定する個人情報であって行政機関が保有するもの、独立行政法人等個人情報保護法第二条第二項に規定する個人情報であって独立行政法人等が保有するもの又は個人情報の保護に関する法律（以下「個人情報保護法」という。）第二条第一項に規定する個人情報であって行政機関及び独立行政法人等以外の者が保有するものをいう。

4 この法律において「個人情報ファイル」とは、行政機関個人情報保護法第二条第四項に規定する個人情報ファイルであって行政機関が保有するもの、独立行政法人等個人情報保護法第二条第四項に規定する個人情報ファイルであって独立行政法人等が保有するもの又は個人情報保護法第二条第二項に規定する個人情報データベース等であって行政機関及び独立行政法人等以外の者が保有するものをいう。

5　この法律において「個人番号」とは、第七条第一項又は第二項の規定により、住民票コード（住民基本台帳法（昭和四十二年法律第八十一号）第七条第十三号に規定する住民票コードをいう。以下同じ。）を変換して得られる番号であって、当該住民票コードが記載された住民票に係る者を識別するために指定されるものをいう。

6　この法律（第四十五条第四項を除く。）において「本人」とは、個人番号によって識別される特定の個人をいう。

7　この法律において「個人番号カード」とは、氏名、住所、生年月日、性別、個人番号その他政令で定める事項が記載され、本人の写真が表示され、かつ、これらの事項その他総務省令で定める事項（以下「カード記録事項」という。）が電磁的方法（電子的方法、磁気的方法その他の人の知覚によって認識することができない方法をいう。

（個人番号カードの記載事項）

第一条　特定の個人を識別するための番号の利用等に関する法律（以下「法」という。）第二条第七項の政令で定める事項は、個人番号カードの有効期間が満了する日及び本人に係る住民票に住民基本台帳法施行令（昭和四十二年政令第二百九十二号）第三十条の二十六第一項に規定する通称が記載されて

（個人番号カードの記録事項） 移動

第十七条　法第二条第七項の総務省令で定める事項は、住民票コードとする。

（住民票に基づく個人番号カードの記載等） 移動

第十八条　第八条の規定は、住所地市町村長が個人番号カードに法第二条第七項の規定により記載されることとされ

第十八条において同じ。）により記録されたカードであって、この法律又はこの法律に基づく命令で定めるところによりカード記録事項を閲覧し、又は改変する権限を有する者以外の者による閲覧又は改変を防止するために必要なものとして総務省令で定める措置が講じられたものをいう。

8　この法律において「特定個人情報」とは、個人番号（個人番号に対応し、当該個人番号に代わって用いられる番号、記号その他の符号であって、住民票コード以外のものを含む。第七条第一項及び第二項、第八条並びに第六十七条並びに附則第三条第一項から第三項まで及び第五項を除き、以下同じ。）をその内容に含む個人情報をいう。

9　この法律において「特定個人情報ファイル」とは、個人番号をその内容

いるときは当該通称とする。

ている事項を記載し、又は同項に規定するカード記録事項を電磁的方法により記録する場合について準用する。

（個人番号カードの記録事項の閲覧又は改変を防止するための措置） 移動

第十九条　法第二条第七項の総務省令で定める措置は、個人番号カードに組み込まれた半導体集積回路（半導体集積回路の回路配置に関する法律（昭和六十年法律第四十三号）第二条第一項に規定する半導体集積回路をいう。）に物理的又は電気的な攻撃を加えて、カード記録事項を取得しようとする行為に対し、カード記録事項の読取り又は解析を防止する仕組みの保持その他の総務大臣が定める措置とする。

に含む個人情報ファイルをいう。

10 この法律において「個人番号利用事務」とは、行政機関、地方公共団体、独立行政法人等その他の行政事務を処理する者が第九条第一項又は第二項の規定によりその保有する特定個人情報ファイルにおいて個人情報を効率的に検索し、及び管理するために必要な限度で個人番号を利用して処理する事務をいう。

11 この法律において「個人番号関係事務」とは、第九条第三項の規定により個人番号利用事務に関して行われる他人の個人番号を必要な限度で利用して行う事務をいう。

12 この法律において「個人番号利用事務実施者」とは、個人番号利用事務を処理する者及び個人番号利用事務の全部又は一部の委託を受けた者をいう。

13 この法律において「個人番号関係事務実施者」とは、個人番号関係事務を処理する者及び個人番号関係事務の全部又は一部の委託を受けた者をいう。

14 この法律において「情報提供ネットワークシステム」とは、行政機関の長等（行政機関の長、地方公共団体の機関、独立行政法人等、地方独立行政法人（地方独立行政法人法（平成十五年法律第百十八号）第二条第一項に規定する地方独立行政法人をいう。以下同じ。）及び地方公共団体情報システム機構（以下「機構」という。）並びに第十九条第七号に規定する情報照会者及び情報提供者をいう。第二十七条及び附則第二条において同じ。）の使用に係る電子計算機を相互に電気通信回線で接続した電子情報処理組織であって、暗号その他その内容を容易に復元することができない通信の方法を用いて行われる第十九条第七号の規定による特定個人情報の提供を管理するために、第二十一条第一項の規定に基づき総務大臣が設置し、及び管理するものをいう。

15　この法律において「法人番号」とは、第五十八条第一項又は第二項の規定により、特定の法人その他の団体を識別するための番号として指定されるものをいう。

（基本理念）

第三条　個人番号及び法人番号の利用は、この法律の定めるところにより、次に掲げる事項を旨として、行われなければならない。

一　行政事務の処理において、個人又

は法人その他の団体に関する情報の管理を一層効率化するとともに、当該事務の対象となる者を特定する簡易な手続を設けることによって、国民の利便性の向上及び行政運営の効率化に資すること。

二　情報提供ネットワークシステムその他これに準ずる情報システムを利用して迅速かつ安全に情報の授受を行い、情報を共有することによって、社会保障制度、税制その他の行政分野における給付と負担の適切な関係の維持に資すること。

三　個人又は法人その他の団体から提出された情報については、これと同一の内容の情報の提出を求めることを避け、国民の負担の軽減を図ること。

四　個人番号を用いて収集され、又は整理された個人情報が法令に定められた範囲を超えて利用され、又は漏えいすることがないよう、その管理の適正を確保すること。

2　個人番号及び法人番号の利用に関する施策の推進は、個人情報の保護に十分配慮しつつ、行政運営の効率化を通じた国民の利便性の向上に資することを旨として、社会保障制度、税制及び災害対策に関する分野における利用の促進を図るとともに、他の行政分野及び行政分野以外の国民の利便性の向上に資する分野における利用の可能性を考慮して行われなければならない。

3 個人番号の利用に関する施策の推進は、個人番号カードが第一項第一号に掲げる事項を実現するために必要であることに鑑み、行政事務の処理における本人確認の簡易な手段としての個人番号カードの利用の促進を図るとともに、カード記録事項が不正な手段により収集されることがないよう配慮しつつ、行政事務以外の事務の処理において個人番号カードの活用が図られるように行われなければならない。

4 個人番号の利用に関する施策の推進は、情報提供ネットワークシステムが第一項第二号及び第三号に掲げる事項を実現するために必要であることに鑑み、個人情報の保護に十分配慮しつつ、社会保障制度、税制、災害対策その他の行政分野において、行政機関、地方公共団体その他の行政事務を処理する者が迅速に特定個人情報の授受を行うための手段としての情報提供ネットワークシステムの利用の促進を図るとともに、これらの者が行う特定個人情報以外の情報の授受に情報提供ネットワークシステムの用途を拡大する可能性を考慮して行われなければならない。

（国の責務）

第四条 国は、前条に定める基本理念（以下「基本理念」という。）にのっとり、個人番号その他の特定個人情報の取扱いの適正を確保するために必要な措置を講ずるとともに、個人番号及び法人番号の利用を促進するための施策を実施するものとする。

2 国は、教育活動、広報活動その他の活動を通じて、個人番号及び法人番号の利用に関する国民の理解を深めるよう努めるものとする。

（地方公共団体の責務）

第五条 地方公共団体は、基本理念にのっとり、個人番号その他の特定個人情報の取扱いの適正を確保するために必要な措置を講ずるとともに、個人番号及び法人番号の利用に関し、国との連携を図りながら、自主的かつ主体的に、その地域の特性に応じた施策を実施するものとする。

（事業者の努力）

第六条　個人番号及び法人番号を利用する事業者は、基本理念にのっとり、国及び地方公共団体が個人番号及び法人番号の利用に関し実施する施策に協力するよう努めるものとする。

第二章　個人番号

（指定及び通知）
第七条　市町村長（特別区の区長を含む。以下同じ。）は、住民基本台帳法第三十条の三第二項の規定により住民票に住民票コードを記載したときは、政令で定めるところにより、速やかに、次条第二項の規定により機構から通知された個人番号とすべき番号をその者の個人番号として指定し、その者に対し、当該個人番号を通知カード（氏名、住所、生年月日、性別、個人番号その他総務省令で定める事項が記載されたカードをいう。以下同じ。）により通知しなければならない。
2　市町村長は、当該市町村（特別区を含む。以下同じ。）が備える住民基本台帳に記録されている者の個人番号が

第二章　個人番号

（指定及び通知）
第二条　法第七条第一項又は第二項の規定による個人番号の指定は、法第八条第二項の規定により、市町村長（特別区の区長を含む。以下同じ。）が、地方公共団体情報システム機構（以下「機構」という。）から個人番号とすべき番号の通知を受けた時に行われたものとする。
2　法第七条第一項又は第二項の規定による個人番号の通知は、郵便又は民間事業者による信書の送達に関する法律（平成十四年法律第九十九号）第二条第六項に規定する一般信書便事業者若しくは同条第九項に規定する特定信書便事業者による同条第二項に規定する信書便により、当該個人番号が記載さ

第二章　個人番号

第一節　個人番号とすべき番号の生成等

（通知カードの記載事項） 移動
第七条　法第七条第一項の総務省令で定める事項は、通知カードの発行の日及び本人に係る住民票に住民基本台帳法施行令（昭和四十二年政令第二百九十二号）第三十条の二十六第一項に規定する通称が記載されているときは当該通称とする。

（住民票に基づく通知カードの記載） 移動
第八条　市町村長（特別区の区長を含む。以下同じ。）は、通知カードに、法第七条第一項の規定により通知カードに記載されることとされている事項を記載する場合には、本人に係る住民票に記載されている事項を記載するものと

漏えいして不正に用いられるおそれがあると認められるときは、政令で定めるところにより、その者の請求又は職権により、その者の従前の個人番号に代えて、次条第二項の規定により機構から通知された個人番号とすべき番号をその者の個人番号として指定し、速やかに、その者に対し、当該個人番号を通知カードにより通知しなければならない。

れた通知カードを送付する方法により行うものとする。

（請求による従前の個人番号に代わる個人番号の指定）

第三条　法第七条第二項の規定による個人番号の指定の請求をしようとする者は、その者の個人番号及び当該個人番号が漏えいして不正に用いられるおそれがあると認められる理由その他総務省令で定める事項を記載した請求書（以下この条において「個人番号指定請求書」という。）を、その者が記録されている住民基本台帳を備える市町村（特別区を含む。以下同じ。）の長（以下「住所地市町村長」という。）に提出しなければならない。

2　法第十六条の規定は、住所地市町村長が前項の規定による個人番号指定請求書の提出を受ける場合について準用する。

3　住所地市町村長は、第一項の規定による個人番号指定請求書の提出を受けたときは、同項の理由を疎明するに足りる資料の提出を求めることができる。

4　住所地市町村長は、第一項の規定による個人番号指定請求書の提出を受けた場合において、同項の理由があると

する。

（個人番号指定請求書の記載事項）

第二条　令第三条第一項の総務省令で定める事項は、個人番号（法第二条第五項に規定する個人番号をいう。第四十七条第二項を除き、以下同じ。）の指定の請求をしようとする者の氏名及び住所とする。

認めるときは、法第八条第一項の規定により、機構に対し、当該請求に係る従前の個人番号に代えて当該提出をした者の個人番号とすべき番号の生成を求めるものとする。

5 前項の場合において、住所地市町村長は、従前の個人番号に代えて個人番号を指定しようとする者が通知カード又は個人番号カードの交付を受けている者であるときは、その者に対し、当該通知カード又は当該個人番号カードの返納を求めるものとする。

6 第一項の規定による個人番号指定請求書の提出は、総務省令で定めるところにより、代理人を通じてすることができる。

7 第十二条第二項の規定は、住所地市町村長が前項の規定による代理人を通じた個人番号指定請求書の提出を受ける場合について準用する。

（職権による従前の個人番号に代わる個人番号の指定）

第四条 住所地市町村長は、前条第四項の規定による場合のほか、当該市町村が備える住民基本台帳に記録されている者の個人番号が漏えいして不正に用いられるおそれがあると認められると

（代理人を通じた個人番号指定請求書の提出等）

第三条 住所地市町村長は、令第三条第六項の規定により個人番号の指定の請求をしようとする者の代理人を通じて個人番号指定請求書の提出を受けたときは、当該代理人に対し、同条第一項の理由を疎明するに足りる資料の提出を求めることができる。

2 前項の規定による個人番号指定請求書の提出を受けた住所地市町村長は、令第三条第一項の理由があると認める場合であって、従前の個人番号に代えて個人番号を指定しようとする者が通知カード又は個人番号カードの交付を受けている者であるときは、その者の

3　市町村長は、前二項の規定による通知をするときは、当該通知を受ける者が個人番号カードの交付を円滑に受けることができるよう、当該交付の手続に関する情報の提供その他の必要な措置を講ずるものとする。

きは、法第八条第一項の規定により、機構に対し、当該個人番号に代えてその者の個人番号とすべき番号の生成を求めるものとする。

2　前項の場合においては、住所地市町村長は、従前の個人番号に代えて個人番号を指定しようとする者に対し、当該指定をしようとする理由及びその者が通知カード又は個人番号カードの交付を受けている者であるときは、当該通知カード又は当該個人番号カードの返納を求める旨を通知するものとする。この場合において、通知を受けるべき者の住所及び居所が明らかでないときその他通知をすることが困難であると認めるときは、その通知に代えて、その旨を公示することができる。

代理人に対し、当該通知カード又は当該個人番号カードの返納を求めるものとする。

3　令第五条第二項の規定は通知カードの交付を受けている者が前項の規定により通知カードの返納を求められたときについて、令第十五条第二項の規定は個人番号カードの交付を受けている者が前項の規定により個人番号カードの返納を求められたときについて、それぞれ準用する。

4　前項の規定により準用する令第五条第二項の規定による通知カードの返納及び前項の規定により準用する令第十五条第二項の規定による個人番号カードの返納は、代理人を通じてすることができる。

（通知カードの様式） 移動

第九条　通知カードの様式は、別記様式第一のとおりとする。

4　通知カードの交付を受けている者は、住民基本台帳法第二十二条第一項の規定による届出をする場合には、当該届出と同時に、当該通知カードを市町村長に提出しなければならない。この場合において、市町村長は、総務省令で定めるところにより、当該通知カードに係る記載事項の変更その他の総務省令で定める措置を講じなければならない。

5　前項の場合を除くほか、通知カードの交付を受けている者は、当該通知カードに係る記載事項に変更があったときは、その変更があった日から十四日以内に、その旨をその者が記録されている住民基本台帳を備える市町村の長（以下「住所地市町村長」という。）に届け出るとともに、当該通知カードを提出しなければならない。この場合においては、同項後段の規定を準用する。

（通知カードに係る記載事項の変更等） 移動

第十条　法第七条第四項後段（同条第五項後段により準用する場合を含む。）の総務省令で定める措置は、次に掲げる措置とする。

一　通知カードの追記欄等に変更に係る事項を記載し、これを返還すること。

二　個人番号カードの交付の手続に関する情報の提供を行うこと。

（通知カードの再交付の申請等） 移動

第十一条　通知カード又は個人番号カードの交付を受けている者は、次の各号のいずれかに該当する場合には、住所地市町村長に対し、通知カードの再交付を受けようとする旨及びその事由並びに当該通知カードの交付を受けている者の氏名、住所並びに個人番号又は生年月日及び性別を記載した再交付申請書を提出して、通知カードの再交付を求めることができる。

一　通知カードを紛失し、焼失し、又は著しく損傷したとき。

二　通知カードの追記欄の余白がなくなったとき。

三　令第五条第二項（第三条第三項に

おいて準用する場合を含む。）の規定により通知カードを返納したとき（法第十七条第一項の規定による個人番号カードの交付に伴い又は令第五条第一項第一号に該当して通知カードを返納した場合を除く。）。

四　令第五条第三項の規定により通知カードを返納した後、いずれかの市町村（特別区を含む。以下同じ。）の備える住民基本台帳に記録されたとき。

五　令第十五条第二項（第三条第三項において準用する場合を含む。）及び令第十五条第四項の規定により個人番号カードを返納したとき（同条第一項第二号に該当して個人番号カードを返納した場合を除く。）。

六　令第十五条第三項の規定により個人番号カードを返納した後、いずれかの市町村の備える住民基本台帳に記録されたとき。

七　個人番号カードを紛失し、焼失し、若しくは著しく損傷したとき又は個人番号カードの機能が損なわれたとき（第二十八条第一項の規定により個人番号カードの再交付を求める場合を除く。）。

八　個人番号カードの追記欄の余白が

なくなったとき（第二十九条第一項の規定により新たな個人番号カードの交付を求める場合を除く。）。
九　前各号に掲げる場合のほか、住所地市町村長が特に必要と認めるとき。
2　通知カードの再交付を受けようとする者は、前項第一号、第二号又は第七号から第九号までに該当して通知カードの再交付を受けようとするときは、現に交付を受けている通知カード又は個人番号カードを紛失し、又は焼失した場合を除き、当該通知カード又は当該個人番号カードを返納の上、再交付を求めなければならない。
3　住所地市町村長は、第一項の求めがあった場合には、通知カードの再交付を受けようとする者に対し、令第二条第二項に規定する方法により、その者に係る通知カードを再交付するものとする。この場合において、住所地市町村長は、通知カードの再交付を受けようとする者から次に掲げるいずれかの書類の提示を受けるものとする。
一　運転免許証、旅券その他官公署から発行され、又は発給された書類その他これに類する書類であって、個人識別事項が記載され、かつ、写真の表示その他の当該書類に施された措置によって、当該書類の提示を行う者が当該個人識別事項により識別される特定の個人と同一の者であることを確認することができるものとして住所地市町村長が適当と認めるもの

二　前号に掲げる書類を提示することが困難であると認められる場合には、官公署から発行され、又は発給された書類その他これに類する書類であって住所地市町村長が適当と認める二以上（当該書類の提示を受けるとともに当該書類の提示を行う者又はその者と同一の世帯に属する者に係る住民票の記載事項について申告を受けることその他の住所地市町村長が適当と認める措置をとることにより当該書類の提示を行う者が当該書類に記載された個人識別事項により識別される特定の個人と同一の者であることを確認することができる場合には、一以上）の書類（個人識別事項の記載があるものに限る。）

4　住所地市町村長は、第一項の求めがあった場合であって、通知カードの再交付を受けようとする者が通知カード又は個人番号カードを紛失し、焼失し、又は返納しているときには、当該市町

6　通知カードの交付を受けている者は、当該通知カードを紛失したときは、直ちに、その旨を住所地市町村長に届け出なければならない。

7　通知カードの交付を受けている者は、第十七条第一項の規定による個人番号カードの交付を受けようとする場合その他政令で定める場合には、政令で定めるところにより、当該通知カードを住所地市町村長に返納しなければならない。

（通知カードの返納）

第五条　法第七条第七項の政令で定める場合は、次に掲げる場合とする。

一　第三条第五項又は前条第二項の規定により通知カードの返納を求められたとき。

二　次条第一項の規定により通知カードの返納を命ぜられたとき。

村が備える住民基本台帳に記録されているその者の個人番号及び個人識別事項を確認するものとする。

5　通知カードの再交付を受けた者は、紛失した通知カード又は個人番号カードを発見した場合には、その旨並びにその者の氏名及び住所を記載した書面を添えて、発見した通知カード又は個人番号カードを、住所地市町村長に遅滞なく返納しなければならない。

（紛失した通知カードを発見した場合の届出） 移動

第十二条　法第七条第六項の規定による届出をした者は、紛失した通知カードを発見したとき（前条第五項に規定する場合に該当して発見した通知カードを返納したときを除く。）は、遅滞なく、その旨を住所地市町村長に届け出なければならない。

2　通知カードの交付を受けている者は、法第十七条第一項の規定による個人番号カードの交付を受けようとする場合又は前項各号のいずれかに該当する場合には、通知カードを返納する理由その他総務省令で定める事項を記載した書面を添えて、当該通知カードを住所地市町村長に遅滞なく返納しなければならない。

3　通知カードの交付を受けている者は、次の各号のいずれかに該当した場合には、通知カードを返納する理由その他総務省令で定める事項を記載した書面を添えて、当該通知カードを、その者につき直近に住民票の記載をした市町村長に遅滞なく返納しなければならない。

一　国外に転出をしたとき。

二　住民基本台帳法（昭和四十二年法律第八十一号）の適用を受けない者となったとき。

三　住民票が消除されたとき（住民基本台帳法第二十四条の規定による届出（第十四条第二号、第三号及び第六号において「転出届」という。）のうち国外への転出に係るもの以外のものに基づき当該住民票が消除されたとき、その者が死亡したことに

（通知カードの返納届の記載事項）

移動

第十三条　令第五条第二項及び第三項の総務省令で定める事項は、通知カードの交付を受けている者の氏名及び住所とする。

より当該住民票が消除されたとき、住民基本台帳法施行令第八条の二の規定により当該住民票が消除されたとき及び前二号に掲げる場合に該当したことにより当該住民票が消除されたときを除く。）。

4　第三条第六項の規定は、前二項の規定による通知カードの返納について準用する。

（通知カードの返納命令）

第六条　住所地市町村長は、法第七条第一項又は第二項の規定による通知カードの交付その他通知カードに関して講じられる総務省令で定める措置が錯誤に基づき、又は過失によってされた場合において、当該通知カードを返納させる必要があると認めるときは、当該通知カードの交付を受けている者に対し、当該通知カードの返納を命ずることができる。

2　住所地市町村長は、前項の規定により通知カードの返納を命ずることを決定したときは、当該通知カードの交付を受けている者に対し、書面によりその旨を通知するものとする。この場合において、通知を受けるべき者の住所及び居所が明らかでないときその他通

（通知カードに関して講じられた措置）

移動

第十四条　令第六条第一項の総務省令で定める措置は、第十条第一号に掲げる措置とする。

8　前各項に定めるもののほか、通知カードの様式その他通知カードに関し必要な事項は、総務省令で定める。

（個人番号とすべき番号の生成）
第八条　市町村長は、前条第一項又は第二項の規定により個人番号を指定するときは、あらかじめ機構に対し、当該指定しようとする者に係る住民票に記載された住民票コードを通知するとともに、個人番号とすべき番号の生成を求めるものとする。

知をすることが困難であると認めるときは、その通知に代えて、その旨を公示することができる。

（個人番号とすべき番号の生成の求め）
第七条　法第八条第一項の規定による市町村長からの住民票コードの通知及び個人番号とすべき番号の生成の求めは、総務省令で定めるところにより、当該市町村長の使用に係る電子計算機から電気通信回線を通じて機構の使用に係る電子計算機に当該住民票コード及び当該生成を求める旨の情報を送信する方法により行うものとする。

（国外転出者に対する通知カードの還付）移動
第十五条　市町村長は、令第五条第三項の規定により通知カードの返納を受けた場合（同項第一号に該当して通知カードの返納を受けた場合に限る。）においては、これに国外への転出により返納を受けた旨を表示し、当該通知カードを返納した者に還付するものとする。

（通知カードの技術的基準）移動
第十六条　通知カードに関する技術的基準については、総務大臣が定める。

（機構への個人番号とすべき番号の生成の求めの方法）
第四条　令第七条の規定による住民票コードの通知及び個人番号とすべき番号の生成の求めは、電子計算機の操作によるものとし、電気通信回線を通じた送信の方法に関する技術的基準については、総務大臣が定める。

2　機構は、前項の規定により市町村長から個人番号とすべき番号の生成を求められたときは、政令で定めるところにより、次項の規定により設置される電子情報処理組織を使用して、次に掲げる要件に該当する番号を生成し、速やかに、当該市町村長に対し、通知するものとする。

一　他のいずれの個人番号（前条第二項の従前の個人番号を含む。）とも異なること。

二　前項の住民票コードを変換して得られるものであること。

三　前号の住民票コードを復元することのできる規則性を備えるものでないこと。

3　機構は、前項の規定により個人番号とすべき番号を生成し、並びに当該番号の生成及び市町村長に対する通知について管理するための電子情報処理組織を設置するものとする。

（個人番号とすべき番号の構成）

第八条　法第八条第二項の規定により生成される個人番号とすべき番号は、機構が同条第三項の規定により設置される電子情報処理組織を使用して、作為が加わらない方法により生成する次に掲げる要件に該当する十一桁の番号及びその後に付された一桁の検査用数字（個人番号を電子計算機に入力するときに誤りのないことを確認することを目的として、当該十一桁の番号を基礎として総務省令で定める算式により算出される零から九までの整数をいう。第三号において同じ。）により構成されるものとする。

一　住民票コードを変換して得られるものであること。

二　前号の住民票コードを復元することのできる規則性を備えるものでないこと。

三　他のいずれの個人番号（法第七条第二項の従前の個人番号及び個人番号とすべき番号を含む。）を構成する検査用数字以外の十一桁の番号とも異なること。

（個人番号とすべき番号の通知）

第九条　法第八条第二項の規定による個

（検査用数字を算出する算式）

第五条　令第八条の総務省令で定める算式は、次に掲げる算式とする。

算式

$$11-\left(\sum_{n=1}^{11} Pn \times Qn を11で除した余り\right)$$

ただし、$\sum_{n=1}^{11} Pn \times Qn$を11で除した余り≦1の場合は、0とする。

算式の符号

Pn　個人番号を構成する検査用数字以外の十一桁の番号の最下位の桁を1桁目としたときのn桁目の数字

Qn　1≦n≦6のとき　n+1
7≦n≦11のとき　n−5

（市町村長への個人番号とすべき番号の通知の方法）

（利用範囲）

第九条　別表第一の上欄に掲げる行政機関、地方公共団体、独立行政法人等その他の行政事務を処理する者（法令の規定により同表の下欄に掲げる事務の全部又は一部を行うこととされている者がある場合にあっては、その者を含む。第三項において同じ。）は、同表の下欄に掲げる事務の処理に関して保有する特定個人情報ファイルにおいて個人情報を効率的に検索し、及び管理するために必要な限度で個人番号を利用することができる。当該事務の全部又は一部の委託を受けた者も、同様とする。

2　地方公共団体の長その他の執行機関は、福祉、保健若しくは医療その他の社会保障、地方税（地方税法（昭和二十五年法律第二百二十六号）第一条第

人番号とすべき番号の市町村長に対する通知は、総務省令で定めるところにより、機構の使用に係る電子計算機から電気通信回線を通じて当該市町村長の使用に係る電子計算機に当該個人番号とすべき番号及び第七条の規定により送信された住民票コードを送信する方法により行うものとする。

第六条　令第九条の規定による個人番号とすべき番号の通知は、電子計算機の操作によるものとし、電気通信回線を通じた送信の方法に関する技術的基準については、総務大臣が定める。

第二節　通知カード

※第七条から第十六条までを移動

一項第四号に規定する地方税をいう。以下同じ。）又は防災に関する事務その他これらに類する事務であって条例で定めるものの処理に関して保有する特定個人情報ファイルにおいて個人情報を効率的に検索し、及び管理するために必要な限度で個人番号を利用することができる。当該事務の全部又は一部の委託を受けた者も、同様とする。

3　健康保険法（大正十一年法律第七十号）第四十八条若しくは第百九十七条第一項、相続税法（昭和二十五年法律第七十三号）第五十九条第一項から第三項まで、厚生年金保険法（昭和二十九年法律第百十五号）第二十七条、第二十九条第三項若しくは第九十八条第一項、租税特別措置法（昭和三十二年法律第二十六号）第九条の四の二第二項、第二十九条の二第五項若しくは第六項、第二十九条の三第四項若しくは第五項、第三十七条の十一の三第七項若しくは第三十七条の十四第九項、第十三項若しくは第二十五項、所得税法（昭和四十年法律第三十三号）第五十七条第二項若しくは第二百二十五条から第二百二十八条の三の二まで、雇用保険法（昭和四十九年法律第百十六号）第七条又は内国税の適正な課税の確保を図るための国外送金等に係る調書の提出等に関する法律（平成九年法律第百十号）第四条第一項若しくは第四条の三第一項その他の法令又は条例の規定により、別表第一の上欄に掲げる行政機関、地方公共団体、独立行政法人等その他の行政事務を処理する者又は地方公共団体の長その他の執行機関による第一項又は前項に規定する事務の処理に関して必要とされる他人の個人番号を記載した書面の提出その他の他人の個人番号を利用した事務を行うものとされた者は、当該事務を行うために必要な限度で個人番号を利用することができる。当該事務の全部又は一部の委託を受けた者も、同様とする。

4　前項の規定により個人番号を利用することができることとされている者のうち所得税法第二百二十五条第一項第一号、第二号及び第四号から第六号までに掲げる者は、激甚《じん》災害に対処するための特別の財政援助等に関する法律（昭和三十七年法律第百五十号）第二条第一項に規定する激甚災害が発生したとき**その他これに準ずる場合として政令で定めるときは**、内閣府令で定めるところにより、あらかじめ締結した契約に基づく金銭の支払を行うために

（激甚災害が発生したときに準ずる場合）

第十条　法第九条第四項の政令で定めるときは、災害対策基本法（昭和三十六年法律第二百二十三号）第六十三条第一項その他内閣府令で定める法令の規定により一定の区域への立入りを制限され、若しくは禁止され、又は当該区域からの退去を命ぜられた場合とする。

必要な限度で個人番号を利用することができる。

5 前各項に定めるもののほか、第十九条第十一号から第十四号までのいずれかに該当して特定個人情報の提供を受けた者は、その提供を受けた目的を達成するために必要な限度で個人番号を利用することができる。

（再委託）

第十条 個人番号利用事務又は個人番号関係事務（以下「個人番号利用事務等」という。）の全部又は一部の委託を受けた者は、当該個人番号利用事務等の委託をした者の許諾を得た場合に限り、その全部又は一部の再委託をすることができる。

2 前項の規定により個人番号利用事務等の全部又は一部の再委託を受けた者は、個人番号利用事務等の全部又は一部の委託を受けた者とみなして、第二条第十二項及び第十三項、前条第一項から第三項まで並びに前項の規定を適用する。

（委託先の監督）

第十一条 個人番号利用事務等の全部又は一部の委託をする者は、当該委託に係る個人番号利用事務等において取り扱う特定個人情報の安全管理が図られるよう、当該委託を受けた者に対する必要かつ適切な監督を行わなければならない。

(個人番号利用事務実施者等の責務)

第十二条　個人番号利用事務実施者及び個人番号関係事務実施者（以下「個人番号利用事務等実施者」という。）は、個人番号の漏えい、滅失又は毀損の防止その他の個人番号の適切な管理のために必要な措置を講じなければならない。

第十三条　個人番号利用事務実施者は、本人又はその代理人及び個人番号関係事務実施者の負担の軽減並びに行政運営の効率化を図るため、同一の内容の情報が記載された書面の提出を複数の個人番号関係事務において重ねて求めることのないよう、相互に連携して情報の共有及びその適切な活用を図るように努めなければならない。

(提供の要求)

第十四条　個人番号利用事務等実施者は、個人番号利用事務等を処理するために必要があるときは、本人又は他の個人番号利用事務等実施者に対し個人番号の提供を求めることができる。

2　個人番号利用事務実施者（**政令で定めるものに限る**。第十九条第四号において同じ。）は、個人番号利用事務を処理するために必要があるときは、住民基本台帳法第三十条の九から第三十条の十二までの規定により、機構に対し機構保存本人確認情報（同法第三十条の九に規定する機構保存本人確認情報をいう。第十九条第四号及び第六十七条において同じ。）の提供を求めることができる。

（提供の求めの制限）

第十五条　何人も、第十九条各号のいずれかに該当して特定個人情報の提供を受けることができる場合を除き、他人（自己と同一の世帯に属する者以外の者をいう。第二十条において同じ。）に対し、個人番号の提供を求めてはならない。

（本人確認の措置）

第十六条　個人番号利用事務等実施者は、第十四条第一項の規定により本人から個人番号の提供を受けるときは、当該

（機構保存本人確認情報の提供を求めることができる個人番号利用事務実施者）

第十一条　法第十四条第二項の政令で定める個人番号利用事務実施者は、住民基本台帳法別表第一から別表第四までの上欄に掲げる者とする。

（本人確認の措置）

第十二条　法第十六条の政令で定める措置は、個人番号の提供を行う者から次に掲げる書類の提示を受けることその

（通知カード記載事項が個人番号提供者に係るものであることを証する書類等）

第一条　行政手続における特定の個人を

提供をする者から個人番号カード若しくは通知カード及び当該通知カードに記載された事項がその者に係るものであることを証するものとして主務省令で定める書類の提示を受けること又はこれらに代わるべきその者が本人であることを確認するための措置として**政令で定める措置**をとらなければならない。

他これに準ずるものとして**主務省令で定める措置**とする。

一　住民基本台帳法第十二条第一項に規定する住民票の写し又は住民票記載事項証明書であって、氏名、出生の年月日、男女の別、住所及び個人番号が記載されたもの

二　前号に掲げる書類に記載された氏名及び出生の年月日又は住所（以下この条及び次条第三項において「個人識別事項」という。）が記載された書類であって、写真の表示その他の当該書類に施された措置によって、当該書類の提示を行う者が当該個人識別事項により識別される特定の個人と同一の者であることを確認することができるものとして**主務省令で定めるもの**

2　個人番号利用事務等実施者は、本人の代理人から個人番号の提供を受けるときは、その者から次に掲げる書類の提示を受けることその他これに準ずるものとして**主務省令で定める措置**をとらなければならない。

一　個人識別事項が記載された書類であって、当該個人識別事項により識別される特定の個人が本人の依頼により又は法令の規定により本人の代

識別するための番号の利用等に関する法律（以下「法」という。）第十六条の主務省令で定める書類は、次に掲げるいずれかの書類とする。

一　運転免許証、運転経歴証明書（交付年月日が平成二十四年四月一日以降のものに限る。）、旅券、身体障害者手帳、精神障害者保健福祉手帳、療育手帳、在留カード又は特別永住者証明書

二　前号に掲げるもののほか、官公署から発行され、又は発給された書類その他これに類する書類であって、通知カードに記載された氏名及び出生の年月日又は住所（以下「個人識別事項」という。）が記載され、かつ、写真の表示その他の当該書類に施された措置によって、当該書類の提示を行う者が当該個人識別事項により識別される特定の個人と同一の者であることを確認することができるものとして個人番号利用事務実施者が適当と認めるもの

三　前二号に掲げる書類の提示を受けることが困難であると認められる場合には、次に掲げる書類のうち二以上の書類

イ　国民健康保険、健康保険、船員

理人として個人番号の提供をすることを証明するものとして**主務省令で定めるもの**

二　前号に掲げる書類に記載された個人識別事項が記載された書類であって、写真の表示その他の当該書類に施された措置によって、当該書類の提示を行う者が当該個人識別事項により識別される特定の個人と同一の者であることを確認することができるものとして**主務省令で定めるもの**

三　本人に係る個人番号カード、通知カード又は前項第一号に掲げる書類その他の本人の個人番号及び個人識別事項が記載された書類であって**主務省令で定めるもの**

保険、後期高齢者医療若しくは介護保険の被保険者証、健康保険日雇特例被保険者手帳、国家公務員共済組合若しくは地方公務員共済組合の組合員証、私立学校教職員共済制度の加入者証、国民年金手帳、児童扶養手当証書又は特別児童扶養手当証書

ロ　イに掲げるもののほか、官公署又は個人番号利用事務実施者若しくは個人番号関係事務実施者（以下「個人番号利用事務等実施者」という。）から発行され、又は発給された書類その他これに類する書類であって個人番号利用事務実施者が適当と認めるもの（通知カードに記載された個人識別事項の記載があるものに限る。）

2　法第十七条第一項の規定により個人番号カードを交付する市町村長（特別区の区長を含む。以下同じ。）が通知カードの返納とともに提示を受けるべき書類として提示を受ける場合における法第十六条の主務省令で定める書類は、前項の規定にかかわらず、次に掲げるいずれかの書類とする。

一　次に掲げるいずれかの措置その他当該市町村長が適当と認める措置を

とる場合には、前項第一号に掲げるいずれかの書類又は出入国管理及び難民認定法（昭和二十六年政令第三百十九号）第十八条の二第三項に規定する一時庇護許可書（以下「一時庇護許可書」という。）若しくは同法第六十一条の二の四第二項に規定する仮滞在許可書（以下「仮滞在許可書」という。）のうち当該市町村長が適当と認めるもの

イ　当該書類に係る暗証番号の入力を求めること。

ロ　当該書類に組み込まれた半導体集積回路（半導体集積回路の回路配置に関する法律（昭和六十年法律第四十三号）第二条第一項に規定する半導体集積回路をいう。）に記録された写真を確認すること。

ハ　個人番号カードの交付を受けようとする者（以下「交付申請者」という。）又は交付申請者と同一の世帯に属する者に係る住民票の記載事項その他の当該市町村長が適当と認める事項の申告を受けること。

二　前号の措置をとることが困難であると認められる場合には、前項第一号に掲げるいずれかの書類又は一時

庇護許可書若しくは仮滞在許可書のうち当該市町村長が適当と認める二以上の書類
三 前二号に掲げる書類の提示を受けることが困難であると認められる場合には、次に掲げる書類
イ 前項第一号に掲げるいずれかの書類又は一時庇護許可書若しくは仮滞在許可書のうち当該市町村長が適当と認めるもの
ロ イに掲げるもののほか、官公署から発行され、又は発給された書類その他これに類する書類であって、当該市町村長が適当と認めるもの（通知カードに記載された個人識別事項の記載があるものに限る。）
四 前各号に掲げる書類の提示を受けることが困難であると認められる場合には、第十三条の回答書及び次に掲げるいずれかの書類
イ 前号イに掲げる書類
ロ イに掲げる書類の提示を受けることが困難であると認められる場合には、官公署から発行され、又は発給された書類その他これに類する書類であって、当該市町村長が適当と認める二以上の書類（通

知カードに記載された個人識別事項の記載があるものに限る。）

3　個人番号利用事務実施者である財務大臣、国税庁長官、都道府県知事又は市町村長（法令の規定により法別表第一の第十六の項、第十七の項、第二十三の項、第三十八の項又は第八十九の項の下欄に掲げる事務（以下「租税に関する事務」という。）の全部又は一部を行うこととされている者がある場合にあっては、その者を含む。以下「財務大臣等」という。）は、租税に関する事務の処理に関して個人番号の提供を受ける場合であって、第一項第一号又は第二号に掲げる書類の提示を受けることが困難であると認められるときは、次に掲げるいずれかの措置をとることにより当該提供を行う者が通知カードに記載されている個人識別事項により識別される特定の個人と同一の者であることを確認することをもって、同項第三号に掲げる書類の提示を受けることに代えることができる。

一　第一項第三号イに掲げるいずれかの書類の提示を受けること。

二　当該提供に係る租税に関する法律の規定に基づき提出される書類（次号及び第五号において「申告書等」

という。）に添付された書類であって、当該提供を行う者に対し一に限り発行され、若しくは発給されたもの又は官公署から発行され、若しくは発給されたものに記載されている当該提供を行う者の個人識別事項を確認すること。

三　当該提供に係る申告書等又は当該申告書等と同時に財務大臣等に提出される国税通則法（昭和三十七年法律第六十六号）第三十四条の二第一項の規定による口座振替納付の依頼に係る書面若しくは地方自治法施行令（昭和二十二年政令第十六号）第百五十五条の規定による口座振替納付の請求に係る書面に記載されている預金口座又は貯金口座に係る名義人の氏名並びに金融機関及びその店舗並びに預金又は貯金の種別及び口座番号を確認すること。

四　租税に関する法律の規定に基づく調査において確認した当該提供を行う者に係る事項その他の当該提供を行う者しか知り得ない事項を確認すること。

五　前各号に掲げる措置をとることが困難であると認められる場合であって、当該提供に係る申告書等に還付を受けるべき金額の記載がないときは、過去に法第十六条の規定により本人確認の措置を講じた上で受理している申告書等に記載されている純損失の金額、雑損失の金額その他当該提供を行う者が当該提供に係る申告書等を作成するに当たって必要となる事項又は考慮すべき事情（以下この号において「事項等」という。）であって財務大臣等が適当と認める事項等を確認すること。

（写真の表示等により個人番号提供者を確認できる書類）

第二条　行政手続における特定の個人を識別するための番号の利用等に関する法律施行令（以下「令」という。）第十二条第一項第二号の主務省令で定める書類は、次に掲げるいずれかの書類とする。

一　前条第一項第一号に掲げる書類

二　前号に掲げるもののほか、官公署から発行され、又は発給された書類その他これに類する書類であって、令第十二条第一項第一号に掲げる書類に記載された個人識別事項が記載され、かつ、写真の表示その他の当該書類に施された措置によって、当該書類の提示を行う者が当該個人識別事項により識別される特定の個人と同一の者であることを確認することができるものとして個人番号利用事務実施者が適当と認めるもの

（住民票の写し等の提示を受けることが困難であると認められる場合等の本人確認の措置）

第三条　個人番号利用事務等実施者は、令第十二条第一項第一号に掲げる書類の提示を受けることが困難であると認められる場合には、これに代えて、次に掲げるいずれかの措置をとらなければならない。

一　法第十四条第二項の規定により地方公共団体情報システム機構（以下「機構」という。）から個人番号の提供を行う者に係る機構保存本人確認情報（同項に規定する機構保存本人確認情報をいう。第九条第五項第一号において同じ。）の提供を受けること（個人番号利用事務実施者が個人番号の提供を受ける場合に限る。）。

二　住民基本台帳に記録されている個人番号の提供を行う者の個人番号及び個人識別事項を確認すること（当該住民基本台帳を備える市町村（特

別区を含む。第九条第五項第二号及び第十三条において同じ。）の長が個人番号の提供を受ける場合に限る。）。

三　提供を受ける個人番号及び当該個人番号に係る個人識別事項について、過去に本人若しくはその代理人若しくは法第十四条第二項の規定により機構からその提供を受け、又は住民基本台帳に記録されている当該個人番号及び個人識別事項を確認して特定個人情報ファイルを作成している場合（以下「本人確認の上特定個人情報ファイルを作成している場合」という。）には、当該特定個人情報ファイルに記録されている個人番号及び個人識別事項を確認すること。

四　官公署又は個人番号利用事務等実施者から発行され、又は発給された書類その他これに類する書類であって個人番号利用事務実施者が適当と認めるもの（個人番号の提供を行う者の個人番号及び個人識別事項の記載があるものに限る。）の提示を受けること。

2　個人番号利用事務等実施者は、令第十二条第一項第二号に掲げる書類の提示を受けることが困難であると認められる場合には、これに代えて、次に掲げる書類のうち二以上の書類（個人番号の提供を行う者の個人識別事項の記載があるものに限る。）の提示を受けなければならない。
一 第一条第一項第三号イに掲げる書類
二 前号に掲げるもののほか、官公署又は個人番号利用事務等実施者から発行され、又は発給された書類その他これに類する書類であって個人番号利用事務実施者が適当と認めるもの
3 財務大臣等は、租税に関する事務の処理に関して個人番号の提供を受ける場合には、第一条第三項各号に掲げるいずれかの措置をとることにより当該提供を行う者が令第十二条第一項第一号に掲げる書類に記載されている個人識別事項又は第一項各号に掲げる措置により確認される個人識別事項により識別される特定の個人と同一の者であることを確認することをもって、前項の規定による書類の提示を受けることに代えることができる。
4 個人番号利用事務等実施者は、本人確認の上特定個人情報ファイルを作成している場合であって、個人番号利用

事務又は個人番号関係事務（第九条第三項において「個人番号利用事務等」という。）を処理するに当たって当該特定個人情報ファイルに記録されている個人番号その他の事項を確認するため電話により本人から個人番号の提供を受けるときは、令第十二条第一項第二号に掲げる書類の提示を受けることに代えて、本人しか知り得ない事項その他の個人番号利用事務実施者が適当と認める事項の申告を受けることにより、当該提供を行う者が当該特定個人情報ファイルに記録されている者と同一の者であることを確認しなければならない。

5　個人番号利用事務等実施者は、本人から個人番号の提供を受ける場合であって、その者と雇用関係にあることその他の事情を勘案し、その者が通知カード若しくは令第十二条第一項第一号に掲げる書類に記載されている個人識別事項又は第一項各号に掲げる措置により確認される個人識別事項により識別される特定の個人と同一の者であることが明らかであると個人番号利用事務実施者が認める場合には、法第十六条の主務省令で定める書類又は令第十二条第一項第二号に掲げる書類の提示を受けることを要しない。

（電子情報処理組織を使用して個人番号の提供を受ける場合の本人確認の措置）

第四条　個人番号利用事務等実施者は、その使用に係る電子計算機と個人番号の提供を行う者の使用に係る電子計算機とを電気通信回線で接続した電子情報処理組織を使用して本人から個人番号の提供を受ける場合には、次に掲げるいずれかの措置をとらなければならない。

一　機構により電子署名（電子署名及び認証業務に関する法律（平成十二年法律第百二号）第二条第一項に規定する電子署名をいう。次号ハ及び第十条第二号において同じ。）が行われた当該提供を行う者の個人番号及び個人識別事項に係る情報であって総務大臣が定めるものの送信を受けること並びに次号ハに掲げる措置をとること（電子署名等に係る地方公共団体情報システム機構の認証業務に関する法律（平成十四年法律第百五十三号。次号ハにおいて「公的個人認証法」という。）第十七条第四項に規定する署名検証者又は同条第五項に規定する署名確認者（次号ハにおいて「署名検証者等」という。）が個人番号の提供を受ける場合に限る。）。
二　次のイ又はロに掲げる措置及びハ又はニに掲げる措置をとること。
イ　前条第一項第一号から第三号までに掲げるいずれかの措置
ロ　官公署若しくは個人番号利用事務等実施者から発行され、若しくは発給された書類その他これに類する書類であって個人番号利用事務実施者が適当と認めるもの（当該提供を行う者の個人番号及び個人識別事項が記載されているものに限る。）若しくはその写しの提出を受けること又は個人番号利用事務実施者が適当と認める方法により当該書類に係る電磁的記録（電子的方式、磁気的方式その他人の知覚によっては認識することができない方式で作られる記録をいう。第十条第三号ロにおいて同じ。）の送信を受けること。
ハ　署名用電子証明書（公的個人認証法第三条第一項に規定する署名用電子証明書をいう。以下この号及び第十条第二号において同じ。）

及び当該署名用電子証明書により確認される電子署名が行われた当該提供に係る情報の送信を受けること（署名検証者等が個人番号の提供を受ける場合に限る。）。

二　ハに掲げるもののほか、個人番号利用事務実施者が適当と認める方法により、当該電子情報処理組織に電気通信回線で接続した電子計算機を使用する者が当該提供を行う者であることを確認すること。

（個人番号カードの交付申請者が通知カードを紛失している場合等の本人確認の措置）

第五条　法第十七条第一項の規定により個人番号カードを交付する市町村長は、交付申請者が通知カードを紛失し、又は焼失している場合には、次に掲げる措置をとるものとする。

一　住民基本台帳に記録されている交付申請者の個人番号及び個人識別事項を確認すること。

二　第一条第二項各号に掲げるいずれかの書類の提示を受けること。

2　令第十三条第三項の規定により交付申請者の代理人に対して個人番号カードを交付する市町村長は、交付申請者が通知カードを紛失し、又は焼失している場合には、前項の規定にかかわらず、次に掲げる措置をとるものとする。
一 住民基本台帳に記録されている交付申請者の個人番号及び個人識別事項を確認すること。
二 令第十三条第三項後段の規定に基づき書類の提示を受けること。

（本人の代理人として個人番号の提供をすることを証明する書類）

第六条 令第十二条第二項第一号の主務省令で定める書類は、次に掲げるいずれかの書類とする。
一 本人の代理人として個人番号の提供をする者が法定代理人である場合には、戸籍謄本その他その資格を証明する書類
二 本人の代理人として個人番号の提供をする者が法定代理人以外の者である場合には、委任状
三 前二号に掲げる書類の提示を受けることが困難であると認められる場合には、官公署又は個人番号利用事務等実施者から本人に対し一に限り発行され、又は発給された書類その他の本人の代理人として個人番号の提供をすることを証明するものとし

て個人番号利用事務実施者が適当と認める書類

2 個人番号利用事務等実施者は、本人の代理人から個人番号の提供を受ける場合であって当該代理人が法人であるときは、令第十二条第二項第一号に掲げる書類に代えて、前項各号に掲げるいずれかの書類であって当該法人の商号又は名称及び本店又は主たる事務所の所在地が記載されたものの提示を受けなければならない。

（写真の表示等により代理人である個人番号提供者を確認できる書類）

第七条 令第十二条第二項第二号の主務省令で定める書類は、次に掲げるいずれかの書類とする。

一 個人番号カード又は第一条第一項第一号に掲げる書類

二 前号に掲げるもののほか、官公署から発行され、又は発給された書類その他これに類する書類であって、令第十二条第二項第一号に掲げる書類に記載された個人識別事項が記載され、かつ、写真の表示その他の当該書類に施された措置によって、当該書類の提示を行う者が当該個人識別事項により識別される特定の個人

と同一の者であることを確認することができるものとして個人番号利用事務実施者が適当と認めるもの

2 個人番号利用事務等実施者は、本人の代理人から個人番号の提供を受ける場合であって当該代理人が法人であるときは、令第十二条第二項第二号に掲げる書類に代えて、登記事項証明書その他の官公署から発行され、又は発給された書類及び現に個人番号の提供を行う者と当該法人との関係を証する書類その他これらに類する書類であって個人番号利用事務実施者が適当と認めるもの（当該法人の商号又は名称及び本店又は主たる事務所の所在地の記載があるものに限る。）の提示を受けなければならない。

（代理人から提示を受ける本人の個人番号及び個人識別事項が記載された書類）

第八条　令第十二条第二項第三号の主務省令で定める書類は、本人に係る個人番号カード、通知カード若しくは同条第一項第一号に掲げる書類又はこれらの写しとする。

（代理人である個人番号提供者を確認

できる書類等の提示を受けることが困難であると認められる場合等の本人確認の措置）

第九条　個人番号利用事務等実施者は、令第十二条第二項第二号に掲げる書類の提示を受けることが困難であると認められる場合には、これに代えて、次に掲げる書類のうち二以上の書類（代理人の個人識別事項の記載があるものに限る。）の提示を受けなければならない。

一　第一条第一項第三号イに掲げる書類

二　前号に掲げるもののほか、官公署又は個人番号利用事務等実施者から発行され、又は発給された書類その他これに類する書類であって個人番号利用事務実施者が適当と認めるもの

2　財務大臣等は、租税に関する事務の処理に関して、本人の代理人であって税理士法（昭和二十六年法律第二百三十七号）第二条第一項の事務を行う者から個人番号の提供を受ける場合には、令第十二条第二項第一号に掲げる書類又は第六条第二項の書類に記載された当該代理人の個人識別事項又は商号若しくは名称及び本店若しくは主たる事

務所の所在地（以下この項において「個人識別事項等」という。）について、同法第十九条第一項の税理士名簿若しくは同法第四十八条の十第二項の税理士法人の名簿又は税理士法施行規則（昭和二十六年大蔵省令第五十五号）第二十六条第一項の書面に記録されている当該個人識別事項等を確認することをもって、第七条第二項又は前項の規定による書類の提示を受けることに代えることができる。

3　個人番号利用事務等実施者は、本人確認の上特定個人情報ファイルを作成している場合であって、個人番号利用事務等を処理するに当たって当該特定個人情報ファイルに記録されている個人番号その他の事項を確認するため電話により本人の代理人から個人番号の提供を受けるときは、令第十二条第二項第一号又は第二号に掲げる書類の提示を受けることに代えて、本人及び代理人しか知り得ない事項その他の個人番号利用事務実施者が適当と認める事項の申告を受けることにより、当該提供を行う者が当該特定個人情報ファイルに記録されている者の代理人であることを確認しなければならない。

4　個人番号利用事務等実施者は、本人

の代理人から個人番号の提供を受ける場合であって、その者と雇用関係にあることその他の事情を勘案し、その者が令第十二条第二項第一号に掲げる書類に記載されている個人識別事項により識別される特定の個人と同一の者であることが明らかであると個人番号利用事務実施者が認める場合には、令第十二条第二項第二号又は第七条第二項に掲げる書類の提示を受けることを要しない。

5　個人番号利用事務等実施者は、令第十二条第二項第三号に掲げる書類の提示を受けることが困難であると認められる場合には、これに代えて、次に掲げるいずれかの措置をとらなければならない。

一　法第十四条第二項の規定により機構から本人に係る機構保存本人確認情報の提供を受けること（個人番号利用事務実施者が個人番号の提供を受ける場合に限る。）。

二　住民基本台帳に記録されている本人の個人番号及び個人識別事項を確認すること（当該住民基本台帳を備える市町村の長が個人番号の提供を受ける場合に限る。）。

三　本人確認の上特定個人情報ファイ

ルを作成している場合には、当該特定個人情報ファイルに記録されている個人番号及び個人識別事項を確認すること。

四　官公署又は個人番号利用事務等実施者から発行され、又は発給された書類その他これに類する書類であって個人番号利用事務実施者が適当と認めるもの（本人の個人番号及び個人識別事項の記載があるものに限る。）の提示を受けること。

（電子情報処理組織を使用して本人の代理人から個人番号の提供を受ける場合の本人確認の措置）

第十条　個人番号利用事務等実施者は、その使用に係る電子計算機と個人番号の提供を行う者の使用に係る電子計算機とを電気通信回線で接続した電子情報処理組織を使用して本人の代理人から個人番号の提供を受ける場合には、次に掲げる措置をとらなければならない。

一　本人及び代理人の個人識別事項並びに本人の代理人として個人番号の提供を行うことを証明する情報の送信を受けることその他の個人番号利用事務実施者が適当と認める方法に

より、当該提供を行う者が本人の代理人として当該提供を行うことを確認すること。
二 代理人に係る署名用電子証明書及び当該署名用電子証明書により確認される電子署名が行われた当該提供に係る情報の送信を受けることその他の個人番号利用事務実施者が適当と認める方法により、当該電子情報処理組織に電気通信回線で接続した電子計算機を使用する者が当該提供を行う者であることを確認すること。
三 次に掲げるいずれかの措置により、本人の個人番号及び個人識別事項を確認すること。
イ 前条第五項第一号から第三号までに掲げるいずれかの措置
ロ 官公署若しくは個人番号利用事務等実施者から発行され、若しくは発給された書類その他これに類する書類であって個人番号利用事務実施者が適当と認めるもの（本人の個人番号及び個人識別事項の記載があるものに限る。）若しくはその写しの提出を受けること又は個人番号利用事務実施者が適当と認める方法により当該書類に係る電磁的記録の送信を受けること。

（書面の送付により個人番号の提供を受ける場合の本人確認の措置）

第十一条　個人番号利用事務等実施者は、個人番号が記載された書面の送付により個人番号の提供を受ける場合には、法第十六条、令第十二条第一項若しくは第二項又は第一条第三項第一号、第三条第一項第四号、第二項若しくは第三項、第六条第二項、第七条第二項若しくは第九条第一項若しくは第五項第四号の規定により提示を受けることとされている書類又はその写しの提出を受けなければならない。

2　第一条第三項の規定は前項の規定による法第十六条の主務省令で定める書類として第一条第一項第一号又は第二号に掲げる書類又はその写しの提出を受けることについて、第三条第一項の規定は前項の規定による令第十二条第一項第一号に掲げる書類又はその写しの提出を受けることについて、第三条第二項及び第三項の規定は前項の規定による令第十二条第一項第二号に掲げる書類又はその写しの提出を受けることについて、第九条第一項及び第二項の規定は前項の規定による令第十二条第二項第二号に掲げる書類又はその写しの提出を受けることについて、第九条第五項の規定は前項の規定による令第十二条第二項第三号に掲げる書類又はその写しの提出を受けることについて、それぞれ準用する。

（個人番号指定請求書の提出を受ける場合の本人確認の措置）

第十二条　令第三条第二項において準用する法第十六条の規定による個人番号指定請求書（令第三条第一項に規定する個人番号指定請求書をいう。以下同じ。）の提出を受ける市町村長が行う本人確認の措置については、第一条第一項、第二条、第三条第一項（第一号、第三号及び第四号を除く。）及び第二項（第二号を除く。）、第四条（第二号ロを除く。）並びに第十七条第一項の規定を準用する。この場合において、第一条第一項第一号中「特別永住者証明書」とあるのは「特別永住者証明書のうち個人番号指定請求書（行政手続における特定の個人を識別するための番号の利用等に関する法律施行令第三条第一項に規定する個人番号指定請求書をいう。以下同じ。）の提出を受ける市町村長（特別区の区長を含む。以下同じ。）が適当と認めるもの」と、同項第二号中「個人番号利用事務実施者」とあるのは「個人番号指定請求書の提出を受ける市町村長」と、同項第三号中「二以上」とあるのは「二以上（当該書類の提示を受けるとともに当該書類の提示を行う者又はその者と同一の世帯に属する者に係る住民票の記載事項について申告を受けることその他の個人番号指定請求書の提出を受ける市町村長が適当と認める措置をとることにより当該書類の提示を行う者が当該書類に記載された個人識別事項により識別される特定の個人と同一の者であることを確認することができる場合には、一以上）」と、同号イ中「特別児童扶養手当証書」とあるのは「特別児童扶養手当証書のうち個人番号指定請求書の提出を受ける市町村長が適当と認める書類」と、同号ロ中「個人番号利用事務実施者が」とあるのは「個人番号指定請求書の提出を受ける市町村長が」と、第二条第一号中「前条」とあるのは「第十二条第一項において読み替えて準用する前条」と、同条第二号中「個人番号利用事務実施者」とあるのは「個人番号指定請求書の提出を受ける市町村長」と、第三条第二項中「二以上」とあるのは「二以上（当該書類の提示を受けるとともに当該書類の提示を行う者又はその者と同一の世帯に属する者に係る住民票の記載事項について申告を受けることその他の個人番号指定請求書の提出を受ける市町村長が適当と認める措置をとることにより当該書類の提示を行う者が当該書類に記載された個人識別事項により識別される特定の個人と同一の者であることを確認することができる場合には、一以上）」と、同項第一号中「第一条第一項第三号イ」とあるのは「第十二条第一項において読み替えて準用する第一条第一項第三号イ及びロ」と、第四条第二号イ中「前条第一項第一号から第三号までに掲げるいずれかの」とあるのは「第十二条第一項において準用する前条第一項第二号に掲げる」と、同号ニ中「個人番号利用事務実施者」とあるのは「個人番号指定請求書の提出を受ける市町村長」と読み替えるものとする。

2　令第三条第七項において準用する令第十二条第二項の規定による個人番号指定請求書の提出を受ける市町村長が行う本人確認の措置については、第六条から第八条まで、第九条第一項及び第五項（第一号、第三号及び第四号を除く。）、第十条（第三号ロを除く。）

並びに第十七条第一項の規定を準用する。この場合において、第六条第一項第三号中「個人番号利用事務実施者」とあるのは「個人番号指定請求書（令第三条第一項に規定する個人番号指定請求書をいう。以下同じ。）の提出を受ける市町村長」と、第七条第一項第一号中「書類」とあるのは「書類のうち個人番号指定請求書の提出を受ける市町村長が適当と認めるもの」と、同項第二号中「個人番号利用事務実施者」とあるのは「個人番号指定請求書の提出を受ける市町村長」と、同条第二項中「個人番号利用事務実施者」とあるのは「個人番号指定請求書の提出を受ける市町村長」と、第九条第一項中「二以上」とあるのは「二以上（当該書類の提示を受けるとともに当該書類の提示を行う者又はその者と同一の世帯に属する者に係る住民票の記載事項について申告を受けることその他の個人番号指定請求書の提出を受ける市町村長が適当と認める措置をとることにより当該書類の提示を行う者が当該書類に記載された個人識別事項により識別される特定の個人と同一の者であることを確認することができる場合には、一以上）」と、同項第一号中「書類」とあるのは「書類のうち個人番号指定請求書の提出を受ける市町村長が適当と認めるもの」と、同項第二号中「個人番号利用事務実施者」とあるのは「個人番号指定請求書の提出を受ける市町村長」と、第十条第一号及び第二号中「個人番号利用事務実施者」とあるのは「個人番号指定請求書の提出を受ける市町村長」と、同条第三号イ中「前条第五項第一号から第三号までに掲げるいずれかの」とあるのは「第十二条第二項において準用する前条第五項第二号に掲げる」と読み替えるものとする。

3 個人番号指定請求書の提出を受ける市町村長は、個人番号指定請求書の送付によりその提出を受ける場合には、令第三条第二項において準用する法第十六条、令第十二条第一項若しくは第三条第七項において準用する令第十二条第二項又は第一項において準用する第三条第二項若しくは第二項において準用する第六条第二項、第七条第二項若しくは第九条第一項の規定により提示を受けることとされている書類又はその写しの提出を受けなければならない。

4 第一項において準用する第三条第一

第三章　個人番号カード

（個人番号カードの交付等）
第十七条　市町村長は、政令で定めるところにより、当該市町村が備える住民基本台帳に記録されている者に対し、

第三章　個人番号カード

（個人番号カードの交付）
第十三条　個人番号カードの交付を受けようとする者（以下この条及び附則第三条において「交付申請者」という。）

項（第一号、第三号及び第四号を除く。）の規定は前項の規定による令第十二条第一項第一号に掲げる書類又はその写しの提出を受けることについて、第一項において読み替えて準用する第三条第二項（第二号を除く。）の規定は前項の規定による令第十二条第一項第二号に掲げる書類又はその写しの提出を受けることについて、第二項において読み替えて準用する第九条第一項の規定は前項の規定による令第十二条第二項第二号に掲げる書類又はその写しの提出を受けることについて、第二項において準用する第九条第五項（第一号、第三号及び第四号を除く。）の規定は前項の規定による令第十二条第二項第三号に掲げる書類又はその写しの提出を受けることについて、それぞれ準用する。

第三章　個人番号カード

※第十七条から第十九条までを移動

（個人番号カードの交付申請）
第二十条　交付申請者は、令第十三条第一項に規定する交付申請書（以下「交付申請書」という。）に署名し、又は

その者の申請により、その者に係る個人番号カードを交付するものとする。この場合において、当該市町村長は、その者から通知カードの返納及び前条の主務省令で定める書類の提示を受け、又は同条の政令で定める措置をとらなければならない。

2 個人番号カードの交付を受けている者は、住民基本台帳法第二十四条の二第一項に規定する最初の転入届をする場合には、当該最初の転入届と同時に、当該個人番号カードを市町村長に提出しなければならない。

3 前項の規定により個人番号カードの提出を受けた市町村長は、当該個人番号カードについて、カード記録事項の変更その他当該個人番号カードの適切な利用を確保するために必要な措置を講じ、これを返還しなければならない。

4 第二項の場合を除くほか、個人番号カードの交付を受けている者は、カード記録事項に変更があったときは、その変更があった日から十四日以内に、その旨を住所地市町村長に届け出るとともに、当該個人番号カードを提出しなければならない。この場合においては、前項の規定を準用する。

は、総務省令で定めるところにより、その交付を受けようとする旨その他総務省令で定める事項を記載し、かつ、交付申請者の写真を添付した交付申請書を、住所地市町村長に提出しなければならない。

記名押印しなければならない。ただし、総務大臣の定める方法により交付申請書を提出する場合には、この限りでない。

（交付申請書の記載事項）

第二十一条 令第十三条第一項の総務省令で定める事項は、交付申請者の氏名、住所並びに個人番号又は生年月日及び性別とする。

（交付申請書に添付する写真）

第二十二条 令第十三条第一項の規定により交付申請書に添付する写真は、申請前六月以内に撮影した無帽、正面、無背景のものとする。

（交付申請書の保存）

第二十三条 住所地市町村長は、法第十七条第一項の規定により交付した個人番号カードに係る交付申請書を、その受理した日から十五年間保存するものとする。

（個人番号カードの二重交付の禁止）

第二十四条 個人番号カードの交付を受けている者は、当該個人番号カードが有効な限り、重ねて個人番号カードの交付を受けることができない。

（個人番号カードの様式）

第二十五条 個人番号カードの様式は、別記様式第二のとおりとする。

（個人番号カードの有効期間）

第二十六条 個人番号カードの有効期間は、次の各号に掲げる個人番号カードの交付を受ける者の区分に応じ、当該各号に定める期間とする。

一 個人番号カードの発行の日において二十歳以上の者 当該発行の日から当該発行の日後のその者の十回目の誕生日まで

二 個人番号カードの発行の日において二十歳未満の者 当該発行の日から当該発行の日後のその者の五回目の誕生日まで

2 個人番号カードの交付を受ける者の誕生日が二月二十九日である場合における前項の規定の適用については、その者のうるう年以外の年における誕生日は二月二十八日であるものとみなす。

（外国人住民に係る個人番号カードの有効期間の特例）

第二十七条 住民基本台帳法（昭和四十

二年法律第八十一号）第三十条の四十五に規定する外国人住民（中長期在留者（出入国管理及び難民認定法（昭和二十六年政令第三百十九号。以下「入管法」という。）第十九条の三に規定する中長期在留者をいう。以下この項において同じ。）のうち入管法別表第一の二の表の上欄の高度専門職の在留資格（同表の高度専門職の項の下欄第二号に係るものに限る。）をもって在留する者（以下この項及び次項第一号において「高度専門職第二号」という。）及び入管法別表第二の上欄の永住者の在留資格をもって在留する者（以下この項及び次項第一号において「永住者」という。）並びに特別永住者（日本国との平和条約に基づき日本の国籍を離脱した者等の出入国管理に関する特例法（平成三年法律第七十一号）に規定する特別永住者をいう。次項第一号において同じ。）を除く。以下この条において同じ。）に対し交付される個人番号カードの有効期間は、前条の規定にかかわらず、次の表の上欄に掲げる者の区分に応じ、それぞれ同表の下欄に掲げる期間とする。

中長期在留	個人番号カードの発行の

者（高度専門職第二号及び永住者を除く。）	日から入管法第十九条の三に規定する在留カード（出入国管理及び難民認定法及び日本国との平和条約に基づき日本の国籍を離脱した者等の出入国管理に関する特例法の一部を改正する等の法律（平成二十一年法律第七十九号）附則第七条第一項に規定する法務大臣が中長期在留者に対し、出入国港において在留カードを交付することができない場合にあっては、同項の規定により後日在留カードを交付する旨の記載がされた旅券）に記載されている在留期間の満了の日まで
住民基本台帳法第三十条の四十五の表に規定する一時庇護許可者又は仮滞在許	個人番号カードの発行の日から入管法第十八条の二第四項に規定する上陸期間又は入管法第六十一条の二の四第二項に規定する仮滞在許可書に記載されている仮滞在期間を

可者	経過する日まで
住民基本台帳法第三十条の四十五の表に規定する出生による経過滞在者又は国籍喪失による経過滞在者	個人番号カードの発行の日から出生した日又は日本の国籍を失った日から六十日を経過する日まで

2　個人番号カードの交付を受けた後に次の各号に掲げる場合に該当することとなった外国人住民は、前項の規定にかかわらず、住所地市町村長に対し、当該個人番号カードを提示して、当該個人番号カードの有効期間について、当該各号に定める期間とすることを求めることができる。

一　入管法第二十条の規定による在留資格の変更、入管法第二十一条の規定による在留期間の更新又は入管法第二十二条の二の規定による在留資格の取得等により適法に本邦に在留できる期間が延長された場合　個人番号カードの発行の日から延長された適法に本邦に在留できる期間の満了の日（前条第一項の規定が当該個人番号カードに適用されていたと仮定した場合における当該個人番号カードの有効期間が満了する日（以下この号及び次号において「仮定有効期間満了日」という。）が、当該延長された適法に本邦に在留できる期間の満了の日より早い場合又はその者が高度専門職第二号、永住者若しくは特別永住者となった場合には、仮定有効期間満了日）まで

二　入管法第二十条第五項（入管法第二十一条第四項において準用する場合を含む。以下この項において同じ。）の規定により在留期間の満了後も引き続き本邦に在留することができることとなった場合　個人番号カードの発行の日から入管法第二十条第五項の規定により在留することができる期間の満了の日（仮定有効期間満了日が、当該入管法第二十条第五項の規定により在留することができる期間の満了の日より早い場合には、仮定有効期間満了日）まで

3　外国人住民に再交付される個人番号カードについて第一項の規定を適用する場合には、同項中「交付される個人

番号カードの有効期間は、前条の規定にかかわらず」とあるのは「再交付される個人番号カードの有効期間は、次条第六項の規定により読み替えて適用する前条の規定にかかわらず」と、同項の表中「個人番号カード」とあるのは「再交付される個人番号カード」とし、個人番号カードの再交付を受けた外国人住民について前項の規定を適用する場合には、同項中「交付を受けた」とあるのは「再交付を受けた」と、「当該個人番号カード」とあるのは「当該再交付された個人番号カード」とする。

4 第二十九条第二項の規定により外国人住民に交付される新たな個人番号カードについて第一項の規定を適用する場合には、同項中「交付される個人番号カードの有効期間は、前条の規定にかかわらず」とあるのは「第二十九条第二項の規定により交付される新たな個人番号カード（以下この条において「新たな個人番号カード」という。）の有効期間は、同条第三項の規定により読み替えて適用する前条の規定にかかわらず」と、同項の表中「個人番号カード」とあるのは「新たな個人番号カード」とし、第二十九条第二項の規定により新たな個人番号カードの交付を受けた外国人住民について第二項の規定を適用する場合には、同項中「個人番号カードの交付を受けた」とあるのは「新たな個人番号カードの交付を受けた」と、「当該個人番号カード」とあるのは「当該新たな個人番号カード」とする。

（個人番号カードの再交付の申請等）

第二十八条 個人番号カードの交付を受けている者は、個人番号カードを紛失し、焼失し、若しくは著しく損傷した場合又は個人番号カードの機能が損なわれた場合には、住所地市町村長に対し、個人番号カードの再交付を受けようとする旨及びその事由並びに当該個人番号カードの交付を受けている者の氏名、住所並びに個人番号又は生年月日及び性別を記載し、かつ、その者の写真を添付した再交付申請書を提出して、個人番号カードの再交付を求めることができる。

2 前項の規定により個人番号カードの再交付を受けようとする者は、現に交付を受けている個人番号カードを紛失し、又は焼失した場合を除き、当該個人番号カードを返納の上、再交付を求めなければならない。

3 第一項の規定により個人番号カードの再交付を受けようとする者は、現に交付を受けている個人番号カードを紛失し、又は焼失した場合には、同項に規定する再交付申請書に、当該個人番号カードを紛失し、又は焼失した事実を疎明するに足りる資料を添付しなければならない。

4 第一項に規定する場合に該当することとなった個人番号カードは、同項の規定により個人番号カードの再交付の求めがあったときに、その効力を失うものとする。

5 個人番号カードの再交付を受けた者は、紛失した個人番号カードを発見した場合には、その旨並びにその者の氏名及び住所を記載した書面を添えて、発見した個人番号カードを、住所地市町村長に遅滞なく返納しなければならない。

6 再交付される個人番号カードについて第二十六条の規定を適用する場合には、同条第一項中「個人番号カードの有効期間」とあるのは「再交付される個人番号カードの有効期間」と、「交付を受ける者」とあるのは「再交付を受ける者」と、「個人番号カードの発行の日」とあるのは「再交付される個人番号カードの発行の日」と、同条第二項中「交付を受ける者」とあるのは「再交付を受ける者」とする。

7 第二十二条の規定は第一項に規定する再交付申請書に添付する写真について、第二十三条の規定は第一項に規定する再交付申請書の保存について、それぞれ準用する。

（個人番号カードの有効期間内の交付の申請等）

第二十九条 個人番号カードの交付を受けている者は、当該個人番号カードの有効期間が満了する日までの期間が三月未満となった場合又は追記欄の余白がなくなった場合その他住所地市町村長が特に必要と認める場合には、第二十四条の規定にかかわらず、住所地市町村長に対し、当該個人番号カードの有効期間内においても当該個人番号カードを提示して、新たな個人番号カードの交付を求めることができる。

2 住所地市町村長は、前項の求めがあった場合には、その者に対し、その者が現に有する個人番号カードと引換えに新たな個人番号カードを交付しなければならない。

3　前項の規定により交付される新たな個人番号カードについて第二十六条の規定を適用する場合には、同条第一項中「個人番号カードの有効期間」とあるのは「第二十九条第二項の規定により交付される新たな個人番号カード（以下この条において「新たな個人番号カード」という。）の有効期間」と、「個人番号カードの交付を受ける者」とあるのは「新たな個人番号カードの交付を受ける者」と、同項第一号中「個人番号カード」とあるのは「新たな個人番号カード」と、「十回目」とあるのは「十回目（従前の個人番号カードの有効期間が満了する日までの期間が三月未満となった場合に該当して新たな個人番号カードの交付を受ける場合にあっては、十一回目）」と、同項第二号中「個人番号カード」とあるのは「新たな個人番号カード」と、「五回目」とあるのは「五回目（従前の個人番号カードの有効期間が満了する日までの期間が三月未満となった場合に該当して新たな個人番号カードの交付を受ける場合にあっては、六回目）」と、同条第二項中「個人番号カード」とあるのは「新たな個人番号カード」とする。

5　個人番号カードの交付を受けている者は、当該個人番号カードを紛失したときは、直ちに、その旨を住所地市町村長に届け出なければならない。

2　住所地市町村長は、前項の規定による交付申請書の提出を受けたときは、交付申請者に対し、当該市町村の事務所への出頭を求めて、個人番号カードを交付するものとする。

3　住所地市町村長は、病気、身体の障害その他のやむを得ない理由により交付申請者の出頭が困難であると認められるときは、前項の規定にかかわらず、当該交付申請者の指定した者の出頭を求めて、その者に対し、個人番号カードを交付することができる。この場合において、住所地市町村長は、その者から、当該交付申請者の出頭が困難であることを疎明するに足りる資料及び次に掲げる書類その他**主務省令で定める書類**の提示を受けなければならない。

一　個人識別事項が記載された書類で

（紛失した個人番号カードを発見した場合の届出）

第三十条　法第十七条第五項の規定による届出をした者は、紛失した個人番号カードを発見したとき（第十一条第五項及び第二十八条第五項に規定する場合に該当して発見した個人番号カードを返納したときを除く。）は、遅滞なく、その旨を住所地市町村長に届け出なければならない。

（交付申請者の代理人から提示を受ける書類）

第十三条　令第十三条第三項後段の主務省令で定める書類は、個人番号カードの交付の申請について、交付申請者が本人であること及び当該申請が交付申請者の意思に基づくものであることを確認するため、郵便その他交付申請者が記録されている住民基本台帳を備える市町村の長（以下「住所地市町村長」という。）が適当と認める方法により交付申請者に対して文書で照会したその回答書とする。ただし、交付申

あって、当該個人識別事項により識別される特定の個人が当該交付申請者の依頼により又は法令の規定により当該交付申請者の代理人として個人番号カードの交付を受けることを証明するものとして**主務省令で定めるもの**

二　前号に掲げる書類に記載された個人識別事項が記載された書類であって、写真の表示その他の当該書類に施された措置によって、当該書類の提示を行う者が当該個人識別事項により識別される特定の個人と同一の者であることを確認することができるものとして**主務省令で定めるもの**

三　当該交付申請者の個人識別事項が記載され、及び当該交付申請者の写真が表示された書類であって**主務省令で定めるもの**

4　住所地市町村長は、前二項の規定により個人番号カードを交付するに当たっては、交付申請者に対し、通知カードの返納を求めるものとする。

5　第三条第六項の規定は、第一項の規定による交付申請書の提出及び前項の規定による通知カードの返納について準用する。

請者の代理人として個人番号カードの交付を受ける者が法定代理人である場合には、住所地市町村長が必要と認める場合に限るものとする。

（交付申請者の代理人として個人番号カードの交付を受けることを証明する書類）

第十四条　令第十三条第三項第一号の主務省令で定める書類は、次に掲げるいずれかの書類とする。

一　交付申請者の代理人として個人番号カードの交付を受ける者が法定代理人である場合には、戸籍謄本その他その資格を証明する書類

二　交付申請者の代理人として個人番号カードの交付を受ける者が法定代理人以外の者である場合には、交付申請者の指定の事実を確認するに足る資料

（写真の表示等により交付申請者の代理人を確認できる書類）

第十五条　令第十三条第三項第二号の主務省令で定める書類は、第一条第二項第一号から第三号までに掲げる書類とする。

（代理人から提示を受ける交付申請者の個人識別事項の記載等がされた書類）

第十六条 令第十三条第三項第三号の主務省令で定める書類は、次に掲げる書類とする。

一 第一条第一項第一号に掲げるいずれかの書類又は一時庇護許可書若しくは仮滞在許可書のうち住所地市町村長が適当と認めるもの

二 前号に掲げるもののほか、官公署から発行され、又は発給された書類その他これに類する書類であって住所地市町村長が適当と認めるもの（交付申請者の個人識別事項が記載され、及び交付申請者の写真が表示されたものに限る。）

2 住所地市町村長は、前項第一号に掲げる書類の提示を受けることが困難であると認められる場合であって同項第二号に掲げる書類の提示を受けるときは、同項第一号に掲げる書類の提示を受けることに代えて、第一条第一項第三号イに掲げる書類その他の住所地市町村長が適当と認める二以上の書類（交付申請者の個人識別事項の記載があるものに限る。）の提示を受けるものとする。

6　個人番号カードは、その有効期間が満了した場合その他政令で定める場合には、その効力を失う。

（個人番号カードが失効する場合）

第十四条　法第十七条第六項の政令で定める場合は、次に掲げる場合とする。

一　個人番号カードの交付を受けている者が国外に転出をしたとき。

二　個人番号カードの交付を受けている者が転出届をした場合において、その者が最初の転入届（住民基本台帳法第二十四条の二第一項に規定する最初の転入届をいう。次号において同じ。）を行うことなく、当該転出届により届け出た転出の予定年月日から三十日を経過し、又は転入をした日から十四日を経過したとき。

三　個人番号カードの交付を受けている者が転出届をした場合において、その者が当該転出届に係る最初の転

3　住所地市町村長は、第一項第二号に掲げる書類の提示を受けることが困難であると認められる場合であって同項第一号に掲げる書類の提示を受けるときは、同項第二号に掲げる書類の提示を受けることに代えて、第一条第一項第三号イに掲げる書類その他の住所地市町村長が適当と認める書類（交付申請者の個人識別事項の記載があるものに限る。）の提示を受けるものとする。

入届を受けた市町村長に当該個人番号カードの提出を行うことなく、最初の転入届をした日から九十日を経過し、又はその者が当該市町村長の統括する市町村から転出をしたとき。

四　個人番号カードの交付を受けている者が死亡したとき。

五　個人番号カードの交付を受けている者が住民基本台帳法の適用を受けない者となったとき。

六　個人番号カードの交付を受けている者に係る住民票が消除されたとき（転出届（国外への転出に係るものを除く。）に基づき当該住民票が消除されたとき、住民基本台帳法施行令第八条の二の規定により当該住民票が消除されたとき及び第一号又は前二号に掲げる場合に該当したことにより当該住民票が消除されたときを除く。）。

七　個人番号カードの交付を受けている者に係る住民票に記載されている住民票コードについて記載の修正が行われたとき。

八　第三条第五項又は第四条第二項の規定により返納を求められた個人番号カードにあっては、当該個人番号カードが返納されたとき又は当該個

7　個人番号カードの交付を受けている者は、当該個人番号カードの有効期間が満了した場合その他政令で定める場合には、政令で定めるところにより、当該個人番号カードを住所地市町村長に返納しなければならない。

人番号カードの返納を求められた者に係る住民票に記載されている個人番号について記載の修正が行われたときのいずれか早いとき。

九　次条第四項の規定により返納された個人番号カードにあっては、当該個人番号カードが返納されたとき。

十　第十六条第一項の規定により返納を命ぜられた個人番号カードにあっては、同条第二項の規定により個人番号カードの返納を命ずる旨を通知し、又は公示したとき。

（個人番号カードの返納）

第十五条　法第十七条第七項の政令で定める場合は、次に掲げる場合とする。

一　前条第三号又は第七号に該当したとき。

二　第三条第五項又は第四条第二項の規定により個人番号カードの返納を求められたとき。

三　次条第一項の規定により個人番号カードの返納を命ぜられたとき。

2　個人番号カードの交付を受けている者は、個人番号カードの有効期間が満了した場合又は前項各号のいずれかに該当する場合には、個人番号カードを返納する理由その他総務省令で定める

（個人番号カードの返納届の記載事項）

第三十一条　令第十五条第二項及び第三項の総務省令で定める事項は、個人番号カードの交付を受けている者の氏名及び住所とする。

事項を記載した書面を添えて、当該個人番号カードを、住所地市町村長に遅滞なく返納しなければならない。

3　個人番号カードの交付を受けている者は、前条第一号、第二号、第五号又は第六号のいずれかに該当した場合には、個人番号カードを返納する理由その他総務省令で定める事項を記載した書面を添えて、当該個人番号カードを、その者につき直近に住民票の記載をした市町村長に遅滞なく返納しなければならない。

4　個人番号カードの交付を受けている者は、いつでも、当該個人番号カードを住所地市町村長に返納することができる。

5　第三条第六項の規定は、前三項の規定による個人番号カードの返納について準用する。

（個人番号カードの返納命令）

第十六条　住所地市町村長は、法第十七条第一項の規定による個人番号カードの交付又は同条第三項（同条第四項において準用する場合を含む。）の規定による個人番号カードの返還が錯誤に基づき、又は過失によってされた場合において、当該個人番号カードを返納

8　前各項に定めるもののほか、個人番号カードの様式、個人番号カードの有効期間及び個人番号カードの再交付を受けようとする場合における手続その他個人番号カードに関し必要な事項は、総務省令で定める。

させる必要があると認めるときは、当該個人番号カードの交付を受けている者に対し、当該個人番号カードの返納を命ずることができる。

2　住所地市町村長は、前項の規定により個人番号カードの返納を命ずることを決定したときは、当該個人番号カードの交付を受けている者に対し、書面によりその旨を通知するものとする。この場合において、通知を受けるべき者の住所及び居所が明らかでないときその他通知をすることが困難であると認めるときは、その通知に代えて、その旨を公示することができる。

（返納された個人番号カードの廃棄）

第十七条　個人番号カードの返納を受けた市町村長は、返納された個人番号カードを廃棄しなければならない。

（国外転出者に対する個人番号カードの還付）

第三十二条　市町村長は、令第十五条第三項の規定により個人番号カードの返納を受けた場合（令第十四条第一号に該当して個人番号カードの返納を受けた場合に限る。）においては、これに国外への転出により返納を受けた旨を表示し、当該個人番号カードを返納した者に還付するものとする。

2　前項の規定により市町村長が個人番号カードを還付したときは、令第十七条の規定により当該個人番号カードを廃棄したものとみなす。

（個人番号カードの暗証番号）

第三十三条　令第十三条第二項又は第三項の規定により交付申請者又はその法定代理人が個人番号カードの交付を受けるときは、当該交付申請者又はその法定代理人は、当該個人番号カードに四桁の数字からなる暗証番号（以下この条において「暗証番号」という。）を設定しなければならない。

2　令第十三条第三項の規定により交付申請者の指定した者（当該交付申請者の法定代理人を除く。以下この項において同じ。）が個人番号カードの交付を受けるときは、当該交付申請者の指定した者は、暗証番号を住所地市町村長に届け出なければならない。この場合において、住所地市町村長は、当該個人番号カードに当該暗証番号を設定するものとする。

3　個人番号カードの交付を受けている者は、個人番号カードを利用するに当たり、住所地市町村長その他の市町村の執行機関から暗証番号の入力を求められたとき又は住所地市町村長以外の市町村長その他の市町村の執行機関、都道府県知事その他の都道府県の執行機関若しくは住民基本台帳法別表第一の上欄に掲げる国の機関若しくは法人から同法に規定する事務若しくはその処理する事務であって同法の定めるところにより当該事務の処理に関し本人確認情報の提供を求めることができることとされているものの遂行のため必要がある場合において暗証番号の入力を求められたときは、入力装置に暗証番号を入力しなければならない。

（個人番号カードの技術的基準）

第三十四条　個人番号カードに関する技術的基準については、総務大臣が定める。

（通知カード・個人番号カード関連事務の委任）

第三十五条　市町村長は、地方公共団体情報システム機構（以下「機構」という。）に、通知カード及び個人番号カードに係る事務のうち次に掲げる事務（以下「通知カード・個人番号カード関連事務」という。）を行わせることができる。

一　通知カード、交付申請書の用紙及びこれらに関連する印刷物（この号及び次条第一項第二号において「通知カード等」という。）の作成及び発送（受取人の住所及び居所が明らかでないことその他の理由により返送された通知カード等の再度の発送を除く。）

二　通知カードの作成及び発送等に関する状況の管理

三　交付申請書及び第二十八条第一項に規定する再交付申請書の受付及び保存

四　個人番号カードの作成

五　個人番号カード交付通知書（個人番号カードを交付するため、住所地市町村長が交付申請者に対して当該市町村の事務所への出頭を求める旨を記載した通知書をいう。次条第一項第一号及び第四号において同じ。）の作成

六　電話による個人番号カードを紛失した旨の届出（個人番号カードの利用の一時停止に係るものに限る。）の受付

七　個人番号カードの作成及び運用に

関する状況の管理

八　通知カード及び個人番号カードに係る住民からの問合せへの対応

2　委任市町村長（前項の規定により機構に通知カード・個人番号カード関連事務を行わせることとした市町村長をいう。以下同じ。）は、通知カード・個人番号カード関連事務（同項第一号、第二号、第七号及び第八号に掲げる事務（同項第一号に掲げる事務のうち通知カードの作成及び発送を除く。）を除く。）を行わないものとする。

3　委任市町村長は、第一項の規定により機構に通知カード・個人番号カード関連事務を行わせることとした日を公示しなければならない。

（通知カード・個人番号カード関連事務に係る通知）

第三十六条　委任市町村長は、次に掲げる事項について、機構に通知するものとする。

一　通知カード、交付申請書の用紙、個人番号カード及び個人番号カード交付通知書に記載すべき事項

二　通知カード等の発送先の住所等

三　前条第一項第二号に掲げる事務に係る事項として、通知カードの返送

を受けた場合には、その旨

四 個人番号カード及び個人番号カード交付通知書の発送先の住所等

五 前条第一項第七号に掲げる事務に係る事項として、個人番号カードを交付した場合、個人番号カードを紛失した旨の届出（個人番号カードの利用の一時停止に係るものを除く。）を受けた場合、紛失した個人番号カードを発見した旨の届出を受けた場合、個人番号カードがその効力を失ったことを知った場合又は個人番号カードの返納を受けた場合には、その旨

六 前各号に掲げる事項のほか、通知カード・個人番号カード関連事務を実施するために必要な事項

2 前項の規定による通知は、電子計算機の操作により、委任市町村長の使用に係る電子計算機から電気通信回線を通じて機構の使用に係る電子計算機に送信することによって行うものとし、電気通信回線を通じた送信の方法に関する技術的基準については、総務大臣が定める。

3 機構は、委任市町村長が前条第一項第二号及び第七号に掲げる事務を実施するために必要な事項について、委任

市町村長に通知するものとする。

4 前項の規定による通知は、電子計算機の操作により、機構の使用に係る電子計算機から電気通信回線を通じて委任市町村長の使用に係る電子計算機に送信することによって行うものとし、電気通信回線を通じた送信の方法に関する技術的基準については、総務大臣が定める。

（交付金）

第三十七条 委任市町村長の統括する市町村は、機構に対して、当該委任市町村長が行わせることとした通知カード・個人番号カード関連事務に要する費用に相当する金額を交付金として交付するものとする。

2 前項の交付金の額については、機構が定款で定めるところにより定める。

（通知カード・個人番号カード関連事務の委任の解除）

第三十八条 委任市町村長は、機構に通知カード・個人番号カード関連事務を行わせないこととするときは、その三月前までに、その旨を機構に通知しなければならない。

2 委任市町村長は、機構に通知カー

ド・個人番号カード関連事務を行わせないこととしたときは、その日を公示しなければならない。

（委任市町村長による通知カード・個人番号カード関連事務の実施等）

第三十九条 委任市町村長は、機構が天災その他の事由により通知カード・個人番号カード関連事務の全部又は一部を実施することが困難となった場合には、第三十五条第二項の規定にかかわらず、当該通知カード・個人番号カード関連事務の全部又は一部を行うものとする。

2 委任市町村長は、前項の規定により通知カード・個人番号カード関連事務の全部又は一部を行うときは、その旨を公示しなければならない。

3 第一項の規定により委任市町村長が通知カード・個人番号カード関連事務を行うこととなった場合には、機構は、次に掲げる事務を行わなければならない。

一 引き継ぐべき通知カード・個人番号カード関連事務を委任市町村長に引き継ぐこと。

二 引き継ぐべき通知カード・個人番号カード関連事務に関する帳簿、書

（個人番号カードの利用）

第十八条 個人番号カードは、第十六条の規定による本人確認の措置において利用するほか、次の各号に掲げる者が、条例（第二号の場合にあっては、政令）で定めるところにより、個人番号カードのカード記録事項が記録された部分と区分された部分に、当該各号に定める事務を処理するために必要な事項を電磁的方法により記録して利用することができる。この場合において、これらの者は、カード記録事項の漏えい、滅失又は毀損の防止その他のカード記録事項の安全管理を図るため必要なものとして総務大臣が定める基準に従って個人番号カードを取り扱わなければならない。

一 市町村の機関 地域住民の利便性の向上に資するものとして条例で定める事務

二 特定の個人を識別して行う事務を処理する行政機関、地方公共団体、民間事業者その他の者であって政令

（個人番号カードの利用）

第十八条 法第十八条第二号に掲げる者が、同条の規定により個人番号カードを利用するときは、あらかじめ、当該個人番号カードの交付を受けている者にその利用の目的を明示し、その同意を得なければならない。

2 法第十八条第二号の政令で定める者は、次に掲げる者とする。

一 国民の利便性の向上に資するものとして総務大臣が定める事務を処理する行政機関、独立行政法人等又は機構

二 地方公共団体に対し申請、届出その他の手続を行い、又は地方公共団体から便益の提供を受ける者の利便性の向上に資するものとして条例で定める事務（法第十八条第一号に定める事務を除く。）を処理する地方公共団体の機関

三 地方独立行政法人に対し申請、届出その他の手続を行い、又は地方独立行政法人から便益の提供を受ける

類、資材及び磁気ディスクを委任市町村長に引き渡すこと。

三 その他委任市町村長が必要と認める事項を行うこと。

で定めるもの　当該事務

第四章　特定個人情報の提供

第一節　特定個人情報の提供の制限等

（特定個人情報の提供の制限）

第十九条　何人も、次の各号のいずれかに該当する場合を除き、特定個人情報の提供をしてはならない。

一　個人番号利用事務実施者が個人番号利用事務を処理するために必要な限度で本人若しくはその代理人又は個人番号関係事務実施者に対し特定

者の利便性の向上に資するものとして条例で定める事務を処理する地方独立行政法人

第四章　特定個人情報の提供

第一節　特定個人情報の提供の制限等

（訳文の添付）

第十七条　個人番号利用事務等実施者は、法、令又はこの命令の規定により個人番号の提供を行う者から提示又は提出を受けることとされている書類が外国語により作成されている場合には、翻訳者を明らかにした訳文の添付を求めることができる。

2　前項の規定は、市町村長が交付申請者から提示を受けることとされている書類について準用する。

第四章　特定個人情報の提供

第一節　特定個人情報の提供の制限等

個人情報を提供するとき。

二 個人番号関係事務実施者が個人番号関係事務を処理するために必要な限度で特定個人情報を提供するとき（第十号に規定する場合を除く。）。

三 本人又はその代理人が個人番号利用事務等実施者に対し、当該本人の個人番号を含む特定個人情報を提供するとき。

四 機構が第十四条第二項の規定により個人番号利用事務実施者に機構保存本人確認情報を提供するとき。

五 特定個人情報の取扱いの全部若しくは一部の委託又は合併その他の事由による事業の承継に伴い特定個人情報を提供するとき。

六 住民基本台帳法第三十条の六第一項の規定その他政令で定める同法の規定により特定個人情報を提供するとき。

（特定個人情報を提供することができる住民基本台帳法の規定）

第十九条 法第十九条第六号の政令で定める住民基本台帳法の規定は、同法第十二条第五項（同法第三十条の五十一の規定により読み替えて適用する場合を含む。）、第三十条の七第一項又は第三十条の三十二第二項の規定その他**主務省令で定める同法の規定**とする。

（特定個人情報を提供することができる住民基本台帳法の規定）

第十八条 令第十九条の主務省令で定める住民基本台帳法（昭和四十二年法律第八十一号）の規定は、同法第十二条の四第三項若しくは第四項（同法第三十条の五十一の規定により読み替えて適用する場合を含む。）、第十二条の五、第十三条、第十四条第二項、第二十四条の二第四項、第三十条の八、第三十条の十第一項第二号、第三十条の十一第一項第二号、第三十条の十二第一項

七　別表第二の第一欄に掲げる者（法令の規定により同表の第二欄に掲げる事務の全部又は一部を行うこととされている者がある場合にあっては、その者を含む。以下「情報照会者」という。）が、政令で定めるところにより、同表の第三欄に掲げる者（法令の規定により同表の第四欄に掲げる特定個人情報の利用又は提供に関する事務の全部又は一部を行うこととされている者がある場合にあっては、その者を含む。以下「情報提供者」という。）に対し、同表の第二欄に掲げる事務を処理するために必要な同表の第四欄に掲げる特定個人情報（情報提供者の保有する特定個人情報ファイルに記録されたものに限る。）の提供を求めた場合において、当該情報提供者が情報提供ネットワークシステムを使用して当該特定個人情報を提供するとき。

（情報提供用個人識別符号の取得）

第二十条　情報照会者又は情報提供者（以下この条において「情報照会者等」という。）は、法第十九条第七号の規定による特定個人情報の提供を管理するために個人番号に代わって用いられる特定の個人を識別する符号（以下「情報提供用個人識別符号」という。）を、総務大臣から取得することができる。

2　情報照会者等は、情報提供用個人識別符号を取得しようとするときは、機構に対し、当該情報提供用個人識別符号により識別しようとする特定の個人の個人番号その他総務省令で定める事項（次項において「通知事項」という。）を通知するものとする。

3　前項の規定による通知は、次のいずれかの方法により行うものとする。

一　総務省令で定めるところにより、情報照会者等の使用に係る電子計算機から電気通信回線を通じて機構の使用に係る電子計算機に通知事項を

第二号、第三十条の十三、第三十条の十四、第三十条の十五第二項、第三十条の二十第一項、第三十条の三十五又は第三十四条第一項若しくは第二項の規定とする。

（情報照会者等による通知事項の通知の方法）

第四十条　令第二十条第三項第一号及び第二号の規定による通知は、電子計算機の操作によるものとし、電気通信回線を通じた送信又は電磁的記録媒体の

送信する方法

二　総務省令で定めるところにより、情報照会者等から通知事項を記録した電磁的記録媒体（電子的方式、磁気的方式その他人の知覚によっては認識することができない方式で作られる記録であって電子計算機による情報処理の用に供されるものに係る記録媒体をいう。第三十条において同じ。）を機構に送付する方法

4　機構は、情報照会者等から第二項の規定による通知を受けたときは、総務大臣に対し、同項の特定の個人に係る住民票に記載された住民票コードを通知するものとする。

5　前項の規定による通知は、総務省令で定めるところにより、機構の使用に係る電子計算機から電気通信回線を通じて総務大臣の使用に係る電子計算機に送信する方法により行うものとする。

6　総務大臣は、第四項の規定による通知を受けたときは、総務省令で定めるところにより、情報提供ネットワークシステムを使用して、次に掲げる要件に該当する情報提供用個人識別符号を

送付の方法に関する技術的基準については、総務大臣が定める。

（機構による住民票コードの通知の方法）

第四十一条　令第二十条第五項の規定による通知は、電子計算機の操作によるものとし、電気通信回線を通じた送信の方法に関する技術的基準については、総務大臣が定める。

（住民票コードの通知を受けた場合の総務大臣の措置）

第四十二条　総務大臣は、令第二十条第四項の規定により住民票コードの通知を受けた場合において、同条第二項の

生成し、速やかに、同項の情報照会者等に対し、通知するものとする。
一 第四項の住民票コードを変換して得られるものであること。
二 前号の住民票コードを復元することのできる規則性を備えるものでないこと。
三 当該情報照会者等が取得した他のいずれの情報提供用個人識別符号とも異なること。
四 第二項の特定の個人について他のいずれの情報照会者等が取得した情報提供用個人識別符号とも異なること。

7 前項の規定による通知は、総務省令で定めるところにより、総務大臣の使用に係る電子計算機から情報提供ネットワークシステムを使用して情報照会者等の使用に係る電子計算機に送信する方法により行うものとする。

規定による通知をした情報照会者等が同項の特定の個人に係る情報提供用個人識別符号を取得していないときは、情報提供ネットワークシステムを使用して、当該特定の個人に係る情報提供用個人識別符号を生成し、速やかに、当該情報照会者等に対し、通知するものとする。

2 総務大臣は、令第二十条第四項の規定により住民票コードの通知を受けた場合において、同条第二項の規定による通知をした情報照会者等が同項の特定の個人に係る情報提供用個人識別符号を取得しているときは、情報提供ネットワークシステムを使用して、速やかに、当該情報照会者等に対し、既に当該情報提供用個人識別符号を取得している旨を通知するものとする。

（総務大臣による情報提供用個人識別符号の通知の方法）

第四十三条 令第二十条第七項の規定による通知は、電子計算機の操作によるものとし、情報提供ネットワークシステムを使用した送信の方法に関する技術的基準については、総務大臣が定める。

八　国税庁長官が都道府県知事若しくは市町村長に又は都道府県知事若しくは市町村長が国税庁長官若しくは他の都道府県知事若しくは市町村長

（情報照会者による特定個人情報の提供の求め）

第二十一条　情報照会者による法第十九条第七号の規定による特定個人情報の提供の求めは、総務省令で定めるところにより、情報照会者の使用に係る電子計算機から情報提供ネットワークシステムを使用して総務大臣の使用に係る電子計算機に、当該特定個人情報に係る本人に係る情報提供用個人識別符号、当該特定個人情報の項目及び当該特定個人情報を保有する情報提供者の名称その他総務省令で定める事項を送信する方法により行うものとする。

（特定個人情報を提供することができる地方税法等の規定）

第二十二条　法第十九条第八号の政令で定める地方税法（昭和二十五年法律第

（情報照会者による特定個人情報の提供の求めの方法等）

第四十四条　令第二十一条の規定による特定個人情報の提供の求めは、電子計算機の操作によるものとし、情報提供ネットワークシステムを使用した送信の方法に関する技術的基準については、総務大臣が定める。

2　令第二十一条の総務省令で定める事項は、次に掲げる事項とする。

一　法第十九条第七号の規定による提供の求めをした情報照会者の名称

二　法第十九条第七号の規定による提供の求めに係る事務をつかさどる組織の名称

三　第一号の情報照会者の処理する事務

四　法第十九条第七号の規定による提供の求めの事実が法第二十三条第二項各号のいずれかに該当する場合はその旨

五　前各号に掲げるもののほか、総務大臣が定める事項

（特定個人情報を提供することができる地方税法の規定）

第十九条　令第二十二条の主務省令で定める地方税法（昭和二十五年法律第二

に、地方税法第四十六条第四項若しくは第五項、第四十八条第七項、第七十二条の五十八、第三百十七条又は第三百二十五条の規定**その他政令で定める同法又は国税**（国税通則法（昭和三十七年法律第六十六号）第二条第一号に規定する国税をいう。以下同じ。）**に関する法律の規定**により国税又は地方税に関する特定個人情報を提供する場合において、当該特定個人情報の安全を確保するために必要な措置として**政令で定める措置**を講じているとき。

二百二十六号）又は国税に関する法律の規定は、同法第四十八条第二項、第七十二条の五十九又は第二百九十四条第三項の規定その他**主務省令で定める同法の規定**とする。

百二十六号）の規定は、同法第八条の二第一項若しくは第二項（同法第八条の二第三項（同法第八条の三第二項において準用する場合を含む。）において準用する場合を含む。）、第八条の二第一項若しくは第二項、第八条の三第一項若しくは第三項、第十九条の六、第二十条の三第一項、第二十条の四第一項、第四十一条第三項、第四十六条第一項から第三項まで、第四十八条第三項若しくは第五項、第五十三条第四十項若しくは第四十一項、第五十五条の三、第五十五条の五、第五十八条第四項若しくは第六項、第六十三条、第七十二条の二十五第二項（同条第六項（同法第七十二条の二十八第二項又は第七十二条の二十九第二項において準用する場合を含む。）、同法第七十二条の二十八第二項又は第七十二条の二十九第二項において準用する場合を含む。）、第四項（同法第七十二条の二十五第七項（同法第七十二条の二十八第二項又は第七十二条の二十九第二項において準用する場合を含む。）、第七十二条の二十八第二項又は第七十二条の二十九第二項において準用する場合を含む。）若しくは第五項（同法第七十二条の二十八第二項又は第七十二条の二十九第二項において準用する場合を含む。）、第七十二条の三十九の三、第七十二条の三十九の五、第七十二条の四十八の二第二項、第七十二条の四十、第四項、第六項、第八項若しくは第十二項、第七十二条の四十九の二、第七十二条の五十四第三項、第七十二条の九十四、第七十二条の五十第三項、第七十三条の十八第三項、第七十三条の二十一第三項若しくは第四項、第七十三条の二十二、第七十三条の二十三、第七十四条の十九、第百四十四条の八第四項、第百四十四条の九第二項若しくは第九項、第百四十四条の三十四第四項、第百四十四条の三十五第四項、第三百二十一条の十四第四項若しくは第六項、第三百二十一条の十五第一項若しくは第三項、第三百四十九条の四第六項若しくは第七項、第三百五十四条の二（同法第七百四十五条第一項において読み替えて準用する場合を含む。）、第三百八十九条第一項若しくは第四項（同法第四百十七条第三項において準用する場合を含む。）、第三百九十九条（同法第四百十七条第四項において準用する場合を含む。）、第四百一条第四号若しくは第五号、第四百十七条第二項、第四百十九条第一項、第四百二十

（地方税法等の規定により提供される特定個人情報の安全を確保するために必要な措置）

第二十三条　法第十九条第八号の政令で定める措置は、次に掲げる措置とする。

一　特定個人情報の提供を受ける者の名称、特定個人情報の提供の日時及び提供する特定個人情報の項目その他主務省令で定める事項を記録し、並びに当該記録を第二十九条に規定する期間保存すること。

二　提供する特定個人情報が漏えいした場合において、その旨及びその理由を遅滞なく特定個人情報保護委員会に報告するために必要な体制を整備するとともに、提供を受ける者が同様の体制を整備していることを確認すること。

三　前二号に掲げるもののほか、特定個人情報の安全を確保するために必要な措置として**主務省令で定める措置**

一条、第四百七十九条、第六百五条、第七百一条の五十五、第七百四十二条、第七百四十三条第一項若しくは第二項又は第七百四十四条の規定とする。

（地方税法等の規定により提供される特定個人情報の安全を確保するために必要な措置）

第二十条　令第二十三条第三号の主務省令で定める措置は、次に掲げる措置とする。

一　特定個人情報の提供を受ける者に対し、特定個人情報を提供する者の名称、特定個人情報の提供の日時及び提供を受ける特定個人情報の項目を記録し、並びに当該記録を令第二十九条に規定する期間保存するよう求めること。

二　国税庁長官又は都道府県知事若しくは市町村長の使用に係る電子計算機を相互に電気通信回線で接続した電子情報処理組織を使用して特定個人情報を提供する場合には、情報通信の技術の利用における安全性及び信頼性を確保するために必要な基準として内閣総理大臣が定める基準に従って行うこと。

三　前二号に掲げるもののほか、特定

九　地方公共団体の機関が、条例で定めるところにより、当該地方公共団体の他の機関に、その事務を処理するために必要な限度で特定個人情報を提供するとき。

十　社債、株式等の振替に関する法律（平成十三年法律第七十五号）第二条第五項に規定する振替機関等（以下この号において単に「振替機関等」という。）が同条第一項に規定する社債等（以下この号において単に「社債等」という。）の発行者（**これに準ずる者として政令で定めるもの**を含む。）又は他の振替機関等に対し、これらの者の使用に係る電子計算機を相互に電気通信回線で接続した電子情報処理組織であって、社債等の振替を行うための口座が記録されるものを利用して、同法又は同法に基づく命令の規定により、社債等の振替を行うための口座の開設を受ける者が第九条第三項に規定する書面（所得税法第二百二十五条第一項（第一号、第二号、第八号又は第十号から第十二号までに係る部分

（社債等の発行者に準ずる者）

第二十四条　法第十九条第十号の政令で定める者は、次に掲げる者とする。

一　投資信託及び投資法人に関する法律（昭和二十六年法律第百九十八号）第二条第一項に規定する委託者指図型投資信託の受託者又は同法第百六十六条第二項第八号に規定する投資主名簿等管理人

二　協同組織金融機関の優先出資に関する法律（平成五年法律第四十四号）第二十五条第二項に規定する優先出資者名簿管理人

三　資産の流動化に関する法律（平成十年法律第百五号）第四十二条第一項第三号に規定する優先出資社員名簿管理人

四　会社法（平成十七年法律第八十六号）第百二十三条に規定する株主名簿管理人又は同法第六百八十三条に

個人情報の安全を確保するために必要な措置として内閣総理大臣が定める措置

に限る。）の規定により税務署長に提出されるものに限る。）に記載されるべき個人番号として当該口座を開設する振替機関等に告知した個人番号を含む特定個人情報を提供する場合において、当該特定個人情報の安全を確保するために必要な措置として**政令で定める措置**を講じているとき。

十一　第五十二条第一項の規定により求められた特定個人情報を特定個人情報保護委員会に提供するとき。

規定する社債原簿管理人

五　信託法（平成十八年法律第百八号）第百八十八条に規定する受益権原簿管理人

（社債、株式等の振替に関する法律の規定により提供される特定個人情報の安全を確保するために必要な措置）

第二十五条　法第十九条第十号の政令で定める措置は、次に掲げる措置とする。

一　特定個人情報を提供する者の使用に係る電子計算機に特定個人情報の提供を受ける者の名称、特定個人情報の提供の日時及び提供する特定個人情報の項目その他**主務省令で定める事項**を記録し、並びに当該記録を第二十九条に規定する期間保存すること。

二　提供する特定個人情報が漏えいした場合において、その旨及びその理由を遅滞なく特定個人情報保護委員会に報告するために必要な体制を整備するとともに、提供を受ける者が同様の体制を整備していることを確認すること。

三　前二号に掲げるもののほか、特定個人情報の安全を確保するために必要な措置として**主務省令で定める措**

（社債、株式等の振替に関する法律の規定により提供される特定個人情報の安全を確保するために必要な措置）

第二十一条　令第二十五条第三号の主務省令で定める措置は、次に掲げる措置とする。

一　特定個人情報の提供を受ける者に対し、その使用に係る電子計算機に特定個人情報を提供する者の名称、特定個人情報の提供の日時及び提供を受ける特定個人情報の項目を記録し、並びに当該記録を令第二十九条に規定する期間保存するよう求めること。

二　情報通信の技術の利用における安全性及び信頼性を確保するために必要な基準として内閣総理大臣が定める基準に従って特定個人情報を提供すること。

十二　各議院若しくは各議院の委員会若しくは参議院の調査会が国会法（昭和二十二年法律第七十九号）第百四条第一項（同法第五十四条の四第一項において準用する場合を含む。）若しくは議院における証人の宣誓及び証言等に関する法律（昭和二十二年法律第二百二十五号）第一条の規定により行う審査若しくは調査、訴訟手続その他の裁判所における手続、裁判の執行、刑事事件の捜査、租税に関する法律の規定に基づく犯則事件の調査又は会計検査院の検査（第五十三条において「各議院審査等」という。）が行われるとき、その他**政令で定める**公益上の必要があるとき。

十三　人の生命、身体又は財産の保護のために必要がある場合において、本人の同意があり、又は本人の同意を得ることが困難であるとき。

十四　その他これらに準ずるものとして特定個人情報保護委員会規則で定めるとき。

置

（公益上の必要がある場合）

第二十六条　法第十九条第十二号の政令で定める公益上の必要があるときは、別表に掲げる場合とする。

（収集等の制限）
第二十条 何人も、前条各号のいずれかに該当する場合を除き、特定個人情報（他人の個人番号を含むものに限る。）を収集し、又は保管してはならない。

第二節 情報提供ネットワークシステムによる特定個人情報の提供

（情報提供ネットワークシステム）
第二十一条 総務大臣は、特定個人情報保護委員会と協議して、情報提供ネットワークシステムを設置し、及び管理するものとする。
2 総務大臣は、情報照会者から第十九条第七号の規定により特定個人情報の提供の求めがあったときは、次に掲げる場合を除き、政令で定めるところにより、情報提供ネットワークシステムを使用して、情報提供者に対して特定個人情報の提供の求めがあった旨を通知しなければならない。
一 情報照会者、情報提供者、情報照会者の処理する事務又は当該事務を処理するために必要な特定個人情報の項目が別表第二に掲げるものに該当しないとき。

第二節 情報提供ネットワークシステムによる特定個人情報の提供

（特定個人情報の提供の求めがあった場合の総務大臣の措置）
第二十七条 総務大臣は、法第十九条第七号の規定により特定個人情報の提供の求めがあった場合において、当該提供の求めに係る情報提供者が当該特定個人情報に係る本人に係る情報提供用個人識別符号を取得しているときは、法第二十一条第二項各号に掲げる場合を除き、当該情報提供者に対し、当該情報提供用個人識別符号、当該特定個人情報の項目及び当該提供の求めをした情報照会者の名称その他総務省令で定める事項を通知するものとする。
2 総務大臣は、法第十九条第七号の規定により特定個人情報の提供の求めがあった場合において、当該提供の求めに係る情報提供者が当該特定個人情報

第二節 情報提供ネットワークシステムによる特定個人情報の提供

（特定個人情報の提供の求めがあった場合の総務大臣の措置に係る通知の方法等）
第四十五条 令第二十七条第一項の総務省令で定める事項は、次に掲げる事項とする。
一 法第十九条第七号の規定による提供の求めがあった特定個人情報を保有する情報提供者の名称
二 法第十九条第七号の規定による提供の求めの日時
三 前条第二項第二号から第四号までに掲げる事項
四 法第二十一条第二項の規定による提供の求めがあった旨の通知の有効期間
五 前各号に掲げるもののほか、総務大臣が定める事項

二　当該特定個人情報が記録されることとなる情報照会者の保有する特定個人情報ファイル又は当該特定個人情報が記録されている情報提供者の保有する特定個人情報ファイルについて、第二十七条（第三項及び第五項を除く。）の規定に違反する事実があったと認めるとき。

に係る本人に係る情報提供用個人識別符号を取得していないときは、法第二十一条第二項各号に掲げる場合を除き、当該提供の求めをした情報照会者に対し、当該情報提供者が当該特定個人情報に係る本人に係る情報提供用個人識別符号を取得していない旨を通知するものとする。

3　前項の規定による通知を受けた情報照会者は、同項の情報提供者に対し、同項の特定個人情報に係る本人に係る情報提供用個人識別符号を取得するよう求めることができる。この場合において、当該情報照会者は、当該情報提供者に対し、当該特定個人情報に係る本人の氏名、出生の年月日、男女の別及び住所を通知するものとする。

4　総務大臣は、法第十九条第七号の規定により特定個人情報の提供の求めがあった場合において、法第二十一条第二項各号のいずれかに該当するときは、当該提供の求めをした情報照会者に対し、その旨を通知するものとする。

5　第一項、第二項及び前項の規定による通知は、総務省令で定めるところにより、総務大臣の使用に係る電子計算機から情報提供ネットワークシステムを使用して第一項の情報提供者又は第

2　令第二十七条第五項の規定による通知は、電子計算機の操作によるものとし、情報提供ネットワークシステムを使用した送信の方法に関する技術的基準については、総務大臣が定める。

3　情報提供者が法第二十一条第二項の規定による提供の求めがあった旨の通知を受けた場合において、当該通知の有効期間内に当該情報提供者による法第二十二条第一項の規定による特定個人情報の提供が行われることなく当該期間を経過したときは、当該期間を経過した日に法第二十一条第二項の規定による提供の求めがあった旨の通知は、その効力を失う。

（特定個人情報の提供）

第二十二条　情報提供者は、第十九条第七号の規定により特定個人情報の提供を求められた場合において、当該提供の求めについて前条第二項の規定による総務大臣からの通知を受けたときは、**政令で定めるところにより、**情報照会者に対し、当該特定個人情報を提供しなければならない。

2　前項の規定による特定個人情報の提供があった場合において、他の法令の

二項若しくは前項の情報照会者の使用に係る電子計算機に送信する方法により行うものとする。

6　総務大臣は、第二十条第六項の規定による情報提供用個人識別符号の生成並びに第一項及び第二項の規定による通知に関する事務を適切に処理するため、一の情報提供用個人識別符号により識別される特定の個人と他の情報提供用個人識別符号により識別される特定の個人とが同一の者であるかどうかを確認することができるように、それぞれの情報提供用個人識別符号及び同条第六項の規定による通知先を情報提供ネットワークシステムに記録して、これを管理するものとする。

（情報提供者による特定個人情報の提供）

第二十八条　情報提供者による法第二十二条第一項の規定による特定個人情報の提供は、総務省令で定めるところにより、情報提供者の使用に係る電子計算機から情報提供ネットワークシステムを使用して情報照会者の使用に係る電子計算機に、当該特定個人情報その他総務省令で定める事項を送信する方法により行うものとする。

（情報提供者による特定個人情報の提供の方法等）

第四十六条　令第二十八条の規定による特定個人情報の提供は、電子計算機の操作によるものとし、情報提供ネットワークシステムを使用した送信の方法に関する技術的基準については、総務大臣が定める。

2　法第二十一条第二項の規定による提供の求めがあった旨の通知を受けた情報提供者は、当該通知の有効期間内に、

規定により当該特定個人情報と同一の内容の情報を含む書面の提出が義務付けられているときは、当該書面の提出があったものとみなす。

（情報提供等の記録）

第二十三条 情報照会者及び情報提供者は、第十九条第七号の規定により特定個人情報の提供の求め又は提供があったときは、次に掲げる事項を情報提供ネットワークシステムに接続されたその者の使用する電子計算機に記録し、当該記録を**政令で定める**期間保存しなければならない。

一 情報照会者及び情報提供者の名称

二 提供の求めの日時及び提供があったときはその日時

三 特定個人情報の項目

四 前三号に掲げるもののほか、**総務省令で定める事項**

2 前項に規定する事項のほか、情報照

（情報提供等の記録の保存期間）

第二十九条 法第二十三条第一項の政令で定める期間は、七年とする。

速やかに、情報照会者に対し、法第二十二条第一項の規定による特定個人情報の提供をするものとする。

3 令第二十八条の総務省令で定める事項は、次に掲げる事項とする。

一 法第二十二条第一項の規定による提供の事実が法第二十三条第二項各号のいずれかに該当する場合はその旨

二 前号に掲げるもののほか、総務大臣が定める事項

（情報提供等の記録等）

第四十七条 法第二十三条第一項第四号の総務省令で定める事項は、次に掲げ

会者及び情報提供者は、当該特定個人情報の提供の求め又は提供の事実が次の各号のいずれかに該当する場合には、その旨を情報提供ネットワークシステムに接続されたその者の使用する電子計算機に記録し、当該記録を同項に規定する期間保存しなければならない。
一 第三十条第一項の規定により読み替えて適用する行政機関個人情報保護法第十四条に規定する不開示情報に該当すると認めるとき。
二 条例で定めるところにより地方公共団体又は地方独立行政法人が開示する義務を負わない個人情報に該当すると認めるとき。
三 第三十条第三項の規定により読み替えて適用する独立行政法人等個人情報保護法第十四条に規定する不開示情報に該当すると認めるとき。
四 第三十条第四項の規定により読み替えて準用する独立行政法人等個人情報保護法第十四条に規定する不開示情報に該当すると認めるとき。
3 総務大臣は、第十九条第七号の規定により特定個人情報の提供の求め又は提供があったときは、前二項に規定する事項を情報提供ネットワークシステムに記録し、当該記録を第一項に規定

る事項とする。
一 第四十四条第二項第二号及び第三号に掲げる事項
二 法第十九条第七号の規定による提供の求めが法第二十一条第二項各号に掲げる場合に該当する場合はその旨
三 前各号に掲げるもののほか、総務大臣が定める事項
2 情報照会者及び情報提供者は、法第二十三条第一項及び第二項に規定する記録について、法第二条第八項に規定する個人番号を用いて、当該記録に係る特定の個人を識別するものとする。
3 総務大臣は、法第二十三条第三項に規定する記録について、当該記録を管理するために個人番号に代わって用いられる特定の個人を識別する符号を用いて、当該記録に係る特定の個人を識別するものとする。

する期間保存しなければならない。

（秘密の管理）
第二十四条 総務大臣並びに情報照会者及び情報提供者は、情報提供等事務（第十九条第七号の規定による特定個人情報の提供の求め又は提供に関する事務をいう。以下この条及び次条において同じ。）に関する秘密について、その漏えいの防止その他の適切な管理のために、情報提供ネットワークシステム並びに情報照会者及び情報提供者が情報提供等事務に使用する電子計算機の安全性及び信頼性を確保することその他の必要な措置を講じなければならない。

（秘密保持義務）
第二十五条 情報提供等事務又は情報提供ネットワークシステムの運営に関する事務に従事する者又は従事していた者は、その業務に関して知り得た当該事務に関する秘密を漏らし、又は盗用してはならない。

第五章 特定個人情報の保護

第一節 特定個人情報保護評価

第五章 特定個人情報の保護

（特定個人情報ファイルを保有しようとする者に対する指針）

第二十六条　特定個人情報保護委員会は、特定個人情報の適正な取扱いを確保するため、特定個人情報ファイルを保有しようとする者が、特定個人情報の漏えいその他の事態の発生の危険性及び影響に関する評価（以下「特定個人情報保護評価」という。）を自ら実施し、これらの事態の発生を抑止することその他特定個人情報を適切に管理するために講ずべき措置を定めた指針（次項及び次条第三項において単に「指針」という。）を作成し、公表するものとする。

2　特定個人情報保護委員会は、個人情報の保護に関する技術の進歩及び国際的動向を踏まえ、少なくとも三年ごとに指針について再検討を加え、必要があると認めるときは、これを変更するものとする。

（特定個人情報保護評価）

第二十七条　行政機関の長等は、特定個人情報ファイル（専ら当該行政機関の長等の職員又は職員であった者の人事、給与又は福利厚生に関する事項を記録するものその他の特定個人情報保護委員会規則で定めるものを除く。以下この条において同じ。）を保有しようとするときは、当該特定個人情報ファイルを保有する前に、特定個人情報保護委員会規則で定めるところにより、次に掲げる事項を評価した結果を記載した書面（以下この条において「評価書」という。）を公示し、広く国民の意見を求めるものとする。当該特定個人情報ファイルについて、特定個人情報保護委員会規則で定める重要な変更を加えようとするときも、同様とする。

一　特定個人情報ファイルを取り扱う事務に従事する者の数

二　特定個人情報ファイルに記録されることとなる特定個人情報の量

三　行政機関の長等における過去の個人情報ファイルの取扱いの状況

四　特定個人情報ファイルを取り扱う事務の概要

五　特定個人情報ファイルを取り扱うために使用する電子情報処理組織の仕組み及び電子計算機処理等（電子計算機処理（電子計算機を使用して行われる情報の入力、蓄積、編集、加工、修正、更新、検索、消去、出力又はこれらに類する処理をいう。）

その他これに伴う政令で定める措置

（電子計算機処理に伴う措置）

第三十条　法第二十七条第一項第五号の政令で定める措置は、情報の入力のための準備作業又は電磁的記録媒体の保管とする。

をいう。）の方式
六　特定個人情報ファイルに記録された特定個人情報を保護するための措置
七　前各号に掲げるもののほか、特定個人情報保護委員会規則で定める事項
2　前項前段の場合において、行政機関の長等は、特定個人情報保護委員会規則で定めるところにより、同項前段の規定により得られた意見を十分考慮した上で評価書に必要な見直しを行った後に、当該評価書に記載された特定個人情報ファイルの取扱いについて特定個人情報保護委員会の承認を受けるものとする。当該特定個人情報ファイルについて、特定個人情報保護委員会規則で定める重要な変更を加えようとするときも、同様とする。
3　特定個人情報保護委員会は、評価書の内容、第五十二条第一項の規定により得た情報その他の情報から判断して、当該評価書に記載された特定個人情報ファイルの取扱いが指針に適合していると認められる場合でなければ、前項の承認をしてはならない。
4　行政機関の長等は、第二項の規定により評価書について承認を受けたとき

は、速やかに当該評価書を公表するものとする。

5 前項の規定により評価書が公表されたときは、第二十九条第一項の規定により読み替えて適用する行政機関個人情報保護法第十条第一項の規定による通知があったものとみなす。

6 行政機関の長等は、評価書の公表を行っていない特定個人情報ファイルに記録された情報を第十九条第七号の規定により提供し、又は当該特定個人情報ファイルに記録されることとなる情報の提供を同号の規定により求めてはならない。

（特定個人情報ファイルの作成の制限）

第二十八条 個人番号利用事務等実施者その他個人番号利用事務等に従事する者は、第十九条第十一号から第十四号までのいずれかに該当して特定個人情報を提供し、又はその提供を受けることができる場合を除き、個人番号利用事務等を処理するために必要な範囲を超えて特定個人情報ファイルを作成してはならない。

第二節 行政機関個人情報保護法等の特例等

（行政機関個人情報保護法等の特例）

第二十九条　行政機関が保有し、又は保有しようとする特定個人情報（第二十三条に規定する記録に記録されたものを除く。）に関しては、行政機関個人情報保護法第八条第二項第二号から第四号まで及び第二十五条の規定は適用しないものとし、行政機関個人情報保護法の他の規定の適用については、次の表の上欄に掲げる行政機関個人情報保護法の規定中同表の中欄に掲げる字句は、同表の下欄に掲げる字句とする。

（略）	（略）	（略）
第二十六条第二項	配慮しなければならない	配慮しなければならない。この場合において、行政機関の長は、経済的困難その他特別の理由があると認めるときは、**政令で定めるところにより、**当該手数料を減額し、又は

（行政機関個人情報保護法施行令等の特例等）

第三十一条　法第二十九条第一項又は第三十条第一項若しくは第二項の規定により行政機関の保有する個人情報の保護に関する法律（平成十五年法律第五十八号。以下「行政機関個人情報保護法」という。）第十条第一項の規定を読み替えて適用する場合における行政機関の保有する個人情報の保護に関する法律施行令（平成十五年政令第五百四十八号。次条において「行政機関個人情報保護法施行令」という。）第四条第二号の規定の適用については、同号中「総務大臣」とあるのは、「特定個人情報保護委員会」とする。

第三十二条　法第二十九条第一項又は第三十条第一項若しくは第二項の規定により行政機関個人情報保護法第十三条第二項の規定を読み替えて適用する場合における行政機関個人情報保護法施行令第十一条の規定の適用については、同条第三項中「法定代理人」とあるのは「代理人」と、「戸籍謄本」とあるのは「戸籍謄本、委任状」と、同条第四項中「法定代理人」とあるのは「代理人」とする。

		免除することができる
（略）	（略）	（略）

2　独立行政法人等が保有する特定個人情報（第二十三条第一項及び第二項に規定する記録に記録されたものを除く。）に関しては、独立行政法人等個人情報保護法第九条第二項第二号から第四号まで及び第二十五条の規定は適用しないものとし、独立行政法人等個人情報保護法の他の規定の適用については、次の表の上欄に掲げる独立行政法人等個人情報保護法の規定中同表の中欄に掲げる字句は、同表の下欄に掲げる字句とする。

（略）

3　個人情報保護法第二条第三項に規定する個人情報取扱事業者が保有する特定個人情報（第二十三条第一項及び第二項に規定する記録に記録されたものを除く。）に関しては、個人情報保護法第十六条第三項第三号及び第四号並びに第二十三条の規定は適用しないものとし、個人情報保護法の他の規定の適用については、次の表の上欄に掲げる個人情報保護法の規定中同表の中欄

2　法第二十九条第一項又は第三十条第一項若しくは第二項の規定により行政機関個人情報保護法第二十八条第二項の規定を読み替えて適用する場合における行政機関個人情報保護法施行令第二十条の規定の適用については、同条中「第十一条」とあるのは「行政手続における特定の個人を識別するための番号の利用等に関する法律施行令（平成二十六年政令第百五十五号）第三十二条第一項の規定により読み替えて適用する第十一条」と、「訂正請求及び利用停止請求」とあるのは「訂正請求」と、「訂正請求については「第二十七条第二項」と、利用停止請求については「第三十六条第二項」とあるのは「「第二十七条第二項」とする。

3　法第二十九条第一項の規定により行政機関個人情報保護法第三十七条第二項の規定を読み替えて適用する場合における行政機関個人情報保護法施行令第二十条の規定の適用については、同条中「第十一条」とあるのは「行政手続における特定の個人を識別するための番号の利用等に関する法律施行令（平成二十六年政令第百五十五号）第三十二条第一項の規定により読み替えて適用する第十一条」と、「訂正請求

に掲げる字句は、同表の下欄に掲げる字句とする。

（略）

（情報提供等の記録についての特例）

第三十条　行政機関が保有し、又は保有しようとする第二十三条第一項及び第二項に規定する記録に記録された特定個人情報に関しては、行政機関個人情報保護法第八条第二項から第四項まで、第九条、第二十一条、第二十二条、第二十五条、第三十三条、第三十四条及び第四章第三節の規定は適用しないものとし、行政機関個人情報保護法の他の規定の適用については、次の表の上欄に掲げる行政機関個人情報保護法の規定中同表の中欄に掲げる字句は、同表の下欄に掲げる字句とする。

（略）	（略）	（略）
第二十六条第二項	配慮しなければならない	配慮しなければならない。この場合において、行政機関の長は、経

及び利用停止請求」とあるのは「利用停止請求」と、「訂正請求については「第二十七条第二項」と、利用停止請求については「第三十六条第二項」とあるのは「「第三十六条第二項」とする。

4　法第二十九条第二項又は第三十条第三項の規定により独立行政法人等の保有する個人情報の保護に関する法律（平成十五年法律第五十九号。以下「独立行政法人等個人情報保護法」という。）第十三条第二項の規定を読み替えて適用する場合における独立行政法人等の保有する個人情報の保護に関する法律施行令（平成十五年政令第五百四十九号。以下この条において「独立行政法人等個人情報保護法施行令」という。）第六条の規定の適用については、同条第三項中「法定代理人」とあるのは「代理人」と、「戸籍謄本」とあるのは「戸籍謄本、委任状」と、同条第四項中「法定代理人」とあるのは「代理人」とする。

5　法第二十九条第二項又は第三十条第三項の規定により独立行政法人等個人情報保護法第二十八条第二項の規定を読み替えて適用する場合における独立行政法人等個人情報保護法施行令第十

済的困難その他特別の理由があると認めるときは、**政令で定めるところにより、**当該手数料を減額し、又は免除することができる

（略）

（略）

（略）

2　総務省が保有し、又は保有しようとする第二十三条第三項に規定する記録に記録された特定個人情報に関しては、行政機関個人情報保護法第八条第二項から第四項まで、第九条、第二十一条、第二十二条、第二十五条、第三十三条、第三十四条及び第四章第三節の規定は適用しないものとし、行政機関個人情報保護法の他の規定の適用については、次の表の上欄に掲げる行政機関個人情報保護法の規定中同表の中欄に掲げる字句は、同表の下欄に掲げる字句とする。

（略）

（略）

（略）

四条の規定の適用については、同条中「第六条」とあるのは「行政手続における特定の個人を識別するための番号の利用等に関する法律施行令（平成二十六年政令第百五十五号）第三十二条第四項の規定により読み替えて適用する第六条」と、「訂正請求及び利用停止請求」とあるのは「訂正請求」と、「訂正請求については「第二十七条第二項」と、利用停止請求については「第三十六条第二項」とあるのは「「第二十七条第二項」とする。

6　法第二十九条第二項の規定により独立行政法人等個人情報保護法第三十七条第二項の規定を読み替えて適用する場合における独立行政法人等個人情報保護法施行令第十四条の規定の適用については、同条中「第六条」とあるのは「行政手続における特定の個人を識別するための番号の利用等に関する法律施行令（平成二十六年政令第百五十五号）第三十二条第四項の規定により読み替えて適用する第六条」と、「訂正請求及び利用停止請求」とあるのは「利用停止請求」と、「訂正請求については「第二十七条第二項」と、利用停止請求については「第三十六条第二項」とあるのは「「第三十六条第二項」

第二十六条第二項	配慮しなければならない	配慮しなければならない。この場合において、行政機関の長は、経済的困難その他特別の理由があると認めるときは、**政令で定めるところにより、**当該手数料を減額し、又は免除することができる
（略）	（略）	（略）

3　独立行政法人等が保有する第二十三条第一項及び第二項に規定する記録に記録された特定個人情報に関しては、独立行政法人等個人情報保護法第九条第二項から第四項まで、第十条、第二十一条、第二十二条、第二十五条、第三十三条、第三十四条及び第四章第三節の規定は適用しないものとし、独立行政法人等個人情報保護法の他の規定

とする。

7　法第三十条第四項において準用する独立行政法人等個人情報保護法第十三条第二項の規定による開示請求の手続については、独立行政法人等個人情報保護法施行令第六条の規定を準用する。この場合において、同条第三項中「法定代理人」とあるのは「代理人」と、「戸籍謄本」とあるのは「戸籍謄本、委任状」と、同条第四項中「法定代理人」とあるのは「代理人」と読み替えるものとする。

8　法第三十条第四項において準用する独立行政法人等個人情報保護法第二十八条第二項の規定による訂正請求の手続については、独立行政法人等個人情報保護法施行令第十四条の規定を準用する。この場合において、同条中「第六条」とあるのは「行政手続における特定の個人を識別するための番号の利用等に関する法律施行令第三十二条第七項において準用する第六条」と、「訂正請求及び利用停止請求」とあるのは「訂正請求」と、「訂正請求」とあるのは「第二十七条第二項」と、利用停止請求については「第三十六条第二項」とあるのは「「第二十七条第二項」と読み替えるものとする。

の適用については、次の表の上欄に掲げる独立行政法人等個人情報保護法の規定中同表の中欄に掲げる字句は、同表の下欄に掲げる字句とする。

（略）

4 独立行政法人等個人情報保護法第三条、第五条から第九条第一項まで、第十二条から第二十条まで、第二十三条、第二十四条、第二十六条から第三十二条まで、第三十五条及び第四十六条第一項の規定は、行政機関、地方公共団体、独立行政法人等及び地方独立行政法人以外の者が保有する第二十三条第一項及び第二項に規定する記録に記録された特定個人情報について準用する。この場合において、次の表の上欄に掲げる独立行政法人等個人情報保護法の規定中同表の中欄に掲げる字句は、同表の下欄に掲げる字句に読み替えるものとする。

（略）

（特定個人情報の開示の請求に係る手数料の免除）

第三十三条 行政機関の長（行政機関個人情報保護法第四十六条の規定により委任を受けた職員があるときは、当該職員。次項において同じ。）は、法第二十九条第一項又は第三十条第一項若しくは第二項の規定により読み替えて適用する行政機関個人情報保護法第十二条の規定により特定個人情報の開示の請求を受けた場合において、当該特定個人情報に係る本人が、経済的困難により行政機関個人情報保護法第二十六条第一項の手数料を納付する資力がないと認めるときは、当該手数料を免除することができる。

2 前項の規定による手数料の免除を受けようとする者は、行政機関個人情報保護法第十三条第一項の規定による書面の提出を行う際に、併せて当該免除を求める理由を記載した申請書を行政機関の長に提出しなければならない。

3 前項の申請書には、第一項の特定個人情報に係る本人が生活保護法（昭和二十五年法律第百四十四号）第十一条第一項各号に掲げる扶助を受けていることを理由とする場合にあっては当該扶助を受けていることを証明する書面

（地方公共団体等が保有する特定個人情報の保護）

第三十一条　地方公共団体は、行政機関個人情報保護法、独立行政法人等個人情報保護法、個人情報保護法及びこの法律の規定により行政機関の長、独立行政法人等及び個人番号取扱事業者（特定個人情報ファイルを事業の用に供している個人番号利用事務等実施者であって、国の機関、地方公共団体の機関、独立行政法人等及び地方独立行政法人以外のものをいう。以下この節において同じ。）が講ずることとされている措置の趣旨を踏まえ、当該地方公共団体及びその設立に係る地方独立行政法人が保有する特定個人情報の適正な取扱いが確保され、並びに当該地方公共団体及びその設立に係る地方独立行政法人が保有する特定個人情報の開示、訂正、利用の停止、消去及び提供の停止（第二十三条第一項及び第二項に規定する記録に記録された特定個人情報にあっては、その開示及び訂正）を実施するために必要な措置を講

を、その他の事実を理由とする場合にあっては当該事実を証明する書面を添付しなければならない。

ずるものとする。

（個人情報取扱事業者でない個人番号取扱事業者が保有する特定個人情報の保護）

第三十二条　個人番号取扱事業者（個人情報保護法第二条第三項に規定する個人情報取扱事業者を除く。以下この節において同じ。）は、人の生命、身体又は財産の保護のために必要がある場合において本人の同意があり又は本人の同意を得ることが困難であるとき、及び第九条第四項の規定に基づく場合を除き、個人番号利用事務等を処理するために必要な範囲を超えて、特定個人情報を取り扱ってはならない。

第三十三条　個人番号取扱事業者は、その取り扱う特定個人情報の漏えい、滅失又は毀損の防止その他の特定個人情報の安全管理のために必要かつ適切な措置を講じなければならない。

第三十四条　個人番号取扱事業者は、その従業者に特定個人情報を取り扱わせるに当たっては、当該特定個人情報の安全管理が図られるよう、当該従業者に対する必要かつ適切な監督を行わなければならない。

第三十五条　個人番号取扱事業者のうち次の各号に掲げる者については、その特定個人情報を取り扱う目的の全部又は一部がそれぞれ当該各号に定める目的であるときは、前三条の規定は、適用しない。

一　放送機関、新聞社、通信社その他の報道機関（報道（不特定かつ多数の者に対し客観的事実を事実として知らせることをいい、これに基づいて意見又は見解を述べることを含む。以下この号において同じ。）を業として行う個人を含む。）　報道の用に供する目的

二　著述を業として行う者　著述の用に供する目的

三　大学その他の学術研究を目的とする機関若しくは団体又はそれらに属する者　学術研究の用に供する目的

四　宗教団体　宗教活動（これに付随する活動を含む。）の用に供する目的

五　政治団体　政治活動（これに付随する活動を含む。）の用に供する目的

2　前項各号に掲げる個人番号取扱事業

者は、特定個人情報の安全管理のために必要かつ適切な措置、特定個人情報の取扱いに関する苦情の処理その他の特定個人情報の適正な取扱いを確保するために必要な措置を自ら講じ、かつ、当該措置の内容を公表するよう努めなければならない。

第六章　特定個人情報保護委員会

第一節　組織

（設置）

第三十六条　内閣府設置法（平成十一年法律第八十九号）第四十九条第三項の規定に基づいて、特定個人情報保護委員会（以下「委員会」という。）を置く。

2　委員会は、内閣総理大臣の所轄に属する。

（任務）

第三十七条　委員会は、国民生活にとっての個人番号その他の特定個人情報の有用性に配慮しつつ、その適正な取扱いを確保するために必要な個人番号利用事務等実施者に対する指導及び助言その他の措置を講ずることを任務とす

第六章　特定個人情報保護委員会

る。

（所掌事務）

第三十八条　委員会は、前条の任務を達成するため、次に掲げる事務をつかさどる。

一　特定個人情報の取扱いに関する監視又は監督及び苦情の申出についての必要なあっせんに関すること。

二　特定個人情報保護評価に関すること。

三　特定個人情報の保護についての広報及び啓発に関すること。

四　前三号に掲げる事務を行うために必要な調査及び研究に関すること。

五　所掌事務に係る国際協力に関すること。

六　前各号に掲げるもののほか、法律（法律に基づく命令を含む。）に基づき委員会に属させられた事務

（職権行使の独立性）

第三十九条　委員会の委員長及び委員は、独立してその職権を行う。

（組織等）

第四十条　委員会は、委員長及び委員六人をもって組織する。

2 委員のうち三人は、非常勤とする。

3 委員長及び委員は、人格が高潔で識見の高い者のうちから、両議院の同意を得て、内閣総理大臣が任命する。

4 委員長及び委員には、個人情報の保護に関する学識経験のある者、情報処理技術に関する学識経験のある者、社会保障制度又は税制に関する学識経験のある者、民間企業の実務に関して十分な知識と経験を有する者及び連合組織（地方自治法（昭和二十二年法律第六十七号）第二百六十三条の三第一項の連合組織で同項の規定による届出をしたものをいう。）の推薦する者が含まれるものとする。

（任期等）

第四十一条 委員長及び委員の任期は、五年とする。ただし、補欠の委員長又は委員の任期は、前任者の残任期間とする。

2 委員長及び委員は、再任されることができる。

3 委員長及び委員の任期が満了したときは、当該委員長及び委員は、後任者が任命されるまで引き続きその職務を行うものとする。

4 委員長又は委員の任期が満了し、又

は欠員を生じた場合において、国会の閉会又は衆議院の解散のために両議院の同意を得ることができないときは、内閣総理大臣は、前条第三項の規定にかかわらず、同項に定める資格を有する者のうちから、委員長又は委員を任命することができる。

5　前項の場合においては、任命後最初の国会において両議院の事後の承認を得なければならない。この場合において、両議院の事後の承認が得られないときは、内閣総理大臣は、直ちに、その委員長又は委員を罷免しなければならない。

（身分保障）

第四十二条　委員長及び委員は、次の各号のいずれかに該当する場合を除いては、在任中、その意に反して罷免されることがない。

一　破産手続開始の決定を受けたとき。

二　この法律の規定に違反して刑に処せられたとき。

三　禁錮以上の刑に処せられたとき。

四　委員会により、心身の故障のため職務を執行することができないと認められたとき、又は職務上の義務違反その他委員長若しくは委員たるに適しない非行があると認められたとき。

（罷免）
第四十三条 内閣総理大臣は、委員長又は委員が前条各号のいずれかに該当するときは、その委員長又は委員を罷免しなければならない。

（委員長）
第四十四条 委員長は、委員会の会務を総理し、委員会を代表する。
2 委員会は、あらかじめ常勤の委員のうちから、委員長に事故がある場合に委員長を代理する者を定めておかなければならない。

（会議）
第四十五条 委員会の会議は、委員長が招集する。
2 委員会は、委員長及び三人以上の委員の出席がなければ、会議を開き、議決をすることができない。
3 委員会の議事は、出席者の過半数でこれを決し、可否同数のときは、委員長の決するところによる。
4 第四十二条第四号の規定による認定をするには、前項の規定にかかわらず、本人を除く全員の一致がなければならない。

5　委員長に事故がある場合の第三項の規定の適用については、前条第二項に規定する委員長を代理する者は、委員長とみなす。

（事務局）

第四十六条　委員会の事務を処理させるため、委員会に事務局を置く。

2　事務局に、事務局長その他の職員を置く。

3　事務局長は、委員長の命を受けて、局務を掌理する。

（政治運動等の禁止）

第四十七条　委員長及び委員は、在任中、政党その他の政治団体の役員となり、又は積極的に政治運動をしてはならない。

2　委員長及び常勤の委員は、在任中、内閣総理大臣の許可のある場合を除くほか、報酬を得て他の職務に従事し、又は営利事業を営み、その他金銭上の利益を目的とする業務を行ってはならない。

（秘密保持義務）

第四十八条 委員長、委員及び事務局の職員は、職務上知ることのできた秘密を漏らし、又は盗用してはならない。その職務を退いた後も、同様とする。

（給与）
第四十九条 委員長及び委員の給与は、別に法律で定める。

第二節　業務

（指導及び助言）
第五十条 委員会は、この法律の施行に必要な限度において、個人番号利用事務等実施者に対し、特定個人情報の取扱いに関し、必要な指導及び助言をすることができる。この場合において、特定個人情報の適正な取扱いを確保するために必要があると認めるときは、当該特定個人情報と共に管理されている特定個人情報以外の個人情報の取扱いに関し、併せて指導及び助言をすることができる。

（勧告及び命令）
第五十一条 委員会は、特定個人情報の取扱いに関して法令の規定に違反する行為が行われた場合において、特定個人情報の適正な取扱いの確保のために必要があると認めるときは、当該違反行為をした者に対し、期限を定めて、当該違反行為の中止その他違反を是正するために必要な措置をとるべき旨を勧告することができる。

2　委員会は、前項の規定による勧告を受けた者が、正当な理由がなくてその勧告に係る措置をとらなかったときは、その者に対し、期限を定めて、その勧告に係る措置をとるべきことを命ずることができる。

3　委員会は、前二項の規定にかかわらず、特定個人情報の取扱いに関して法令の規定に違反する行為が行われた場合において、個人の重大な権利利益を害する事実があるため緊急に措置をとる必要があると認めるときは、当該違反行為をした者に対し、期限を定めて、当該違反行為の中止その他違反を是正するために必要な措置をとるべき旨を命ずることができる。

（報告及び立入検査）

第五十二条　委員会は、この法律の施行に必要な限度において、特定個人情報を取り扱う者その他の関係者に対し、特定個人情報の取扱いに関し、必要な報告若しくは資料の提出を求め、又はその職員に、当該特定個人情報を取り扱う者その他の関係者の事務所その他必要な場所に立ち入らせ、特定個人情報の取扱いに関し質問させ、若しくは帳簿書類その他の物件を検査させることができる。

2 前項の規定により立入検査をする職員は、その身分を示す証明書を携帯し、関係人の請求があったときは、これを提示しなければならない。

3 第一項の規定による立入検査の権限は、犯罪捜査のために認められたものと解釈してはならない。

（適用除外）

第五十三条 前三条の規定は、各議院審査等が行われる場合又は第十九条第十二号の政令で定める場合のうち**各議院審査等に準ずるものとして政令で定める手続**が行われる場合における特定個人情報の提供及び提供を受け、又は取得した特定個人情報の取扱いについては、適用しない。

（各議院審査等に準ずる手続）

第三十四条 法第五十三条の政令で定める手続は、別表第一号、第二号（私的独占の禁止及び公正取引の確保に関する法律（昭和二十二年法律第五十四号）第百一条第一項に規定する犯則事件の調査に係る部分に限る。）、第三号、第四号（金融商品取引法（昭和二十三年法律第二十五号）第二百十条第一項（犯罪による収益の移転防止に関する法律（平成十九年法律第二十二号）第三十条において準用する場合を含む。）に規定する犯則事件の調査に係る部分

（措置の要求）

第五十四条　委員会は、個人番号その他の特定個人情報の取扱いに利用される情報提供ネットワークシステムその他の情報システムの構築及び維持管理に関し、費用の節減その他の合理化及び効率化を図った上でその機能の安全性及び信頼性を確保するよう、総務大臣その他の関係行政機関の長に対し、必要な措置を実施するよう求めることができる。

2　委員会は、前項の規定により同項の措置の実施を求めたときは、同項の関係行政機関の長に対し、その措置の実施状況について報告を求めることができる。

に限る。）、第六号、第七号、第九号、第十一号、第十三号、第十六号、第十七号、第二十三号（犯罪による収益の移転防止に関する法律第八条第一項の規定による届出、同条第三項又は第四項の規定による通知、同法第十二条第一項又は第十三条第一項の規定による提供及び同法第十二条第二項の規定による閲覧、謄写又は写しの送付の求めに係る部分に限る。）又は第二十四号に掲げる場合において行われる手続とする。

（内閣総理大臣に対する意見の申出）

第五十五条　委員会は、内閣総理大臣に対し、その所掌事務の遂行を通じて得られた特定個人情報の保護に関する施策の改善についての意見を述べることができる。

（国会に対する報告）

第五十六条　委員会は、毎年、内閣総理大臣を経由して国会に対し所掌事務の処理状況を報告するとともに、その概要を公表しなければならない。

第三節　雑則

（規則の制定）

第五十七条　委員会は、その所掌事務について、法律若しくは政令を実施するため、又は法律若しくは政令の特別の委任に基づいて、特定個人情報保護委員会規則を制定することができる。

第七章　法人番号

（通知等）

第五十八条　国税庁長官は、**政令で定めるところにより**、法人等（国の機関、地方公共団体及び会社法（平成十七年

第七章　法人番号

（法人番号の構成）

第三十五条　法人番号は、次項又は第三項の規定により定められた十二桁の番号（以下この条において「基礎番号」

法律第八十六号）その他の法令の規定により設立の登記をした法人以外の法人又は法人でない社団若しくは財団で代表者若しくは管理人の定めがあるもの（以下この条において「人格のない社団等」という。）であって、所得税法第二百三十条、法人税法（昭和四十年法律第三十四号）第百四十八条、第百四十九条若しくは第百五十条又は消費税法（昭和六十三年法律第百八号）第五十七条の規定により届出書を提出することとされているものをいう。以下この項及び次項において同じ。）に対して、法人番号を指定し、これを当該法人等に通知するものとする。

という。）及びその前に付された一桁の検査用数字（法人番号を電子計算機に入力するときに誤りのないことを確認することを目的として、基礎番号を基礎として**財務省令で定める算式**により算出される一から九までの整数をいう。）により構成されるものとする。

2　会社法その他の法令の規定により設立の登記をした法人（以下「設立登記法人」という。）の法人番号を構成する基礎番号は、その者の会社法人等番号（商業登記法（昭和三十八年法律第百二十五号）第七条（他の法令において準用する場合を含む。）に規定する会社法人等番号をいう。次項において同じ。）であって、その者の本店又は主たる事務所の所在地を管轄する登記所において作成される登記簿に記録されたものとする。

3　設立登記法人以外の者の法人番号を構成する基礎番号は、他のいずれの法人番号を構成する基礎番号及びいずれの会社法人等番号とも異なるものとなるように、**財務省令で定める方法**により国税庁長官が定めるものとする。

（国の機関に対する法人番号の指定の単位）

第三十六条 国の機関に対する法第五十八条第一項の規定による法人番号の指定は、次に掲げる機関を単位として行うものとする。
一 衆議院、参議院、裁判官弾劾裁判所、裁判官訴追委員会及び国立国会図書館
二 行政機関（検察庁にあっては、最高検察庁、高等検察庁及び地方検察庁）及び検察審査会
三 最高裁判所、高等裁判所（東京高等裁判所にあっては、東京高等裁判所及び知的財産高等裁判所）、地方裁判所、家庭裁判所及び簡易裁判所

（国の機関、地方公共団体及び設立登記法人以外の法人又は人格のない社団等に対する法人番号の指定）
第三十七条 国の機関、地方公共団体及び設立登記法人以外の法人又は人格のない社団等（法第五十八条第一項に規定する人格のない社団等をいう。以下同じ。）であって、次の各号に掲げるもの（法人番号保有者を除く。）に対する同項の規定による法人番号の指定は、その者が当該各号に規定する届出書若しくは国税通則法（昭和三十七年法律第六十六号）第百二十四条第一項

に規定する書類（第三十九条第一項第一号及び第三項において「申告書等」という。）を提出するに際して国税庁長官にした申告又は官公署が法第六十条第二項の規定により国税庁長官に提供した資料により、その者の商号又は名称及び本店又は主たる事務所の所在地、その者について当該各号に定める事実が生じたこと並びにその者が法人番号保有者でないことが確認された後、速やかに行うものとする。

一 所得税法（昭和四十年法律第三十三号）第二百三十条の規定により届出書を提出することとされている者国内において給与等（同法第二十八条第一項に規定する給与等をいう。）の支払事務を取り扱う事務所、事業所その他これらに準ずるものを設けたこと。

二 法人税法（昭和四十年法律第三十四号）第百四十八条の規定により届出書を提出することとされている者内国法人（同法第二条第三号に規定する内国法人をいう。）である普通法人（同法第二条第九号に規定する普通法人をいう。）又は協同組合等（同法第二条第七号に規定する協同組合等をいう。）として新たに設立されたこと。

三　法人税法第百四十九条の規定により届出書を提出することとされている者　同条第一項に規定する場合に該当することとなったこと。

四　法人税法第百五十条の規定により届出書を提出することとされている者　同条各項に規定する場合のいずれかに該当することとなったこと。

五　消費税法（昭和六十三年法律第百八号）第五十七条の規定により届出書を提出することとされている者　同条第一項第一号に掲げる場合に該当することとなったこと又は同法第十二条の二第一項に規定する新設法人若しくは同法第十二条の三第一項に規定する特定新規設立法人に該当することとなったこと。

（法人番号の通知）

第三十八条　国税庁長官は、法第五十八条第一項の規定により法人番号を指定したときは、速やかに、当該法人番号の指定を受けた者に対し、その旨及び当該法人番号を、これらの事項並びにその者の商号又は名称及び本店又は主たる事務所の所在地その他の**財務省令で定める事項**が記載された書面により

2　法人等以外の法人又は人格のない社団等であって**政令で定めるもの**は、**政令で定めるところにより**、その者の商号又は名称及び本店又は主たる事務所の所在地その他財務省令で定める事項を国税庁長官に届け出て法人番号の指定を受けることができる。

通知するものとする。

（届出による法人番号の指定等）

第三十九条　法第五十八条第二項の政令で定める法人等以外の法人又は人格のない社団等は、次に掲げる者（法人番号保有者を除く。）とする。

一　国税に関する法律の規定に基づき税務署長その他行政機関の長若しくはその職員に申告書等を提出する者又はその者から当該申告書等に記載するため必要があるとして法人番号の提供を求められる者

二　国内に本店又は主たる事務所を有する法人

2　法第五十八条第二項の規定による届出は、当該届出をしようとする者についての同項に規定する事項（以下この項及び次条において「届出事項」という。）が記載された届出書に、当該届出事項を証明する定款その他の**財務省令で定める書類**を添付して行わなければならない。

3　法第五十八条第二項の規定による法人番号の指定は、前項の届出書及びこれに添付された書類、当該届出をした者が申告書等を提出するに際して国税庁長官にした申告又は官公署が法第六

3　前項の規定による届出をした者は、その届出に係る事項に変更があったとき（この項の規定による届出に係る事項に変更があった場合を含む。）は、**政令で定めるところにより**、当該変更があった事項を国税庁長官に届け出なければならない。

4　国税庁長官は、**政令で定めるところにより**、第一項又は第二項の規定により法人番号の指定を受けた者（以下「法人番号保有者」という。）の商号又は名称、本店又は主たる事務所の所在地及び法人番号を公表するものとする。ただし、人格のない社団等については、あらかじめ、その代表者又は管理人の同意を得なければならない。

十条第二項の規定により国税庁長官に提供した資料により、当該届出をした者が法人番号保有者でないことが確認された後、速やかに行うものとする。

4　前条の規定は、国税庁長官が法第五十八条第二項の規定により法人番号を指定した場合について準用する。

（変更の届出）

第四十条　法第五十八条第三項の規定による変更の届出は、当該届出をしようとする者の法人番号、その者についての届出事項に変更があった旨、変更後の当該届出事項その他の**財務省令で定める事項**が記載された届出書に、当該変更があった旨を証明する定款その他の**財務省令で定める書類**を添付して行わなければならない。

（法人番号等の公表）

第四十一条　法第五十八条第四項の規定による公表は、当該公表に係る法人番号保有者に対し、第三十八条（第三十九条第四項において準用する場合を含む。）の規定による通知をした後（当該法人番号保有者が人格のない社団等である場合にあっては、当該通知をし、及び法第五十八条第四項ただし書の規定による同意を得た後)、速やかに、インターネットを利用して公衆の閲覧に供する方法により行うものとする。

2 国税庁長官は、法第五十八条第四項の規定による公表を行った場合において、当該公表に係る法人番号保有者について、当該公表に係る事項に変更があったとき(この項の規定による公表に係る事項に変更があった場合を含む。)は、**財務省令で定めるところにより**その事実を確認した上で、これらの事項に加えて、速やかに、これらの事項に変更があった旨及び変更後のこれらの事項を前項に規定する方法により公表するものとする。

3 国税庁長官は、法第五十八条第四項の規定による公表を行った場合において、当該公表に係る法人番号保有者について、会社法第二編第九章の規定による清算の結了その他の財務省令で定める事由が生じたときは、**財務省令で定めるところにより**その事実を確認した上で、当該公表に係る事項(前項の規定による公表に係る事項を含む。)に加えて、速やかに、当該法人番号保有者について当該事由が生じた旨及び当該事由が生じた年月日(当該年月日が明らかでないときは、国税庁長官が

（情報の提供の求め）

第五十九条　行政機関の長、地方公共団体の機関又は独立行政法人等（以下この章において「行政機関の長等」という。）は、他の行政機関の長等に対し、特定法人情報（法人番号保有者に関する情報であって法人番号により検索することができるものをいう。第六十一条において同じ。）の提供を求めるときは、当該法人番号を当該他の行政機関の長等に通知してするものとする。

2　行政機関の長等は、国税庁長官に対し、法人番号保有者の商号又は名称、本店又は主たる事務所の所在地及び法人番号について情報の提供を求めることができる。

（資料の提供）

第六十条　国税庁長官は、第五十八条第

当該事由が生じたことを知った年月日）を第一項に規定する方法により公表するものとする。

（財務省令への委任）

第四十二条　この章に定めるもののほか、法人番号の指定その他法人番号に関し必要な事項は、**財務省令で定める。**

一項の規定による法人番号の指定を行うために必要があると認めるときは、法務大臣に対し、商業登記法（昭和三十八年法律第百二十五号）第七条（他の法令において準用する場合を含む。）に規定する会社法人等番号（会社法その他の法令の規定により設立の登記をした法人の本店又は主たる事務所の所在地を管轄する登記所において作成される登記簿に記録されたものに限る。）その他の当該登記簿に記録された事項の提供を求めることができる。

2　前項に定めるもののほか、国税庁長官は、第五十八条第一項若しくは第二項の規定による法人番号の指定若しくは通知又は同条第四項の規定による公表を行うために必要があると認めるときは、官公署に対し、法人番号保有者の商号又は名称及び本店又は主たる事務所の所在地その他必要な資料の提供を求めることができる。

（正確性の確保）

第六十一条　行政機関の長等は、その保有する特定法人情報について、その利用の目的の達成に必要な範囲内で、過去又は現在の事実と合致するよう努めなければならない。

第八章　雑則

（指定都市の特例）

第六十二条　地方自治法第二百五十二条の十九第一項に規定する指定都市（次項において単に「指定都市」という。）に対するこの法律の規定で**政令で定めるもの**の適用については、区及び総合区を市と、区長及び総合区長を市長とみなす。

2　前項に定めるもののほか、指定都市に対するこの法律の規定の適用については、**政令で特別の定めをすることができる。**

第八章　雑則

（指定都市の区及び総合区に対する法の適用）

第四十三条　法第六十二条第一項の政令で定める法の規定は、法第七条第一項、第三項及び第四項、第八条第三項並びに附則第三条第三項とする。

2　地方自治法（昭和二十二年法律第六十七号）第二百五十二条の十九第一項に規定する指定都市（次条において単に「指定都市」という。）について法の規定を適用する場合には、次の表の上欄に掲げる法の規定中同表の中欄に掲げる字句は、同表の下欄に掲げる字句とする。

（略）

（指定都市の区及び総合区に対するこの政令の適用）

第四十四条　指定都市においては、第二条第一項、第五条第三項、第七条、第九条及び附則第二条第二項の規定中市長に関する規定は、市の区長及び総合区長に適用する。

2　指定都市についてこの政令の規定を適用する場合には、次の表の上欄に掲げる規定中同表の中欄に掲げる字句は、

第五章　雑則

第四十八条　地方自治法（昭和二十二年法律第六十七号）第二百五十二条の十九第一項に規定する指定都市（次項において「指定都市」という。）においては、第八条及び第十五条の規定中市長に関する規定は、市の区長に適用する。

2　指定都市についてこの省令の規定を適用する場合には、次の表の上欄に掲げる規定中同表の中欄に掲げる字句は、同表の下欄に掲げる字句とする。

（略）

（事務の区分）
第六十三条　第七条第一項及び第二項、第八条第一項（附則第三条第四項において準用する場合を含む。）、第十七条第一項及び第三項（同条第四項において準用する場合を含む。）並びに附則第三条第一項から第三項までの規定により市町村が処理することとされている事務は、地方自治法第二条第九項第一号に規定する第一号法定受託事務とする。

（権限又は事務の委任）
第六十四条　行政機関の長は、**政令（内閣の所轄の下に置かれる機関及び会計検査院にあっては、当該機関の命令）で定めるところにより**、第二章、第四章、第五章及び前章に定める権限又は事務を当該行政機関の職員に委任することができる。

（主務省令）
第六十五条　この法律における主務省令は、内閣府令・総務省令とする。

同表の下欄に掲げる字句とする。
（略）

（主務省令）
第四十五条　この政令における主務省令は、内閣府令・総務省令とする。

（政令への委任）

第六十六条　この法律に定めるもののほか、この法律の実施のための手続**その他この法律の施行に関し必要な事項は、政令で定める。**

第九章　罰則

第六十七条　個人番号利用事務等又は第七条第一項若しくは第二項の規定による個人番号の指定若しくは通知、第八条第二項の規定による個人番号とすべき番号の生成若しくは通知若しくは第十四条第二項の規定による機構保存本人確認情報の提供に関する事務に従事する者又は従事していた者が、正当な理由がないのに、その業務に関して取り扱った個人の秘密に属する事項が記録された特定個人情報ファイル（その全部又は一部を複製し、又は加工した特定個人情報ファイルを含む。）を提供したときは、四年以下の懲役若しくは二百万円以下の罰金に処し、又はこれを併科する。

第六十八条　前条に規定する者が、その業務に関して知り得た個人番号を自己若しくは第三者の不正な利益を図る目的で提供し、又は盗用したときは、三年以下の懲役若しくは百五十万円以下の罰金に処し、又はこれを併科する。

第六十九条　第二十五条の規定に違反して秘密を漏らし、又は盗用した者は、三年以下の懲役若しくは百五十万円以下の罰金に処し、又はこれを併科する。

第七十条　人を欺き、人に暴行を加え、若しくは人を脅迫する行為により、又は財物の窃取、施設への侵入、不正アクセス行為（不正アクセス行為の禁止等に関する法律（平成十一年法律第百二十八号）第二条第四項に規定する不正アクセス行為をいう。）その他の個人番号を保有する者の管理を害する行為により、個人番号を取得した者は、三年以下の懲役又は百五十万円以下の罰金に処する。

2　前項の規定は、刑法（明治四十年法律第四十五号）その他の罰則の適用を妨げない。

第七十一条　国の機関、地方公共団体の機関若しくは機構の職員又は独立行政法人等若しくは地方独立行政法人の役員若しくは職員が、その職権を濫用して、専らその職務の用以外の用に供する目的で個人の秘密に属する特定個人情報が記録された文書、図画又は電磁的記録（電子的方式、磁気的方式その他人の知覚によっては認識することができない方式で作られる記録をいう。）を収集したときは、二年以下の懲役又は百万円以下の罰金に処する。

第七十二条　第四十八条の規定に違反して秘密を漏らし、又は盗用した者は、二年以下の懲役又は百万円以下の罰金に処する。

第七十三条　第五十一条第二項又は第三項の規定による命令に違反した者は、二年以下の懲役又は五十万円以下の罰金に処する。

第七十四条　第五十二条第一項の規定による報告若しくは資料の提出をせず、若しくは虚偽の報告をし、若しくは虚偽の資料を提出し、又は当該職員の質問に対して答弁をせず、若しくは虚偽の答弁をし、若しくは検査を拒み、妨げ、若しくは忌避した者は、一年以下の懲役又は五十万円以下の罰金に処する。

第七十五条 偽りその他不正の手段により通知カード又は個人番号カードの交付を受けた者は、六月以下の懲役又は五十万円以下の罰金に処する。

第七十六条 第六十七条から第七十二条までの規定は、日本国外においてこれらの条の罪を犯した者にも適用する。

第七十七条 法人（法人でない団体で代表者又は管理人の定めのあるものを含む。以下この項において同じ。）の代表者若しくは管理人又は法人若しくは人の代理人、使用人その他の従業者が、その法人又は人の業務に関して、第六十七条、第六十八条、第七十条又は第七十三条から第七十五条までの違反行為をしたときは、その行為者を罰するほか、その法人又は人に対しても、各本条の罰金刑を科する。

2 法人でない団体について前項の規定の適用がある場合には、その代表者又は管理人が、その訴訟行為につき法人でない団体を代表するほか、法人を被告人又は被疑者とする場合の刑事訴訟に関する法律の規定を準用する。

附則

（施行期日）

第一条　この法律は、公布の日から起算して三年を超えない範囲内において**政令で定める日**から施行する。ただし、次の各号に掲げる規定は、当該各号に定める日から施行する。

一　第一章、第二十四条、第六十五条及び第六十六条並びに次条並びに附則第五条及び第六条の規定　公布の日

二　第二十五条、第六章第一節、第五十四条、第六章第三節、第六十九条、第七十二条及び第七十六条（第六十九条及び第七十二条に係る部分に限る。）並びに附則第四条の規定　平成二十六年一月一日から起算して六月を超えない範囲内において**政令で定める日**

三　第二十六条、第二十七条、第二十九条第一項（行政機関個人情報保護法第十条第一項及び第三項の規定を読み替えて適用する部分に限る。）、第三十一条、第六章第二節（第五十四条を除く。）、第七十三条、第七十四条及び第七十七条（第七十三条及び第七十四条に係る部分に限る。）

附則

（施行期日）

第一条　この政令は、法の施行の日から施行する。ただし、次の各号に掲げる規定は、当該各号に定める日から施行する。

一　第一条の規定　公布の日

二　第三十条、第三十一条（法第二十九条第一項の規定により行政機関個人情報保護法第十条第一項の規定を読み替えて適用する場合に係る部分に限る。）及び第三十四条並びに別表第一号、第二号（私的独占の禁止及び公正取引の確保に関する法律第百一条第一項に規定する犯則事件の調査に係る部分に限る。）、第三号、第四号（金融商品取引法第二百十条第一項（犯罪による収益の移転防止に関する法律第三十条において準用する場合を含む。）に規定する犯則事件の調査に係る部分に限る。）、第六号、第七号、第九号、第十一号、第十三号、第十六号、第十七号、第二十三号（犯罪による収益の移転防止に関する法律第八条第一項の規定による届出、同条第三項又は第四項の規定による通知、同法第十二条第

附則

（施行期日）

第一条　この命令は、法の施行の日から施行する。ただし、第一条から第十一条まで及び第十三条から第十八条（住民基本台帳法第三十条の十三、第三十条の十四及び第三十条の十五第二項に係る部分に限る。）まで並びに次条第一項及び第二項の規定は、法附則第一条第四号に掲げる規定の施行の日から施行する。

（施行期日）

第一条　この省令は、法の施行の日から施行する。ただし、次の各号に掲げる規定は、当該各号に定める日から施行する。

一　第一条、第十七条、第十九条、第三十五条、第三十七条から第三十九条まで及び第四十八条第二項（同項の表第三十五条第一項の項から第三十七条の項までに係る部分に限る。）の規定　公布の日

二　第三章（第十七条及び第十九条を除く。）及び第四十八条第二項（同項の表第十八条、第二十三条及び第三十三条第三項の項から第三十三条

の規定　公布の日から起算して一年六月を超えない範囲内において**政令で定める日**

四　第九条から第十一条まで、第十三条、第十四条、第十六条、第三章、第二十九条第一項（行政機関個人情報保護法第十条第一項及び第三項の規定を読み替えて適用する部分を除く。）から第三項まで、第三十条第一項（行政機関個人情報保護法第十条第一項及び第三項の規定を読み替えて適用する部分に限る。）及び第二項（行政機関個人情報保護法第十条第一項及び第三項の規定を読み替えて適用する部分に限る。）、第六十三条（第十七条第一項及び第三項（同条第四項において準用する場合を含む。）に係る部分に限る。）、第七十五条（個人番号カードに係る部分に限る。）並びに第七十七条（第七十五条（個人番号カードに係る部分に限る。）に係る部分に限る。）並びに別表第一の規定　公布の日から起算して三年六月を超えない範囲内において**政令で定める日**

五　第十九条第七号、第二十一条から第二十三条まで並びに第三十条第一項（行政機関個人情報保護法第十条

一項又は第十三条第一項の規定による提供及び同法第十二条第二項の規定による閲覧、謄写又は写しの送付の求めに係る部分に限る。）及び第二十四号の規定　法附則第一条第三号に掲げる規定の施行の日

三　第十条から第十二条まで、第三章、第三十一条（法第二十九条第一項の規定により行政機関個人情報保護法第十条第一項の規定を読み替えて適用する場合に係る部分を除く。）、第三十二条第一項（法第二十九条第一項の規定により行政機関個人情報保護法第十三条第二項の規定を読み替えて適用する場合に係る部分に限る。）、第二項（法第二十九条第一項の規定により行政機関個人情報保護法第二十八条第二項の規定を読み替えて適用する場合に係る部分に限る。）、第三項、第四項（法第二十九条第二項の規定により独立行政法人等個人情報保護法第十三条第二項の規定を読み替えて適用する場合に係る部分に限る。）、第五項（法第二十九条第二項の規定により独立行政法人等個人情報保護法第二十八条第二項の規定を読み替えて適用する場合に係る部分に限る。）及び第六項、

第二項の項までに係る部分に限る。）並びに附則第二条の規定　法附則第一条第四号に掲げる規定の施行の日

三　第四章の規定　法附則第一条第五号に掲げる規定の施行の日

第一項及び第三項の規定を読み替えて適用する部分を除く。）及び第二項（行政機関個人情報保護法第十条第一項及び第三項の規定を読み替えて適用する部分を除く。）から第四項まで並びに別表第二の規定　公布の日から起算して四年を超えない範囲内において**政令で定める日**

第三十三条（法第二十九条第一項の規定により読み替えて適用する行政機関個人情報保護法第十二条の規定により特定個人情報の開示の請求を受けた場合に係る部分に限る。）、第四十三条第二項（同項の表第十七条第一項の項から第十八条第一号の項までに係る部分に限る。）並びに第四十四条第二項（同項の表第十三条第一項並びに第十五条第二項及び第四項の項から第十六条の項までに係る部分に限る。）の規定　法附則第一条第四号に掲げる規定の施行の日

四　第二十条、第二十一条、第四章第二節、第三十二条第一項（法第二十九条第一項の規定により行政機関個人情報保護法第十三条第二項の規定を読み替えて適用する場合に係る部分を除く。）、第二項（法第二十九条第一項の規定により行政機関個人情報保護法第二十八条第二項の規定を読み替えて適用する場合に係る部分を除く。）、第四項（法第二十九条第二項の規定により独立行政法人等個人情報保護法第十三条第二項の規定を読み替えて適用する場合に係る部分を除く。）、第五項（法第二十九条第二項の規定により独立行政法人等

（準備行為）

第二条　行政機関の長等は、この法律（前条各号に掲げる規定については、当該各規定。以下この条において同じ。）の施行の日前においても、この法律の実施のために必要な準備行為をすることができる。

（個人番号の指定及び通知に関する経過措置）

第三条　市町村長は、政令で定めるところにより、この法律の施行の日（次項において「施行日」という。）において現に当該市町村の備える住民基本台帳に記録されている者について、第四項において準用する第八条第二項の規定により機構から通知された個人番号

個人情報保護法第二十八条第二項の規定を読み替えて適用する場合に係る部分を除く。）、第七項及び第八項並びに第三十三条（法第二十九条第一項の規定により読み替えて適用する行政機関個人情報保護法第十二条の規定により特定個人情報の開示の請求を受けた場合に係る部分を除く。）の規定　法附則第一条第五号に掲げる規定の施行の日

（個人番号の指定及び通知等に関する経過措置）

第二条　第二条第一項の規定は法附則第三条第一項から第三項までの規定による個人番号の指定について、第二条第二項の規定は法附則第三条第一項から第三項までの規定による個人番号の通知について、それぞれ準用する。この場合において、第二条第一項中「法第

とすべき番号をその者の個人番号として指定し、その者に対し、当該個人番号を通知カードにより通知しなければならない。

2　市町村長は、施行日前に住民票に住民票コードを記載された者であって施行日にいずれの市町村においても住民基本台帳に記録されていないものについて、住民基本台帳法第三十条の三第一項の規定により住民票に当該住民票コードを記載したときは、政令で定めるところにより、第四項において準用する第八条第二項の規定により機構から通知された個人番号とすべき番号をその者の個人番号として指定し、その者に対し、当該個人番号を通知カードにより通知しなければならない。

3　市町村長は、住民基本台帳法の一部を改正する法律（平成十一年法律第百三十三号）の施行の日以後住民基本台帳に記録されていなかった者について、同法附則第四条の規定により住民票に住民票コードを記載したときは、政令で定めるところにより、次項において準用する第八条第二項の規定により機構から通知された個人番号とすべき番号をその者の個人番号として指定し、その者に対し、当該個人番号を通知

八条第二項」とあるのは、「法附則第三条第四項において準用する法第八条第二項」と読み替えるものとする。

2　第七条の規定は法附則第三条第四項において準用する法第八条第一項の規定による市町村長からの住民票コードの通知及び個人番号とすべき番号の生成の求めについて、第八条及び第九条の規定は法附則第三条第四項において準用する法第八条第二項の規定による個人番号とすべき番号の生成及び通知について、それぞれ準用する。

カードにより通知しなければならない。

4　第七条第三項及び第八条の規定は、前三項の場合について準用する。

5　第一項から第三項までの規定による個人番号の指定若しくは通知又は前項において準用する第八条第二項の規定による個人番号とすべき番号の生成若しくは通知に関する事務に従事する者又は従事していた者が、正当な理由がないのに、その業務に関して取り扱った個人の秘密に属する事項が記録された特定個人情報ファイル（その全部又は一部を複製し、又は加工した特定個人情報ファイルを含む。）を提供したときは、四年以下の懲役若しくは二百万円以下の罰金に処し、又はこれを併科する。

6　前項に規定する者が、その業務に関して知り得た個人番号を自己若しくは第三者の不正な利益を図る目的で提供し、又は盗用したときは、三年以下の懲役若しくは百五十万円以下の罰金に処し、又はこれを併科する。

7　前二項の規定は、日本国外においてこれらの項の罪を犯した者にも適用する。

（委員会に関する経過措置）

第四条　附則第一条第二号に掲げる規定の施行の日から起算して一年を経過する日（以下この条において「経過日」という。）の前日までの間における第四十条第一項、第二項及び第四項並びに第四十五条第二項の規定の適用については、第四十条第一項中「六人」とあるのは「二人」と、同条第二項中「三人」とあるのは「一人」と、同条第四項中「委員には」とあるのは「委員は」と、「が含まれるものとする」とあるのは「のうちから任命するものとする」と、第四十五条第二項中「三人以上」とあるのは「二人」とし、経過日以後経過日から起算して一年を経過する日の前日までの間における第四十条第一項及び第二項並びに第四十五条第二項の規定の適用については、第四十条第一項中「六人」とあるのは「四人」と、同条第二項中「三人」とあるのは「二人」と、第四十五条第二項中「三人以上」とあるのは「二人以上」とする。

（政令への委任）

第五条　前三条に規定するもののほか、**この法律の施行に関し必要な経過措置は、政令で定める。**

（個人番号カードの交付申請書の提出に関する経過措置）

第三条　交付申請者は、附則第一条第三号に掲げる規定の施行の日前において

（個人番号カードの交付申請書の提出に関する経過措置）

第二条　令附則第三条後段の規定により令第十三条第一項の規定による提出が

（検討等）

第六条 政府は、この法律の施行後三年を目途として、この法律の施行の状況

も、第十三条第一項の規定の例により、住所地市町村長に対し、交付申請書の提出を行うことができる。この場合において、交付申請者が同日において現に当該市町村が備える住民基本台帳に記録されている者であるときは、当該交付申請書の提出は、同日において同項の規定によりされたものとみなす。

（法人番号の指定に関する経過措置）

第四条 この政令の施行の日前に、国の機関、地方公共団体及び設立登記法人以外の法人又は人格のない社団等であって第三十七条各号に掲げる者について、当該各号に定める事実があった場合において、その者が当該各号に規定する規定により届出書を提出したときは、当分の間、その者を当該各号に規定する規定により届出書を提出することとされている者とみなして、同条の規定を適用する。この場合において、同条中「確認された後」とあるのは、「確認された場合には、この政令の施行の日以後」とする。

されたものとみなされる交付申請書は、第二十三条の例により保存するものとする。

等を勘案し、個人番号の利用及び情報提供ネットワークシステムを使用した特定個人情報の提供の範囲を拡大すること並びに特定個人情報以外の情報の提供に情報提供ネットワークシステムを活用することができるようにすることその他この法律の規定について検討を加え、必要があると認めるときは、その結果に基づいて、国民の理解を得つつ、所要の措置を講ずるものとする。

2　政府は、この法律の施行後一年を目途として、この法律の施行の状況、個人情報の保護に関する国際的動向等を勘案し、特定個人情報以外の個人情報の取扱いに関する監視又は監督に関する事務を委員会の所掌事務とすることについて検討を加え、その結果に基づいて所要の措置を講ずるものとする。

3　政府は、委員会の行う特定個人情報（前項の規定により講ずる措置その他の措置により委員会が特定個人情報以外の個人情報の取扱いに関する監視又は監督に関する事務をつかさどることとされた場合にあっては、委員会の所掌事務に係る個人情報）の取扱いに関する監視又は監督について、これを実効的に行うために必要な人的体制の整備、財源の確保その他の措置の状況を勘案し、適時にその改善について検討を加え、必要があると認めるときは、その結果に基づいて所要の措置を講ずるものとする。

4　政府は、第十四条第一項の規定により本人から個人番号の提供を受ける者が、当該提供をする者が本人であることを確認するための措置として選択することができる措置の内容を拡充するため、適時に必要な技術的事項について検討を加え、必要があると認めるときは、その結果に基づいて所要の措置を講ずるものとする。

5　政府は、この法律の施行後一年を目途として、情報提供等記録開示システム（総務大臣の使用に係る電子計算機と第二十三条第三項に規定する記録に記録された特定個人情報について総務大臣に対して第三十条第二項の規定により読み替えられた行政機関個人情報保護法第十二条の規定による開示の請求を行う者の使用に係る電子計算機とを電気通信回線で接続した電子情報処理組織であって、その者が当該開示の請求を行い、及び総務大臣がその者に対して行政機関個人情報保護法第十八条の規定による通知を行うために設置し、及び運用されるものをいう。以下この項及び次項において同じ。）を設置するとともに、年齢、身体的な条件その他の情報提供等記録開示システムの利用を制約する要因にも配慮した上で、その活用を図るために必要な措置を講ずるものとする。

6　政府は、情報提供等記録開示システムの設置後、適時に、国民の利便性の向上を図る観点から、民間における活用を視野に入れて、情報提供等記録開示システムを利用して次に掲げる手続又は行為を行うこと及び当該手続又は行為を行うために現に情報提供等記録開示システムに電気通信回線で接続した電子計算機を使用する者が当該手続又は行為を行うべき者であることを確認するための措置を当該手続又は行為に応じて簡易なものとすることについて検討を加え、その結果に基づいて所要の措置を講ずるものとする。

一　法律又は条例の規定による個人情報の開示に関する手続（前項に規定するものを除く。）

二　個人番号利用事務実施者が、本人に対し、個人番号利用事務に関して本人が希望し、又は本人の利益になると認められる情報を提供すること。

三　同一の事項が記載された複数の書

面を一又は複数の個人番号利用事務実施者に提出すべき場合において、一の書面への記載事項が他の書面に複写され、かつ、これらの書面があらかじめ選択された一又は複数の個人番号利用事務実施者に対し一の手続により提出されること。

7 政府は、給付付き税額控除（給付と税額控除を適切に組み合わせて行う仕組みその他これに準ずるものをいう。）の施策の導入を検討する場合には、当該施策に関する事務が的確に実施されるよう、国の税務官署が保有しない個人所得課税に関する情報に関し、個人番号の利用に関する制度を活用して当該事務を実施するために必要な体制の整備を検討するものとする。

8 政府は、適時に、地方公共団体における行政運営の効率化を通じた住民の利便性の向上に資する観点から、地域の実情を勘案して必要があると認める場合には、地方公共団体に対し、複数の地方公共団体の情報システムの共同化又は集約の推進について必要な情報の提供、助言その他の協力を行うものとする。

（住民基本台帳法の一部改正に伴う法第十六条の主務省令で定める書類等に関する経過措置）

第二条 行政手続における特定の個人を識別するための番号の利用等に関する法律の施行に伴う関係法律の整備等に関する法律（平成二十五年法律第二十八号）第二十条第一項の規定によりなお従前の例によることとされた住民基本台帳カード（当該住民基本台帳カードの交付を受けている者の写真が表示されたものに限る。次項及び第三項において「住民基本台帳カード」という。）の交付を受けている者から個人番号の提供を受ける個人番号利用事務等実施者についての第一条第一項、第二条及び第七条第一項の規定の適用については、第一条第一項第一号中「運転免許証」とあるのは「行政手続における特定の個人を識別するための番号の利用等に関する法律の施行に伴う関係法律の整備等に関する法律（平成二十五年法律第二十八号）第二十条第一項の規定によりなお従前の例によることとされた住民基本台帳カード、運転免許証」と、第二条第一号中「前条」とあるのは「附則第二条第一項の規定により読み替えて適用する前条」と、第七条第一項第一号中「第一条」とあるのは「附則第二条第一項の規定により読み替えて適用する第一条」とする。

2　住民基本台帳カードの交付を受けている者に対して法第十七条第一項の規定により個人番号カードを交付する市町村長についての第一条第二項、第五条第一項、第十五条及び第十六条第一項の規定の適用については、第一条第二項第一号中「前項」とあるのは「行政手続における特定の個人を識別するための番号の利用等に関する法律の施行に伴う関係法律の整備等に関する法律（平成二十五年法律第二十八号）第二十条第一項の規定によりなお従前の例によることとされた住民基本台帳カード（以下「住民基本台帳カード」という。）、前項」と、同項第二号及び第三号イ中「前項」とあるのは「住民基本台帳カード、前項」と、第五条第一項第二号及び第十五条中「第一条」とあるのは「附則第二条第二項の規定により読み替えて適用する第一条」と、第十六条第一項第一号中「第一条」とあるのは「住民基本台帳カード、第一条」とする。

3　住民基本台帳カードの交付を受けている者から個人番号指定請求書の提出を受ける市町村長についての第十二条第一項及び第二項の規定の適用については、同条第一項中「特別永住者証明書」とあるのは「運転免許証」とあるのは「行政手続における特定の個人を識別するための番号の利用等に関する法律の施行に伴う関係法律の整備等に関する法律（平成二十五年法律第二十八号）第二十条第一項の規定によりなお従前の例によることとされた住民基本台帳カード、運転免許証」と、「特別永住者証明書」と、「前条」とあるのは「第十二条第一項」とあるのは「前条」とあるのは「附則第二条第三項の規定により読み替えて適用する第十二条第一項」と、第十二条第二号中「第七条第一項第一号中」とあるのは「第七条第一項第一号中「又は」とあるのは「、行政手続における特定の個人を識別するための番号の利用等に関する法律の施行に伴う関係法律の整備等に関する法律（平成二十五年法律第二十八号）第二十条第一項の規定によりなお従前の例によることとされた住民基本台帳カード又は」と、」とする。

（地方消費税の譲渡割に関する特定個人情報の提供に係る特例）

第三条　地方税法附則第九条の四の規定の適用がある場合には、第十九条の規定の適用については、同条中「又は第

別表第一 （略）

別表第二 （略）

編注：別表第一、第二については、163頁以下に登載しています。

別表（第二十六条、第三十四条関係）
一～二十六 （略）

七百四十四条」とあるのは、「、第七百四十四条又は附則第九条の十三第一項若しくは第二項」とする。

（地方税法の一部改正に伴う経過措置）

第四条 地方税法の一部を改正する法律（平成二十五年法律第三号）附則第一条第三号に掲げる規定の施行の日前における第十九条の規定の適用については、同条中「第五十三条第四十項若しくは第四十一項」とあるのは「第五十三条第四十六項若しくは第四十七項」と、「、第七十二条の二十五第二項」とあるのは「、第六十五条の二第一項から第三項まで、第七十二条の二十五第二項」とする。

別記様式第1
別記様式第2

別記様式第１（第９条関係）

通知カード

個人番号
氏　名

住　所

年　月　日生　性別
発　行　年　月　日　住所地市町村長名

備考１　大きさは，縦 53.92mm 以上 54.03mm 以下，横 85.47mm 以上 85.72mm 以下とする。
２　本人に係る住民票に住民基本台帳法施行令第三十条の二十六第一項に規定する通称が記載されている場合には，氏名と併せて記載する。
３　裏面には追記欄を設ける。
４　その他，必要があるときは，所要の変更又は調整を加えることができる。

別記様式第２（第 25 条関係）

（表）

氏　名　**個人番号カード**
住　所

年　月　日生
性別　年　月　日まで有効
住所地市町村長名

写真

（裏）

個人番号
氏　名

図形

年　月　日生

備考１　大きさは，縦 53.92mm 以上 54.03mm 以下，横 85.47mm 以上 85.72mm 以下とする。
２　半導体集積回路を組み込む。
３　本人に係る住民票に住民基本台帳法施行令第三十条の二十六第一項に規定する通称が記載されている場合には，氏名と併せて記載する。
４　表面には追記欄を設ける。
５　裏面中「図形」の部分については，総務大臣が定める技術的基準によるものとする。
６　その他，必要があるときは，所要の変更又は調整を加えることができる。

行政手続における特定の個人を識別するための番号の利用等に関する法律（平成25年法律第27号）別表

※平成26年6月25日までの改正を含む。

行政手続における特定の個人を識別するための番号の利用等に関する法律（平成二十五年法律第二十七号）別表

別表第一（第九条関係）

一　厚生労働大臣	健康保険法第五条第二項又は第百二十三条第二項の規定により厚生労働大臣が行うこととされた健康保険に関する事務であって主務省令で定めるもの
二　全国健康保険協会又は健康保険組合	健康保険法による保険給付の支給又は保険料等の徴収に関する事務であって主務省令で定めるもの
三　厚生労働大臣	船員保険法（昭和十四年法律第七十三号）第四条第二項の規定により厚生労働大臣が行うこととされた船員保険に関する事務であって主務省令で定めるもの
四　全国健康保険協会	船員保険法による保険給付、障害前払一時金若しくは遺族前払一時金の支給若しくは保険料等の徴収又は雇用保険法等の一部を改正する法律（平成十九年法律第三十号。以下「平成十九年法律第三十号」という。）附則第三十九条の規定によりなお従前の例によるものとされた平成十九年法律第三十号第四条の規定による改正前の船員保険法による保険給付の支給に関する事務であって主務省令で定めるもの
五　厚生労働大臣	労働者災害補償保険法（昭和二十二年法律第五十号）による保険給付の支給又は社会復帰促進等事業の実施に関する事務であって主務省令で定めるもの
六　都道府県知事	災害救助法（昭和二十二年法律第百十八号）による救助又は扶助金の支給に関する事務であって主務省令で定めるもの
七　都道府県知事	児童福祉法（昭和二十二年法律第百六十四号）による里親の認定、養育里親の登録、小児慢性特定疾病医療費、療育の給付、障害児入所給付費、高額障害児入所給付費、特定入所障害児食費等給付費若しくは障害児入所医療費の支給、日常生活上の援助及び生活指導並びに就業の支援の実施、負担能力の認定又は費用の徴収に関する事務であって主務省令で定めるもの
八　市町村長	児童福祉法による障害児通所給付費、特例障害児通所給付費、高額障害児通所給付費、肢体不自由児通所医療費、障害児相談支援給付費若しくは特例障害児相談支援給付費の支給、障害福祉サービスの提供、保育所における保育の実施若しくは措置又は費用の徴収に関する事務であって主務省令で定めるもの
九　都道府県知事、市長（特別区の区長を含む。）又は社会福祉法（昭和二十六年法律第四十五号）に規定する福祉に関する事務所を管理する町村	児童福祉法による助産施設における助産の実施又は母子生活支援施設における保護の実施に関する事務であって主務省令で定めるもの

	長（以下「都道府県知事等」という。）	
十	都道府県知事又は市町村長	予防接種法（昭和二十三年法律第六十八号）による予防接種の実施、給付の支給又は実費の徴収に関する事務であって主務省令で定めるもの
十一	都道府県知事	身体障害者福祉法（昭和二十四年法律第二百八十三号）による身体障害者手帳の交付に関する事務であって主務省令で定めるもの
十二	市町村長	身体障害者福祉法による障害福祉サービス、障害者支援施設等への入所等の措置又は費用の徴収に関する事務であって主務省令で定めるもの
十三	厚生労働大臣	身体障害者福祉法による費用の徴収に関する事務であって主務省令で定めるもの
十四	都道府県知事	精神保健及び精神障害者福祉に関する法律（昭和二十五年法律第百二十三号）による診察、入院措置、費用の徴収、退院等の請求又は精神障害者保健福祉手帳の交付に関する事務であって主務省令で定めるもの
十五	都道府県知事等	生活保護法（昭和二十五年法律第百四十四号）による保護の決定及び実施、就労自立給付金の支給、保護に要する費用の返還又は徴収金の徴収に関する事務であって主務省令で定めるもの
十六	都道府県知事又は市町村長	地方税法その他の地方税に関する法律及びこれらの法律に基づく条例による地方税の賦課徴収又は地方税に関する調査（犯則事件の調査を含む。）に関する事務であって主務省令で定めるもの
十七	国税庁長官	地方税法による譲渡割の賦課徴収又は譲渡割に関する調査（犯則事件の調査を含む。）に関する事務であって主務省令で定めるもの
十八	社会福祉法第百九条第一項に規定する市町村社会福祉協議会又は同法第百十条第一項に規定する都道府県社会福祉協議会（以下「社会福祉協議会」と総称する。）	社会福祉法による生計困難者に対して無利子又は低利で資金を融通する事業の実施に関する事務であって主務省令で定めるもの
十九	公営住宅法（昭和二十六年法律第百九十三号）第二条第十六号に規定する事業主体である都道府県知事又は市町村長	公営住宅法による公営住宅（同法第二条第二号に規定する公営住宅をいう。以下同じ。）の管理に関する事務であって主務省令で定めるもの
二十	厚生労働大臣	戦傷病者戦没者遺族等援護法（昭和二十七年法律第百二十七号）による援護に関する事務であって主務省令で定めるもの
二十一	厚生労働大	未帰還者留守家族等援護法（昭和二十八

臣	年法律第百六十一号）による留守家族手当、帰郷旅費、葬祭料、遺骨の引取に要する経費又は障害一時金の支給に関する事務であって主務省令で定めるもの
二十二　日本私立学校振興・共済事業団	私立学校教職員共済法（昭和二十八年法律第二百四十五号）による短期給付又は年金である給付の支給に関する事務であって主務省令で定めるもの
二十三　財務大臣	国税収納金整理資金に関する法律（昭和二十九年法律第三十六号）による国税等（同法第八条第一項に規定する国税等をいう。）の徴収若しくは収納又は債権者への支払に関する事務であって主務省令で定めるもの
二十四　厚生労働大臣又は共済組合等（日本私立学校振興・共済事業団、国家公務員共済組合連合会、地方公務員共済組合又は全国市町村職員共済組合連合会をいう。以下同じ。）	厚生年金保険法による年金である保険給付若しくは一時金の支給又は保険料その他徴収金の徴収に関する事務であって主務省令で定めるもの
二十五　削除	
二十六　文部科学大臣又は都道府県教育委員会	特別支援学校への就学奨励に関する法律（昭和二十九年法律第百四十四号）による特別支援学校への就学のため必要な経費の支弁に関する事務であって主務省令で定めるもの
二十七　都道府県教育委員会又は市町村教育委員会	学校保健安全法（昭和三十三年法律第五十六号）による医療に要する費用についての援助に関する事務であって主務省令で定めるもの
二十八　国家公務員共済組合	国家公務員共済組合法（昭和三十三年法律第百二十八号）による短期給付の支給に関する事務であって主務省令で定めるもの
二十九　国家公務員共済組合連合会	国家公務員共済組合法又は国家公務員共済組合法の長期給付に関する施行法（昭和三十三年法律第百二十九号）による年金である給付の支給に関する事務であって主務省令で定めるもの
三十　市町村長又は国民健康保険組合	国民健康保険法（昭和三十三年法律第百九十二号）による保険給付の支給又は保険料の徴収に関する事務であって主務省令で定めるもの
三十一　厚生労働大臣	国民年金法（昭和三十四年法律第百四十一号）による年金である給付若しくは一時金の支給、保険料その他徴収金の徴収、基金の設立の認可又は加入員の資格の取得及び喪失に関する事項の届出に関する事務であって主務省令で定めるもの
三十二　国民年金基金	国民年金法による年金である給付若しくは一時金の支給又は掛金の徴収に関する事務であって主務省令で定めるもの
三十三　国民年金基金連合会	国民年金法による年金である給付又は一時金の支給に関する事務であって主務省

	令で定めるもの
三十四　市町村長	知的障害者福祉法（昭和三十五年法律第三十七号）による障害福祉サービス、障害者支援施設等への入所等の措置又は費用の徴収に関する事務であって主務省令で定めるもの
三十五　住宅地区改良法（昭和三十五年法律第八十四号）第二条第二項に規定する施行者である都道府県知事又は市町村長	住宅地区改良法による改良住宅（同法第二条第六項に規定する改良住宅をいう。以下同じ。）の管理若しくは家賃若しくは敷金の決定若しくは変更又は収入超過者に対する措置に関する事務であって主務省令で定めるもの
三十六　厚生労働大臣	障害者の雇用の促進等に関する法律（昭和三十五年法律第百二十三号）による職業紹介等、障害者職業センターの設置及び運営、納付金関係業務若しくは納付金関係業務に相当する業務の実施、在宅就業障害者特例調整金若しくは報奨金等の支給又は登録に関する事務であって主務省令で定めるもの
三十六の二　市町村長	災害対策基本法（昭和三十六年法律第二百二十三号）による被災者台帳の作成に関する事務であって主務省令で定めるもの
三十七　都道府県知事等	児童扶養手当法（昭和三十六年法律第二百三十八号）による児童扶養手当の支給に関する事務であって主務省令で定めるもの
三十八　国税庁長官	国税通則法その他の国税に関する法律による国税の納付義務の確定、納税の猶予、担保の提供、還付又は充当、附帯税（国税通則法第二条第四号に規定する附帯税をいう。）の減免、調査（犯則事件の調査を含む。）、不服審査その他の国税の賦課又は徴収に関する事務であって主務省令で定めるもの
三十九　地方公務員共済組合又は全国市町村職員共済組合連合会	地方公務員等共済組合法（昭和三十七年法律第百五十二号）による短期給付若しくは年金である給付又は地方公務員等共済組合法の長期給付等に関する施行法（昭和三十七年法律第百五十三号）による年金である給付の支給に関する事務であって主務省令で定めるもの
四十　厚生労働大臣	戦没者等の妻に対する特別給付金支給法（昭和三十八年法律第六十一号）による特別給付金の支給に関する事務であって主務省令で定めるもの
四十一　市町村長	老人福祉法（昭和三十八年法律第百三十三号）による福祉の措置又は費用の徴収に関する事務であって主務省令で定めるもの
四十二　厚生労働大臣	戦傷病者特別援護法（昭和三十八年法律第百六十八号）による援護に関する事務であって主務省令で定めるもの
四十三　都道府県知事	母子及び父子並びに寡婦福祉法（昭和三十九年法律第百二十九号）による資金の貸付けに関する事務であって主務省令で

	定めるもの
四十四　都道府県知事又は市町村長	母子及び父子並びに寡婦福祉法による配偶者のない者で現に児童を扶養しているもの又は寡婦についての便宜の供与に関する事務であって主務省令で定めるもの
四十五　都道府県知事等	母子及び父子並びに寡婦福祉法による給付金の支給に関する事務であって主務省令で定めるもの
四十六　厚生労働大臣又は都道府県知事	特別児童扶養手当等の支給に関する法律（昭和三十九年法律第百三十四号）による特別児童扶養手当の支給に関する事務であって主務省令で定めるもの
四十七　都道府県知事等	特別児童扶養手当等の支給に関する法律による障害児福祉手当若しくは特別障害者手当又は国民年金法等の一部を改正する法律（昭和六十年法律第三十四号。以下「昭和六十年法律第三十四号」という。）附則第九十七条第一項の福祉手当の支給に関する事務であって主務省令で定めるもの
四十八　厚生労働大臣	戦没者等の遺族に対する特別弔慰金支給法（昭和四十年法律第百号）による特別弔慰金の支給に関する事務であって主務省令で定めるもの
四十九　市町村長	母子保健法（昭和四十年法律第百四十一号）による保健指導、新生児の訪問指導、健康診査、妊娠の届出、母子健康手帳の交付、妊産婦の訪問指導、低体重児の届出、未熟児の訪問指導、養育医療の給付若しくは養育医療に要する費用の支給又は費用の徴収に関する事務であって主務省令で定めるもの
五十　厚生労働大臣	戦傷病者等の妻に対する特別給付金支給法（昭和四十一年法律第百九号）による特別給付金の支給に関する事務であって主務省令で定めるもの
五十一　厚生労働大臣又は都道府県知事	雇用対策法（昭和四十一年法律第百三十二号）による職業転換給付金の支給に関する事務であって主務省令で定めるもの
五十二　厚生労働大臣	雇用対策法による再就職援助計画の認定に関する事務であって主務省令で定めるもの
五十三　厚生労働大臣	戦没者の父母等に対する特別給付金支給法（昭和四十二年法律第五十七号）による特別給付金の支給に関する事務であって主務省令で定めるもの
五十四　地方公務員災害補償基金	地方公務員災害補償法（昭和四十二年法律第百二十一号）による公務上の災害又は通勤による災害に対する補償に関する事務であって主務省令で定めるもの
五十五　石炭鉱業年金基金	石炭鉱業年金基金法（昭和四十二年法律第百三十五号）による年金である給付又は一時金の支給に関する事務であって主務省令で定めるもの
五十六　市町村長（児童手当法（昭和四十六年法律第七十三号）第十七	児童手当法による児童手当又は特例給付（同法附則第二条第一項に規定する給付をいう。以下同じ。）の支給に関する事務であって主務省令で定めるもの

条第一項の表の下欄に掲げる者を含む。）	
五十七　厚生労働大臣	雇用保険法による失業等給付の支給又は雇用安定事業若しくは能力開発事業の実施に関する事務であって主務省令で定めるもの
五十八　厚生労働大臣	賃金の支払の確保等に関する法律（昭和五十一年法律第三十四号）による未払賃金の立替払に関する事務であって主務省令で定めるもの
五十九　市町村長又は高齢者の医療の確保に関する法律（昭和五十七年法律第八十号）第四十八条に規定する後期高齢者医療広域連合（以下「後期高齢者医療広域連合」という。）	高齢者の医療の確保に関する法律による後期高齢者医療給付の支給又は保険料の徴収に関する事務であって主務省令で定めるもの
六十　厚生労働大臣	昭和六十年法律第三十四号附則第八十七条第二項の規定により厚生年金保険の実施者たる政府が支給するものとされた年金である保険給付又は一時金の支給に関する事務であって主務省令で定めるもの
六十一　厚生労働大臣	港湾労働法（昭和六十三年法律第四十号）による港湾労働者証の交付に関する事務であって主務省令で定めるもの
六十二　厚生労働大臣	中国残留邦人等の円滑な帰国の促進並びに永住帰国した中国残留邦人等及び特定配偶者の自立の支援に関する法律（平成六年法律第三十号）による永住帰国旅費、自立支度金、一時金若しくは一時帰国旅費の支給又は保険料の納付に関する事務であって主務省令で定めるもの
六十三　都道府県知事等	中国残留邦人等の円滑な帰国の促進並びに永住帰国した中国残留邦人等及び特定配偶者の自立の支援に関する法律による支援給付又は配偶者支援金（以下「中国残留邦人等支援給付等」という。）の支給に関する事務であって主務省令で定めるもの
六十四　都道府県知事又は広島市長若しくは長崎市長	原子爆弾被爆者に対する援護に関する法律（平成六年法律第百十七号）による被爆者健康手帳の交付、健康診断の実施、医療特別手当、特別手当、原子爆弾小頭症手当、健康管理手当、保健手当、介護手当若しくは葬祭料の支給又は居宅生活支援事業若しくは養護事業の実施に関する事務であって主務省令で定めるもの
六十五　厚生労働大臣	原子爆弾被爆者に対する援護に関する法律による一般疾病医療費の支給に関する事務であって主務省令で定めるもの
六十六　厚生労働大臣	厚生年金保険法等の一部を改正する法律（平成八年法律第八十二号。以下「平成八年法律第八十二号」という。）附則第十六条第三項の規定により厚生年金保険

2　行政手続における特定の個人を識別するための番号の利用等に関する法律（平成25年法律第27号）別表（別表第一）

	の実施者たる政府が支給するものとされた年金である給付の支給に関する事務であって主務省令で定めるもの
六十七　平成八年法律第八十二号附則第三十二条第二項に規定する存続組合又は平成八年法律第八十二号附則第四十八条第一項に規定する指定基金	平成八年法律第八十二号による年金である長期給付又は年金である給付の支給に関する事務であって主務省令で定めるもの
六十八　市町村長	介護保険法（平成九年法律第百二十三号）による保険給付の支給、地域支援事業の実施又は保険料の徴収に関する事務であって主務省令で定めるもの
六十九　都道府県知事	被災者生活再建支援法（平成十年法律第六十六号）による被災者生活再建支援金の支給に関する事務であって主務省令で定めるもの
七十　都道府県知事又は保健所を設置する市（特別区を含む。以下同じ。）の長	感染症の予防及び感染症の患者に対する医療に関する法律（平成十年法律第百十四号）による入院の勧告若しくは措置、費用の負担又は療養費の支給に関する事務であって主務省令で定めるもの
七十一　確定給付企業年金法（平成十三年法律第五十号）第二十九条第一項に規定する事業主等又は企業年金連合会	確定給付企業年金法による年金である給付又は一時金の支給に関する事務であって主務省令で定めるもの
七十二　確定拠出年金法（平成十三年法律第八十八号）第三条第三項第一号に規定する事業主	確定拠出年金法による企業型記録関連運営管理機関への通知、企業型年金加入者等に関する原簿の記録及び保存又は企業型年金の給付若しくは脱退一時金の支給に関する事務であって主務省令で定めるもの
七十三　国民年金基金連合会	確定拠出年金法による個人型年金加入者等に関する原簿若しくは帳簿の記録及び保存又は個人型年金の給付若しくは脱退一時金の支給に関する事務であって主務省令で定めるもの
七十四　厚生労働大臣	厚生年金保険制度及び農林漁業団体職員共済組合制度の統合を図るための農林漁業団体職員共済組合法等を廃止する等の法律（平成十三年法律第百一号）附則第十六条第三項の規定により厚生年金保険の実施者たる政府が支給するものとされた年金である給付の支給に関する事務であって主務省令で定めるもの
七十五　農林漁業団体職員共済組合	厚生年金保険制度及び農林漁業団体職員共済組合制度の統合を図るための農林漁業団体職員共済組合法等を廃止する等の法律による年金である給付（同法附則第十六条第三項の規定により厚生年金保険の実施者たる政府が支給するものとされた年金である給付を除く。）若しくは一

	時金の支給又は特例業務負担金の徴収に関する事務であって主務省令で定めるもの
七十六　市町村長	健康増進法（平成十四年法律第百三号）による健康増進事業の実施に関する事務であって主務省令で定めるもの
七十七　独立行政法人農業者年金基金	独立行政法人農業者年金基金法（平成十四年法律第百二十七号）による農業者年金事業の給付の支給若しくは保険料その他徴収金の徴収又は同法附則第六条第一項第一号の規定により独立行政法人農業者年金基金が行うものとされた農業者年金基金法の一部を改正する法律（平成十三年法律第三十九号。以下「平成十三年法律第三十九号」という。）による改正前の農業者年金基金法（昭和四十五年法律第七十八号）若しくは農業者年金基金法の一部を改正する法律（平成二年法律第二十一号。以下「平成二年法律第二十一号」という。）による改正前の農業者年金基金法による給付の支給に関する事務であって主務省令で定めるもの
七十八　独立行政法人日本スポーツ振興センター	独立行政法人日本スポーツ振興センター法（平成十四年法律第百六十二号）による災害共済給付の支給に関する事務であって主務省令で定めるもの
七十九　独立行政法人福祉医療機構	独立行政法人福祉医療機構法（平成十四年法律第百六十六号）による小口の資金の貸付けに関する事務であって主務省令

	で定めるもの
八十　独立行政法人医薬品医療機器総合機構	独立行政法人医薬品医療機器総合機構法（平成十四年法律第百九十二号）による副作用救済給付、感染救済給付、給付金若しくは追加給付金の支給又は同法附則第十五条第一項第一号若しくは第十七条第一項の委託を受けて行う事業の実施に関する事務であって主務省令で定めるもの
八十一　独立行政法人日本学生支援機構	独立行政法人日本学生支援機構法（平成十五年法律第九十四号）による学資の貸与に関する事務であって主務省令で定めるもの
八十二　厚生労働大臣	心神喪失等の状態で重大な他害行為を行った者の医療及び観察等に関する法律（平成十五年法律第百十号）による処遇改善の請求に関する事務であって主務省令で定めるもの
八十三　厚生労働大臣	特定障害者に対する特別障害給付金の支給に関する法律（平成十六年法律第百六十六号）による特別障害給付金の支給に関する事務であって主務省令で定めるもの
八十四　都道府県知事又は市町村長	障害者の日常生活及び社会生活を総合的に支援するための法律（平成十七年法律第百二十三号）による自立支援給付の支給又は地域生活支援事業の実施に関する事務であって主務省令で定めるもの
八十五　厚生労働大	石綿による健康被害の救済に関する法律

臣	（平成十八年法律第四号）による特別遺族給付金の支給に関する事務であって主務省令で定めるもの
八十六　厚生労働大臣又は日本私立学校振興・共済事業団、国家公務員共済組合連合会、地方公務員共済組合連合会、全国市町村職員共済組合連合会若しくは地方公務員共済組合連合会	社会保障協定の実施に伴う厚生年金保険法等の特例等に関する法律（平成十九年法律第百四号）による文書の受理及び送付又は保有情報の提供に関する事務であって主務省令で定めるもの
八十七　厚生労働大臣	厚生年金保険の保険給付及び国民年金の給付に係る時効の特例等に関する法律（平成十九年法律第百十一号）による保険給付又は給付の支給に関する事務であって主務省令で定めるもの
八十八　厚生労働大臣	厚生年金保険の保険給付及び保険料の納付の特例等に関する法律（平成十九年法律第百三十一号）による特例納付保険料の徴収に関する事務であって主務省令で定めるもの
八十九　都道府県知事	地方法人特別税等に関する暫定措置法（平成二十年法律第二十五号）による地方法人特別税の賦課徴収又は地方法人特別税に関する調査（犯則事件の調査を含む。）に関する事務であって主務省令で定めるもの

九十　厚生労働大臣	厚生年金保険の保険給付及び国民年金の給付の支払の遅延に係る加算金の支給に関する法律（平成二十一年法律第三十七号）による保険給付遅延特別加算金又は給付遅延特別加算金の支給に関する事務であって主務省令で定めるもの
九十一　文部科学大臣、都道府県知事又は都道府県教育委員会	高等学校等就学支援金の支給に関する法律（平成二十二年法律第十八号）による就学支援金の支給に関する事務であって主務省令で定めるもの
九十二　厚生労働大臣	職業訓練の実施等による特定求職者の就職の支援に関する法律（平成二十三年法律第四十七号）による職業訓練受講給付金の支給に関する事務であって主務省令で定めるもの
九十三　地方公務員等共済組合法の一部を改正する法律（平成二十三年法律第五十六号。以下「平成二十三年法律第五十六号」という。）附則第二十三条第一項第三号に規定する存続共済会	平成二十三年法律第五十六号による年金である給付の支給に関する事務であって主務省令で定めるもの
九十四　市町村長	子ども・子育て支援法（平成二十四年法律第六十五号）による子どものための教育・保育給付の支給又は地域子ども・子

	育て支援事業の実施に関する事務であって主務省令で定めるもの
九十五　厚生労働大臣	年金生活者支援給付金の支給に関する法律（平成二十四年法律第百二号）による年金生活者支援給付金の支給に関する事務であって主務省令で定めるもの
九十六　公的年金制度の健全性及び信頼性の確保のための厚生年金保険法等の一部を改正する法律（平成二十五年法律第六十三号。以下「平成二十五年法律第六十三号」という。）附則第三条第十一号に規定する存続厚生年金基金	平成二十五年法律第六十三号附則第五条第一項の規定によりなおその効力を有するものとされた平成二十五年法律第六十三号第一条の規定による改正前の厚生年金保険法による年金である給付又は一時金の支給に関する事務であって主務省令で定めるもの
九十七　平成二十五年法律第六十三号附則第三条第十三号に規定する存続連合会又は企業年金連合会	平成二十五年法律第六十三号による年金である給付又は一時金の支給に関する事務であって主務省令で定めるもの
九十八　都道府県知事	難病の患者に対する医療等に関する法律（平成二十六年法律第五十号）による特定医療費の支給に関する事務であって主務省令で定めるもの

別表第二（第十九条、第二十一条関係）

情報照会者	事務	情報提供者	特定個人情報
一　厚生労働大臣	健康保険法第五条第二項の規定により厚生労働大臣が行うこととされた健康保険に関する事務であって主務省令で定めるもの	医療保険者（医療保険各法（健康保険法、船員保険法、私立学校教職員共済法、国家公務員共済組合法、国民健康保険法又は地方公務員等共済組合法をいう。以下同じ。）により医療に関する給付の支給を行う全国健康保険協会、健康保険組合、日本私立学校振興・共済事業団、共済組合、市町村長又は国	医療保険各法又は高齢者の医療の確保に関する法律による医療に関する給付の支給又は保険料の徴収に関する情報（以下「医療保険給付関係情報」という。）であって主務省令で定めるもの

		民健康保険組合をいう。以下同じ。）又は後期高齢者医療広域連合	
		市町村長	地方税法その他の地方税に関する法律に基づく条例の規定により算定した税額若しくはその算定の基礎となる事項に関する情報（以下「地方税関係情報」という。）、住民基本台帳法第七条第四号に規定する事項（以下「住民票関係情報」という。）又は介護保険法による保険給付の支給、地域支援事業の実施若しくは保険料の徴収に関する情報（以下「介護保険給付等関係情報」という。）であって主務省令で定めるもの
		厚生労働大臣若しくは日本年金機構又は共済組合等	国民年金法、私立学校教職員共済法、厚生年金保険法、国家公務員共済組合法又は地方公務員等共済組合法による年金である給付の支給又は保険料の徴収に関する情報（以下「年金給付関係情報」という。）であって主務省令で定めるもの
二　全国健康保険協会	健康保険法による保険給付の支給に関する事務であって主務省令で定めるもの	医療保険者又は後期高齢者医療広域連合	医療保険給付関係情報であって主務省令で定めるもの
		健康保険法第五十五条又は第百二十八条に規定する他の	健康保険法第五十五条又は第百二十八条に規定する他の法令による給付の支給

		法令による給付の支給を行うこととされている者	に関する情報であって主務省令で定めるもの
		市町村長	地方税関係情報、住民票関係情報又は介護保険給付等関係情報であって主務省令で定めるもの
三　健康保険組合	健康保険法による保険給付の支給に関する事務であって主務省令で定めるもの	厚生労働大臣若しくは日本年金機構又は共済組合等	年金給付関係情報であって主務省令で定めるもの
		医療保険者又は後期高齢者医療広域連合	医療保険給付関係情報であって主務省令で定めるもの
		健康保険法第五十五条に規定する他の法令による給付の支給を行うこととされている者	健康保険法第五十五条に規定する他の法令による給付の支給に関する情報であって主務省令で定めるもの
		市町村長	地方税関係情報、
			住民票関係情報又は介護保険給付等関係情報であって主務省令で定めるもの
		厚生労働大臣若しくは日本年金機構又は共済組合等	年金給付関係情報であって主務省令で定めるもの
四　厚生労働大臣	船員保険法第四条第二項の規定により厚生労働大臣が行うこととされた船員保険に関する事務であって主務省令で定めるもの	医療保険者又は後期高齢者医療広域連合	医療保険給付関係情報であって主務省令で定めるもの
		市町村長	地方税関係情報、住民票関係情報又は介護保険給付等関係情報であって主務省令で定めるもの
		厚生労働大臣若しくは日本年金機構又は共済組合等	年金給付関係情報であって主務省令で定めるもの
五　全国健康保険協会	船員保険法による保険給付の支給に関する事務であって主務省	医療保険者又は後期高齢者医療広域連合	医療保険給付関係情報であって主務省令で定めるもの

	令で定めるもの	船員保険法第三十三条に規定する他の法令による給付の支給を行うこととされている者	船員保険法第三十三条に規定する他の法令による給付の支給に関する情報であって主務省令で定めるもの
		厚生労働大臣	労働者災害補償保険法による給付の支給に関する情報（以下「労働者災害補償関係情報」という。）であって主務省令で定めるもの
六　全国健康保険協会	船員保険法による保険給付又は平成十九年法律第三十号附則第三十九条の規定によりなお従前の例によるものとされた平成十九年法律第三十号第四条の規定による改正前の船員保険法によ	市町村長	地方税関係情報、住民票関係情報又は介護保険給付等関係情報であって主務省令で定めるもの

	る保険給付の支給に関する事務であって主務省令で定めるもの	厚生労働大臣若しくは日本年金機構又は共済組合等	年金給付関係情報であって主務省令で定めるもの
七　厚生労働大臣	労働者災害補償保険法による保険給付の支給に関する事務であって主務省令で定めるもの	国民年金法その他の法令による年金である給付の支給を行うこととされている者	国民年金法その他の法令による年金である給付の支給に関する情報であって主務省令で定めるもの
八　都道府県知事	児童福祉法による里親の認定、養育里親の登録又は障害児入所給付費、高額障害児入所給付費若しくは特定入所障害児食費等給付費の支給に関する事務であって主務省令で定めるもの	市町村長	地方税関係情報又は住民票関係情報であって主務省令で定めるもの
九　都道府県知事	児童福祉法による小児慢性特定疾病医療費の支給に関する事務	児童福祉法第十九条の七に規定する他の法令	児童福祉法第十九条の七に規定する他の法令による給付の支給

	であって主務省令で定めるもの	による給付の支給を行うこととされている者	に関する情報であって主務省令で定めるもの
		都道府県知事等	生活保護法による保護の実施若しくは就労自立給付金の支給に関する情報（以下「生活保護関係情報」という。）又は中国残留邦人等支援給付等の支給に関する情報（以下「中国残留邦人等支援給付等関係情報」という。）であって主務省令で定めるもの
		市町村長	地方税関係情報又は住民票関係情報であって主務省令で定めるもの
十　市町村長	児童福祉法による障害児通所給付費、特例障害	都道府県知事等	生活保護関係情報又は中国残留邦人等支援給付

	児通所給付費若しくは高額障害児通所給付費の支給又は障害福祉サービスの提供に関する事務であって主務省令で定めるもの		等関係情報であって主務省令で定めるもの
十一　市町村長	児童福祉法による障害児通所給付費、特例障害児通所給付費、高額障害児通所給付費、障害児相談支援給付費若しくは特例障害児相談支援給付費の支給又は障害福祉サービスの提供に関する事務であって主務省令で定めるもの	市町村長	地方税関係情報又は住民票関係情報であって主務省令で定めるもの
十二　市町村長	児童福祉法による肢体不自由児通所医療費の支給に関する事務であって主務省令で定めるもの	児童福祉法第二十一条の五の三十に規定する他の法令による給付の	児童福祉法第二十一条の五の三十に規定する他の法令による給付の支給に関する情報であって

		支給を行うこととされている者	主務省令で定めるもの
十三 市町村長	児童福祉法による保育所における保育の実施又は措置に関する事務であって主務省令で定めるもの	都道府県知事等	児童扶養手当法による児童扶養手当の支給に関する情報（以下「児童扶養手当関係情報」という。）であって主務省令で定めるもの
十四 都道府県知事	児童福祉法による障害児入所給付費、高額障害児入所給付費又は特定入所障害児食費等給付費の支給に関する事務であって主務省令で定めるもの	都道府県知事等	生活保護関係情報又は中国残留邦人等支援給付等関係情報であって主務省令で定めるもの
十五 都道府県知事	児童福祉法による障害児入所医療費の支給に関する事務であって主務省令で定めるもの	児童福祉法第二十四条の二十二に規定する他の法令による給付の支給を行うこととされている者	児童福祉法第二十四条の二十二に規定する他の法令による給付の支給に関する情報であって主務省令で定めるもの
十六 都道府県知事又は市町村長	児童福祉法による負担能力の認定又は費用の徴収に関する事務であって主務省令で定めるもの	都道府県知事	児童福祉法による障害児入所支援若しくは措置（同法第二十七条第一項第三号の措置をいう。）に関する情報又は身体障害者福祉法による身体障害者手帳、精神保健及び精神障害者福祉に関する法律による精神障害者保健福祉手帳若しくは知的障害者福祉法にいう知的障害者に関する情報（以下「障害者関係情報」という。）であって主務省令で定めるもの
		都道府県知事等	児童福祉法による母子生活支援施設における保護の実施に関す

			る情報、生活保護関係情報、児童扶養手当関係情報又は中国残留邦人等支援給付等関係情報であって主務省令で定めるもの
		市町村長	児童福祉法による障害児通所支援に関する情報、地方税関係情報、住民票関係情報又は障害者の日常生活及び社会生活を総合的に支援するための法律による自立支援給付の支給に関する情報であって主務省令で定めるもの
		厚生労働大臣又は都道府県知事	特別児童扶養手当等の支給に関する法律による特別児童扶養手当の支給に関する情報（以下「特別児童扶養手当関係情報」という。）であって主務省令で定めるもの
		厚生労働大臣又は日本年金機構	国民年金法による障害基礎年金の支給に関する情報であって主務省令で定めるもの
十七 市町村長	予防接種法による給付（同法第十五条第一項の疾病に係るものに限る。）の支給に関する事務であって主務省令で定めるもの	医療保険者その他の法令による医療に関する給付の支給を行うこととされている者	医療保険各法その他の法令による医療に関する給付の支給に関する情報であって主務省令で定めるもの
十八 市町村長	予防接種法による給付の支給又は実費の徴収に関する事務であって主務省令で定めるもの	市町村長	地方税関係情報又は住民票関係情報であって主務省令で定めるもの
十九 市町村長	予防接種法による給付（同法第十五条第一項の障害に係るものに限る。）の支	特別児童扶養手当等の支給に関する法律その他の法令に	特別児童扶養手当等の支給に関する法律その他の法令による障害を有する者に

	給に関する事務であって主務省令で定めるもの	よる障害を有する者について支給される手当を支給することとされている者	対する手当の支給に関する情報であって主務省令で定めるもの
二十　市町村長	身体障害者福祉法による障害福祉サービス、障害者支援施設等への入所等の措置又は費用の徴収に関する事務であって主務省令で定めるもの	市町村長	住民票関係情報であって主務省令で定めるもの
二十一　厚生労働大臣	身体障害者福祉法による費用の徴収に関する事務であって主務省令で定めるもの	市町村長	住民票関係情報であって主務省令で定めるもの
二十二　都道府県知事	精神保健及び精神障害者福祉に関する法律による入院措置に関する事務であって主務省令で定めるもの	精神保健及び精神障害者福祉に関する法律第三十条の二に規定する他の法律に	精神保健及び精神障害者福祉に関する法律第三十条の二に規定する他の法律による医療に関する給付の支給に
		よる医療に関する給付の支給を行うこととされている者	関する情報であって主務省令で定めるもの
二十三　都道府県知事	精神保健及び精神障害者福祉に関する法律による入院措置又は費用の徴収に関する事務であって主務省令で定めるもの	市町村長	地方税関係情報又は住民票関係情報であって主務省令で定めるもの
二十四　都道府県知事	精神保健及び精神障害者福祉に関する法律による費用の徴収に関する事務であって主務省令で定めるもの	都道府県知事等	生活保護関係情報又は中国残留邦人等支援給付等関係情報であって主務省令で定めるもの
二十五　都道府県知事	精神保健及び精神障害者福祉に関する法律による精神障害者保健福祉手帳の交付に関する事務であって主務省令で定めるもの	厚生労働大臣若しくは日本年金機構、共済組合等又は農林漁業団体職員共済組合	年金給付関係情報又は厚生年金保険制度及び農林漁業団体職員共済組合制度の統合を図るための農林漁業団体職員共済組合法等を廃止する等

			の法律による年金である給付若しくは特定障害者に対する特別障害給付金の支給に関する法律による特別障害給付金の支給に関する情報であって主務省令で定めるもの
二十六 都道府県知事等	生活保護法による保護の決定及び実施又は徴収金の徴収に関する事務であって主務省令で定めるもの	医療保険者又は後期高齢者医療広域連合	医療保険給付関係情報であって主務省令で定めるもの
		厚生労働大臣	労働者災害補償関係情報、戦傷病者戦没者遺族等援護法による援護に関する情報（以下「戦傷病者戦没者遺族等援護関係情報」という。）、雇用保険法による給付の支給に関する情報（以下「失業等給付関係情報」という。）、原子爆弾被爆者に対する援護に関する法律による一般疾病医療費の支給に関する情報、石綿による健康被害の救済に関する法律による特別遺族給付金の支給に関する情報（以下「石綿健康被害救済給付等関係情報」という。）又は職業訓練の実施等による特定求職者の就職の支援に関する法律による職業訓練受講給付金の支給に関する情報（以下「職業訓練受講給付金関係情報」という。）であって主務省令で定めるもの
都道府県知	災害救助法によ		

		事	る救助若しくは扶助金の支給、児童福祉法による小児慢性特定疾病医療費、療育の給付若しくは障害児入所給付費の支給、母子及び父子並びに寡婦福祉法による資金の貸付け又は難病の患者に対する医療等に関する法律による特定医療費の支給に関する情報であって主務省令で定めるもの
		都道府県知事等	生活保護関係情報、児童扶養手当関係情報又は母子及び父子並びに寡婦福祉法による給付金、特別児童扶養手当等の支給に関する法律による障害児福祉手当
			若しくは特別障害者手当若しくは昭和六十年法律第三十四号附則第九十七条第一項の福祉手当の支給に関する情報であって主務省令で定めるもの
		市町村長	地方税関係情報、母子保健法による養育医療の給付若しくは養育医療に要する費用の支給に関する情報、児童手当法による児童手当若しくは特例給付の支給に関する情報（以下「児童手当関係情報」という。）、介護保険給付等関係情報又は障害者の日常生活及び社会生活を総合的に支援するための

			法律による自立支援給付の支給に関する情報であって主務省令で定めるもの
		社会福祉協議会	社会福祉法による生計困難者に対して無利子又は低利で資金を融通する事業の実施に関する情報であって主務省令で定めるもの
		厚生労働大臣若しくは日本年金機構、共済組合等又は農林漁業団体職員共済組合	年金給付関係情報又は厚生年金保険制度及び農林漁業団体職員共済組合制度の統合を図るための農林漁業団体職員共済組合法等を廃止する等の法律による年金である給付、特定障害者に対する特別障害給付金の支給に関する法律による

			特別障害給付金若しくは年金生活者支援給付金の支給に関する法律による年金生活者支援給付金の支給に関する情報であって主務省令で定めるもの
		文部科学大臣又は都道府県教育委員会	特別支援学校への就学奨励に関する法律による特別支援学校への就学のため必要な経費の支弁に関する情報であって主務省令で定めるもの
		都道府県教育委員会又は市町村教育委員会	学校保健安全法による医療に要する費用についての援助に関する情報であって主務省令で定めるもの
		厚生労働大臣又は都道府県知事	特別児童扶養手当関係情報又は雇用対策法によ

			る職業転換給付金の支給に関する情報であって主務省令で定めるもの
		地方公務員災害補償基金	地方公務員災害補償法による公務上の災害又は通勤による災害に対する補償に関する情報（以下「地方公務員災害補償関係情報」という。）であって主務省令で定めるもの
		厚生労働大臣又は都道府県知事等	中国残留邦人等の円滑な帰国の促進並びに永住帰国した中国残留邦人等及び特定配偶者の自立の支援に関する法律による永住帰国旅費、自立支度金、一時金、一時帰国旅費又は中国残留邦人等支援給付等の

			支給に関する情報であって主務省令で定めるもの
		都道府県知事又は広島市長若しくは長崎市長	原子爆弾被爆者に対する援護に関する法律による手当等の支給に関する情報であって主務省令で定めるもの
二十七　市町村長	地方税法その他の地方税に関する法律及びこれらの法律に基づく条例による地方税の賦課徴収に関する事務であって主務省令で定めるもの	医療保険者又は後期高齢者医療広域連合	医療保険給付関係情報であって主務省令で定めるもの
		都道府県知事	障害者関係情報であって主務省令で定めるもの
		都道府県知事等	生活保護関係情報であって主務省令で定めるもの
		市町村長	地方税関係情報又は住民票関係情報であって主務省令で定めるもの
		厚生労働大臣若しくは	年金給付関係情報であって主務

		日本年金機構又は共済組合等	省令で定めるもの
		厚生労働大臣	失業等給付関係情報であって主務省令で定めるもの
二十八　都道府県知事	地方税法その他の地方税に関する法律及びこれらの法律に基づく条例による地方税の賦課徴収に関する事務であって主務省令で定めるもの	都道府県知事	障害者関係情報であって主務省令で定めるもの
		都道府県知事等	生活保護関係情報であって主務省令で定めるもの
		市町村長	地方税関係情報であって主務省令で定めるもの
二十九　厚生労働大臣又は共済組合等	地方税法その他の地方税に関する法律及びこれらの法律に基づく条例による地方税の賦課徴収に関する事務であって主務省令で定めるもの	市町村長	地方税関係情報であって主務省令で定めるもの
三十　社会福祉協議会	社会福祉法による生計困難者に対して無利子又は低利で資金を融通する事業の実施に関する事務であって主務省令で定めるもの	医療保険者又は後期高齢者医療広域連合	医療保険給付関係情報であって主務省令で定めるもの
		厚生労働大臣	労働者災害補償関係情報、戦傷病者戦没者遺族等援護関係情報、失業等給付関係情報、石綿健康被害救済給付等関係情報又は職業訓練受講給付金関係情報であって主務省令で定めるもの
		都道府県知事等	生活保護関係情報、児童扶養手当関係情報又は母子及び父子並びに寡婦福祉法による給付金の支給に関する情報であって主務省令で定めるもの
		厚生労働大臣若しくは日本年金機構又は共済組合等	年金給付関係情報であって主務省令で定めるもの
		都道府県知事	母子及び父子並

		事	びに寡婦福祉法による資金の貸付けに関する情報であって主務省令で定めるもの
		厚生労働大臣又は都道府県知事	特別児童扶養手当関係情報であって主務省令で定めるもの
		市町村長	住民票関係情報、児童手当関係情報又は介護保険給付等関係情報であって主務省令で定めるもの
三十一　公営住宅法第二条第十六号に規定する事業主体である都道府県知事又は市町村長	公営住宅法による公営住宅の管理に関する事務であって主務省令で定めるもの	都道府県知事	障害者関係情報であって主務省令で定めるもの
		都道府県知事等	生活保護関係情報であって主務省令で定めるもの
		市町村長	地方税関係情報又は住民票関係情報であって主務省令で定めるもの
三十二　厚	戦傷病者戦没者	厚生労働大	年金給付関係情

生労働大臣	遺族等援護法による障害年金、遺族年金又は遺族給与金の支給に関する事務であって主務省令で定めるもの	臣若しくは日本年金機構、共済組合等又は農林漁業団体職員共済組合	報又は厚生年金保険制度及び農林漁業団体職員共済組合制度の統合を図るための農林漁業団体職員共済組合法等を廃止する等の法律による年金である給付の支給に関する情報であって主務省令で定めるもの
三十三　日本私立学校振興・共済事業団	私立学校教職員共済法による短期給付の支給に関する事務であって主務省令で定めるもの	医療保険者又は後期高齢者医療広域連合	医療保険給付関係情報であって主務省令で定めるもの
		私立学校教職員共済法第二十五条において準用する国家公務員共済組合法第六十条第一項に規定する他の法令による給付の	私立学校教職員共済法第二十五条において準用する国家公務員共済組合法第六十条第一項に規定する他の法令による給付の支給に関する情報であって主務省令で定めるもの

		支給を行うこととされている者	
		市町村長	介護保険給付等関係情報であって主務省令で定めるもの
三十四　日本私立学校振興・共済事業団	私立学校教職員共済法による短期給付又は年金である給付の支給に関する事務であって主務省令で定めるもの	市町村長	地方税関係情報又は住民票関係情報であって主務省令で定めるもの
		厚生労働大臣若しくは日本年金機構又は共済組合等	年金給付関係情報であって主務省令で定めるもの
		厚生労働大臣	失業等給付関係情報であって主務省令で定めるもの
三十五　厚生労働大臣又は共済組合等	厚生年金保険法による年金である保険給付又は一時金の支給に関する事務であって主務省令で定めるもの	全国健康保険協会	船員保険法による保険給付の支給に関する情報であって主務省令で定めるもの
		厚生労働大臣	労働者災害補償関係情報又は戦傷病者戦没者遺族等援護法による年金である給付若しくは雇用保険法による基本手当若しくは高年齢雇用継続基本給付金の支給に関する情報であって主務省令で定めるもの
		市町村長	地方税関係情報又は住民票関係情報であって主務省令で定めるもの
		厚生労働大臣若しくは日本年金機構又は共済組合等	年金給付関係情報であって主務省令で定めるもの
		地方公務員災害補償基金	地方公務員災害補償関係情報であって主務省令で定めるもの
三十六　削除			
三十七　文部科学大臣又は都	特別支援学校への就学奨励に関する法律による	市町村長	地方税関係情報又は住民票関係情報であって主

道府県教育委員会	特別支援学校への就学のため必要な経費の支弁に関する事務であって主務省令で定めるもの		務省令で定めるもの
三十八　都道府県教育委員会又は市町村教育委員会	学校保健安全法による医療に要する費用についての援助に関する事務であって主務省令で定めるもの	市町村長	住民票関係情報であって主務省令で定めるもの
三十九　国家公務員共済組合	国家公務員共済組合法による短期給付の支給に関する事務であって主務省令で定めるもの	医療保険者又は後期高齢者医療広域連合	医療保険給付関係情報であって主務省令で定めるもの
		市町村長	地方税関係情報、住民票関係情報又は介護保険給付等関係情報であって主務省令で定めるもの
		厚生労働大臣若しくは日本年金機構又は共済組合等	年金給付関係情報であって主務省令で定めるもの
		国家公務員共済組合法第六十条第一項に規定する他の法令による給付の支給を行うこととされている者	国家公務員共済組合法第六十条第一項に規定する他の法令による給付の支給に関する情報であって主務省令で定めるもの
		厚生労働大臣	失業等給付関係情報であって主務省令で定めるもの
四十　国家公務員共済組合連合会	国家公務員共済組合法又は国家公務員共済組合法の長期給付に関する施行法による年金である給付の支給に関する事務であって主務省令で定めるもの	市町村長	地方税関係情報又は住民票関係情報であって主務省令で定めるもの
		厚生労働大臣若しくは日本年金機構又は共済組合等	年金給付関係情報であって主務省令で定めるもの
四十一　国家公務員共済組合連合会	国家公務員共済組合法による年金である給付の支給に関する事務であって主務省令で定めるも	厚生労働大臣	失業等給付関係情報であって主務省令で定めるもの

	の		
四十二 市町村長又は国民健康保険組合	国民健康保険法による保険給付の支給又は保険料の徴収に関する事務であって主務省令で定めるもの	医療保険者又は後期高齢者医療広域連合	医療保険給付関係情報であって主務省令で定めるもの
		市町村長	地方税関係情報、住民票関係情報又は介護保険給付等関係情報であって主務省令で定めるもの
四十三 市町村長又は国民健康保険組合	国民健康保険法による保険給付の支給に関する事務であって主務省令で定めるもの	国民健康保険法第五十六条第一項に規定する他の法令による給付の支給を行うこととされている者	国民健康保険法第五十六条第一項に規定する他の法令による給付の支給に関する情報であって主務省令で定めるもの
四十四 市町村長	国民健康保険法による保険料の徴収に関する事務であって主務省令で定めるもの	厚生労働大臣	失業等給付関係情報であって主務省令で定めるもの
四十五 市町村長	国民健康保険法による特別徴収の方法による保険料の徴収又は納入に関する事務であって主務省令で定めるもの	厚生労働大臣若しくは日本年金機構又は共済組合等	年金給付関係情報であって主務省令で定めるもの
四十六 厚生労働大臣又は共済組合等	国民健康保険法による特別徴収の方法による保険料の徴収又は納入に関する事務であって主務省令で定めるもの	市町村長	国民健康保険法第七十六条の四において準用する介護保険法第百三十六条第一項（同法第百四十条第三項において準用する場合を含む。）、第百三十八条第一項又は第百四十一条第一項の規定により通知することとされている事項に関する情報であって主務省令で定めるもの
四十七 厚生労働大臣	国民年金法による年金である給付若しくは一時金の支給又は保険料の免除に関する事務であっ	全国健康保険協会	船員保険法による保険給付の支給に関する情報であって主務省令で定めるもの

		て主務省令で定めるもの	厚生労働大臣	労働者災害補償関係情報又は戦傷病者戦没者遺族等援護法による年金である給付の支給に関する情報であって主務省令で定めるもの
			共済組合等	年金給付関係情報であって主務省令で定めるもの
			都道府県知事等	児童扶養手当関係情報であって主務省令で定めるもの
			地方公務員災害補償基金	地方公務員災害補償関係情報であって主務省令で定めるもの
四十八	厚生労働大臣	国民年金法による年金である給付若しくは一時金の支給、保険料の納付に関する処分又は保険料その他徴収金の徴収に関する	市町村長	地方税関係情報又は住民票関係情報であって主務省令で定めるもの

		事務であって主務省令で定めるもの		
四十九	厚生労働大臣	国民年金法による国民年金原簿の記録又は保険料の納付委託に関する事務であって主務省令で定めるもの	国民年金基金連合会	国民年金基金の加入員に関する情報であって主務省令で定めるもの
五十	厚生労働大臣	国民年金法による保険料の免除又は保険料の納付に関する処分に関する事務であって主務省令で定めるもの	都道府県知事等	生活保護関係情報であって主務省令で定めるもの
			市町村長	国民年金法第八十九条第一項第三号の施設に入所する者に関する情報であって主務省令で定めるもの
			厚生労働大臣	失業等給付関係情報であって主務省令で定めるもの
五十一	国民年金基金	国民年金法による年金である給付又は一時金の支給に関する事	厚生労働大臣又は日本年金機構	年金給付関係情報であって主務省令で定めるもの

	務であって主務省令で定めるもの	独立行政法人農業者年金基金	独立行政法人農業者年金基金法による農業者年金の被保険者に関する情報であって主務省令で定めるもの
五十二　国民年金基金連合会	国民年金法による年金である給付又は一時金の支給に関する事務であって主務省令で定めるもの	厚生労働大臣又は日本年金機構	年金給付関係情報であって主務省令で定めるもの
五十三　市町村長	知的障害者福祉法による障害福祉サービス、障害者支援施設等への入所等の措置又は費用の徴収に関する事務であって主務省令で定めるもの	市町村長	住民票関係情報であって主務省令で定めるもの
五十四　住宅地区改良法第二条第二項に規定する施行者である都道府県知事又は市町村長	住宅地区改良法による改良住宅の管理若しくは家賃若しくは敷金の決定若しくは変更又は収入超過者に対する措置に関する事務であって主務省令で定めるもの	都道府県知事	障害者関係情報であって主務省令で定めるもの
		都道府県知事等	生活保護関係情報であって主務省令で定めるもの
		市町村長	地方税関係情報又は住民票関係情報であって主務省令で定めるもの
五十五　厚生労働大臣	障害者の雇用の促進等に関する法律による職業紹介等、障害者職業センターの設置及び運営、納付金関係業務若しくは納付金関係業務に相当する業務の実施、在宅就業障害者特例調整金若しくは報奨金等の支給又は登録に関する事務であって主務省令で定めるもの	都道府県知事	障害者関係情報であって主務省令で定めるもの
五十六　厚生労働大臣	障害者の雇用の促進等に関する法律による納付	厚生労働大臣	失業等給付関係情報であって主務省令で定める

	金関係業務又は納付金関係業務に相当する業務の実施に関する事務であって主務省令で定めるもの		もの
五十六の二 市町村長	災害対策基本法による被災者台帳の作成に関する事務であって主務省令で定めるもの	都道府県知事	災害救助法による救助若しくは児童福祉法による障害児入所支援、小児慢性特定疾病医療費の支給若しくは措置（同法第二十七条第一項第三号又は第二項の措置をいう。）に関する情報、障害者関係情報又は精神保健及び精神障害者福祉に関する法律による入院措置若しくは難病の患者に対する医療等に関する法律による特定医療費の支給に関する情報であって主務省令で定めるもの
		市町村長	児童福祉法による障害児通所支援若しくは母子保健法による妊娠の届出に関する情報又は介護保険給付等関係情報であって主務省令で定めるもの
		厚生労働大臣又は都道府県知事	特別児童扶養手当関係情報であって主務省令で定めるもの
		都道府県知事等	特別児童扶養手当等の支給に関する法律による障害児福祉手当若しくは特別障害者手当又は昭和六十年法律第三十四号附則第九十七条第一項の福祉手当の支給に関する情報であって主務省

			令で定めるもの
		都道府県知事又は市町村長	障害者の日常生活及び社会生活を総合的に支援するための法律による自立支援給付の支給に関する情報であって主務省令で定めるもの
五十七 都道府県知事等	児童扶養手当法による児童扶養手当の支給に関する事務であって主務省令で定めるもの	都道府県知事	児童福祉法による障害児入所支援、措置（同法第二十七条第一項第三号若しくは第二項又は第二十七条の二第一項の措置をいう。）若しくは日常生活上の援助及び生活指導並びに就業の支援の実施に関する情報又は障害者関係情報であって主務省令で定めるもの
		市町村長	地方税関係情報、住民票関係情報又は障害者の日常生活及び社会生活を総合的に支援するための法律による療養介護若しくは施設入所支援に関する情報であって主務省令で定めるもの
五十八 地方公務員共済組合	地方公務員等共済組合法による短期給付の支給に関する事務であって主務省令で定めるもの	児童扶養手当法第三条第二項に規定する公的年金給付の支給を行うこととされている者	児童扶養手当法第三条第二項に規定する公的年金給付の支給に関する情報であって主務省令で定めるもの
		厚生労働大臣又は都道府県知事	特別児童扶養手当関係情報であって主務省令で定めるもの
		医療保険者又は後期高齢者医療広域連合	医療保険給付関係情報であって主務省令で定めるもの
		市町村長	地方税関係情報、住民票関係情報又は介護保険給

			付等関係情報であって主務省令で定めるもの
五十九　地方公務員共済組合又は全国市町村職員共済組合連合会	地方公務員等共済組合法又は地方公務員等共済組合法の長期給付等に関する施行法による年金である給付の支給に関する事務であって主務省令で定めるもの	厚生労働大臣若しくは日本年金機構又は共済組合等	年金給付関係情報であって主務省令で定めるもの
		地方公務員等共済組合法第六十二条第一項に規定する他の法令による給付の支給を行うこととされている者	地方公務員等共済組合法第六十二条第一項に規定する他の法令による給付の支給に関する情報であって主務省令で定めるもの
		地方公務員災害補償基金	地方公務員災害補償関係情報であって主務省令で定めるもの
		厚生労働大臣	失業等給付関係情報であって主務省令で定めるもの
		市町村長	地方税関係情報又は住民票関係情報であって主務省令で定めるもの
六十　地方公務員共済組合又は全国市町村職員共済組合連合会	地方公務員等共済組合法による年金である給付の支給に関する事務であって主務省令で定めるもの	厚生労働大臣若しくは日本年金機構又は共済組合等	年金給付関係情報であって主務省令で定めるもの
		地方公務員災害補償基金	地方公務員災害補償関係情報であって主務省令で定めるもの
		厚生労働大臣	失業等給付関係情報であって主務省令で定めるもの
六十一　市町村長	老人福祉法による福祉の措置に関する事務であって主務省令で定めるもの	都道府県知事等	生活保護関係情報であって主務省令で定めるもの
		市町村長	地方税関係情報、住民票関係情報又は介護保険給付等関係情報であって主務省令で定めるもの
六十二　市町村長	老人福祉法による費用の徴収に関する事務であって主務省令	医療保険者又は後期高齢者医療広域連合	医療保険給付関係情報であって主務省令で定めるもの

	で定めるもの	厚生労働大臣	労働者災害補償関係情報又は失業等給付関係情報であって主務省令で定めるもの
		都道府県知事等	生活保護関係情報であって主務省令で定めるもの
		市町村長	地方税関係情報、住民票関係情報又は介護保険給付等関係情報であって主務省令で定めるもの
		厚生労働大臣若しくは日本年金機構又は共済組合等	年金給付関係情報であって主務省令で定めるもの
六十三　都道府県知事	母子及び父子並びに寡婦福祉法による償還未済額の免除又は資金の貸付けに関する事務であって主務省令で定めるもの	市町村長	地方税関係情報であって主務省令で定めるもの

六十四　都道府県知事又は市町村長	母子及び父子並びに寡婦福祉法による配偶者のない者で現に児童を扶養しているもの又は寡婦についての便宜の供与に関する事務であって主務省令で定めるもの	都道府県知事等	生活保護関係情報又は児童扶養手当関係情報であって主務省令で定めるもの
		市町村長	地方税関係情報であって主務省令で定めるもの
六十五　都道府県知事等	母子及び父子並びに寡婦福祉法による給付金の支給に関する事務であって主務省令で定めるもの	市町村長	地方税関係情報であって主務省令で定めるもの
		都道府県知事等	児童扶養手当関係情報であって主務省令で定めるもの
		厚生労働大臣	雇用保険法による教育訓練給付金の支給に関する情報又は職業訓練受講給付金関係情報であって主務省令で定めるもの
六十六　厚生労働大臣又は都	特別児童扶養手当等の支給に関する法律による	市町村長	地方税関係情報又は住民票関係情報であって主

			務省令で定めるもの
道府県知事	当の支給に関する事務であって主務省令で定めるもの	厚生労働大臣若しくは日本年金機構又は共済組合等	年金給付関係情報であって主務省令で定めるもの
六十七　都道府県知事等	特別児童扶養手当等の支給に関する法律による障害児福祉手当若しくは特別障害者手当又は昭和六十年法律第三十四号附則第九十七条第一項の福祉手当の支給に関する事務であって主務省令で定めるもの	市町村長	地方税関係情報又は住民票関係情報であって主務省令で定めるもの
六十八　都道府県知事等	特別児童扶養手当等の支給に関する法律による障害児福祉手当の支給に関する事務であって主務省令で定めるもの	厚生労働大臣若しくは日本年金機構又は共済組合等	年金給付関係情報であって主務省令で定めるもの
六十九　都	特別児童扶養手	都道府県知	原子爆弾被爆者

道府県知事等	当等の支給に関する法律による特別障害者手当の支給に関する事務であって主務省令で定めるもの	事又は広島市長若しくは長崎市長	に対する援護に関する法律による介護手当の支給に関する情報であって主務省令で定めるもの
七十　市町村長	母子保健法による費用の徴収に関する事務であって主務省令で定めるもの	都道府県知事等	生活保護関係情報又は中国残留邦人等支援給付等関係情報であって主務省令で定めるもの
		市町村長	地方税関係情報又は住民票関係情報であって主務省令で定めるもの
七十一　厚生労働大臣又は都道府県知事	雇用対策法による職業転換給付金の支給に関する事務であって主務省令で定めるもの	市町村長	地方税関係情報であって主務省令で定めるもの
七十二　地方公務員災害補償基金	地方公務員災害補償法による公務上の災害又は通勤による災害に対する補償に	国民年金法その他の法令による年金である給付の支給を	国民年金法その他の法令による年金である給付の支給に関する情報であって主

	関する事務であって主務省令で定めるもの	行うこととされている者	務省令で定めるもの
七十三　石炭鉱業年金基金	石炭鉱業年金基金法による年金である給付又は一時金の支給に関する事務であって主務省令で定めるもの	厚生労働大臣又は日本年金機構	年金給付関係情報であって主務省令で定めるもの
七十四　市町村長（児童手当法第十七条第一項の表の下欄に掲げる者を含む。）	児童手当法による児童手当又は特例給付の支給に関する事務であって主務省令で定めるもの	市町村長	地方税関係情報であって主務省令で定めるもの
七十五　市町村長	児童手当法による児童手当又は特例給付の支給に関する事務であって主務省令で定めるもの	厚生労働大臣若しくは日本年金機構又は共済組合等	年金給付関係情報であって主務省令で定めるもの
七十六　厚生労働大臣	雇用保険法による失業等給付の支給に関する事務であって主務	厚生労働大臣若しくは日本年金機構又は共済	年金給付関係情報であって主務省令で定めるもの

	省令で定めるもの	組合等	
七十七　厚生労働大臣	雇用保険法による未支給の失業等給付又は介護休業給付金の支給に関する事務であって主務省令で定めるもの	市町村長	住民票関係情報であって主務省令で定めるもの
七十八　厚生労働大臣	雇用保険法による傷病手当の支給に関する事務であって主務省令で定めるもの	雇用保険法第三十七条第八項に規定する他の法令による給付の支給を行うこととされている者	雇用保険法第三十七条第八項に規定する他の法令による給付の支給に関する情報であって主務省令で定めるもの
七十九　厚生労働大臣	雇用保険法による雇用安定事業又は能力開発事業の実施に関する事務であって主務省令で定めるもの	都道府県知事	障害者関係情報であって主務省令で定めるもの
		厚生労働大臣	失業等給付関係情報であって主務省令で定めるもの
八十　後期高齢者医療広域連合	高齢者の医療の確保に関する法律による後期高齢者医療給付の	医療保険者又は後期高齢者医療広域連合	医療保険給付関係情報であって主務省令で定めるもの

	支給又は保険料の徴収に関する事務であって主務省令で定めるもの	市町村長	地方税関係情報、住民票関係情報又は介護保険給付等関係情報であって主務省令で定めるもの
八十一　後期高齢者医療広域連合	高齢者の医療の確保に関する法律による後期高齢者医療給付の支給に関する事務であって主務省令で定めるもの	厚生労働大臣若しくは日本年金機構又は共済組合等	年金給付関係情報であって主務省令で定めるもの
		高齢者の医療の確保に関する法律第五十七条第一項に規定する他の法令による給付の支給を行うこととされている者	高齢者の医療の確保に関する法律第五十七条第一項に規定する他の法令による給付の支給に関する情報であって主務省令で定めるもの
八十二　市町村長	高齢者の医療の確保に関する法律による保険料の徴収に関する事務であって主務省令で定めるもの	厚生労働大臣若しくは日本年金機構又は共済組合等	年金給付関係情報であって主務省令で定めるもの
		後期高齢者医療広域連合	高齢者の医療の確保に関する法律による保険料の徴収に関する情報であって主務省令で定めるもの
八十三　厚生労働大臣又は共済組合等	高齢者の医療の確保に関する法律による特別徴収の方法による保険料の徴収又は納入に関する事務であって主務省令で定めるもの	市町村長	高齢者の医療の確保に関する法律第百十条において準用する介護保険法第百三十六条第一項（同法第百四十条第三項において準用する場合を含む。）、第百三十八条第一項又は第百四十一条第一項の規定により通知することとされている事項に関する情報であって主務省令で定めるもの
八十四　厚生労働大臣	昭和六十年法律第三十四号附則第八十七条第二項の規定により厚生年金保険の	市町村長	地方税関係情報又は住民票関係情報であって主務省令で定めるもの

	実施者たる政府が支給するものとされた年金である保険給付の支給に関する事務であって主務省令で定めるもの	共済組合等	年金給付関係情報であって主務省令で定めるもの
八十五　都道府県知事等	昭和六十年法律第三十四号附則第九十七条第一項の福祉手当の支給に関する事務であって主務省令で定めるもの	昭和六十年法律第三十四号附則第九十七条第二項において準用する特別児童扶養手当等の支給に関する法律第十七条第一号の障害を支給事由とする給付の支給を行うこととされている者	昭和六十年法律第三十四号附則第九十七条第二項において準用する特別児童扶養手当等の支給に関する法律第十七条第一号の障害を支給事由とする給付の支給に関する情報であって主務省令で定めるもの
八十六　厚生労働大臣	中国残留邦人等の円滑な帰国の促進並びに永住帰国した中国残留邦人等及び特定配偶者の自立の支援に関する法律による一時金の支給又は保険料の納付に関する事務であって主務省令で定めるもの	厚生労働大臣又は日本年金機構	国民年金法による年金である給付の支給に関する情報であって主務省令で定めるもの
八十七　都道府県知事等	中国残留邦人等支援給付等の支給に関する事務であって主務省令で定めるもの	医療保険者又は後期高齢者医療広域連合	医療保険給付関係情報であって主務省令で定めるもの
		厚生労働大臣	労働者災害補償関係情報、戦傷病者戦没者遺族等援護関係情報、失業等給付関係情報、原子爆弾被爆者に対する援護に関する法律による一般疾病医療費の支給に関する情報、石綿健康被害救済給付等関係情報又は職業訓練受講給付金関係情報であって主

			務省令で定めるもの
		都道府県知事	災害救助法による救助若しくは扶助金の支給、児童福祉法による小児慢性特定疾病医療費、療育の給付若しくは障害児入所給付費の支給、母子及び父子並びに寡婦福祉法による資金の貸付け又は難病の患者に対する医療等に関する法律による特定医療費の支給に関する情報であって主務省令で定めるもの
		都道府県知事等	生活保護関係情報、児童扶養手当関係情報又は母子及び父子並びに寡婦福祉法による給付金、特別児童扶養手

			当等の支給に関する法律による障害児福祉手当若しくは特別障害者手当若しくは昭和六十年法律第三十四号附則第九十七条第一項の福祉手当の支給に関する情報であって主務省令で定めるもの
		市町村長	地方税関係情報、母子保健法による養育医療の給付若しくは養育医療に要する費用の支給に関する情報、児童手当関係情報、介護保険給付等関係情報又は障害者の日常生活及び社会生活を総合的に支援するための法律による自立支援給付の支給に関する

			情報であって主務省令で定めるもの
		社会福祉協議会	社会福祉法による生計困難者に対して無利子又は低利で資金を融通する事業の実施に関する情報であって主務省令で定めるもの
		厚生労働大臣若しくは日本年金機構、共済組合等又は農林漁業団体職員共済組合	年金給付関係情報又は厚生年金保険制度及び農林漁業団体職員共済組合制度の統合を図るための農林漁業団体職員共済組合法等を廃止する等の法律による年金である給付、特定障害者に対する特別障害給付金の支給に関する法律による特別障害給付金若しくは年金生

			活者支援給付金の支給に関する法律による年金生活者支援給付金の支給に関する情報であって主務省令で定めるもの
		文部科学大臣又は都道府県教育委員会	特別支援学校への就学奨励に関する法律による特別支援学校への就学のため必要な経費の支弁に関する情報であって主務省令で定めるもの
		都道府県教育委員会又は市町村教育委員会	学校保健安全法による医療に要する費用についての援助に関する情報であって主務省令で定めるもの
		厚生労働大臣又は都道府県知事	特別児童扶養手当関係情報又は雇用対策法による職業転換給付金の支給に関す

			る情報であって主務省令で定めるもの
		地方公務員災害補償基金	地方公務員災害補償関係情報であって主務省令で定めるもの
		厚生労働大臣又は都道府県知事等	中国残留邦人等の円滑な帰国の促進並びに永住帰国した中国残留邦人等及び特定配偶者の自立の支援に関する法律による永住帰国旅費、自立支度金、一時金、一時帰国旅費又は中国残留邦人等支援給付等の支給に関する情報であって主務省令で定めるもの
		都道府県知事又は広島市長若しくは長崎市長	原子爆弾被爆者に対する援護に関する法律による手当等の支給に関する情報で

			あって主務省令で定めるもの
八十八　厚生労働大臣	原子爆弾被爆者に対する援護に関する法律による一般疾病医療費の支給に関する事務であって主務省令で定めるもの	原子爆弾被爆者に対する援護に関する法律第十八条第一項ただし書に規定する他の法令による医療に関する給付の支給を行うこととされている者	原子爆弾被爆者に対する援護に関する法律第十八条第一項ただし書に規定する他の法令による医療に関する給付の支給に関する情報であって主務省令で定めるもの
八十九　都道府県知事又は広島市長若しくは長崎市長	原子爆弾被爆者に対する援護に関する法律による保健手当又は葬祭料の支給に関する事務であって主務省令で定めるもの	市町村長	住民票関係情報であって主務省令で定めるもの
九十　都道府県知事又は広島市長若しくは長崎市長	原子爆弾被爆者に対する援護に関する法律による介護手当の支給に関する事務であって主務省	都道府県知事等	生活保護関係情報であって主務省令で定めるもの
		市町村長	介護保険給付等関係情報であっ

		令で定めるもの		て主務省令で定めるもの
九十一	厚生労働大臣	平成八年法律第八十二号附則第十六条第三項の規定により厚生年金保険の実施者たる政府が支給するものとされた年金である給付の支給に関する事務であって主務省令で定めるもの	市町村長	地方税関係情報又は住民票関係情報であって主務省令で定めるもの
			共済組合等	年金給付関係情報であって主務省令で定めるもの
九十二	平成八年法律第八十二号附則第三十二条第二項に規定する存続組合又は平成八年法律第八十二号附則第四十八条第一項に規定する指定基金	平成八年法律第八十二号による年金である長期給付又は年金である給付の支給に関する事務であって主務省令で定めるもの	市町村長	地方税関係情報又は住民票関係情報であって主務省令で定めるもの
			厚生労働大臣若しくは日本年金機構又は共済組合等	年金給付関係情報であって主務省令で定めるもの
九十三	市町村長	介護保険法による保険給付の支給又は地域支援事業の実施に関する事務であって主務省令で定めるもの	医療保険者又は後期高齢者医療広域連合	医療保険給付関係情報であって主務省令で定めるもの
			介護保険法第二十条に規定する他の法令による給付の支給を行うこととされている者	介護保険法第二十条に規定する他の法令による給付の支給に関する情報であって主務省令で定めるもの
九十四	市町村長	介護保険法による保険給付の支給、地域支援事業の実施又は保険料の徴収に関する事務であって主務省令で定めるもの	都道府県知事等	生活保護関係情報であって主務省令で定めるもの
			市町村長	地方税関係情報、住民票関係情報又は介護保険給付等関係情報であって主務省令で定めるもの
			厚生労働大臣若しくは日本年金機構又は共済組合等	年金給付関係情報であって主務省令で定めるもの

九十五 厚生労働大臣又は共済組合等	介護保険法による特別徴収の方法による保険料の徴収又は納入に関する事務であって主務省令で定めるもの	市町村長	介護保険法第百三十六条第一項（同法第百四十条第三項において準用する場合を含む。）、第百三十八条第一項又は第百四十一条第一項の規定により通知することとされている事項に関する情報であって主務省令で定めるもの
九十六 都道府県知事	被災者生活再建支援法による被災者生活再建支援金の支給に関する事務であって主務省令で定めるもの	市町村長	住民票関係情報であって主務省令で定めるもの
九十七 都道府県知事又は保健所を設置する市の長	感染症の予防及び感染症の患者に対する医療に関する法律による費用の負担又は療養費の支給に関する事務であって主務省令で定めるもの	市町村長	地方税関係情報であって主務省令で定めるもの
		感染症の予防及び感染症の患者に対する医療に関する法律第三十九条第一項に規定する他の法律による医療に関する給付の支給を行うこととされている者	感染症の予防及び感染症の患者に対する医療に関する法律第三十九条第一項に規定する他の法律による医療に関する給付の支給に関する情報であって主務省令で定めるもの
九十八 確定給付企業年金法第二十九条第一項に規定する事業主等又は企業年金連合会	確定給付企業年金法による年金である給付又は一時金の支給に関する事務であって主務省令で定めるもの	厚生労働大臣又は日本年金機構	年金給付関係情報であって主務省令で定めるもの
九十九 確定拠出年金法第三条第三項第一号に規定する事業主	確定拠出年金法による企業型年金の給付又は脱退一時金の支給に関する事務であって主務省令で定めるもの	厚生労働大臣又は日本年金機構	年金給付関係情報であって主務省令で定めるもの
百 国民年金基金連合会	確定拠出年金法による個人型年金	厚生労働大臣又は日本	年金給付関係情報であって主務

合会	金の給付又は脱退一時金の支給に関する事務であって主務省令で定めるもの	年金機構	省令で定めるもの
		独立行政法人農業者年金基金	独立行政法人農業者年金基金法による農業者年金の被保険者に関する情報であって主務省令で定めるもの
百一　厚生労働大臣	厚生年金保険制度及び農林漁業団体職員共済組合制度の統合を図るための農林漁業団体職員共済組合法等を廃止する等の法律附則第十六条第三項の規定により厚生年金保険の実施者たる政府が支給するものとされた年金である給付の支給に関する事務であって主務省令で定めるもの	市町村長	地方税関係情報又は住民票関係情報であって主務省令で定めるもの
		共済組合等又は農林漁業団体職員共済組合	年金給付関係情報又は厚生年金保険制度及び農林漁業団体職員共済組合制度の統合を図るための農林漁業団体職員共済組合法等を廃止する等の法律による年金である給付の支給に関する情報であって主務省令で定めるもの
百二　農林漁業団体職員共済組合	厚生年金保険制度及び農林漁業団体職員共済組合制度の統合を図るための農林漁業団体職員共済組合法等を廃止する等の法律による年金である給付（同法附則第十六条第三項の規定により厚生年金保険の実施者たる政府が支給するものとされた年金である給付を除く。）若しくは一時金の支給又は特例業務負担金の徴収に関する事務であって主務省令で定めるもの	市町村長	地方税関係情報又は住民票関係情報であって主務省令で定めるもの
		厚生労働大臣若しくは日本年金機構又は共済組合等	年金給付関係情報であって主務省令で定めるもの
百三　独立行政法人農業者年金基金	独立行政法人農業者年金基金法による農業者年金事業の給付の支給若しくは保	市町村長	地方税関係情報又は住民票関係情報であって主務省令で定めるもの

	険料その他徴収金の徴収又は同法附則第六条第一項第一号の規定により独立行政法人農業者年金基金が行うものとされた平成十三年法律第三十九号による改正前の農業者年金基金法若しくは平成二年法律第二十一号による改正前の農業者年金基金法による給付の支給に関する事務であって主務省令で定めるもの	厚生労働大臣若しくは日本年金機構、共済組合等又は農林漁業団体職員共済組合	年金給付関係情報又は厚生年金保険制度及び農林漁業団体職員共済組合制度の統合を図るための農林漁業団体職員共済組合法等を廃止する等の法律による年金である給付の支給に関する情報であって主務省令で定めるもの
百四　独立行政法人日本スポーツ振興センター	独立行政法人日本スポーツ振興センター法による災害共済給付の支給に関する事務であって主務省令で定めるもの	都道府県知事等	生活保護関係情報であって主務省令で定めるもの
百五　独立行政法人医薬品医療機器総合機構	独立行政法人医薬品医療機器総合機構法による副作用救済給付又は感染救済給付の支給に関する事務であって主務省令で定めるもの	市町村長	住民票関係情報であって主務省令で定めるもの
百六　独立行政法人日本学生支援機構	独立行政法人日本学生支援機構法による学資の貸与に関する事務であって主務省令で定めるもの	医療保険者その他の法令による医療に関する給付の支給を行うこととされている者	医療保険各法その他の法令による医療に関する給付の支給に関する情報であって主務省令で定めるもの
		都道府県知事	障害者関係情報であって主務省令で定めるもの
		都道府県知事等	生活保護関係情報であって主務省令で定めるもの
		市町村長	地方税関係情報又は住民票関係情報であって主務省令で定めるもの
		国民年金法	国民年金法その

2　行政手続における特定の個人を識別するための番号の利用等に関する法律（平成25年法律第27号）別表（別表第二）

		その他の法令による年金である給付の支給を行うこととされている者	他の法令による年金である給付の支給に関する情報であって主務省令で定めるもの
百七　厚生労働大臣	特定障害者に対する特別障害給付金の支給に関する法律による特別障害給付金の支給に関する事務であって主務省令で定めるもの	厚生労働大臣	失業等給付関係情報であって主務省令で定めるもの
		全国健康保険協会	船員保険法による保険給付の支給に関する情報であって主務省令で定めるもの
		厚生労働大臣	労働者災害補償関係情報又は戦傷病者戦没者遺族等援護法による年金である給付の支給に関する情報であって主務省令で定めるもの
		市町村長	地方税関係情報であって主務省令で定めるもの
		共済組合等	年金給付関係情報であって主務省令で定めるもの
		地方公務員災害補償基金	地方公務員災害補償関係情報であって主務省令で定めるもの
百八　都道府県知事又は市町村長	障害者の日常生活及び社会生活を総合的に支援するための法律による自立支援給付の支給又は地域生活支援事業の実施に関する事務であって主務省令で定めるもの	都道府県知事等	生活保護関係情報又は中国残留邦人等支援給付等関係情報であって主務省令で定めるもの
		市町村長	地方税関係情報又は住民票関係情報であって主務省令で定めるもの
百九　都道府県知事又は市町村長	障害者の日常生活及び社会生活を総合的に支援するための法律による自立支援給付の支給に関する事務であって主務省令で定めるもの	障害者の日常生活及び社会生活を総合的に支援するための法律第七条に規定する他の法令により行われる給付の支給を行うもの	障害者の日常生活及び社会生活を総合的に支援するための法律第七条に規定する他の法令により行われる給付の支給に関する情報であって主務省令で定めるもの

		こととされている者	
百十　都道府県知事又は市町村長	障害者の日常生活及び社会生活を総合的に支援するための法律による自立支援医療費、療養介護医療費又は基準該当療養介護医療費の支給に関する事務であって主務省令で定めるもの	国民年金法その他の法令による給付の支給を行うこととされている者	国民年金法その他の法令による給付の支給に関する情報であって主務省令で定めるもの
百十一　厚生労働大臣	厚生年金保険の保険給付及び国民年金の給付に係る時効の特例等に関する法律による保険給付又は給付の支給に関する事務であって主務省令で定めるもの	市町村長	住民票関係情報であって主務省令で定めるもの
百十二　厚生労働大臣	厚生年金保険の保険給付及び国民年金の給付の支払の遅延に係る加算金の支給	市町村長	住民票関係情報であって主務省令で定めるもの

	に関する法律による保険給付遅延特別加算金又は給付遅延特別加算金の支給に関する事務であって主務省令で定めるもの		
百十三　文部科学大臣、都道府県知事又は都道府県教育委員会	高等学校等就学支援金の支給に関する法律による就学支援金の支給に関する事務であって主務省令で定めるもの	市町村長	地方税関係情報又は住民票関係情報であって主務省令で定めるもの
		文部科学大臣、都道府県知事又は都道府県教育委員会	高等学校等就学支援金の支給に関する法律による就学支援金の支給に関する情報であって主務省令で定めるもの
百十四　厚生労働大臣	職業訓練の実施等による特定求職者の就職の支援に関する法律による職業訓練受講給付金の支給に関する事務であって主務省	市町村長	地方税関係情報又は住民票関係情報であって主務省令で定めるもの
		国民年金法その他の法令による年	国民年金法その他の法令による年金である給付

	令で定めるもの	金である給付の支給を行うこととされている者	の支給に関する情報であって主務省令で定めるもの
百十五　平成二十三年法律第五十六号附則第二十三条第一項第三号に規定する存続共済会	平成二十三年法律第五十六号による年金である給付の支給に関する事務であって主務省令で定めるもの	市町村長	地方税関係情報であって主務省令で定めるもの
百十六　市町村長	子ども・子育て支援法による子どものための教育・保育給付の支給又は地域子ども・子育て支援事業の実施に関する事務であって主務省令で定めるもの	都道府県知事	児童福祉法による障害児入所支援若しくは措置（同法第二十七条第一項第三号の措置をいう。）に関する情報又は障害者関係情報であって主務省令で定めるもの
		市町村長	児童福祉法による障害児通所支援に関する情報、地方税関係情報、住民票関係情報又は障害者の日常生活及び社会生活を総合的に支援するための法律による自立支援給付の支給に関する情報であって主務省令で定めるもの
		都道府県知事等	生活保護関係情報、児童扶養手当関係情報又は中国残留邦人等支援給付等関係情報であって主務省令で定めるもの
		厚生労働大臣又は都道府県知事	特別児童扶養手当関係情報であって主務省令で定めるもの
		厚生労働大臣又は日本年金機構	国民年金法による障害基礎年金の支給に関する情報であって主務省令で定めるもの

百十七	厚生労働大臣	年金生活者支援給付金の支給に関する法律による年金生活者支援給付金の支給に関する事務であって主務省令で定めるもの	市町村長	地方税関係情報、住民票関係情報又は介護保険給付等関係情報であって主務省令で定めるもの
百十八	平成二十五年法律第六十三号附則第三条第十一号に規定する存続厚生年金基金	平成二十五年法律第六十三号附則第五条第一項の規定によりなおその効力を有するものとされた平成二十五年法律第六十三号第一条の規定による改正前の厚生年金保険法による年金である給付又は一時金の支給に関する事務であって主務省令で定めるもの	厚生労働大臣又は日本年金機構	年金給付関係情報であって主務省令で定めるもの
百十九	平成二十五年法律第六十三号附則第三条第十三号に規定する存続連合会又は企業年金連合会	平成二十五年法律第六十三号による年金である給付又は一時金の支給に関する事務であって主務省令で定めるもの	厚生労働大臣又は日本年金機構	年金給付関係情報であって主務省令で定めるもの
百二十	都道府県知事	難病の患者に対する医療等に関する法律による特定医療費の支給に関する事務であって主務省令で定めるもの	都道府県知事等	生活保護関係情報又は中国残留邦人等支援給付等関係情報であって主務省令で定めるもの
			市町村長	地方税関係情報又は住民票関係情報であって主務省令で定めるもの
			難病の患者に対する医療等に関する法律第十二条に規定する他の法令による給付の支給を行うこととされている者	難病の患者に対する医療等に関する法律第十二条に規定する他の法令による給付の支給に関する情報であって主務省令で定めるもの

3

行政手続における特定の個人を識別するための番号の利用等に関する法律別表第一の主務省令で定める事務を定める命令

(平成 26 年内閣府・総務省令第 5 号)

3 行政手続における特定の個人を識別するための番号の利用等に関する法律別表第一の主務省令で定める事務を定める命令

行政手続における特定の個人を識別するための番号の利用等に関する法律別表第一の主務省令で定める事務を定める命令

（平成二十六年九月十日内閣府・総務省令第五号）

第一条 行政手続における特定の個人を識別するための番号の利用等に関する法律（以下「法」という。）別表第一の一の項の主務省令で定める事務は、次のとおりとする。

一 健康保険法（大正十一年法律第七十号）第三条第二項ただし書の日雇特例被保険者の適用除外の申請の受理、その申請に係る事実についての審査又はその申請に対する応答に関する事務

二 健康保険法による全国健康保険協会が管掌する健康保険（以下「全国健康保険協会管掌健康保険」という。）の被保険者若しくはその被扶養者に係る届出等（届出又は申出をいう。以下この号において同じ。）の受理、その届出等に係る事実についての審査又はその届出等に対する応答に関する事務

三 健康保険法による全国健康保険協会管掌健康保険の被保険者証、被保険者資格証明書又は日雇特例被保険者手帳に関する事務（前号に掲げるものを除く。）

四 健康保険法第五十一条第一項の全国健康保険協会管掌健康保険の被保険者資格の得喪の確認の請求の受理、その請求に係る事実についての審査又はその請求に対する応答に関する事務

第二条 法別表第一の二の項の主務省令で定める事務は、次のとおりとする。

一 健康保険法による被保険者（同法附則第三条の特例退職被保険者を含む。）若しくはその被扶養者に係る申請等（申請、届出又は申出をいう。以下この号において同じ。）の受理、その申請等に係る事実についての審査又はその申請等に対する応答に関する事務（前条第二号に掲げるものを除く。）

二 健康保険法による被保険者証、高齢受給者証、特別療養証明書、特定疾病療養受療証、限度額適用認定証、限度額適用・標準負担額減額認定証、受給資格者票又は特別療養費受給票に関する事務（前条第三号及び前号に掲げるものを除く。）

三 健康保険法第五十一条第一項の被保険者資格の得喪の確認の請求の受理、その請求に係る事実についての審査又はその請求に対する応答に関する事務（前条第四号に掲げるものを除く。）

四 健康保険法第五十二条、第五十三条又は第百二十七条の保険給付の支給に関する事務

五 健康保険法第七十五条の二第一項（同法第百四十九条

において準用する場合を含む。）の一部負担金に係る措置に関する事務

六　健康保険法第百六十四条の任意継続被保険者（同法附則第三条第六項の規定により任意継続被保険者とみなされる特例退職被保険者を含む。以下この号において同じ。）の保険料の納付又は同法第百六十五条の任意継続被保険者の保険料の前納に関する事務

第三条　法別表第一の三の項の主務省令で定める事務は、次のとおりとする。

一　船員保険法（昭和十四年法律第七十三号）による被保険者若しくはその被扶養者に係る届出等（届出又は申出をいう。以下この号において同じ。）の受理、その届出等に係る事実についての審査又はその届出等に対する応答に関する事務

二　船員保険法による被保険者資格証明書に関する事務（前号に掲げるものを除く。）

三　船員保険法第二十七条第一項の被保険者資格の得喪の確認の請求の受理、その請求に係る事実についての審査又はその請求に対する応答に関する事務

第四条　法別表第一の四の項の主務省令で定める事務は、次のとおりとする。

一　船員保険法による被保険者若しくはその被扶養者に係る申請等（申請、届出又は申出をいう。以下この号において同じ。）の受理、その申請等に係る事実についての審査又はその申請等に対する応答に関する事務（前条第一号に掲げるものを除く。）

二　船員保険法による被保険者証、高齢受給者証、船員保険療養補償証明書、継続療養受療証明書、特定疾病療養受療証、限度額適用認定証、限度額適用・標準負担額減額認定証又は年金証書に関する事務（前号に掲げるものを除く。）

三　船員保険法第二十九条又は第三十条の保険給付の支給に関する事務

四　船員保険法第五十七条第一項の一部負担金に係る措置に関する事務

五　船員保険法第百二十七条の疾病任意継続被保険者の保険料の納付又は同法第百二十八条の疾病任意継続被保険者の保険料の前納に関する事務

六　船員保険法附則第五条第一項の障害前払一時金若しくは同条第二項の遺族前払一時金の支給の請求の受理、その請求に係る事実についての審査又はその請求に対する応答に関する事務

七　雇用保険法等の一部を改正する法律（平成十九年法律第三十号。以下この号において「平成十九年法律第三十号」という。）附則第三十九条の規定によりなお従前の例によるものとされた平成十九年法律第三十号第四条の

規定による改正前の船員保険法による保険給付の支給に関する事務

第五条 法別表第一の五の項の主務省令で定める事務は、次のとおりとする。

一 労働者災害補償保険法（昭和二十二年法律第五十号）による年金たる保険給付（同法第十二条の八第三項の傷病補償年金又は同法第二十三条第一項の傷病年金を除く。）の支給の請求の受理又はその請求に係る事実についての審査に関する事務

二 労働者災害補償保険法による年金たる保険給付の支給を受ける権利に係る請求等（請求、申請、届出又は報告をいう。以下この号において同じ。）の受理又はその請求等に係る事実についての審査に関する事務

三 労働者災害補償保険法第十二条の八第三項の傷病補償年金若しくは同法第二十三条第一項の傷病年金の支給の決定に係る届出の受理又はその届出に係る事実についての審査に関する事務

四 労働者災害補償保険法附則第五十九条第一項の障害補償年金前払一時金、同法附則第六十条第一項の遺族補償年金前払一時金、同法附則第六十二条第一項の障害年金前払一時金若しくは同法附則第六十三条第一項の遺族年金前払一時金の支給の請求の受理又はその請求に係る事実についての審査に関する事務

第六条 法別表第一の六の項の主務省令で定める事務は、次のとおりとする。

一 災害救助法（昭和二十二年法律第百十八号）第七条第五項の実費弁償の請求の受理、その請求に係る事実についての審査又はその請求に対する応答に関する事務

二 災害救助法第十二条の扶助金の支給の申請の受理、その申請に係る事実についての審査又はその申請に対する応答に関する事務

第七条 法別表第一の七の項の主務省令で定める事務は、次のとおりとする。

一 児童福祉法（昭和二十二年法律第百六十四号）第六条の四第一項の里親の認定の申請の受理、その申請に係る事実についての審査又はその申請に対する応答に関する事務

二 児童福祉法第十九条の二第一項の小児慢性特定疾病医療費、同法第二十条第一項の療育の給付、同法第二十四条の二第一項の障害児入所給付費、同法第二十四条の六第一項の高額障害児入所給付費、同法第二十四条の七第一項の特定入所障害児食費等給付費又は同法第二十四条の二十第一項の障害児入所医療費の支給に関する事務

三 児童福祉法第十九条の五第二項の医療費支給認定の変更に関する事務

四 児童福祉法第三十三条の六第一項の日常生活上の援助

及び生活指導並びに就業の支援の実施の申込みの受理、その申込みに係る事実についての審査又はその申込みに対する応答に関する事務
五　児童福祉法第三十四条の十九の養育里親名簿の作成に関する事務
六　児童福祉法第五十六条第一項の負担能力の認定又は同条第二項の費用の徴収に関する事務

第八条　法別表第一の八の項の主務省令で定める事務は、次のとおりとする。
一　児童福祉法第二十一条の五の三第一項の障害児通所給付費、同法第二十一条の五の四第一項の特例障害児通所給付費、同法第二十一条の五の十二第一項の高額障害児通所給付費、同法第二十一条の五の二十八第一項の肢体不自由児通所医療費、同法第二十四条の二十六第一項の障害児相談支援給付費又は同法第二十四条の二十七第一項の特例障害児相談支援給付費の支給に関する事務
二　児童福祉法第二十一条の五の八第二項の通所給付決定の変更に関する事務
三　児童福祉法第二十一条の六の障害福祉サービスの提供に関する事務
四　児童福祉法第五十六条第二項又は第三項の費用の徴収に関する事務

第九条　法別表第一の九の項の主務省令で定める事務は、次のとおりとする。
一　児童福祉法第二十二条第一項の助産施設における助産の実施の申込みの受理、その申込みに係る事実についての審査又はその申込みに対する応答に関する事務
二　児童福祉法第二十三条第一項の母子生活支援施設における保護の実施の申込みの受理、その申込みに係る事実についての審査又はその申込みに対する応答に関する事務

第十条　法別表第一の十の項の主務省令で定める事務は、次のとおりとする。
一　予防接種法（昭和二十三年法律第六十八号）第五条第一項又は第六条第一項若しくは第三項の予防接種の実施に関する事務
二　予防接種法第五条第一項又は第六条第一項の予防接種の実施の指示に関する事務
三　予防接種法第六条第三項の予防接種の実施に必要な協力に関する事務
四　予防接種法第十五条第一項の給付の支給の請求の受理、その請求に係る事実についての審査又はその請求に対する応答に関する事務
五　予防接種法第十五条第一項の給付の支給を受ける権利に係る届出等（届出又は申出をいう。以下この号において同じ。）の受理、その届出等に係る事実についての審

査又はその届出等に対する応答に関する事務
六　予防接種法第二十八条の実費の徴収に関する事務
第十一条　法別表第一の十一の項の主務省令で定める事務は、次のとおりとする。
一　身体障害者福祉法（昭和二十四年法律第二百八十三号）第十五条第一項の身体障害者手帳の交付の申請の受理、その申請に係る事実についての審査又はその申請に対する応答に関する事務
二　身体障害者福祉法第十六条第一項又は第二項の身体障害者手帳の返還に関する事務
三　身体障害者福祉法施行令（昭和二十五年政令第七十八号）第九条第一項の身体障害者手帳交付台帳の整備に関する事務
四　身体障害者福祉法施行令第九条第二項若しくは第四項の氏名を変更したとき、若しくは居住地を移したときの届出の受理、その届出に係る事実についての審査又はその届出に対する応答に関する事務
五　身体障害者福祉法施行令第十条第一項又は第三項の身体障害者手帳の再交付に関する事務
第十二条　法別表第一の十二の項の主務省令で定める事務は、次のとおりとする。
一　身体障害者福祉法第十八条第一項の障害福祉サービスの提供又は同条第二項の障害者支援施設等への入所等の措置に関する事務
二　身体障害者福祉法第三十八条第一項の費用の徴収に関する事務
第十三条　法別表第一の十三の項の主務省令で定める事務は、身体障害者福祉法第三十八条第二項の費用の徴収に関する事務とする。
第十四条　法別表第一の十四の項の主務省令で定める事務は、次のとおりとする。
一　精神保健及び精神障害者福祉に関する法律（昭和二十五年法律第百二十三号）第二十七条第一項又は第二項の診察に関する事務
二　精神保健及び精神障害者福祉に関する法律第二十九条第一項若しくは第二十九条の二第一項の入院措置の決定、その入院措置に係る移送又はその入院措置の解除に関する事務
三　精神保健及び精神障害者福祉に関する法律第三十一条の費用の徴収に関する事務
四　精神保健及び精神障害者福祉に関する法律第三十八条の四の退院等の請求の受理、その請求に係る事実についての審査又はその請求に対する応答に関する事務
五　精神保健及び精神障害者福祉に関する法律第四十条の仮退院の許可の申請の受理、その申請に係る事実についての審査又はその申請に対する応答に関する事務

六　精神保健及び精神障害者福祉に関する法律第四十五条第一項の精神障害者保健福祉手帳の交付の申請の受理、その申請に係る事実についての審査又はその申請に対する応答に関する事務

七　精神保健及び精神障害者福祉に関する法律第四十五条第四項の都道府県知事の認定の申請の受理、その申請に係る事実についての審査又はその申請に対する応答に関する事務

八　精神保健及び精神障害者福祉に関する法律第四十五条の二第一項又は第三項の精神障害者保健福祉手帳の返還に関する事務

九　精神保健及び精神障害者福祉に関する法律施行令（昭和二十五年政令第百五十五号）第七条第一項の精神障害者保健福祉手帳交付台帳の整備に関する事務

十　精神保健及び精神障害者福祉に関する法律施行令第七条第二項若しくは第四項の氏名を変更したとき、若しくは居住地を移したときの届出の受理、その届出に係る事実についての審査又はその届出に対する応答に関する事務

十一　精神保健及び精神障害者福祉に関する法律施行令第九条の障害等級の変更の申請の受理、その申請に係る事実についての審査又はその申請に対する応答に関する事務

十二　精神保健及び精神障害者福祉に関する法律施行令第十条第一項の精神障害者保健福祉手帳の再交付に関する事務

第十五条　法別表第一の十五の項の主務省令で定める事務は、次のとおりとする。

一　生活保護法（昭和二十五年法律第百四十四号）第十九条第一項の保護の実施に関する事務

二　生活保護法第二十四条第一項の保護の開始若しくは同条第九項の保護の変更の申請の受理、その申請に係る事実についての審査又はその申請に対する応答に関する事務

三　生活保護法第二十五条第一項の職権による保護の開始又は同条第二項の職権による保護の変更に関する事務

四　生活保護法第二十六条の保護の停止又は廃止に関する事務

五　生活保護法第五十五条の四第一項の就労自立給付金の支給の申請の受理、その申請に係る事実についての審査又はその申請に対する応答に関する事務

六　生活保護法第六十三条の保護に要する費用の返還に関する事務

七　生活保護法第七十七条第一項又は第七十八条第一項から第三項までの徴収金の徴収（同法第七十八条の二第一項又は第二項の徴収金の徴収を含む。）に関する事務

第十六条　法別表第一の十六の項の主務省令で定める事務は、地方税法（昭和二十五年法律第二百二十六号）その他の地方税に関する法律及びこれらの法律に基づく条例による地方税の課税標準の更正若しくは決定、税額の更正若しくは決定、納税の告知、督促、滞納処分その他の地方税の賦課徴収に関する事務又は地方税に関する調査（犯則事件の調査を含む。）に関する事務とする。

第十七条　法別表第一の十七の項の主務省令で定める事務は、地方税法による譲渡割の課税標準の更正若しくは決定、税額の更正若しくは決定、督促、滞納処分その他の譲渡割の賦課徴収に関する事務又は譲渡割に関する調査（犯則事件の調査を含む。）に関する事務とする。

第十八条　法別表第一の十九の項の主務省令で定める事務は、次のとおりとする。

一　公営住宅法（昭和二十六年法律第百九十三号）第十六条第一項若しくは第二十八条第二項の収入の申告の受理、その申告に係る事実についての審査又はその申告に対する応答に関する事務

二　公営住宅法第十六条第四項（同法第二十八条第三項及び第二十九条第八項において準用する場合を含む。）の家賃若しくは金銭若しくは同法第十八条第二項の敷金の減免の申請の受理、その申請に係る事実についての審査又はその申請に対する応答に関する事務

三　公営住宅法第十八条第一項の敷金の徴収に関する事務

四　公営住宅法第十九条（同法第二十八条第三項及び第二十九条第八項において準用する場合を含む。）の家賃、敷金若しくは金銭の徴収猶予の申請の受理、その申請に係る事実についての審査又はその申請に対する応答に関する事務

五　公営住宅法第二十五条第一項の入居の申込みの受理、その申込みに係る事実についての審査又はその申込みに対する応答に関する事務

六　公営住宅法第二十七条第五項若しくは第六項の事業主体の承認の申請の受理、その申請に係る事実についての審査又はその申請に対する応答に関する事務

七　公営住宅法第二十九条第一項又は第三十二条第一項の明渡しの請求に関する事務

八　公営住宅法第二十九条第五項の家賃の決定又は同条第六項の金銭の徴収に関する事務

九　公営住宅法第二十九条第七項の期限の延長の申出の受理、その申出に係る事実についての審査又はその申出に対する応答に関する事務

十　公営住宅法第三十条第一項のあっせん等に関する事務

十一　公営住宅法第三十四条の収入状況の報告の請求等に関する事務

十二　公営住宅法第四十八条の条例で定める事項に関する

事務

第十九条　法別表第一の二十の項の主務省令で定める事務は、次のとおりとする。

一　戦傷病者戦没者遺族等援護法（昭和二十七年法律第百二十七号）による給付の支給の請求の受理、その請求に係る事実についての審査又はその請求に対する応答に関する事務

二　戦傷病者戦没者遺族等援護法による給付の支給を受ける権利に係る届出等（届出又は申出をいう。以下この号において同じ。）の受理、その届出等に係る事実についての審査又はその届出等に対する応答に関する事務

三　戦傷病者戦没者遺族等援護法による給付の支給を受けている者に係る届出の受理、その届出に係る事実についての審査又はその届出に対する応答に関する事務

四　戦傷病者戦没者遺族等援護法施行規則（昭和二十七年厚生省令第十六号）第四十条第一項の年金証書等に関する事務

第二十条　法別表第一の二十一の項の主務省令で定める事務は、次のとおりとする。

一　未帰還者留守家族等援護法（昭和二十八年法律第百六十一号）第五条第一項の留守家族手当、同法第十六条第一項の葬祭料、同法第十七条第一項の遺骨の引取りに要する経費若しくは同法第二十六条の障害一時金の支給の申請の受理、その申請に係る事実についての審査又はその申請に対する応答に関する事務

二　未帰還者留守家族等援護法第十一条第二項若しくは未帰還者留守家族等援護法施行規則（昭和二十八年厚生省令第四十二号）第五条若しくは第七条の届出の受理、その届出に係る事実についての審査又はその届出に対する応答に関する事務

三　未帰還者留守家族等援護法第十二条第一項の留守家族手当の額の改定の申請の受理、その申請に係る事実についての審査又はその申請に対する応答に関する事務

第二十一条　法別表第一の二十三の項の主務省令で定める事務は、次のとおりとする。

一　国税収納金整理資金に関する法律（昭和二十九年法律第三十六号）による国税等（同法第八条第一項に規定する国税等をいう。以下この条において同じ。）の調査決定、納入の告知、資金徴収簿の登記その他の国税等の徴収に関する事務

二　国税収納金整理資金に関する法律による国税等の収納金の領収、収納金の払込みその他の国税等の収納に関する事務

三　国税収納金整理資金に関する法律による国税等の支払の決定、支払命令、資金支払簿の登記その他の国税等の債権者への支払に関する事務

第二十二条 法別表第一の二十六の項の主務省令で定める事務は、特別支援学校への就学奨励に関する法律（昭和二十九年法律第百四十四号）第五条の経費の算定に必要な資料の受理、その資料に係る事実についての審査又はその資料の提出に対する応答に関する事務とする。

第二十三条 法別表第一の二十七の項の主務省令で定める事務は、学校保健安全法（昭和三十三年法律第五十六号）第二十四条の援助の対象となる者の認定に関する事務とする。

第二十四条 法別表第一の三十の項の主務省令で定める事務は、次のとおりとする。

一 国民健康保険法（昭和三十三年法律第百九十二号）による被保険者に係る申請等（申請、届出又は申出をいう。以下この号において同じ。）の受理、その申請等に係る事実についての審査又はその申請等に対する応答に関する事務

二 国民健康保険法による被保険者証、被保険者資格証明書、高齢受給者証、標準負担額減額認定証、特定疾病療養受療証、限度額適用認定証、限度額適用・標準負担額減額認定証又は特別療養証明書に関する事務（前号に掲げるものを除く。）

三 国民健康保険法による保険給付の支給に関する事務

四 国民健康保険法第四十四条第一項の一部負担金に係る措置に関する事務

五 国民健康保険法第六十三条の二の一時差止めに関する事務

六 国民健康保険法第七十六条第一項の保険料の徴収又は同条第二項の保険料の賦課に関する事務

第二十五条 法別表第一の三十四の項の主務省令で定める事務は、次のとおりとする。

一 知的障害者福祉法（昭和三十五年法律第三十七号）第十五条の四の障害福祉サービスの提供に関する事務

二 知的障害者福祉法第十六条第一項の障害者支援施設等への入所等の措置に関する事務

三 知的障害者福祉法第二十七条の費用の徴収に関する事務

第二十六条 法別表第一の三十五の項の主務省令で定める事務は、次のとおりとする。

一 住宅地区改良法（昭和三十五年法律第八十四号）第二十九条第一項において準用する公営住宅法第十八条第一項の敷金の徴収に関する事務

二 住宅地区改良法第二十九条第一項において準用する公営住宅法第十八条第二項の敷金の減免の申請の受理、その申請に係る事実についての審査又はその申請に対する応答に関する事務

三 住宅地区改良法第二十九条第一項において準用する公営住宅法第十九条の家賃若しくは敷金の徴収猶予の申請

の受理、その申請に係る事実についての審査又はその申請に対する応答に関する事務

四　住宅地区改良法第二十九条第一項において準用する公営住宅法第二十五条第一項の入居の申込みの受理、その申込みに係る事実についての審査又はその申込みに対する応答に関する事務

五　住宅地区改良法第二十九条第一項において準用する公営住宅法第三十二条第一項の明渡しの請求に関する事務

六　住宅地区改良法第二十九条第一項において準用する公営住宅法第三十四条の収入状況の報告の請求等又は同法第四十八条の条例で定める事項に関する事務

七　住宅地区改良法第二十九条第三項の規定によりその例によることとされる公営住宅法の一部を改正する法律（平成八年法律第五十五号）による改正前の公営住宅法（以下この条において「旧公営住宅法」という。）第十二条第一項の家賃の決定に関する事務

八　住宅地区改良法第二十九条第三項の規定によりその例によることとされる旧公営住宅法第十二条第二項（旧公営住宅法第二十一条の二第三項において準用する場合を含む。）の家賃若しくは割増賃料の減免の申請の受理、その申請に係る事実についての審査又はその申請に対する応答に関する事務

九　住宅地区改良法第二十九条第三項の規定によりその例によることとされる旧公営住宅法第二十一条の二第二項の割増賃料の徴収に関する事務

十　住宅地区改良法第二十九条第三項の規定によりその例によることとされる旧公営住宅法第二十一条の二第三項において準用する旧公営住宅法第十三条の二の割増賃料の徴収猶予の申請の受理、その申請に係る事実についての審査又はその申請に対する応答に関する事務

十一　住宅地区改良法第二十九条第三項の規定によりその例によることとされる旧公営住宅法第二十一条の四前段のあっせん等に関する事務

第二十七条　法別表第一の三十六の項の主務省令で定める事務は、障害者の雇用の促進等に関する法律（昭和三十五年法律第百二十三号）第十一条の職業指導等の実施に関する事務とする。

第二十八条　法別表第一の三十六の二の項の主務省令で定める事務は、災害対策基本法（昭和三十六年法律第二百二十三号）第九十条の三第一項の被災者台帳の作成に関する事務とする。

第二十九条　法別表第一の三十七の項の主務省令で定める事務は、次のとおりとする。

一　児童扶養手当法（昭和三十六年法律第二百三十八号）第六条の児童扶養手当の受給資格及びその額の認定の請求の受理、その請求に係る事実についての審査又はその

請求に対する応答に関する事務
二　児童扶養手当法による児童扶養手当証書に関する事務
三　児童扶養手当法第八条第一項の手当の額の改定の請求の受理、その請求に係る事実についての審査又はその請求に対する応答に関する事務
四　児童扶養手当法第十六条の未支払の手当の請求の受理、その請求に係る事実についての審査又はその請求に対する応答に関する事務
五　児童扶養手当法第二十八条の届出の受理、その届出に係る事実についての審査又はその届出に対する応答に関する事務
六　児童扶養手当法施行規則（昭和三十六年厚生省令第五十一号）第三条の届出の受理、その届出に係る事実についての審査又はその届出に対する応答に関する事務

第三十条　法別表第一の三十八の項の主務省令で定める事務は、次のとおりとする。
一　国税犯則取締法（明治三十三年法律第六十七号）による犯則事件の調査その他の賦課に関する事務
二　財産税法（昭和二十一年法律第五十二号）による申告、物納及び延納その他の賦課又は徴収に関する事務
三　災害被害者に対する租税の減免、徴収猶予等に関する法律（昭和二十二年法律第百七十五号）による所得金額の見積額の計算、予定納税額の減額、国税の免除、控除若しくは還付その他の賦課又は徴収に関する事務
四　相続税法（昭和二十五年法律第七十三号）による課税価格の計算及び控除、申告及び還付、延納及び物納その他の賦課又は徴収に関する事務
五　日本国とアメリカ合衆国との間の相互協力及び安全保障条約第六条に基づく施設及び区域並びに日本国における合衆国軍隊の地位に関する協定の実施に伴う所得税法等の臨時特例に関する法律（昭和二十七年法律第百十一号）による揮発油税法（昭和三十二年法律第五十五号）、地方揮発油税法（昭和三十年法律第百四号）、石油ガス税法（昭和四十年法律第百五十六号）及び石油石炭税法（昭和五十三年法律第二十五号）の特例、免税物品の譲渡の禁止その他の賦課又は徴収に関する事務
六　日本国とアメリカ合衆国との間の相互協力及び安全保障条約第六条に基づく施設及び区域並びに日本国における合衆国軍隊の地位に関する協定の実施に伴う国税犯則取締法等の臨時特例に関する法律（昭和二十七年法律第百十三号）による賦課に関する事務
七　酒税法（昭和二十八年法律第六号）による課税標準の計算、免税及び税額控除、申告及び納付、担保の提供その他の賦課又は徴収に関する事務
八　日本国とアメリカ合衆国との間の相互防衛援助協定の実施に伴う関税法等の臨時特例に関する法律（昭和二十

九年法律第百十二号）による消費税、揮発油税、地方揮発油税、石油ガス税若しくは石油石炭税の徴収、免税調達資材等の譲受けの制限その他の賦課又は徴収に関する事務

九　日本国における国際連合の軍隊の地位に関する協定の実施に伴う所得税等の臨時特例に関する法律（昭和二十九年法律第百四十九号）による所得税法（昭和四十年法律第三十三号）等の特例その他の賦課又は徴収に関する事務

十　遺産、相続及び贈与に対する租税に関する二重課税の回避及び脱税の防止のための日本国とアメリカ合衆国との間の条約の実施に伴う相続税法の特例等に関する法律（昭和二十九年法律第百九十四号）による二重課税に関する申立ての手続その他の賦課又は徴収に関する事務

十一　地方揮発油税法による申告その他の賦課又は徴収に関する事務

十二　租税特別措置法（昭和三十二年法律第二十六号）による所得税法、法人税法（昭和四十年法律第三十四号）、相続税法、消費税法（昭和六十三年法律第百八号）等の特例その他の賦課又は徴収に関する事務

十三　揮発油税法による申告及び納付、免税及び税額控除その他の賦課又は徴収に関する事務

十四　滞納処分と強制執行等との手続の調整に関する法律（昭和三十二年法律第九十四号）による徴収に関する事務

十五　国税徴収法（昭和三十四年法律第百四十七号）による国税と他の債権との調整、第二次納税義務、滞納処分、滞納処分に関する猶予及び停止その他の徴収に関する事務

十六　国税通則法（昭和三十七年法律第六十六号）による国税の納付義務の確定、納税の猶予、担保の提供、還付若しくは充当、附帯税（同法第二条第四号に規定する附帯税をいう。）の減免、調査、不服審査その他の賦課又は徴収に関する事務

十七　所得税法による納税地の異動、課税標準の計算及び所得控除、申告、納付及び還付、更正の請求、更正及び決定、給与所得、退職所得、公的年金等、報酬・料金等、非居住者若しくは法人の所得に係る源泉徴収、支払調書の提出その他の賦課又は徴収に関する事務

十八　法人税法による連結納税、事業年度の変更、納税地の異動、各事業年度の所得に対する法人税、各連結事業年度の連結所得に対する法人税及び退職年金等積立金に対する法人税の申告、青色申告、更正及び決定その他の賦課又は徴収に関する事務

十九　石油ガス税法による課税標準の計算、免税及び税額控除、申告及び納付その他の賦課又は徴収に関する事務

二十　印紙税法（昭和四十二年法律第二十三号）による納付、申告及び還付その他の賦課又は徴収に関する事務
二十一　登録免許税法（昭和四十二年法律第三十五号）による徴収に関する事務
二十二　租税条約等の実施に伴う所得税法、法人税法及び地方税法の特例等に関する法律（昭和四十四年法律第四十六号）による免税芸能法人等の役務提供の対価に係る源泉徴収及び所得税の還付、配当等に対する源泉徴収に係る所得税の税率の特例等、割引債の償還差益に係る所得税の還付、保険料を支払った場合等の所得税の課税の特例、租税条約に基づく認定その他の賦課又は徴収に関する事務
二十三　小笠原諸島振興開発特別措置法（昭和四十四年法律第七十九号）による帰島に伴う譲渡所得等の課税の特例その他の賦課に関する事務
二十四　自動車重量税法（昭和四十六年法律第八十九号）による還付その他の徴収に関する事務
二十五　沖縄の復帰に伴う特別措置に関する法律（昭和四十六年法律第百二十九号）による内国消費税等の特例その他の賦課に関する事務
二十六　航空機燃料税法（昭和四十七年法律第七号）による申告その他の賦課又は徴収に関する事務
二十七　石油石炭税法による免税及び税額控除、申告及び納付その他の賦課又は徴収に関する事務
二十八　たばこ税法（昭和五十九年法律第七十二号）による免税及び税額控除、申告及び納付その他の賦課又は徴収に関する事務
二十九　消費税法による税額控除、申告、還付その他の賦課又は徴収に関する事務
三十　地価税法（平成三年法律第六十九号）による申告その他の賦課に関する事務
三十一　内国税の適正な課税の確保を図るための国外送金等に係る調書の提出等に関する法律（平成九年法律第百十号）による国外送金等に係る告知書及び調書の提出等、国外証券移管等に係る告知書及び調書の提出等、国外財産に係る調書の提出等その他の賦課に関する事務
三十二　電子計算機を使用して作成する国税関係帳簿書類の保存方法等の特例に関する法律（平成十年法律第二十五号）による電磁的記録による保存等の承認、電子計算機出力マイクロフィルムによる保存等の承認その他の賦課に関する事務
三十三　一般会計における債務の承継等に伴い必要な財源の確保に係る特別措置に関する法律（平成十年法律第百三十七号）によるたばこ特別税の申告その他の賦課又は徴収に関する事務
三十四　租税特別措置の適用状況の透明化等に関する法律

（平成二十二年法律第八号）による賦課に関する事務

三十五　東日本大震災の被災者等に係る国税関係法律の臨時特例に関する法律（平成二十三年法律第二十九号）による法人税法等の特例その他の賦課又は徴収に関する事務

三十六　東日本大震災からの復興のための施策を実施するために必要な財源の確保に関する特別措置法（平成二十三年法律第百十七号）による復興特別所得税の申告、還付その他の賦課又は徴収に関する事務

三十七　地方法人税法（平成二十六年法律第十一号）による申告、還付その他の賦課又は徴収に関する事務

第三十一条　法別表第一の四十の項の主務省令で定める事務は、戦没者等の妻に対する特別給付金支給法（昭和三十八年法律第六十一号）第三条の特別給付金の支給の請求の受理、その請求に係る事実についての審査又はその請求に対する応答に関する事務とする。

第三十二条　法別表第一の四十一の項の主務省令で定める事務は、次のとおりとする。

一　老人福祉法（昭和三十八年法律第百三十三号）第十条の四又は第十一条の福祉の措置の実施に関する事務

二　老人福祉法第二十一条の費用の支弁又は同法第二十八条第一項の費用の徴収に関する事務

第三十三条　法別表第一の四十二の項の主務省令で定める事務は、次のとおりとする。

一　戦傷病者特別援護法（昭和三十八年法律第百六十八号）による戦傷病者手帳に関する事務

二　戦傷病者特別援護法第九条の援護に係る請求の受理、その請求に係る事実についての審査又はその請求に対する応答に関する事務

第三十四条　法別表第一の四十三の項の主務省令で定める事務は、次のとおりとする。

一　母子及び父子並びに寡婦福祉法（昭和三十九年法律第百二十九号）第十三条第一項、第三十一条の六第一項若しくは第三十二条第一項若しくは附則第三条若しくは第六条の資金の貸付けの申請の受理、その申請に係る事実についての審査又はその申請に対する応答に関する事務

二　母子及び父子並びに寡婦福祉法第十五条第二項（同法第三十一条の六第五項において準用する場合を含む。）の償還免除の申請の受理、その申請に係る事実についての審査又はその申請に対する応答に関する事務

第三十五条　法別表第一の四十四の項の主務省令で定める事務は、母子及び父子並びに寡婦福祉法第十七条第一項、第三十一条の七第一項若しくは第三十三条第一項の便宜の供与の申請の受理、その申請に係る事実についての審査又はその申請に対する応答に関する事務とする。

第三十六条　法別表第一の四十五の項の主務省令で定める事

務は、母子及び父子並びに寡婦福祉法第三十一条（同法第三十一条の十において読み替えて準用する場合を含む。）の給付金の支給の申請の受理、その申請に係る事実についての審査又はその申請に対する応答に関する事務とする。

第三十七条　法別表第一の四十六の項の主務省令で定める事務は、次のとおりとする。

一　特別児童扶養手当等の支給に関する法律（昭和三十九年法律第百三十四号）第五条の特別児童扶養手当の受給資格及びその額の認定の請求の受理、その請求に係る事実についての審査又はその請求に対する応答に関する事務

二　特別児童扶養手当等の支給に関する法律による特別児童扶養手当証書に関する事務

三　特別児童扶養手当等の支給に関する法律第十三条の未支払の手当の請求の受理、その請求に係る事実についての審査又はその請求に対する応答に関する事務

四　特別児童扶養手当等の支給に関する法律第十六条において読み替えて準用する児童扶養手当法第八条第一項の手当の額の改定の請求の受理、その請求に係る事実についての審査又はその請求に対する応答に関する事務

五　特別児童扶養手当等の支給に関する法律第三十五条の届出の受理、その届出に係る事実についての審査又はその届出に対する応答に関する事務（特別児童扶養手当に係るものに限る。）

六　特別児童扶養手当等の支給に関する法律施行規則（昭和三十九年厚生省令第三十八号）第三条の届出の受理、その届出に係る事実についての審査又はその届出に対する応答に関する事務

第三十八条　法別表第一の四十七の項の主務省令で定める事務は、次のとおりとする。

一　特別児童扶養手当等の支給に関する法律第十九条（同法第二十六条の五において準用する場合を含む。）の障害児福祉手当若しくは特別障害者手当の受給資格の認定の請求の受理、その請求に係る事実についての審査又はその請求に対する応答に関する事務

二　特別児童扶養手当等の支給に関する法律第三十五条の届出の受理、その届出に係る事実についての審査又はその届出に対する応答に関する事務（障害児福祉手当又は特別障害者手当に係るものに限る。）

三　国民年金法等の一部を改正する法律（昭和六十年法律第三十四号）附則第九十七条第一項の規定によりなお従前の例によることとされた同法第七条の規定による改正前の特別児童扶養手当等の支給に関する法律第三十五条の届出の受理、その届出に係る事実についての審査又はその届出に対する応答に関する事務

第三十九条　法別表第一の四十八の項の主務省令で定める事

務は、戦没者等の遺族に対する特別弔慰金支給法（昭和四十年法律第百号）第三条の特別弔慰金の支給の請求の受理、その請求に係る事実についての審査又はその請求に対する応答に関する事務とする。

第四十条 法別表第一の四十九の項の主務省令で定める事務は、次のとおりとする。

一 母子保健法（昭和四十年法律第百四十一号）第十条の保健指導の実施又は保健指導を受けることの勧奨に関する事務

二 母子保健法第十一条の新生児の訪問指導の実施に関する事務

三 母子保健法第十二条第一項の健康診査の実施又は同法第十三条の健康診査の実施若しくは健康診査を受けることの勧奨に関する事務

四 母子保健法第十五条の妊娠の届出の受理又はその届出に係る事実についての審査に関する事務

五 母子保健法第十六条第一項の母子健康手帳の交付に関する事務

六 母子保健法第十七条第一項の妊産婦の訪問指導の実施又は診察を受けることの勧奨に関する事務

七 母子保健法第十八条の低体重児の届出の受理又はその届出に係る事実についての審査に関する事務

八 母子保健法第十九条第一項の未熟児の訪問指導の実施に関する事務

九 母子保健法第二十条第一項の養育医療の給付又は養育医療に要する費用の支給に関する事務

十 母子保健法第二十一条の四第一項の費用の徴収に関する事務

第四十一条 法別表第一の五十の項の主務省令で定める事務は、戦傷病者等の妻に対する特別給付金支給法（昭和四十一年法律第百九号）第三条第一項の特別給付金の支給の請求の受理、その請求に係る事実についての審査又はその請求に対する応答に関する事務とする。

第四十二条 法別表第一の五十三の項の主務省令で定める事務は、戦没者の父母等に対する特別給付金支給法（昭和四十二年法律第五十七号）第三条の特別給付金の支給の請求の受理、その請求に係る事実についての審査又はその請求に対する応答に関する事務とする。

第四十三条 法別表第一の五十四の項の主務省令で定める事務は、次のとおりとする。

一 地方公務員災害補償法（昭和四十二年法律第百二十一号）による補償（休業補償、障害補償年金及び遺族補償年金に限る。）の請求の受理又はその請求に係る事実についての審査に関する事務

二 地方公務員災害補償法第二十八条の二第一項の傷病補償年金の支給の決定に係る申請若しくは報告の受理又は

その申請若しくは報告に係る事実についての審査に関する事務

三　地方公務員災害補償法による年金たる補償を受ける権利に係る申請、報告、届出若しくは請求の受理又はその申請、報告、届出若しくは請求に係る事実についての審査に関する事務

四　地方公務員災害補償法附則第五条の三第一項の障害補償年金前払一時金若しくは同法附則第六条第一項の遺族補償年金前払一時金の支給の申出の受理又はその申出に係る事実についての審査に関する事務

第四十四条　法別表第一の五十六の項の主務省令で定める事務は、次のとおりとする。

一　児童手当法（昭和四十六年法律第七十三号）第七条第一項（同法第十七条第一項（同法附則第二条第三項において準用する場合を含む。）及び同法附則第二条第三項において適用し、又は準用する場合を含む。）若しくは第二項の児童手当若しくは特例給付（同法附則第二条第一項の給付をいう。次号及び第三号において同じ。）の受給資格及びその額についての認定の請求の受理、その請求に係る事実についての審査又はその請求に対する応答に関する事務

二　児童手当法第九条第一項（同法附則第二条第三項において準用する場合を含む。）の児童手当若しくは特例給付の額の改定の請求の受理、その請求に係る事実についての審査又はその請求に対する応答に関する事務

三　児童手当法第十二条第一項（同法附則第二条第三項において準用する場合を含む。）の未支払の児童手当若しくは特例給付の請求の受理、その請求に係る事実についての審査又はその請求に対する応答に関する事務

四　児童手当法第二十六条（同条第二項を除き、同法附則第二条第三項において準用する場合を含む。）の届出の受理、その届出に係る事実についての審査又はその届出に対する応答に関する事務

五　児童手当法第二十八条（同法附則第二条第三項において準用する場合を含む。）の資料の提供等の求めに関する事務

六　児童手当法施行規則（昭和四十六年厚生省令第三十三号）第一条の三の父母指定者の届出の受理、その届出に係る事実についての審査又はその届出に対する応答に関する事務

第四十五条　法別表第一の五十七の項の主務省令で定める事務は、次のとおりとする。

一　雇用保険法（昭和四十九年法律第百十六号）による被保険者に係る届出の受理、その届出に係る事実についての審査又はその届出に対する応答に関する事務

二　雇用保険法第八条の被保険者となったこと若しくは被

保険者でなくなったことの確認の請求の受理、その請求に係る事実についての審査又はその請求に対する応答に関する事務

三　雇用保険法第十条第一項の失業等給付の支給の申請の受理、その申請に係る事実についての審査又はその申請に対する応答に関する事務

四　雇用保険法による受給資格者に係る届出等（届出又は申出をいう。以下この号において同じ。）の受理、その届出等に係る事実についての審査又はその届出等に対する応答に関する事務

五　雇用保険法施行規則（昭和五十年労働省令第三号）第七十二条第一項の日雇労働被保険者任意加入の申請の受理、その申請に係る事実についての審査又はその申請に対する応答に関する事務

六　雇用保険法施行規則第百十五条第十八号の障害者雇用促進助成金の支給に関する事務

第四十六条　法別表第一の五十九の項の主務省令で定める事務は、次のとおりとする。

一　高齢者の医療の確保に関する法律（昭和五十七年法律第八十号）による被保険者に係る申請等（申請、届出又は申出をいう。以下この号において同じ。）の受理、その申請等に係る事実についての審査又はその申請等に対する応答に関する事務

二　高齢者の医療の確保に関する法律による被保険者証、被保険者資格証明書、特定疾病療養受療証又は限度額適用・標準負担額減額認定証に関する事務（前号に掲げるものを除く。）

三　高齢者の医療の確保に関する法律第五十六条の後期高齢者医療給付の支給に関する事務

四　高齢者の医療の確保に関する法律第六十九条第一項の一部負担金に係る措置に関する事務

五　高齢者の医療の確保に関する法律第九十二条の一時差止めに関する事務

六　高齢者の医療の確保に関する法律第百四条第一項の保険料の徴収又は同条第二項の保険料の賦課に関する事務

第四十七条　法別表第一の六十二の項の主務省令で定める事務は、次のとおりとする。

一　中国残留邦人等の円滑な帰国の促進並びに永住帰国した中国残留邦人等及び特定配偶者の自立の支援に関する法律（平成六年法律第三十号）第七条の自立支度金の支給の申請の受理、その申請に係る事実についての審査又はその申請に対する応答に関する事務

二　中国残留邦人等の円滑な帰国の促進並びに永住帰国した中国残留邦人等及び特定配偶者の自立の支援に関する法律施行令（平成八年政令第十八号）第八条第一項の旧保険料免除期間若しくは新保険料免除期間とみなされた

期間の申出の受理、その申出に係る事実についての審査又はその申出に対する応答に関する事務

三　中国残留邦人等の円滑な帰国の促進並びに永住帰国した中国残留邦人等及び特定配偶者の自立の支援に関する法律施行令第九条第一項の保険料の納付の申出の受理、その申出に係る事実についての審査又はその申出に対する応答に関する事務

四　中国残留邦人等の円滑な帰国の促進並びに永住帰国した中国残留邦人等及び特定配偶者の自立の支援に関する法律施行令第十二条、第十三条若しくは第十四条第一項の老齢年金の裁定の請求の受理、その請求に係る事実についての審査又はその請求に対する応答に関する事務

五　中国残留邦人等の円滑な帰国の促進並びに永住帰国した中国残留邦人等及び特定配偶者の自立の支援に関する法律施行令第十八条第一項の繰上げ年金の額の特例に係る改定の請求の受理、その請求に係る事実についての審査又はその請求に対する応答に関する事務

六　中国残留邦人等の円滑な帰国の促進並びに永住帰国した中国残留邦人等及び特定配偶者の自立の支援に関する法律施行令第十九条第二項の老齢基礎年金等の額の改定の請求の受理、その請求に係る事実についての審査又はその請求に対する応答に関する事務

第四十八条　法別表第一の六十三の項の主務省令で定める事務は、次のとおりとする。

一　中国残留邦人等の円滑な帰国の促進並びに永住帰国した中国残留邦人等及び特定配偶者の自立の支援に関する法律第十四条第一項若しくは第三項の支援給付若しくは同法第十五条第一項の配偶者支援金の支給の実施又は中国残留邦人等の円滑な帰国の促進及び永住帰国後の自立の支援に関する法律の一部を改正する法律（平成十九年法律第百二十七号。次号において「平成十九年改正法」という。）附則第四条第一項の支援給付の支給の実施に関する事務

二　中国残留邦人等の円滑な帰国の促進並びに永住帰国した中国残留邦人等及び特定配偶者の自立の支援に関する法律第十四条第四項（同法第十五条第三項及び平成十九年改正法附則第四条第二項において準用する場合を含む。以下この条において同じ。）の規定によりその例によることとされる生活保護法第二十四条第一項の開始若しくは同条第九項の変更の申請の受理、その申請に係る事実についての審査又はその申請に対する応答に関する事務

三　中国残留邦人等の円滑な帰国の促進並びに永住帰国した中国残留邦人等及び特定配偶者の自立の支援に関する法律第十四条第四項の規定によりその例によることとされる生活保護法第二十五条第一項の職権による開始又は同条第二項の職権による変更に関する事務

四　中国残留邦人等の円滑な帰国の促進並びに永住帰国した中国残留邦人等及び特定配偶者の自立の支援に関する法律第十四条第四項の規定によりその例によることとされる生活保護法第二十六条の保護の停止又は廃止に関する事務

五　中国残留邦人等の円滑な帰国の促進並びに永住帰国した中国残留邦人等及び特定配偶者の自立の支援に関する法律第十四条第四項の規定によりその例によることとされる生活保護法第六十三条の費用の返還に関する事務

六　中国残留邦人等の円滑な帰国の促進並びに永住帰国した中国残留邦人等及び特定配偶者の自立の支援に関する法律第十四条第四項の規定によりその例によることとされる生活保護法第七十七条第一項又は第七十八条第一項から第三項までの徴収金の徴収（同法第七十八条の二第一項又は第二項の徴収金の徴収を含む。）に関する事務

第四十九条　法別表第一の六十七の項の主務省令で定める事務は、次のとおりとする。

一　厚生年金保険法等の一部を改正する法律（平成八年法律第八十二号）附則第三十二条第二項第一号の年金である長期給付若しくは同項第三号の年金である給付（これらの給付に相当するものとして支給されるものを含む。次号において同じ。）に係る権利の決定の請求の受理、その請求に係る事実についての審査又はその請求に対する応答に関する事務

二　厚生年金保険法等の一部を改正する法律附則第三十二条第二項第一号の年金である長期給付若しくは同項第三号の年金である給付の支給停止の解除申請の受理、その申請に係る事実についての審査又はその申請に対する応答に関する事務

三　厚生年金保険法等の一部を改正する法律による受給権者に係る届出の受理、その届出に係る事実についての審査又はその届出に対する応答に関する事務

第五十条　法別表第一の六十八の項の主務省令で定める事務は、次のとおりとする。

一　介護保険法（平成九年法律第百二十三号）による被保険者に係る届出の受理、その届出に係る事実についての審査又はその届出に対する応答に関する事務

二　介護保険法による被保険者証又は認定証に関する事務（前号及び次号に掲げるものを除く。）

三　介護保険法第十八条第一号の介護給付、同条第二号の予防給付又は同条第三号の市町村特別給付の支給に関する事務

四　介護保険法第二十七条第一項の要介護認定、同法第二十八条第二項の要介護更新認定若しくは同法第二十九条第一項の要介護状態区分の変更の認定の申請の受理、その申請に係る事実についての審査又はその申請に対する

応答に関する事務

五　介護保険法第三十二条第一項の要支援認定、同法第三十三条第二項の要支援更新認定若しくは同法第三十三条の二第一項の要支援状態区分の変更の認定の申請の受理、その申請に係る事実についての審査又はその申請に対する応答に関する事務

六　介護保険法第三十七条第二項の介護給付等対象サービスの種類の指定の変更申請の受理、その申請に係る事実についての審査又はその申請に対する応答に関する事務

七　介護保険法第五十条の居宅介護サービス費等の額の特例若しくは同法第六十条の介護予防サービス費等の額の特例の申請の受理、その申請に係る事実についての審査又はその申請に対する応答に関する事務

八　介護保険法第六十六条の保険料滞納者に係る支払方法の変更に関する事務

九　介護保険法第六十七条又は第六十八条の保険給付の支払の一時差止めに関する事務

十　介護保険法第六十九条の保険料を徴収する権利が消滅した場合の保険給付の特例に関する事務

十一　介護保険法第百二十九条第一項の保険料の徴収又は同条第二項の保険料の賦課に関する事務

2　前項第二号、第三号（介護保険法第十八条第二号の予防給付に係る部分を除く。）、第六号、第七号（同法第六十条の介護予防サービス費等の額の特例に係る部分を除く。）及び第八号から第十号までの規定は、健康保険法等の一部を改正する法律（平成十八年法律第八十三号）附則第百三十条の二第一項の規定によりなおその効力を有するものとされた同法第二十六条の規定による改正前の介護保険法第八条第二十六項に規定する介護療養型医療施設に係る同法による保険給付の支給に関する事務について準用する。この場合において、これらの規定中「介護保険法」とあるのは、「健康保険法等の一部を改正する法律附則第百三十条の二第一項の規定によりなおその効力を有するものとされた同法第二十六条の規定による改正前の介護保険法」と読み替えるものとする。

第五十一条　法別表第一の六十九の項の主務省令で定める事務は、被災者生活再建支援法（平成十年法律第六十六号）第三条第一項の被災者生活再建支援金の支給の申請の受理、その申請に係る事実についての審査又はその申請に対する応答に関する事務とする。

第五十二条　法別表第一の七十の項の主務省令で定める事務は、次のとおりとする。

一　感染症の予防及び感染症の患者に対する医療に関する法律（平成十年法律第百十四号）第十九条第一項又は第二十条第一項（これらの規定を同法第二十六条において読み替えて準用する場合を含む。）の入院の勧告に関す

る事務

二　感染症の予防及び感染症の患者に対する医療に関する法律第十九条第三項又は第二十条第二項（これらの規定を同法第二十六条において読み替えて準用する場合を含む。）の入院の措置に関する事務

三　感染症の予防及び感染症の患者に対する医療に関する法律第三十七条第一項若しくは第三十七条の二第一項の費用負担の申請の受理、その申請に係る事実についての審査又はその申請に対する応答に関する事務

四　感染症の予防及び感染症の患者に対する医療に関する法律第四十二条第一項の療養費の支給の申請の受理、その申請に係る事実についての審査又はその申請に対する応答に関する事務

第五十三条　法別表第一の七十五の項の主務省令で定める事務は、次のとおりとする。

一　厚生年金保険制度及び農林漁業団体職員共済組合制度の統合を図るための農林漁業団体職員共済組合法等を廃止する等の法律（平成十三年法律第百一号。次号及び第三号において「平成十三年統合法」という。）による給付の支給の請求の受理、その請求に係る事実についての審査又はその請求に対する応答に関する事務

二　平成十三年統合法による給付の支給を受ける権利に係る申請等（申請、届出又は申出をいう。以下この号において同じ。）の受理、その申請等に係る事実についての審査又はその申請等に対する応答に関する事務

三　平成十三年統合法附則第五十七条第一項の特例業務負担金の徴収に関する事務

第五十四条　法別表第一の七十六の項の主務省令で定める事務は、健康増進法（平成十四年法律第百三号）第十七条第一項又は第十九条の二の健康増進事業の実施に関する事務とする。

第五十五条　法別表第一の七十七の項の主務省令で定める事務は、次のとおりとする。

一　独立行政法人農業者年金基金法（平成十四年法律第百二十七号）第十一条の被保険者の資格の取得の申出の受理、その申出に係る事実についての審査又はその申出に対する応答に関する事務

二　独立行政法人農業者年金基金法による保険料の額の特例に係る申出の受理、その申出に係る事実についての審査又はその申出に対する応答に関する事務

三　独立行政法人農業者年金基金法による給付の裁定若しくは支給の請求の受理、その請求に係る事実についての審査又はその請求に対する応答に関する事務

四　独立行政法人農業者年金基金法による給付の支給を受ける権利に係る届出等（届出又は申出をいう。以下この号において同じ。）の受理、その届出等に係る事実につ

いての審査又はその届出等に対する応答に関する事務

五　農業者年金基金法の一部を改正する法律（平成十三年法律第三十九号）による改正前の農業者年金基金法（昭和四十五年法律第七十八号）若しくは農業者年金基金法の一部を改正する法律（平成二年法律第二十一号）による改正前の農業者年金基金法（次号において「平成十三年改正前農業者年金基金法等」という。）による給付の裁定若しくは支給の請求の受理、その請求に係る事実についての審査又はその請求に対する応答に関する事務

六　平成十三年改正前農業者年金基金法等による給付の支給を受ける権利に係る届出等（届出又は申出をいう。以下この号において同じ。）の受理、その届出等に係る事実についての審査又はその届出等に対する応答に関する事務

第五十六条　法別表第一の七十八の項の主務省令で定める事務は、独立行政法人日本スポーツ振興センター法（平成十四年法律第百六十二号）第十五条第一項第七号若しくは附則第八条第一項の災害共済給付の給付金の支払の請求の受理、その請求に係る事実についての審査又はその請求に対する応答に関する事務とする。

第五十七条　法別表第一の八十一の項の主務省令で定める事務は、次のとおりとする。

一　独立行政法人日本学生支援機構法（平成十五年法律第九十四号）第十四条第一項の学資金の貸与の申請の受理、その申請に係る事実についての審査又はその申請に対する応答に関する事務

二　独立行政法人日本学生支援機構法第十五条第一項の返還の期限又は返還の方法の決定に関する事務

三　独立行政法人日本学生支援機構法第十五条第二項の返還の期限の猶予若しくは同条第三項の返還の免除の申請の受理、その申請に係る事実についての審査又はその申請に対する応答に関する事務

四　独立行政法人日本学生支援機構法第十七条の学資金の回収に関する事務

第五十八条　法別表第一の八十二の項の主務省令で定める事務は、心神喪失等の状態で重大な他害行為を行った者の医療及び観察等に関する法律（平成十五年法律第百十号）第九十五条の処遇改善の請求の受理、その請求に係る事実についての審査又はその請求に対する応答に関する事務とする。

第五十九条　法別表第一の八十三の項の主務省令で定める事務は、次のとおりとする。

一　特定障害者に対する特別障害給付金の支給に関する法律（平成十六年法律第百六十六号）第六条第一項若しくは第二項の特別障害者給付金の受給資格及びその額の認定の請求の受理、その請求に係る事実についての審査又

はその請求に対する応答に関する事務
二　特定障害者に対する特別障害給付金の支給に関する法律による受給資格者証に関する事務
三　特定障害者に対する特別障害給付金の支給に関する法律第八条第一項の特別障害給付金の額の改定の請求の受理、その請求に係る事実についての審査又はその請求に対する応答に関する事務
四　特定障害者に対する特別障害給付金の支給に関する法律第二十七条第一項若しくは第二項の届出の受理、その届出に係る事実についての審査又はその届出に対する応答に関する事務

第六十条　法別表第一の八十四の項の主務省令で定める事務は、次のとおりとする。
一　障害者の日常生活及び社会生活を総合的に支援するための法律（平成十七年法律第百二十三号）第六条の自立支援給付の支給に関する事務
二　障害者の日常生活及び社会生活を総合的に支援するための法律第二十四条第二項の支給決定の変更に関する事務
三　障害者の日常生活及び社会生活を総合的に支援するための法律第五十一条の九第二項の地域相談支援給付決定の変更に関する事務
四　障害者の日常生活及び社会生活を総合的に支援するための法律第五十六条第二項の支給認定の変更に関する事務
五　障害者の日常生活及び社会生活を総合的に支援するための法律第七十七条又は第七十八条の地域生活支援事業の実施に関する事務

第六十一条　法別表第一の八十六の項の主務省令で定める事務は、次のとおりとする。
一　社会保障協定の実施に伴う厚生年金保険法等の特例等に関する法律（平成十九年法律第百四号）第五十九条第一項の相手国法令による申請等に係る文書の受理又は送付に関する事務
二　社会保障協定の実施に伴う厚生年金保険法等の特例等に関する法律第六十条第一項又は第二項の保有情報の提供に関する事務

第六十二条　法別表第一の八十七の項の主務省令で定める事務は、厚生年金保険の保険給付及び国民年金の給付に係る時効の特例等に関する法律施行規則（平成十九年厚生労働省令第九十四号）第一条第一項若しくは第二項の施行前裁定特例給付の支給に係る書類の受理、その書類に係る事実についての審査又はその書類の提出に対する応答に関する事務とする。

第六十三条　法別表第一の八十八の項の主務省令で定める事務は、厚生年金保険の保険給付及び保険料の納付の特例等

に関する法律（平成十九年法律第百三十一号）第一条第八項の通知に関する事務とする。

第六十四条　法別表第一の八十九の項の主務省令で定める事務は、地方法人特別税等に関する暫定措置法（平成二十年法律第二十五号）による地方法人特別税の課税標準の更正若しくは決定、税額の更正若しくは決定、督促、滞納処分その他の地方法人特別税の賦課徴収に関する事務又は地方法人特別税に関する調査（犯則事件の調査を含む。）に関する事務とする。

第六十五条　法別表第一の九十の項の主務省令で定める事務は、厚生年金保険の保険給付及び国民年金の給付の支払遅延に係る加算金の支給に関する法律（平成二十一年法律第三十七号）附則第二条第一項において読み替えて準用する同法第二条ただし書若しくは第三条ただし書若しくは附則第二条第三項若しくは第三条第一項の保険給付遅延特別加算金若しくは給付遅延特別加算金の支給の請求の受理、その請求に係る事実についての審査又はその請求に対する応答に関する事務とする。

第六十六条　法別表第一の九十一の項の主務省令で定める事務は、次のとおりとする。

一　高等学校等就学支援金の支給に関する法律（平成二十二年法律第十八号）第四条の就学支援金の受給資格の認定の申請の受理、その申請に係る事実についての審査又はその申請に対する応答に関する事務

二　高等学校等就学支援金の支給に関する法律第十七条の収入の状況の届出の受理、その届出に係る事実についての審査又はその届出に対する応答に関する事務

第六十七条　法別表第一の九十二の項の主務省令で定める事務は、職業訓練の実施等による特定求職者の就職の支援に関する法律（平成二十三年法律第四十七号）第七条第一項の職業訓練受講給付金の支給の申請の受理、その申請に係る事実についての審査又はその申請に対する応答に関する事務とする。

附　則

この命令は、法附則第一条第四号に掲げる規定の施行の日から施行する。

4

行政手続における特定の個人を識別するための番号の利用等に関する法律別表第二の主務省令で定める事務及び情報を定める命令

（平成26年内閣府・総務省令第7号）

行政手続における特定の個人を識別するための番号の利用等に関する法律別表第二の主務省令で定める事務及び情報を定める命令

（平成二十六年十二月十二日内閣府・総務省令第七号）

第一条　行政手続における特定の個人を識別するための番号の利用等に関する法律（以下「法」という。）別表第二の一の項の主務省令で定める事務は、次の各号に掲げる事務とし、同項の主務省令で定める情報は、当該各号に掲げる事務の区分に応じ当該各号に定める情報とする。

一　健康保険法施行規則（大正十五年内務省令第三十六号）第二十四条第一項の全国健康保険協会が管掌する健康保険（以下この条及び次条において「全国健康保険協会管掌健康保険」という。）の被保険者の資格取得の届出に係る事実についての審査に関する事務　当該届出を行う者に係る国民健康保険の被保険者、健康保険若しくは船員保険の被保険者若しくは被扶養者、共済組合の組合員若しくは被扶養者、私立学校教職員共済制度の加入者若しくは被扶養者又は後期高齢者医療の被保険者の資格（以下「医療保険被保険者等資格」という。）に関する情報

二　健康保険法施行規則第三十八条の全国健康保険協会管掌健康保険の被保険者による被扶養者の届出に係る事実についての審査に関する事務（次条第六号に掲げる事務を除く。）　次に掲げる情報

イ　当該届出に係る被扶養者に係る医療保険被保険者等資格に関する情報

ロ　当該届出に係る被扶養者に係る道府県民税（地方税法（昭和二十五年法律第二百二十六号）第四条第二項第一号に掲げる道府県民税（個人に係るものに限る。）をいい、都が同法第一条第二項の規定によって課する同号に掲げる税を含む。以下同じ。）又は市町村民税（同法第五条第二項第一号に掲げる市町村民税（個人に係るものに限る。）をいい、特別区が同法第一条第二項の規定によって課する同号に掲げる税を含む。以下同じ。）に関する情報

ハ　当該届出に係る被扶養者又は当該届出を行う者に係る住民票に記載された住民基本台帳法（昭和四十二年法律第八十一号）第七条第四号に規定する事項（以下「住民票関係情報」という。）

第二条　法別表第二の二の項の主務省令で定める事務は、次の各号に掲げる事務とし、同項の主務省令で定める情報は、当該各号に掲げる事務の区分に応じ当該各号に定める情報とする。

一 健康保険法（大正十一年法律第七十号）第九十九条第一項の全国健康保険協会管掌健康保険の被保険者による傷病手当金の支給の申請又は同法第百三十五条第一項の日雇特例被保険者による傷病手当金の支給の申請に係る事実についての審査に関する事務 当該申請を行う者に係る介護保険法（平成九年法律第百二十三号）第十八条第一号の介護給付、同条第二号の予防給付又は同条第三号の市町村特別給付の支給に関する情報

二 健康保険法第百五条第一項の全国健康保険協会管掌健康保険の被保険者であった者の死亡に係る埋葬料の支給の申請に係る事実についての審査に関する事務 当該申請を行う者に係る医療保険各法（健康保険法、船員保険法（昭和十四年法律第七十三号）、私立学校教職員共済法（昭和二十八年法律第二百四十五号）、国家公務員共済組合法（昭和三十三年法律第百二十八号）、国民健康保険法（昭和三十三年法律第百九十二号）又は地方公務員等共済組合法（昭和三十七年法律第百五十二号）をいう。以下同じ。）若しくは高齢者の医療の確保に関する法律（昭和五十七年法律第八十号）による埋葬料、葬祭料又は葬祭費若しくは葬祭の給付の支給に関する情報

三 健康保険法第百六条の全国健康保険協会管掌健康保険の被保険者であった者による出産育児一時金の支給の申請又は同法第百十四条の全国健康保険協会管掌健康保険の被保険者による家族出産育児一時金の支給の申請に係る事実についての審査に関する事務 次に掲げる情報

イ 当該申請を行う者又は当該者の被扶養者に係る医療保険各法による出産育児一時金の支給に関する情報

ロ 当該申請に係る子又は当該申請を行う者に係る住民票に記載された住民票関係情報

四 健康保険法第百十五条第一項の全国健康保険協会管掌健康保険の被保険者による高額療養費の支給の申請又は同法第百四十七条の日雇特例被保険者による高額療養費の支給の申請に係る事実についての審査に関する事務 当該申請を行う者若しくは当該者の被扶養者に係る道府県民税又は市町村民税に関する情報

五 健康保険法第百十五条の二第一項の全国健康保険協会管掌健康保険の被保険者による高額介護合算療養費の支給の申請に係る事実についての審査に関する事務 次に掲げる情報

イ 当該申請を行う者若しくは当該者の被扶養者に係る医療保険各法又は高齢者の医療の確保に関する法律による保険給付の支給に関する情報

ロ 当該申請を行う者若しくは当該者の被扶養者に係る道府県民税又は市町村民税に関する情報

ハ 当該申請を行う者又は当該者と同一の世帯に属する者に係る介護保険法第十八条第一号の介護給付又は同

条第二号の予防給付の支給に関する情報

六　健康保険法施行規則第三十八条の全国健康保険協会管掌健康保険の任意継続被保険者による被扶養者の届出に係る事実についての審査に関する事務　次に掲げる情報

イ　当該届出に係る被扶養者に係る医療保険被保険者等資格に関する情報

ロ　当該届出に係る被扶養者に係る道府県民税又は市町村民税に関する情報

ハ　当該届出に係る被扶養者又は当該届出を行う者に係る住民票に記載された住民票関係情報

七　健康保険法施行規則第五十条第一項の全国健康保険協会管掌健康保険の被保険者の被扶養者に係る確認に関する事務　次に掲げる情報

イ　当該確認に係る被扶養者に係る医療保険被保険者等資格に関する情報

ロ　当該確認に係る被扶養者又は当該者に係る健康保険法施行規則第三十八条の届出を行う者に係る住民票に記載された住民票関係情報

八　健康保険法施行規則第五十六条第一項の全国健康保険協会管掌健康保険の被保険者による申請に係る事実についての審査に関する事務　当該申請を行う者若しくは当該者の被扶養者に係る道府県民税又は市町村民税に関する情報

九　健康保険法施行規則第六十一条第二項（同令第百三十四条において読み替えて準用する場合を含む。）の全国健康保険協会管掌健康保険の被保険者又は日雇特例被保険者（日雇特例被保険者であった者を含む。次号から第十二号までにおいて同じ。）による食事療養標準負担額の減額に関する特例の申請に係る事実についての審査に関する事務　当該申請を行う者若しくは当該者の被扶養者に係る道府県民税又は市町村民税に関する情報

十　健康保険法施行規則第六十二条の四第二項（同令第百三十四条において読み替えて準用する場合を含む。）の全国健康保険協会管掌健康保険の被保険者又は日雇特例被保険者による生活療養標準負担額の減額に関する特例の申請に係る事実についての審査に関する事務　当該申請を行う者若しくは当該者の被扶養者に係る道府県民税又は市町村民税に関する情報

十一　健康保険法施行規則第百五条第一項（同令第百三十四条において読み替えて準用する場合を含む。）の全国健康保険協会管掌健康保険の被保険者又は日雇特例被保険者による限度額適用・標準負担額減額の認定の申請に係る事実についての審査に関する事務　当該申請を行う者若しくは当該者の被扶養者に係る道府県民税又は市町村民税に関する情報

十二　健康保険法施行規則第百二十条第一項の日雇特例被

保険者の被扶養者の届出に係る事実についての審査に関する事務　次に掲げる情報

イ　当該届出に係る被扶養者に係る医療保険被保険者等資格に関する情報

ロ　当該届出に係る被扶養者に係る道府県民税又は市町村民税に関する情報

ハ　当該届出に係る被扶養者又は当該届出を行う者に係る住民票に記載された住民票関係情報

第三条　法別表第二の三の項の主務省令で定める事務は、次の各号に掲げる事務とし、同項の主務省令で定める情報は、当該各号に掲げる事務の区分に応じ当該各号に定める情報とする。

一　健康保険法第九十九条第一項の健康保険組合が管掌する健康保険（以下この条において「組合管掌健康保険」という。）の被保険者による傷病手当金の支給の申請に係る事実についての審査に関する事務　当該申請を行う者に係る介護保険法第十八条第一号の介護給付、同条第二号の予防給付又は同条第三号の市町村特別給付の支給に関する情報

二　健康保険法第百五条第一項の組合管掌健康保険の被保険者（同法附則第三条の特例退職被保険者を含む。以下この条において同じ。）であった者の死亡に係る埋葬料の支給の申請に係る事実についての審査に関する事務　当該申請を行う者に係る医療保険各法又は高齢者の医療の確保に関する法律による埋葬料、葬祭料又は葬祭費若しくは葬祭の給付の支給に関する情報

三　健康保険法第百六条の組合管掌健康保険の被保険者であった者による出産育児一時金の支給の申請又は同法第百十四条の組合管掌健康保険の被保険者による家族出産育児一時金の支給の申請に係る事実についての審査に関する事務　次に掲げる情報

イ　当該申請を行う者又は当該者の被扶養者に係る医療保険各法による出産育児一時金の支給に関する情報

ロ　当該申請に係る子又は当該申請を行う者に係る住民票に記載された住民票関係情報

四　健康保険法第百十五条第一項の組合管掌健康保険の被保険者による高額療養費の支給の申請に係る事実についての審査に関する事務　当該申請を行う者若しくは当該者の被扶養者に係る道府県民税又は市町村民税に関する情報

五　健康保険法第百十五条の二第一項の組合管掌健康保険の被保険者による高額介護合算療養費の支給の申請に係る事実についての審査に関する事務　次に掲げる情報

イ　当該申請を行う者若しくは当該者の被扶養者に係る医療保険各法又は高齢者の医療の確保に関する法律による保険給付の支給に関する情報

ロ　当該申請を行う者若しくは当該者の被扶養者に係る道府県民税又は市町村民税に関する情報
ハ　当該申請を行う者に係る介護保険法第十八条第一号の介護給付又は同条第二号の予防給付の支給に関する情報
六　健康保険法施行規則第二十四条第一項の組合管掌健康保険の被保険者の資格取得の届出に係る事実についての審査に関する事務　当該届出を行う者に係る医療保険被保険者等資格に関する情報
七　健康保険法施行規則第三十八条の組合管掌健康保険の被保険者による被扶養者の届出に係る事実についての審査に関する事務　次に掲げる情報
イ　当該届出に係る被扶養者に係る医療保険被保険者等資格に関する情報
ロ　当該届出に係る被扶養者に係る道府県民税又は市町村民税に関する情報
ハ　当該届出に係る被扶養者又は当該届出を行う者に係る住民票に記載された住民票関係情報
八　健康保険法施行規則第五十条第一項の組合管掌健康保険の被保険者の被扶養者に係る確認に関する事務　次に掲げる情報
イ　当該確認に係る被扶養者に係る医療保険被保険者等資格に関する情報
ロ　当該確認に係る被扶養者又は当該者に係る健康保険法施行規則第三十八条の届出を行う者に係る住民票に記載された住民票関係情報
九　健康保険法施行規則第五十六条第一項の組合管掌健康保険の被保険者による申請に係る事実についての審査に関する事務　当該申請を行う者若しくは当該者の被扶養者に係る道府県民税又は市町村民税に関する情報
十　健康保険法施行規則第六十一条第二項の組合管掌健康保険の被保険者による食事療養標準負担額の減額に関する特例の申請に係る事実についての審査に関する事務　当該申請を行う者若しくは当該者の被扶養者に係る道府県民税又は市町村民税に関する情報
十一　健康保険法施行規則第六十二条の四第二項の組合管掌健康保険の被保険者による生活療養標準負担額の減額に関する特例の申請に係る事実についての審査に関する事務　当該申請を行う者若しくは当該者の被扶養者に係る道府県民税又は市町村民税に関する情報
十二　健康保険法施行規則第百五条第一項の組合管掌健康保険の被保険者による限度額適用・標準負担額減額の認定の申請に係る事実についての審査に関する事務　当該申請を行う者若しくは当該者の被扶養者に係る道府県民税又は市町村民税に関する情報

第四条　法別表第二の四の項の主務省令で定める事務は、次の各号に掲げる事務とし、同項の主務省令で定める情報は、当該各号に掲げる事務の区分に応じ当該各号に定める情報とする。

一　船員保険法施行規則（昭和十五年厚生省令第五号）第六条第一項の被保険者の資格取得の届出に係る事実についての審査に関する事務　当該届出を行う者に係る医療保険被保険者等資格に関する情報

二　船員保険法施行規則第二十六条第一項の被扶養者の届出に係る事実についての審査に関する事務（次条第四号及び第六条第六号に掲げる事務を除く。）　次に掲げる情報

イ　当該届出に係る被扶養者に係る医療保険被保険者等資格に関する情報

ロ　当該届出に係る被扶養者に係る道府県民税又は市町村民税に関する情報

ハ　当該届出に係る被扶養者又は当該届出を行う者に係る住民票に記載された住民票関係情報

第五条　法別表第二の五の項の主務省令で定める事務は、次の各号に掲げる事務とし、同項の主務省令で定める情報は、当該各号に掲げる事務の区分に応じ当該各号に定める情報とする。

一　船員保険法第七十二条第一項の葬祭料の支給の申請に係る事実についての審査に関する事務　当該申請を行う者に係る高齢者の医療の確保に関する法律による葬祭費又は葬祭の給付の支給に関する情報

二　船員保険法第七十三条第一項の出産育児一時金又は同法第八十一条の家族出産育児一時金の支給の申請に係る事実についての審査に関する事務　当該申請を行う者又は当該者の被扶養者に係る医療保険各法による出産育児一時金の支給に関する情報

三　船員保険法第八十四条第一項の高額介護合算療養費の支給の申請に係る事実についての審査に関する事務　当該申請を行う者若しくは当該者の被扶養者に係る医療保険各法又は高齢者の医療の確保に関する法律による保険給付の支給に関する情報

四　船員保険法施行規則第二十六条第一項の疾病任意継続被保険者による被扶養者の届出に係る事実についての審査に関する事務　当該届出に係る被扶養者に係る医療保険被保険者等資格に関する情報

五　船員保険法施行規則第三十八条第一項の被扶養者に係る確認に関する事務　当該確認に係る被扶養者に係る医療保険資格者等に関する情報

六　船員保険法施行規則第六十四条第一項の船員法（昭和二十二年法律第百号）による療養補償との調整の申請に係る事実についての審査に関する事務　当該申請を行う者に係る医療保険各法又は高齢者の医療の確保に関する

法律による保険給付の支給に関する情報

第六条　法別表第二の六の項の主務省令で定める事務は、次の各号に掲げる事務とし、同項の主務省令で定める情報は、当該各号に掲げる事務の区分に応じ当該各号に定める情報とする。

一　船員保険法第六十九条第一項の傷病手当金の支給の申請に係る事実についての審査に関する事務　当該申請を行う者に係る介護保険法第十八条第一号の介護給付、同条第二号の予防給付又は同条第三号の市町村特別給付の支給に関する情報

二　船員保険法第七十三条第一項の出産育児一時金又は同法第八十一条の家族出産育児一時金の支給の申請に係る事実についての審査に関する事務　当該申請に係る子又は当該申請を行う者に係る住民票に記載された住民票関係情報

三　船員保険法第八十三条第一項の高額療養費の支給の申請に係る事実についての審査に関する事務　当該申請を行う者若しくは当該者の被扶養者に係る道府県民税又は市町村民税に関する情報

四　船員保険法第八十四条第一項の高額介護合算療養費の支給の申請に係る事実についての審査に関する事務　次に掲げる情報

イ　当該申請を行う者若しくは当該者の被扶養者に係る道府県民税又は市町村民税に関する情報

ロ　当該申請を行う者に係る介護保険法第十八条第一号の介護給付又は同条第二号の予防給付の支給に関する情報

五　船員保険法第九十七条又は第九十九条第一項の遺族年金の支給の申請に係る事実についての審査に関する事務　当該申請を行う者に係る道府県民税又は市町村民税に関する情報

六　船員保険法施行規則第二十六条第一項の疾病任意継続被保険者による被扶養者の届出に係る事実についての審査に関する事務　次に掲げる情報

イ　当該届出に係る被扶養者に係る道府県民税又は市町村民税に関する情報

ロ　当該届出に係る被扶養者又は当該届出を行う者に係る住民票に記載された住民票関係情報

七　船員保険法施行規則第三十八条第一項の被扶養者に係る確認に関する事務　当該確認に係る被扶養者又は当該者に係る船員保険法施行規則第二十六条第一項の届出を行う者に係る住民票に記載された住民票関係情報

八　船員保険法施行規則第四十七条第一項の申請に係る事実についての審査に関する事務　当該申請を行う者又は当該者の被扶養者に係る道府県民税又は市町村民税に関する情報

九　船員保険法施行規則第五十条第二項の食事療養標準負担額の減額に関する特例の申請に係る事実についての審査に関する事務　当該申請を行う者若しくは当該者の被扶養者に係る道府県民税又は市町村民税に関する情報

十　船員保険法施行規則第五十三条第二項の生活療養標準負担額の減額に関する特例の申請に係る事実についての審査に関する事務　当該申請を行う者若しくは当該者の被扶養者に係る道府県民税又は市町村民税に関する情報

十一　船員保険法施行規則第九十五条の限度額適用・標準負担額減額の認定の申請に係る事実についての審査に関する事務　当該申請を行う者若しくは当該者の被扶養者に係る道府県民税又は市町村民税に関する情報

第七条　法別表第二の八の項の主務省令で定める事務は、次の各号に掲げる事務とし、同項の主務省令で定める情報は、当該各号に掲げる事務の区分に応じ当該各号に定める情報とする。

一　児童福祉法（昭和二十二年法律第百六十四号）第六条の四第一項の里親の認定の申請に係る事実についての審査に関する事務　次に掲げる情報

イ　当該申請を行う者に係る道府県民税又は市町村民税に関する情報

ロ　当該申請を行う者又は当該者の同居人に係る住民票に記載された住民票関係情報

二　児童福祉法第二十四条の二第一項の障害児入所給付費、同法第二十四条の六第一項の高額障害児入所給付費又は同法第二十四条の七第一項の特定入所障害児食費等給付費の支給の申請に係る事実についての審査に関する事務　次に掲げる情報

イ　当該申請に係る障害児の保護者又は当該保護者と同一の世帯に属する者に係る市町村民税に関する情報

ロ　当該申請に係る障害児の保護者又は当該保護者と同一の世帯に属する者に係る住民票に記載された住民票関係情報

第八条　法別表第二の九の項の主務省令で定める事務は、次の各号に掲げる事務とし、同項の主務省令で定める情報は、当該各号に掲げる事務の区分に応じ当該各号に定める情報とする。

一　児童福祉法第十九条の三第三項の医療費支給認定の申請に係る事実についての審査に関する事務　次に掲げる情報

イ　当該申請に係る小児慢性特定疾病児童等（児童福祉法第六条の二第二項の小児慢性特定疾病児童等をいう。以下この条において同じ。）又は医療費支給認定基準世帯員（児童福祉法施行令（昭和二十三年政令第七十四号）第二十二条第一項第二号イの医療費支給認定基準世帯員をいう。以下この条において同じ。）に係る

生活保護法（昭和二十五年法律第百四十四号）第十九条第一項の保護の実施、同法第二十四条第一項の保護の開始若しくは同条第九項の保護の変更、同法第二十五条第一項の職権による保護の開始若しくは同条第二項の職権による保護の変更又は同法第二十六条の保護の停止若しくは廃止に関する情報（以下「生活保護実施関係情報」という。）

ロ　当該申請に係る小児慢性特定疾病児童等又は医療費支給認定基準世帯員に係る中国残留邦人等の円滑な帰国の促進並びに永住帰国した中国残留邦人等及び特定配偶者の自立の支援に関する法律（平成六年法律第三十号）第十四条第一項若しくは第三項の支援給付の支給の実施又は中国残留邦人等の円滑な帰国の促進及び永住帰国後の自立の支援に関する法律の一部を改正する法律（平成十九年法律第百二十七号）附則第四条第一項の支援給付の支給の実施に関する情報（以下「中国残留邦人等支援給付実施関係情報」という。）

ハ　当該申請に係る小児慢性特定疾病児童等又は医療費支給認定基準世帯員に係る住民票に記載された住民票関係情報

二　児童福祉法第十九条の五第二項の医療費支給認定の変更の認定に関する事務　次に掲げる情報

イ　当該変更の認定に係る小児慢性特定疾病児童等又は医療費支給認定基準世帯員に係る生活保護実施関係情報

ロ　当該変更の認定に係る小児慢性特定疾病児童等又は医療費支給認定基準世帯員に係る中国残留邦人等支援給付実施関係情報

ハ　当該変更の認定に係る小児慢性特定疾病児童等又は医療費支給認定基準世帯員に係る住民票に記載された住民票関係情報

三　児童福祉法第十九条の六第一項の医療費支給認定の取消しに関する事務　当該医療費支給認定に係る小児慢性特定疾病児童等又は医療費支給認定基準世帯員に係る住民票に記載された住民票関係情報

四　児童福祉法施行規則（昭和二十三年厚生省令第十一号）第七条の九第三項の申請内容の変更の届出に係る事実についての審査に関する事務　当該届出を行う医療費支給認定保護者（児童福祉法第十九条の三第七項の医療費支給認定保護者をいう。次号において同じ。）又は当該届出に係る小児慢性特定疾病児童等に係る住民票に記載された住民票関係情報

五　児童福祉法施行規則第七条の二十三第一項の医療受給者証の再交付の申請に係る事実についての審査に関する事務　当該申請を行う医療費支給認定保護者又は当該申請に係る小児慢性特定疾病児童等に係る住民票に記載さ

れた住民票関係情報

第九条　法別表第二の十の項の主務省令で定める事務は、次の各号に掲げる事務とし、同項の主務省令で定める情報は、当該各号に掲げる事務の区分に応じ当該各号に定める情報とする。

一　児童福祉法第二十一条の五の三第一項の障害児通所給付費、同法第二十一条の五の四第一項の特例障害児通所給付費又は同法第二十一条の五の十二第一項の高額障害児通所給付費の支給の申請に係る事実についての審査に関する事務　次に掲げる情報

イ　当該申請に係る障害児の保護者又は当該保護者と同一の世帯に属する者に係る生活保護実施関係情報

ロ　当該申請に係る障害児の保護者又は当該保護者と同一の世帯に属する者に係る中国残留邦人等支援給付実施関係情報

二　児童福祉法第二十一条の五の八第二項の通所給付決定の変更に関する事務　次に掲げる情報

イ　当該変更に係る障害児の保護者又は当該保護者と同一の世帯に属する者に係る生活保護実施関係情報

ロ　当該変更に係る障害児の保護者又は当該保護者と同一の世帯に属する者に係る中国残留邦人等支援給付実施関係情報

三　児童福祉法第二十一条の六の障害福祉サービスの提供に関する事務　次に掲げる情報

イ　当該サービスが提供される障害児又は当該障害児の扶養義務者に係る生活保護実施関係情報

ロ　当該サービスが提供される障害児又は当該障害児の扶養義務者に係る中国残留邦人等支援給付実施関係情報

第十条　法別表第二の十一の項の主務省令で定める事務は、次の各号に掲げる事務とし、同項の主務省令で定める情報は、当該各号に掲げる事務の区分に応じ当該各号に定める情報とする。

一　児童福祉法第二十一条の五の三第一項の障害児通所給付費、同法第二十一条の五の四第一項の特例障害児通所給付費又は同法第二十一条の五の十二第一項の高額障害児通所給付費の支給の申請に係る事実についての審査に関する事務　次に掲げる情報

イ　当該申請に係る障害児の保護者又は当該保護者と同一の世帯に属する者に係る市町村民税に関する情報

ロ　当該申請に係る障害児の保護者又は当該保護者と同一の世帯に属する者に係る住民票に記載された住民票関係情報

二　児童福祉法第二十一条の五の八第二項の通所給付決定の変更に関する事務　当該変更に係る障害児の保護者又は当該保護者と同一の世帯に属する者に係る住民票に記

載された住民票関係情報

三　児童福祉法第二十一条の六の障害福祉サービスの提供に関する事務　当該サービスが提供される障害児又は当該障害児の扶養義務者に係る住民票に記載された住民票関係情報

第十一条　法別表第二の十四の項の主務省令で定める事務は、児童福祉法第二十四条の二第一項の障害児入所給付費、同法第二十四条の六第一項の高額障害児入所給付費又は同法第二十四条の七第一項の特定入所障害児食費等給付費の支給の申請に係る事実についての審査に関する事務とし、同表の十四の項の主務省令で定める情報は、次に掲げる情報とする。

一　当該申請に係る障害児の保護者又は当該保護者と同一の世帯に属する者に係る生活保護実施関係情報

二　当該申請に係る障害児の保護者又は当該保護者と同一の世帯に属する者に係る中国残留邦人等支援給付実施関係情報

第十二条　法別表第二の十六の項の主務省令で定める事務は、次の各号に掲げる事務とし、同項の主務省令で定める情報は、当該各号に掲げる事務の区分に応じ当該各号に定める情報とする。

一　児童福祉法第五十六条第一項の負担能力の認定に関する事務　次に掲げる情報

イ　児童福祉法第二十七条第一項第三号の措置に係る児童（以下この号において「措置児童」という。）と同一の世帯に属する者に係る同法第二十四条の二第一項の障害児入所給付費、同法第二十四条の六第一項の高額障害児入所給付費又は同法第二十四条の七第一項の特定入所障害児食費等給付費の支給に関する情報

ロ　措置児童と同一の世帯に属する者に係る児童福祉法第二十七条第一項第三号の措置に関する情報

ハ　措置児童又は当該措置児童と同一の世帯に属する者に係る身体障害者福祉法（昭和二十四年法律第二百八十三号）第十五条第一項の身体障害者手帳の交付に関する情報

ニ　措置児童又は当該措置児童と同一の世帯に属する者に係る精神保健及び精神障害者福祉に関する法律（昭和二十五年法律第百二十三号）第四十五条第一項の精神障害者保健福祉手帳の交付に関する情報

ホ　措置児童に係る児童福祉法第二十三条第一項の母子生活支援施設における保護の実施に関する情報

ヘ　措置児童又は当該措置児童と同一の世帯に属する者に係る生活保護実施関係情報

ト　措置児童を監護又は養育する者に係る児童扶養手当法（昭和三十六年法律第二百三十八号）第四条第一項の児童扶養手当の支給に関する情報

チ　措置児童又は当該措置児童と同一の世帯に属する者に係る中国残留邦人等支援給付実施関係情報
リ　措置児童又は当該措置児童と同一の世帯に属する者に係る児童福祉法第二十一条の五の三第一項の障害児通所給付費、同法第二十一条の五の四第一項の特例障害児通所給付費又は同法第二十一条の五の十二第一項の高額障害児通所給付費の支給に関する情報
ヌ　措置児童又は当該措置児童と同一の世帯に属する者に係る住民票に記載された住民票関係情報
ル　措置児童又は当該措置児童と同一の世帯に属する者に係る障害者の日常生活及び社会生活を総合的に支援するための法律（平成十七年法律第百二十三号）第六条の自立支援給付の支給に関する情報
ヲ　措置児童の扶養義務者に係る特別児童扶養手当等の支給に関する法律（昭和三十九年法律第百三十四号）第三条第一項の特別児童扶養手当の支給に関する情報
二　児童福祉法第五十六条第二項の費用の徴収に関する事務（同法第五十条第五号に係る部分に限る。）　次に掲げる情報
イ　児童福祉法第二十条第一項の療育の給付を受ける児童又は当該児童の扶養義務者に係る生活保護実施関係情報
ロ　児童福祉法第二十条第一項の療育の給付を受ける児童又は当該児童の扶養義務者に係る中国残留邦人等支援給付実施関係情報
ハ　児童福祉法第二十条第一項の療育の給付を受ける児童又は当該児童の扶養義務者に係る住民票に記載された住民票関係情報
三　児童福祉法第五十六条第二項の費用の徴収に関する事務（同法第五十条第六号及び第六号の三に係る部分に限る。）　次に掲げる情報
イ　児童福祉法第二十三条第一項の母子生活支援施設における保護を受ける児童（以下この号において「保護児童」という。）と同一の世帯に属する者に係る同法第二十四条の二第一項の障害児入所給付費、同法第二十四条の六第一項の高額障害児入所給付費又は同法第二十四条の七第一項の特定入所障害児食費等給付費の支給に関する情報
ロ　保護児童と同一の世帯に属する者に係る児童福祉法第二十七条第一項第三号の措置に関する情報
ハ　保護児童又は当該保護児童と同一の世帯に属する者に係る身体障害者福祉法第十五条第一項の身体障害者手帳の交付に関する情報
ニ　保護児童又は当該保護児童と同一の世帯に属する者に係る精神保健及び精神障害者福祉に関する法律第四十五条第一項の精神障害者保健福祉手帳の交付に関す

る情報

ホ　児童福祉法第二十二条第一項の助産施設における助産の実施に係る妊産婦（以下この号において「助産妊産婦」という。）若しくは当該助産妊産婦と同一の世帯に属する者又は保護児童若しくは当該保護児童の扶養義務者に係る生活保護実施関係情報

へ　保護児童の扶養義務者に係る児童扶養手当法第四条第一項の児童扶養手当の支給に関する情報

ト　助産妊産婦若しくは当該助産妊産婦と同一の世帯に属する者又は保護児童若しくは当該保護児童の扶養義務者に係る中国残留邦人等支援給付実施関係情報

チ　保護児童又は当該保護児童と同一の世帯に属する者に係る児童福祉法第二十一条の五の三第一項の障害児通所給付費、同法第二十一条の五の四第一項の特例障害児通所給付費又は同法第二十一条の五の十二第一項の高額障害児通所給付費の支給に関する情報

リ　助産妊産婦若しくは当該助産妊産婦と同一の世帯に属する者又は保護児童若しくは当該保護児童と同一の世帯に属する扶養義務者に係る市町村民税に関する情報

ヌ　助産妊産婦若しくは当該助産妊産婦と同一の世帯に属する者又は保護児童若しくは当該保護児童と同一の世帯に属する者に係る住民票に記載された住民票関係情報

ル　保護児童又は当該保護児童と同一の世帯に属する者に係る障害者の日常生活及び社会生活を総合的に支援するための法律第六条の自立支援給付の支給に関する情報

ヲ　保護児童の扶養義務者に係る特別児童扶養手当等の支給に関する法律第三条第一項の特別児童扶養手当の支給に関する情報

四　児童福祉法第五十六条第二項の費用の徴収に関する事務（同法第五十条第七号及び第七号の二に係る部分に限る。）第一号に掲げる情報

五　児童福祉法第五十六条第二項の費用の徴収に関する事務（同法第五十条第七号の三に係る部分に限る。）　同法第三十三条の六の日常生活上の援助及び生活指導並びに就業の支援を受ける義務教育終了児童等（同法第六条の三第一項の義務教育終了児童等をいう。）に係る市町村民税に関する情報

第十三条　法別表第二の十八の項の主務省令で定める事務は、次の各号に掲げる事務とし、同項の主務省令で定める情報は、当該各号に掲げる事務の区分に応じ当該各号に定める情報とする。

一　予防接種法（昭和二十三年法律第六十八号）第十六条第一項第四号又は第二項第四号の給付の支給の請求に係

る事実についての審査に関する事務　次に掲げる情報
イ　当該請求を行う者に係る道府県民税又は市町村民税に関する情報
ロ　当該請求を行う者に係る住民票に記載された住民票関係情報
二　予防接種法第二十八条の実費の徴収の決定に関する事務　次に掲げる情報
イ　当該決定に係る予防接種を受けた者若しくは当該者の保護者に係る道府県民税又は市町村民税に関する情報
ロ　当該決定に係る者又は当該者と同一の世帯に属する者に係る住民票に記載された住民票関係情報

第十四条　法別表第二の二十の項の主務省令で定める事務は、次の各号に掲げる事務とし、同項の主務省令で定める情報は、当該各号に掲げる事務の区分に応じ当該各号に定める情報とする。
一　身体障害者福祉法第十八条第一項の障害福祉サービスの提供又は同条第二項の障害者支援施設等への入所等の措置に関する事務　当該サービスが提供される身体障害者若しくは当該措置に係る身体障害者又はこれらの身体障害者の扶養義務者に係る住民票に記載された住民票関係情報
二　身体障害者福祉法第三十八条第一項の費用の徴収に関する事務　当該費用の徴収に係る身体障害者又は当該身体障害者の扶養義務者に係る住民票に記載された住民票関係情報

第十五条　法別表第二の二十一の項の主務省令で定める事務は、身体障害者福祉法第三十八条第二項の費用の徴収に関する事務とし、同表の二十一の項の主務省令で定める情報は、当該費用の徴収に係る身体障害者又は当該身体障害者の扶養義務者に係る住民票に記載された住民票関係情報とする。

第十六条　法別表第二の二十三の項の主務省令で定める事務は、次の各号に掲げる事務とし、同項の主務省令で定める情報は、当該各号に掲げる事務の区分に応じ当該各号に定める情報とする。
一　精神保健及び精神障害者福祉に関する法律第二十八条の診察の通知に関する事務　精神保健及び精神障害者福祉に関する法律第二十二条から第二十六条の三までの規定による申請、通報若しくは届出のあった者又は当該者と同一の世帯に属する者に係る住民票に記載された住民票関係情報
二　精神保健及び精神障害者福祉に関する法律第二十九条第一項若しくは第二十九条の二第一項の入院措置の決定、その入院措置に係る移送又はその入院措置の解除に関する事務　当該入院措置に係る精神障害者（以下この条及

び次条において「措置入院者」という。）又は当該措置入院者と同一の世帯に属する者に係る住民票に記載された住民票関係情報

三　精神保健及び精神障害者福祉に関する法律第三十一条の費用の徴収に関する事務　措置入院者又は当該措置入院者と同一の世帯に属する者に係る住民票に記載された住民票関係情報

第十七条　法別表第二の二十四の項の主務省令で定める事務は、前条第三号に掲げる事務とし、同項の主務省令で定める情報は、次に掲げる情報とする。

一　措置入院者又は当該措置入院者と同一の世帯に属する者に係る生活保護実施関係情報

二　措置入院者又は当該措置入院者と同一の世帯に属する者に係る中国残留邦人等支援給付実施関係情報

第十八条　法別表第二の二十五の項の主務省令で定める事務は、次の各号に掲げる事務とし、同項の主務省令で定める情報は、当該各号に掲げる事務の区分に応じ当該各号に定める情報とする。

一　精神保健及び精神障害者福祉に関する法律第四十五条第一項の精神障害者保健福祉手帳の交付の申請に係る事実についての審査に関する事務　次に掲げる情報

イ　当該申請を行う者に係る厚生年金保険制度及び農林漁業団体職員共済組合制度の統合を図るための農林漁業団体職員共済組合法等を廃止する等の法律（平成十三年法律第百一号。以下「平成十三年統合法」という。）附則第十六条第一項の規定によりなおその効力を有するものとされた平成十三年統合法附則第二条第一項第一号の廃止前農林共済法による障害共済年金、平成十三年統合法附則第十六条第二項の規定によりなおその効力を有するものとされた平成十三年統合法附則第二条第一項第五号の旧制度農林共済法による障害年金又は平成十三年統合法附則第四十五条第一項の特例障害農林年金の支給に関する情報

ロ　当該申請を行う者に係る特定障害者に対する特別障害給付金の支給に関する法律（平成十六年法律第百六十六号）第三条第一項の特別障害給付金の支給に関する情報

二　精神保健及び精神障害者福祉に関する法律第四十五条第四項の都道府県知事の認定の申請に係る事実についての審査に関する事務　当該申請を行う者に係る前号に掲げる情報

三　精神保健及び精神障害者福祉に関する法律施行令（昭和二十五年政令第百五十五号）第九条の障害等級の変更の申請に係る事実についての審査に関する事務　当該申請を行う者に係る第一号に掲げる情報

第十九条　法別表第二の二十六の項の主務省令で定める事務

は、次の各号に掲げる事務とし、同項の主務省令で定める情報は、当該各号に掲げる事務の区分に応じ当該各号に定める情報とする。

一　生活保護法第十九条第一項の保護の実施に関する事務　次に掲げる情報

イ　生活保護法第六条第二項の要保護者若しくは同条第一項の被保護者であった者（以下この号において「要保護者等」という。）に係る医療保険各法又は高齢者の医療の確保に関する法律による保険給付の支給に関する情報

ロ　要保護者等に係る雇用保険法（昭和四十九年法律第百十六号）第十条第一項の失業等給付の支給に関する情報

ハ　要保護者等に係る職業訓練の実施等による特定求職者の就職の支援に関する法律（平成二十三年法律第四十七号）第七条第一項の職業訓練受講給付金の支給に関する情報

ニ　要保護者等に係る児童福祉法第十九条の二第一項の小児慢性特定疾病医療費の支給に関する情報

ホ　要保護者等に係る児童福祉法第二十条第一項の療育の給付の支給に関する情報

ヘ　要保護者等に係る児童福祉法第二十四条の二第一項の障害児入所給付費の支給に関する情報

ト　要保護者等に係る母子及び父子並びに寡婦福祉法（昭和三十九年法律第百二十九号）第十三条第一項、第三十一条の六第一項若しくは第三十二条第一項又は附則第三条若しくは第六条の資金の貸付けに関する情報

チ　要保護者等に係る生活保護実施関係情報又は生活保護法第五十五条の四第一項の就労自立給付金の支給に関する情報

リ　要保護者等に係る児童扶養手当法第四条第一項の児童扶養手当の支給に関する情報

ヌ　要保護者等に係る母子及び父子並びに寡婦福祉法第三十一条第一号（同法第三十一条の十において読み替えて準用する場合を含む。）の給付金の支給に関する情報

ル　要保護者等に係る特別児童扶養手当等の支給に関する法律第十七条の障害児福祉手当、同法第二十六条の二の特別障害者手当又は国民年金法等の一部を改正する法律（昭和六十年法律第三十四号。以下「昭和六十年法律第三十四号」という。）附則第九十七条第一項の福祉手当の支給に関する情報

ヲ　要保護者等に係る道府県民税又は市町村民税に関する情報

ワ　要保護者等に係る母子保健法（昭和四十年法律第百

四十一号）第二十条第一項の養育医療の給付又は養育医療に要する費用の支給に関する情報
カ　要保護者等に係る児童手当法（昭和四十六年法律第七十三号）第八条第一項（同法附則第二条第三項において準用する場合を含む。）の児童手当又は特例給付（同法附則第二条第一項の給付をいう。）の支給に関する情報
ヨ　要保護者等に係る介護保険法第十八条第一号の介護給付、同条第二号の予防給付又は同条第三号の市町村特別給付の支給に関する情報
タ　要保護者等に係る障害者の日常生活及び社会生活を総合的に支援するための法律第六条の自立支援給付の支給に関する情報
レ　要保護者等に係る特定障害者に対する特別障害給付金の支給に関する法律第三条第一項の特別障害給付金の支給に関する情報
ソ　要保護者等に係る特別支援学校への就学奨励に関する法律（昭和二十九年法律第百四十四号）第二条の経費の支弁に関する情報
ツ　要保護者等に係る学校保健安全法（昭和三十三年法律第五十六号）第二十四条の援助の実施に関する情報
ネ　要保護者等に係る特別児童扶養手当等の支給に関する法律第三条第一項の特別児童扶養手当の支給に関する情報
ナ　要保護者等に係る地方公務員災害補償法（昭和四十二年法律第百二十一号）第二十八条の二第一項の傷病補償年金、同法第二十九条第一項の障害補償年金又は同法第三十一条の遺族補償年金の支給に関する情報
ラ　要保護者等に係る中国残留邦人等支援給付実施関係情報

二　生活保護法第二十四条第一項の保護の開始又は同条第九項の保護の変更の申請に係る事実についての審査に関する事務　前号に掲げる情報
三　生活保護法第二十五条第一項の職権による保護の開始又は同条第二項の職権による保護の変更に関する事務　第一号に掲げる情報
四　生活保護法第二十六条の保護の停止又は廃止に関する事務　第一号に掲げる情報
五　生活保護法第七十七条第一項又は第七十八条第一項から第三項までの徴収金の徴収（同法第七十八条の二第一項又は第二項の徴収金の徴収を含む。）に関する事務　第一号に掲げる情報

第二十条　法別表第二の二十七の項の主務省令で定める事務は、次の各号に掲げる事務とし、同項の主務省令で定める情報は、当該各号に掲げる事務の区分に応じ当該各号に定める情報とする。

一 地方税法第二十四条第一項第二号に掲げる者に対する道府県民税又は同法第二百九十四条第一項第二号に掲げる者に対する市町村民税の課税に関する事務 納税義務者に係る道府県民税又は市町村民税に関する情報

二 地方税法第三十四条第一項第六号及び第四項並びに第三百十四条の二第一項第六号及び第四項の障害者控除の適用に関する事務 次に掲げる情報

イ 納税義務者又は当該納税義務者の配偶者若しくは扶養親族に係る身体障害者福祉法第十五条第一項の身体障害者手帳の交付及びその障害の程度に関する情報

ロ 納税義務者又は当該納税義務者の配偶者若しくは扶養親族に係る精神保健及び精神障害者福祉に関する法律第四十五条第一項の精神障害者保健福祉手帳の交付及びその障害の程度に関する情報

三 地方税法第三十四条第一項第十号若しくは第三百十四条の二第一項第十号の配偶者控除、同法第三十四条第一項第十号の二若しくは第三百十四条の二第一項第十号の二の配偶者特別控除又は同法第三十四条第一項第十一号若しくは第三百十四条の二第一項第十一号の扶養控除の適用に関する事務 納税義務者若しくはその配偶者若しくは扶養親族に係る道府県民税又は市町村民税に関する情報

四 地方税法第三百二十三条の市町村民税の減免に関する事務 納税義務者に係る生活保護実施関係情報

五 地方税法第三百六十七条の固定資産税の減免に関する事務 納税義務者に係る生活保護実施関係情報

六 地方税法第四百五十四条の軽自動車税の減免に関する事務 第二号に掲げる情報（納税義務者に係る情報に限る。）及び納税義務者に係る生活保護実施関係情報

七 地方税法第六百八十四条の市町村法定外普通税の減免に関する事務 納税義務者に係る生活保護実施関係情報

八 地方税法第七百三条の四の国民健康保険税の課税に関する事務 次に掲げる情報

イ 納税義務者若しくは当該納税義務者と同一の世帯に属する者に係る道府県民税又は市町村民税に関する情報

ロ 納税義務者又は当該納税義務者と同一の世帯に属する者に係る住民票に記載された住民票関係情報

ハ 納税義務者又は当該納税義務者と同一の世帯に属する国民健康保険の被保険者若しくは特定同一世帯所属者（国民健康保険法第六条第八号の規定により被保険者の資格を喪失した者であって、当該資格を喪失した日の前日以後継続して同一の世帯に属するものをいう。第二十五条第八号イにおいて同じ。）に係る雇用保険法第十三条第三項の特定理由離職者又は同法第二十三条第二項の特定受給資格者に関する情報

九 地方税法第七百十七条の水利地益税等の減免に関する事務 次に掲げる情報
イ 国民健康保険税(地方税法第七百三条の四第一項の国民健康保険税をいう。)の納税義務者に係る健康保険法第三条第七項の被扶養者の異動に関する情報
ロ 納税義務者に係る生活保護実施関係情報
十 地方税法第七百三十三条の十三の法定外目的税の減免に関する事務 納税義務者に係る生活保護実施関係情報

第二十一条 法別表第二の二十八の項の主務省令で定める事務は、次の各号に掲げる事務とし、同項の主務省令で定める情報は、当該各号に掲げる事務の区分に応じ当該各号に定める情報とする。
一 地方税法第七十二条の六十二の個人の事業税の減免に関する事務 次に掲げる情報
イ 納税義務者に係る身体障害者福祉法第十五条第一項の身体障害者手帳の交付及びその障害の程度に関する情報
ロ 納税義務者に係る精神保健及び精神障害者福祉に関する法律第四十五条第一項の精神障害者保健福祉手帳の交付及びその障害の程度に関する情報
ハ 納税義務者に係る生活保護実施関係情報
二 地方税法第百二十八条の自動車取得税の減免に関する事務 次に掲げる情報
イ 納税義務者に係る身体障害者福祉法第十五条第一項の身体障害者手帳の交付及びその障害の程度に関する情報
ロ 納税義務者に係る精神保健及び精神障害者福祉に関する法律第四十五条第一項の精神障害者保健福祉手帳の交付及びその障害の程度に関する情報
三 地方税法第百六十二条の自動車税の減免に関する事務 前号に掲げる情報
四 地方税法第二百七十四条の道府県法定外普通税の減免に関する事務 納税義務者に係る生活保護実施関係情報
五 地方税法第三百六十七条の固定資産税の減免に関する事務 納税義務者に係る生活保護実施関係情報
六 地方税法第七百条の五十二第一項第二号又は第四号に掲げる者に対する狩猟税の課税に関する事務 納税義務者に係る道府県民税に関する情報
七 地方税法第七百条の六十二の狩猟税の減免に関する事務 納税義務者に係る生活保護実施関係情報
八 地方税法第七百十七条の水利地益税等の減免に関する事務 納税義務者に係る生活保護実施関係情報
九 地方税法第七百三十三条の十三の法定外目的税の減免に関する事務 納税義務者に係る生活保護実施関係情報

第二十二条 法別表第二の三十一の項の主務省令で定める事務は、次の各号に掲げる事務とし、同項の主務省令で定め

る情報は、当該各号に掲げる事務の区分に応じ当該各号に定める情報とする。
一　公営住宅法（昭和二十六年法律第百九十三号）第十六条第一項又は第二十八条第二項の家賃の決定に関する事務　次に掲げる情報
イ　公営住宅法第二条第二号の公営住宅の入居者又は同居者（以下この条において「公営住宅入居者等」という。）に係る身体障害者福祉法第十五条第一項の身体障害者手帳の交付及びその障害の程度に関する情報
ロ　公営住宅入居者等に係る精神保健及び精神障害者福祉に関する法律第四十五条第一項の精神障害者保健福祉手帳の交付及びその障害の程度に関する情報
ハ　公営住宅入居者等に係る道府県民税又は市町村民税に関する情報
ニ　公営住宅入居者等に係る住民票に記載された住民票関係情報
二　公営住宅法第十六条第四項（同法第二十八条第三項及び第二十九条第八項において準用する場合を含む。）の家賃若しくは金銭又は同法第十八条第二項の敷金の減免の申請に係る事実についての審査に関する事務　前号に掲げる情報及び公営住宅入居者等に係る生活保護実施関係情報
三　公営住宅法第十九条（同法第二十八条第三項及び第二十九条第八項において準用する場合を含む。）の家賃、敷金又は金銭の徴収猶予の申請に係る事実についての審査に関する事務　前号に掲げる情報
四　公営住宅法第二十五条第一項の入居の申込みに係る事実についての審査に関する事務　第二号に掲げる情報
五　公営住宅法第二十七条第五項又は第六項の事業主体の承認の申請に係る事実についての審査に関する事務　第二号に掲げる情報
六　公営住宅法第二十九条第一項の明渡しの請求に関する事務　第一号に掲げる情報
七　公営住宅法第二十九条第七項の明渡しに係る期限の延長の申出に係る事実についての審査に関する事務　第一号（ハを除く。）に掲げる情報及び公営住宅入居者等に係る生活保護実施関係情報
八　公営住宅法第三十条第一項のあっせん等に関する事務　第一号に掲げる情報
九　公営住宅法第三十二条第一項の明渡しの請求に関する事務　第七号に掲げる情報
十　公営住宅法第四十八条の条例で定める事項に関する事務　第七号に掲げる情報

第二十三条　法別表第二の三十七の項の主務省令で定める事務は、特別支援学校への就学奨励に関する法律第五条の経費の算定に必要な資料に係る事実についての審査に関する

事務とし、同項の主務省令で定める情報は、次に掲げる情報とする。

一 特別支援学校への就学奨励に関する法律第二条第一項の保護者等若しくは当該保護者等と同一の世帯に属する者（次号において「保護者等」という。）に係る道府県民税又は市町村民税に関する情報

二 保護者等に係る住民票に記載された住民票関係情報

第二十四条 法別表第二の三十八の項の主務省令で定める事務は、学校保健安全法第二十四条の援助の対象となる者の認定に関する事務とし、同項の主務省令で定める情報は、学校保健安全法第二十四条の保護者又は当該保護者と同一の世帯に属する者に係る住民票に記載された住民票関係情報とする。

第二十五条 法別表第二の四十二の項の主務省令で定める事務は、次の各号に掲げる事務とし、同項の主務省令で定める情報は、当該各号に掲げる事務の区分に応じ当該各号に定める情報とする。

一 国民健康保険法第四十二条第一項の一部負担金の算定に関する事務 当該一部負担金の算定に係る者又は当該者と同一の世帯に属する者に係る市町村民税に関する情報

二 国民健康保険法第五十七条の二第一項の高額療養費の支給の申請に係る事実についての審査に関する事務 当該申請を行う者又は当該者と同一の世帯に属する者に係る市町村民税に関する情報

三 国民健康保険法第五十七条の三第一項の高額介護合算療養費の支給の申請に係る事実についての審査に関する事務 次に掲げる情報

イ 当該申請を行う者若しくは当該者と同一の世帯に属する者に係る医療保険各法又は高齢者の医療の確保に関する法律による保険給付の支給に関する情報

ロ 当該申請を行う者又は当該者と同一の世帯に属する者に係る市町村民税に関する情報

ハ 当該申請を行う者若しくは当該者と同一の世帯に属する者に係る介護保険法第十八条第一号の介護給付又は同条第二号の予防給付の支給に関する情報

四 国民健康保険法第五十八条第一項の出産育児一時金の支給の申請に係る事実についての審査に関する事務 当該申請に係る被保険者に係る健康保険法、船員保険法、私立学校教職員共済法、国家公務員共済組合法又は地方公務員等共済組合法による出産育児一時金の支給に関する情報

五 国民健康保険法第五十八条第一項の葬祭費又は葬祭の給付の支給の申請に係る事実についての審査に関する事務 当該申請に係る死亡した被保険者に係る健康保険法、船員保険法、私立学校教職員共済法、国家公務員共済組

合法、地方公務員等共済組合法若しくは高齢者の医療の確保に関する法律による埋葬料、葬祭料又は葬祭費若しくは葬祭の給付の支給に関する情報

六 国民健康保険法第七十三条第一項の組合に対する補助の算定に関する事務 当該補助の算定に係る者に係る市町村民税に関する情報

七 国民健康保険法第七十六条の保険料の賦課に関する事務 次に掲げる情報

イ 当該保険料を課せられる者又は当該者と同一の世帯に属する者に係る市町村民税に関する情報

ロ 当該保険料を課せられる者に係る国民健康保険の被保険者、健康保険若しくは船員保険の被保険者若しくは被扶養者、共済組合の組合員若しくは被扶養者又は私立学校教職員共済制度の加入者若しくは被扶養者の資格に関する情報

八 国民健康保険法施行規則（昭和三十三年厚生省令第五十三号）第二条第一項若しくは第三条（これらの規定を同令第二十条において読み替えて準用する場合を含む。）の被保険者の資格取得の届出又は同令第十一条、第十二条若しくは第十三条第一項（これらの規定を同令第二十条において読み替えて準用する場合を含む。）の被保険者の資格喪失の届出に係る事実についての審査に関する事務 次に掲げる情報

イ 当該届出を行う者若しくは当該者と同一の世帯に属する者に係る国民健康保険の被保険者若しくは特定同一世帯所属者、健康保険若しくは船員保険の被保険者若しくは被扶養者、共済組合の組合員若しくは被扶養者、私立学校教職員共済制度の加入者若しくは被扶養者又は後期高齢者医療の被保険者の資格に関する情報

ロ 当該届出を行う者又は当該者と同一の世帯に属する者に係る住民票に記載された住民票関係情報

九 国民健康保険法施行規則第五条の二の病院等に入院、入所中又は入居中の者に関する届出に係る事実についての審査に関する事務 当該届出を行う者又は当該者と同一の世帯に属する者に係る住民票に記載された住民票関係情報

十 国民健康保険法施行規則第九条（同令第二十条において読み替えて準用する場合を含む。）の被保険者の世帯変更の届出に係る事実についての審査に関する事務 当該届出を行う者又は当該者と同一の世帯に属する者に係る住民票に記載された住民票関係情報

十一 国民健康保険法施行規則第十条の二第一項又は第二十条の二第一項の世帯主の変更の届出に係る事実についての審査に関する事務 当該届出を行う者又は当該者と同一の世帯に属する者に係る住民票に記載された住民票関係情報

十二 国民健康保険法施行規則第二十六条の三第一項の食事療養標準負担額の減額に係る保険者の認定の申請又は同令第二十六条の五第二項（同令第二十六条の七第二項において準用する場合を含む。）の食事療養標準負担額減額に関する特例の申請に係る事実についての審査に関する事務 当該申請を行う者又は当該者と同一の世帯に属する者に係る市町村民税に関する情報

十三 国民健康保険法施行規則第二十七条の十二の二第一項又は第四項の特定疾患給付対象療養に係る保険者の認定の申出に係る事実についての審査に関する事務 当該申出を行う者又は当該者と同一の世帯に属する者に係る市町村民税に関する情報

十四 国民健康保険法施行規則第二十七条の十三第一項の特定疾病に係る保険者の認定の申請に係る事実についての審査に関する事務 当該申請を行う者又は当該者と同一の世帯に属する者に係る市町村民税に関する情報

十五 国民健康保険法施行規則第二十七条の十四の二第一項の保険者の認定の申請に係る事実についての審査に関する事務 当該申請を行う者又は当該者と同一の世帯に属する者に係る市町村民税に関する情報

十六 国民健康保険法施行規則第二十七条の十四の四第一項の保険者の認定の申請に係る事実についての審査に関する事務 当該申請を行う者又は当該者と同一の世帯に属する者に係る市町村民税に関する情報

第二十六条 法別表第二の四十四の項の主務省令で定める事務は、国民健康保険法施行令第二十九条の七の二第二項の特例対象被保険者等の届出に係る事実についての審査に関する事務とし、同表の四十四の項の主務省令で定める情報は、当該届出に係る特例対象被保険者等に係る雇用保険法第十三条第三項の特定理由離職者又は同法第二十三条第二項の特定受給資格者に関する情報とする。

第二十七条 法別表第二の五十三の項の主務省令で定める事務は、次の各号に掲げる事務とし、同項の主務省令で定める情報は、当該各号に掲げる事務の区分に応じ当該各号に定める情報とする。

一 知的障害者福祉法（昭和三十五年法律第三十七号）第十五条の四の障害福祉サービスの提供に関する事務 当該サービスが提供される知的障害者又は当該知的障害者の扶養義務者に係る住民票に記載された住民票関係情報

二 知的障害者福祉法第十六条第一項第二号の障害者支援施設等への入所等の措置に関する事務 当該措置に係る知的障害者又は当該知的障害者の扶養義務者に係る住民票に記載された住民票関係情報

三 知的障害者福祉法第二十七条の費用の徴収に関する事務 当該費用の徴収に係る知的障害者又は当該知的障害者の扶養義務者に係る住民票に記載された住民票関係情

報

第二十八条　法別表第二の五十四の項の主務省令で定める事務は、次の各号に掲げる事務とし、同項の主務省令で定める情報は、当該各号に掲げる事務の区分に応じ当該各号に定める情報とする。

一　住宅地区改良法（昭和三十五年法律第八十四号）第二十九条第一項において準用する公営住宅法第十八条第二項の敷金の減免の申請に係る事実についての審査に関する事務　次に掲げる情報

イ　住宅地区改良法第二条第六項の改良住宅の入居者又は同居者（以下この条において「改良住宅入居者等」という。）に係る身体障害者福祉法第十五条第一項の身体障害者手帳の交付及びその障害の程度に関する情報

ロ　改良住宅入居者等に係る精神保健及び精神障害者福祉に関する法律第四十五条第一項の精神障害者保健福祉手帳の交付及びその障害の程度に関する情報

ハ　改良住宅入居者等に係る生活保護実施関係情報

ニ　改良住宅入居者等に係る道府県民税又は市町村民税に関する情報

ホ　改良住宅入居者等に係る住民票に記載された住民票関係情報

二　住宅地区改良法第二十九条第一項において準用する公営住宅法第十九条の家賃又は敷金の徴収猶予の申請に係る事実についての審査に関する事務　前号に掲げる情報

三　住宅地区改良法第二十九条第一項において準用する公営住宅法第二十五条第一項の入居の申込みに係る事実についての審査に関する事務　第一号に掲げる情報

四　住宅地区改良法第二十九条第一項において準用する公営住宅法第三十二条第一項の明渡しの請求に関する事務　第一号（ニを除く。）に掲げる情報

五　住宅地区改良法第二十九条第一項において準用する公営住宅法第四十八条の条例で定める事項に関する事務　第一号（ニを除く。）に掲げる情報

六　住宅地区改良法第二十九条第三項の規定によりその例によることとされる公営住宅法の一部を改正する法律（平成八年法律第五十五号）の規定による改正前の公営住宅法（以下この条において「旧公営住宅法」という。）第十二条第一項の家賃の決定に関する事務　第一号（ハを除く。）に掲げる情報

七　住宅地区改良法第二十九条第三項の規定によりその例によることとされる旧公営住宅法第十二条第二項（旧公営住宅法第二十一条の二第三項において準用する場合を含む。）の家賃又は割増賃料の減免の申請に係る事実についての審査に関する事務　第一号に掲げる情報

八　住宅地区改良法第二十九条第三項の規定によりその例

によることとされる旧公営住宅法第二十一条の二第二項の割増賃料の徴収に関する事務　第一号に掲げる情報

九　住宅地区改良法第二十九条第三項の規定によりその例によることとされる旧公営住宅法第二十一条の二第三項において準用する旧公営住宅法第十三条の二の割増賃料の徴収猶予の申請に係る事実についての審査に関する事務　第一号に掲げる情報

十　住宅地区改良法第二十九条第三項の規定によりその例によることとされる旧公営住宅法第二十一条の四前段のあっせん等に関する事務　第一号（ハを除く。）に掲げる情報

第二十九条　法別表第二の五十五の項の主務省令で定める事務は、障害者の雇用の促進等に関する法律施行規則（昭和五十一年労働省令第二十七号）第三条の求職者に対する資料の提示等の求めに関する事務とし、同項の主務省令で定める情報は、次に掲げる情報とする。

一　当該求職者に係る身体障害者福祉法第十五条第一項の身体障害者手帳の交付及びその障害の程度に関する情報

二　当該求職者に係る精神保健及び精神障害者福祉に関する法律第四十五条第一項の精神障害者保健福祉手帳の交付及びその障害の程度に関する情報

第三十条　法別表第二の五十六の二の項の主務省令で定める事務は、災害対策基本法（昭和三十六年法律第二百二十三号）第九十条の三第一項の被災者台帳の作成に関する事務とし、同表の五十六の二の項の主務省令で定める情報は、次に掲げる情報とする。

一　被災者（災害対策基本法第二条第一号の災害の被災者をいう。以下この条において同じ。）に係る災害救助法（昭和二十二年法律第百十八号）第七条第五項の実費の弁償又は同法第十二条の扶助金の支給に関する情報

二　被災者又は当該被災者の保護者に係る児童福祉法第二十四条の二第一項の障害児入所給付費の支給に関する情報

三　被災者に係る身体障害者福祉法第十五条第一項の身体障害者手帳の交付及びその障害の程度に関する情報

四　被災者に係る精神保健及び精神障害者福祉に関する法律第四十五条第一項の精神障害者保健福祉手帳の交付及びその障害の程度に関する情報

五　被災者に係る精神保健及び精神障害者福祉に関する法律第二十九条第一項又は第二十九条の二第一項の入院措置に関する情報

六　被災者又はその保護者に係る児童福祉法第二十一条の五の三第一項の障害児通所給付費、同法第二十一条の五の四第一項の特例障害児通所給付費又は同法第二十一条の五の十二第一項の高額障害児通所給付費の支給に関する情報

七　被災者に係る母子保健法第十五条の妊娠の届出に関する情報
八　被災者に係る介護保険法第十八条第一号の介護給付、同条第二号の予防給付又は同条第三号の市町村特別給付の支給に関する情報
九　被災者又はその保護者に係る特別児童扶養手当等の支給に関する法律第三条第一項の特別児童扶養手当の支給に関する情報
十　被災者に係る特別児童扶養手当等の支給に関する法律第十七条の障害児福祉手当、同法第二十六条の二の特別障害者手当又は昭和六十年法律第三十四号附則第九十七条第一項の福祉手当の支給に関する情報
十一　被災者に係る障害者の日常生活及び社会生活を総合的に支援するための法律第六条の自立支援給付の支給に関する情報

第三十一条　法別表第二の五十七の項の主務省令で定める事務は、次の各号に掲げる事務とし、同項の主務省令で定める情報は、当該各号に掲げる事務の区分に応じ当該各号に定める情報とする。
一　児童扶養手当法第六条の児童扶養手当の受給資格及びその額の認定の請求に係る事実についての審査に関する事務　次に掲げる情報
イ　当該請求に係る児童（以下この号において「手当支給児童」という。）に係る児童福祉法第二十四条の二第一項の障害児入所給付費、同法第二十四条の六第一項の高額障害児入所給付費又は同法第二十四条の七第一項の特定入所障害児食費等給付費の支給に関する情報
ロ　手当支給児童に係る児童福祉法第二十七条第一項第三号若しくは第二項又は第二十七条の二第一項の措置に関する情報
ハ　手当支給児童に係る身体障害者福祉法第十五条第一項の身体障害者手帳の交付及びその障害の程度に関する情報
ニ　当該額の認定の請求を行う者又は当該者の配偶者若しくは扶養義務者に係る道府県民税に関する情報
ホ　当該請求を行う者若しくは手当支給児童又はこれらの者と同一の世帯に属する者に係る住民票に記載された住民票関係情報
ヘ　手当支給児童に係る障害者の日常生活及び社会生活を総合的に支援するための法律第六条の自立支援給付（療養介護及び施設入所支援に係るものに限る。）の支給に関する情報
ト　当該請求を行う者に係る特別児童扶養手当等の支給に関する法律第三条第一項の特別児童扶養手当の支給に関する情報

二　児童扶養手当法第八条第一項の手当の額の改定の請求に係る事実についての審査に関する事務　次に掲げる情報

イ　当該請求に係る児童（以下この号において「手当改定児童」という。）に係る児童福祉法第二十四条の二第一項の障害児入所給付費、同法第二十四条の六第一項の高額障害児入所給付費又は同法第二十四条の七第一項の特定入所障害児食費等給付費の支給に関する情報

ロ　手当改定児童に係る児童福祉法第二十七条第一項第三号若しくは第二項又は第二十七条の二第一項の措置に関する情報

ハ　手当改定児童に係る身体障害者福祉法第十五条第一項の身体障害者手帳の交付及びその障害の程度に関する情報

ニ　手当改定児童又は当該手当改定児童と同一の世帯に属する者に係る住民票に記載された住民票関係情報

ホ　手当改定児童に係る障害者の日常生活及び社会生活を総合的に支援するための法律第六条の自立支援給付（療養介護及び施設入所支援に係るものに限る。）の支給に関する情報

ヘ　当該請求を行う者に係る特別児童扶養手当等の支給に関する法律第三条第一項の特別児童扶養手当の支給に関する情報

三　児童扶養手当法施行規則（昭和三十六年厚生省令第五十一号）第三条の二第一項又は第二項の支給停止に関する届出に係る事実についての審査に関する事務　当該届出を行う者又は当該者の配偶者若しくは扶養義務者に係る道府県民税に関する情報

四　児童扶養手当法施行規則第三条の四第一項から第三項までの一部支給停止の適用除外に関する届出に係る事実についての審査に関する事務　次に掲げる情報

イ　当該届出を行う者又は当該届出に係る児童に係る身体障害者福祉法第十五条第一項の身体障害者手帳の交付及びその障害の程度に関する情報

ロ　当該届出を行う者又は当該届出に係る児童に係る精神保健及び精神障害者福祉に関する法律第四十五条第一項の精神障害者保健福祉手帳の交付及びその障害の程度に関する情報

五　児童扶養手当法施行規則第四条の現況の届出に係る事実についての審査に関する事務　次に掲げる情報

イ　当該届出に係る児童（以下この号において「現況届出児童」という。）に係る児童福祉法第二十四条の二第一項の障害児入所給付費、同法第二十四条の六第一項の高額障害児入所給付費又は同法第二十四条の七第一項の特定入所障害児食費等給付費の支給に関する情

報
ロ　現況届出児童に係る児童福祉法第二十七条第一項第三号若しくは第二項又は第二十七条の二第一項の措置に関する情報
ハ　現況届出児童に係る身体障害者福祉法第十五条第一項の身体障害者手帳の交付及びその障害の程度に関する情報
ニ　当該届出を行う者又は当該者の配偶者若しくは扶養義務者に係る道府県民税に関する情報
ホ　当該届出を行う者若しくは現況届出児童又はこれらの者と同一の世帯に属する者に係る住民票に記載された住民票関係情報
ヘ　現況届出児童に係る障害者の日常生活及び社会生活を総合的に支援するための法律第六条の自立支援給付（療養介護及び施設入所支援に係るものに限る。）の支給に関する情報
ト　当該届出を行う者に係る特別児童扶養手当等の支給に関する法律第三条第一項の特別児童扶養手当の支給に関する情報
六　児童扶養手当法施行規則第四条の二の障害の状態の届出に係る事実についての審査に関する事務　次に掲げる情報
イ　当該届出に係る児童に係る身体障害者福祉法第十五条第一項の身体障害者手帳の交付及びその障害の程度に関する情報
ロ　当該届出を行う者に係る特別児童扶養手当等の支給に関する法律第三条第一項の特別児童扶養手当の支給に関する情報

第三十二条　法別表第二の六十一の項の主務省令で定める事務は、次の各号に掲げる事務とし、同項の主務省令で定める情報は、当該各号に掲げる事務の区分に応じ当該各号に定める情報とする。
一　老人福祉法（昭和三十八年法律第百三十三号）第十条の四の福祉の措置の実施に関する事務　次に掲げる情報
イ　当該措置に係る者又は当該者の扶養義務者（以下この号及び第三号において「第一号被措置者等」という。）に係る生活保護実施関係情報
ロ　第一号被措置者等に係る住民票に記載された住民票関係情報
ハ　第一号被措置者等に係る介護保険法第十八条第一号の介護給付、同条第二号の予防給付又は同条第三号の市町村特別給付の支給に関する情報
二　老人福祉法第十一条の福祉の措置の実施に関する事務　次に掲げる情報
イ　当該措置に係る者又は当該者の扶養義務者（以下この号及び次号において「第二号被措置者等」という。）

に係る生活保護実施関係情報
ロ　第二号被措置者等に係る住民票に記載された住民票関係情報
ハ　第二号被措置者等に係る介護保険法第十八条第一号の介護給付、同条第二号の予防給付又は同条第三号の市町村特別給付の支給に関する情報
三　老人福祉法第二十一条の費用の支弁に関する事務　第一号被措置者等若しくは第二号被措置者等に係る介護保険法第十八条第一号の介護給付、同条第二号の予防給付又は同条第三号の市町村特別給付の支給に関する情報

第三十三条　法別表第二の六十二の項の主務省令で定める事務は、老人福祉法第二十八条第一項の費用の徴収に関する事務とし、同表の六十二の項の主務省令で定める情報は、次に掲げる情報とする。
一　老人福祉法第十条の四第一項又は第十一条の福祉の措置に係る者若しくは当該者の扶養義務者（以下この条において「被措置者等」という。）に係る医療保険各法又は高齢者の医療の確保に関する法律による保険給付の支給に関する情報
二　被措置者等に係る雇用保険法第十条第一項の失業等給付の支給に関する情報
三　被措置者等に係る生活保護実施関係情報
四　被措置者等に係る住民票に記載された住民票関係情報
五　被措置者等に係る介護保険法第十八条第一号の介護給付、同条第二号の予防給付又は同条第三号の市町村特別給付の支給に関する情報

第三十四条　法別表第二の六十三の項の主務省令で定める事務は、次の各号に掲げる事務とし、同項の主務省令で定める情報は、当該各号に掲げる事務の区分に応じ当該各号に定める情報とする。
一　母子及び父子並びに寡婦福祉法第三十二条第一項の資金の貸付けの申請に係る事実についての審査に関する事務　当該申請を行う者（民法（明治二十九年法律第八十九号）第八百七十七条の規定により現に扶養する子その他これに準ずる者のない寡婦に限る。）に係る道府県民税又は市町村民税に関する情報
二　母子及び父子並びに寡婦福祉法第十五条第二項の償還免除の申請に係る事実についての審査に関する事務　当該申請を行う者（母子及び父子並びに寡婦福祉法施行令（昭和三十九年政令第二百二十四号）第二十一条の特例児童扶養資金の貸付けを受けた者に限る。）に係る道府県民税又は市町村民税に関する情報

第三十五条　法別表第二の六十四の項の主務省令で定める事務は、母子及び父子並びに寡婦福祉法第十七条第一項、第三十一条の七第一項又は第三十三条第一項の便宜の供与の申請に係る事実についての審査に関する事務とし、同表の

六十四の項の主務省令で定める情報は、次に掲げる情報とする。
一 当該申請を行う者に係る生活保護実施関係情報
二 当該申請を行う者に係る児童扶養手当法第四条第一項の児童扶養手当の支給に関する情報
三 当該申請を行う者若しくは当該者と同一の世帯に属する者に係る道府県民税又は市町村民税に関する情報

第三十六条 法別表第二の六十五の項の主務省令で定める事務は、次の各号に掲げる事務とし、同項の主務省令で定める情報は、当該各号に掲げる事務の区分に応じ当該各号に定める情報とする。
一 母子及び父子並びに寡婦福祉法第三十一条第一号（同法第三十一条の十において読み替えて準用する場合を含む。）の給付金の支給の申請に係る事実についての審査に関する事務 次に掲げる情報
イ 当該申請を行う者若しくは当該者と同一の世帯に属する者に係る道府県民税又は市町村民税に関する情報
ロ 当該申請を行う者に係る児童扶養手当法第四条第一項の児童扶養手当の支給に関する情報
ハ 当該申請を行う者に係る雇用保険法第六十条の二第一項の教育訓練給付金の支給に関する情報
二 母子及び父子並びに寡婦福祉法第三十一条第二号（同法第三十一条の十において読み替えて準用する場合を含む。）の給付金の支給の申請に係る事実についての審査に関する事務 次に掲げる情報
イ 当該申請を行う者若しくは当該者と同一の世帯に属する者に係る道府県民税又は市町村民税に関する情報
ロ 当該申請を行う者に係る児童扶養手当法第四条第一項の児童扶養手当の支給に関する情報
ハ 当該申請を行う者に係る職業訓練の実施等による特定求職者の就職の支援に関する法律第七条第一項の職業訓練受講給付金の支給に関する情報

第三十七条 法別表第二の六十六の項の主務省令で定める事務は、次の各号に掲げる事務とし、同項の主務省令で定める情報は、当該各号に掲げる事務の区分に応じ当該各号に定める情報とする。
一 特別児童扶養手当等の支給に関する法律第五条の特別児童扶養手当の受給資格及びその額の認定の請求に係る事実についての審査に関する事務 次に掲げる情報
イ 当該額の認定の請求を行う者又は当該者の配偶者若しくは扶養義務者に係る道府県民税に関する情報
ロ 当該請求を行う者又は当該者と同一の世帯に属する者に係る住民票に記載された住民票関係情報
二 特別児童扶養手当等の支給に関する法律第十六条において読み替えて準用する児童扶養手当法第八条第一項の手当の額の改定の請求に係る事実についての審査に関す

る事務　当該請求を行う者又は当該者と同一の世帯に属する者に係る住民票に記載された住民票関係情報

三　特別児童扶養手当等の支給に関する法律施行規則（昭和三十九年厚生省令第三十八号）第四条の届出に係る事実についての審査に関する事務　当該届出を行う者又は当該者の配偶者（婚姻の届出をしていないが、事実上婚姻関係と同様の事情にある者を含む。次条第二号において同じ。）若しくは扶養義務者に係る道府県民税に関する情報

第三十八条　法別表第二の六十七の項の主務省令で定める事務は、次の各号に掲げる事務とし、同項の主務省令で定める情報は、当該各号に掲げる事務の区分に応じ当該各号に定める情報とする。

一　特別児童扶養手当等の支給に関する法律第十九条（同法第二十六条の五において準用する場合を含む。）の障害児福祉手当又は特別障害者手当の受給資格及びその額の認定の請求に係る事実についての審査に関する事務　次に掲げる情報

イ　当該額の認定の請求を行う者又は当該者の配偶者若しくは扶養義務者に係る道府県民税に関する情報

ロ　当該請求を行う者又は当該者と同一の世帯に属する者に係る住民票に記載された住民票関係情報

二　障害児福祉手当及び特別障害者手当の支給に関する省令（昭和五十年厚生省令第三十四号）第五条（同令第十六条において読み替えて準用する場合を含む。）の届出に係る事実についての審査に関する事務　当該届出を行う者又は当該者の配偶者若しくは扶養義務者に係る道府県民税に関する情報

三　昭和六十年法律第三十四号附則第九十七条第一項の規定によりなお従前の例によることとされた昭和六十年法律第三十四号第七条の規定による改正前の特別児童扶養手当等の支給に関する法律第三十五条の届出に係る事実についての審査に関する事務　当該届出を行う者又は当該者の配偶者若しくは扶養義務者に係る道府県民税に関する情報

第三十九条　法別表第二の七十の項の主務省令で定める事務は、母子保健法第二十一条の四第一項の費用の徴収に関する事務とし、同表の七十の項の主務省令で定める情報は、次に掲げる情報とする。

一　母子保健法第二十条の措置に係る未熟児（以下この条において「被措置未熟児」という。）又は当該被措置未熟児の扶養義務者に係る生活保護実施関係情報

二　被措置未熟児又は当該被措置未熟児の扶養義務者に係る中国残留邦人等支援給付実施関係情報

三　被措置未熟児又はその扶養義務者に係る住民票に記載された住民票関係情報

第四十条 法別表第二の七十四の項の主務省令で定める事務は、次の各号に掲げる事務とし、同項の主務省令で定める情報は、当該各号に掲げる事務の区分に応じ当該各号に定める情報とする。

一 児童手当法第七条第一項（同法第十七条第一項（同法附則第二条第三項において準用する場合を含む。）及び同法附則第二条第三項において適用し、又は準用する場合を含む。）の児童手当又は特例給付（同法附則第二条第一項の給付をいう。）の受給資格及びその額についての認定の請求に係る事実についての審査に関する事務 当該請求に係る一般受給資格者（児童手当法第七条第一項の一般受給資格者をいう。次号において同じ。）に係る市町村民税に関する情報

二 児童手当法第二十六条（同条第二項を除き、同法附則第二条第三項において準用する場合を含む。）の届出に係る事実についての審査に関する事務 当該届出に係る一般受給資格者に係る市町村民税に関する情報

第四十一条 法別表第二の七十七の項の主務省令で定める事務は、次の各号に掲げる事務とし、同項の主務省令で定める情報は、当該各号に掲げる事務の区分に応じ当該各号に定める情報とする。

一 雇用保険法第十条の三第一項の未支給の失業等給付の支給の請求に係る事実についての審査に関する事務 当該請求を行う者又は死亡した当該請求に係る未支給の失業等給付の支給を受けるべき者に係る住民票に記載された住民票関係情報

二 雇用保険法第六十一条の六第一項の介護休業給付金の支給の申請に係る事実についての審査に関する事務 当該申請を行う者又は当該者の対象家族（雇用保険法第六十一条の六第一項の対象家族をいう。）に係る住民票に記載された住民票関係情報

第四十二条 法別表第二の七十九の項の主務省令で定める事務は、雇用保険法施行規則（昭和五十年労働省令第三号）第百十五条第十八号の障害者雇用促進助成金の支給に関する事務とし、同項の主務省令で定める情報は、次に掲げる情報とする。

一 当該支給に係る労働者に係る身体障害者福祉法第十五条第一項の身体障害者手帳の交付及びその障害の程度に関する情報

二 当該支給に係る労働者に係る精神保健及び精神障害者福祉に関する法律第四十五条第一項の精神障害者保健福祉手帳の交付及びその障害の程度に関する情報

第四十三条 法別表第二の八十の項の主務省令で定める事務は、次の各号に掲げる事務とし、同項の主務省令で定める情報は、当該各号に掲げる事務の区分に応じ当該各号に定める情報とする。

一　高齢者の医療の確保に関する法律第六十七条第一項の一部負担金の算定に関する事務　次に掲げる情報
イ　当該算定に係る者又は当該者と同一の世帯に属する者に係る市町村民税に関する情報
ロ　当該算定に係る者に係る住民票に記載された住民票関係情報
二　高齢者の医療の確保に関する法律第八十四条第一項の高額療養費の支給の申請に係る事実についての審査に関する事務　当該申請を行う者又は当該者と同一の世帯に属する者に係る市町村民税に関する情報
三　高齢者の医療の確保に関する法律第八十五条第一項の高額介護合算療養費の支給の申請に係る事実についての審査に関する事務　次に掲げる情報
イ　当該申請を行う者又は当該者と同一の世帯に属する者に係る医療保険各法又は高齢者の医療の確保に関する法律による保険給付の支給に関する情報
ロ　当該申請を行う者又は当該者と同一の世帯に属する者に係る市町村民税に関する情報
ハ　当該申請を行う者又は当該者と同一の世帯に属する者に係る介護保険法第十八条第一号の介護給付又は同条第二号の予防給付の支給に関する情報
四　高齢者の医療の確保に関する法律第八十六条第一項の葬祭費又は葬祭の給付の支給の申請に係る事実についての審査に関する事務　当該申請に係る死亡した被保険者に係る健康保険法、船員保険法、私立学校教職員共済法、国家公務員共済組合法若しくは地方公務員等共済組合法による埋葬料又は葬祭料の支給に関する情報
五　高齢者の医療の確保に関する法律第百四条第二項の保険料の賦課に関する事務　次に掲げる情報
イ　当該保険料を課せられる者又は当該者と同一の世帯に属する者に係る市町村民税に関する情報
ロ　当該保険料を課せられる者に係る医療保険被保険者等資格に関する情報
六　高齢者の医療の確保に関する法律施行規則（平成十九年厚生労働省令第百二十九号）第八条第一項の障害認定の申請に係る事実についての審査に関する事務　当該申請を行う者に係る後期高齢者医療の被保険者の資格に関する情報
七　高齢者の医療の確保に関する法律施行規則第十条第一項若しくは第二項の被保険者の資格取得の届出又は同令第二十六条の被保険者の資格喪失の届出に係る事実についての審査に関する事務　当該届出に係る被保険者に係る医療保険被保険者等資格に関する情報
八　高齢者の医療の確保に関する法律施行規則第三十七条第二項の食事療養標準負担額の減額に関する特例の申請又は同令第四十二条第二項の生活療養標準負担額の減額

に関する特例の申請に係る事実についての審査に関する事務　当該申請を行う者又は当該者と同一の世帯に属する者に係る市町村民税に関する情報

九　高齢者の医療の確保に関する法律施行規則第六十一条の二第一項又は第四項の後期高齢者医療広域連合の認定に係る申出に係る事実についての審査に関する事務　当該申出を行う者又は当該者と同一の世帯に属する者に係る市町村民税に関する情報

十　高齢者の医療の確保に関する法律施行規則第六十七条第一項の限度額適用認定の申請に係る事実についての審査に関する事務　当該申請を行う者又は当該者と同一の世帯に属する者に係る市町村民税に関する情報

十一　高齢者の医療の確保に関する法律施行規則第六十七条第六項において準用する同令第二十条第一項の限度額適用・標準負担額減額認定証の検認又は更新に関する事務　当該限度額適用・標準負担額減額認定証に係る被保険者又は当該者と同一の世帯に属する者に係る市町村民税に関する情報

第四十四条　法別表第二の八十七の項の主務省令で定める事務は、次の各号に掲げる事務とし、同項の主務省令で定める情報は、当該各号に掲げる事務の区分に応じ当該各号に定める情報とする。

一　中国残留邦人等の円滑な帰国の促進並びに永住帰国した中国残留邦人等及び特定配偶者の自立の支援に関する法律第十四条第一項若しくは第三項の支援給付の支給の実施又は中国残留邦人等の円滑な帰国の促進及び永住帰国後の自立の支援に関する法律の一部を改正する法律（平成十九年法律第百二十七号。以下この号及び次号において「平成十九年改正法」という。）附則第四条第一項の支援給付の支給の実施に関する事務　次に掲げる情報

イ　中国残留邦人等の円滑な帰国の促進並びに永住帰国した中国残留邦人等及び特定配偶者の自立の支援に関する法律第十四条第一項若しくは第三項の支援給付若しくは平成十九年改正法附則第四条第一項の支援給付の支給を必要とする状態にある者若しくは支給を受けていた者（以下この条において「要支援者等」という。）に係る医療保険各法又は高齢者の医療の確保に関する法律による保険給付の支給に関する情報

ロ　要支援者等に係る雇用保険法第十条第一項の失業等給付の支給に関する情報

ハ　要支援者等に係る職業訓練の実施等による特定求職者の就職の支援に関する法律第七条第一項の職業訓練受講給付金の支給に関する情報

ニ　要支援者等に係る児童福祉法第十九条の二第一項の小児慢性特定疾病医療費の支給に関する情報

ホ　要支援者等に係る児童福祉法第二十条第一項の療育の給付の支給に関する情報
ヘ　要支援者等に係る児童福祉法第二十四条の二第一項の障害児入所給付費の支給に関する情報
ト　要支援者等に係る母子及び父子並びに寡婦福祉法第十三条第一項、第三十一条の六第一項若しくは第三十二条第一項又は附則第三条若しくは第六条の資金の貸付けに関する情報
チ　要支援者等に係る生活保護実施関係情報又は生活保護法第五十五条の四第一項の就労自立給付金の支給に関する情報
リ　要支援者等に係る児童扶養手当法第四条第一項の児童扶養手当の支給に関する情報
ヌ　要支援者等に係る母子及び父子並びに寡婦福祉法第三十一条第一号（同法第三十一条の十において読み替えて準用する場合を含む。）の給付金の支給に関する情報
ル　要支援者等に係る特別児童扶養手当等の支給に関する法律第十七条の障害児福祉手当、同法第二十六条の二の特別障害者手当又は昭和六十年法律第三十四号附則第九十七条第一項の福祉手当の支給に関する情報
ヲ　要支援者等に係る道府県民税又は市町村民税に関する情報
ワ　要支援者等に係る母子保健法第二十条第一項の養育医療の給付又は養育医療に要する費用の支給に関する情報
カ　要支援者等に係る児童手当法第八条第一項（同法附則第二条第三項において準用する場合を含む。）の児童手当又は特例給付（同法附則第二条第一項の給付をいう。）の支給に関する情報
ヨ　要支援者等に係る介護保険法第十八条第一号の介護給付、同条第二号の予防給付又は同条第三号の市町村特別給付の支給に関する情報
タ　要支援者等に係る障害者の日常生活及び社会生活を総合的に支援するための法律第六条の自立支援給付の支給に関する情報
レ　要支援者等に係る特定障害者に対する特別障害給付金の支給に関する法律第三条第一項の特別障害給付金の支給に関する情報
ソ　要支援者等に係る特別支援学校への就学奨励に関する法律第二条の経費の支弁に関する情報
ツ　要支援者等に係る学校保健安全法第二十四条の援助の実施に関する情報
ネ　要支援者等に係る特別児童扶養手当等の支給に関する法律第三条第一項の特別児童扶養手当の支給に関する情報

ナ　要支援者等に係る地方公務員災害補償法第二十八条の二第一項の傷病補償年金、同法第二十九条第一項の障害補償年金又は同法第三十一条の遺族補償年金の支給に関する情報

ラ　要支援者等に係る中国残留邦人等支援給付実施関係情報

二　中国残留邦人等の円滑な帰国の促進並びに永住帰国した中国残留邦人等及び特定配偶者の自立の支援に関する法律第十四条第四項（平成十九年改正法附則第四条第二項において準用する場合を含む。）の規定によりその例によることとされる生活保護法第二十四条第一項の開始又は同条第九項の変更の申請に係る事実についての審査に関する事務　前号に掲げる情報

三　中国残留邦人等の円滑な帰国の促進並びに永住帰国した中国残留邦人等及び特定配偶者の自立の支援に関する法律第十四条第四項の規定によりその例によることとされる生活保護法第二十五条第一項の職権による開始又は同条第二項の職権による変更に関する事務　第一号に掲げる情報

四　中国残留邦人等の円滑な帰国の促進並びに永住帰国した中国残留邦人等及び特定配偶者の自立の支援に関する法律第十四条第四項の規定によりその例によることとされる生活保護法第二十六条の保護の停止又は廃止に関する事務　第一号に掲げる情報

五　中国残留邦人等の円滑な帰国の促進並びに永住帰国した中国残留邦人等及び特定配偶者の自立の支援に関する法律第十四条第四項の規定によりその例によることとされる生活保護法第七十七条第一項又は第七十八条第一項から第三項までの徴収金の徴収（同法第七十八条の二第一項又は第二項の徴収金の徴収を含む。）に関する事務　第一号に掲げる情報

第四十五条　法別表第二の九十二の項の主務省令で定める事務は、厚生年金保険法等の一部を改正する法律（平成八年法律第八十二号）附則第三十二条第二項第一号の年金である長期給付又は同項第三号の年金である給付（これらの給付に相当するものとして支給されるものを含む。）に係る権利の決定の請求に係る事実についての審査に関する事務とし、同表の九十二の項の主務省令で定める情報は、当該請求を行う者又は死亡した当該請求に係る支払未済の給付の支給を受けるべき者に係る住民票に記載された住民票関係情報とする。

第四十六条　法別表第二の九十三の項の主務省令で定める事務は、次の各号に掲げる事務とし、同項の主務省令で定める情報は、当該各号に掲げる事務の区分に応じ当該各号に定める情報とする。

一　介護保険法第十二条第三項の被保険者証の交付の申請に係る事実についての審査に関する事務（第二号被保険者（同法第九条第二号の第二号被保険者をいう。以下この条において同じ。）に係るものに限る。）当該申請を行う者に係る医療保険加入者（同法第七条第八項の医療保険加入者をいう。以下この項において同じ。）の資格に関する情報

二　介護保険法第二十七条第一項の要介護認定、同法第二十八条第二項の要介護更新認定又は同法第二十九条第一項の要介護状態区分の変更の認定の申請に係る事実についての審査に関する事務（第二号被保険者に係るものに限る。）当該申請を行う者に係る医療保険加入者の資格に関する情報

三　介護保険法第三十二条第一項の要支援認定、同法第三十三条第二項の要支援更新認定又は同法第三十三条の二第一項の要支援状態区分の変更の認定の申請に係る事実についての審査に関する事務（第二号被保険者に係るものに限る。）当該申請を行う者に係る医療保険加入者の資格に関する情報

四　介護保険法第三十七条第二項の介護給付等対象サービスの種類の変更の申請に係る事実についての審査に関する事務（第二号被保険者に係るものに限る。）当該申請を行う者に係る医療保険加入者の資格に関する情報

五　介護保険法第六十八条の保険給付の支払の一時差止めに関する事務　当該一時差止めに係る第二号被保険者に係る未納医療保険料等（同法第六十八条第一項の未納医療保険料等をいう。第八号において同じ。）に関する情報

六　介護保険法施行規則（平成十一年厚生省令第三十六号）第二十七条第一項の被保険者証の再交付の申請に係る事実についての審査に関する事務（第二号被保険者に係るものに限る。）当該申請を行う者に係る医療保険加入者の資格に関する情報

七　介護保険法施行規則第三十二条の被保険者資格の喪失の届出に係る事実についての審査に関する事務（第二号被保険者に係るものに限る。）当該届出を行う者に係る医療保険加入者の資格に関する情報

八　介護保険法施行規則第八十三条の六の市町村の認定の申請に係る事実についての審査に関する事務（第二号被保険者に係るものに限る。）当該申請を行う者に係る未納医療保険料等に関する情報

2　前項第四号、第五号及び第八号の規定は、健康保険法等の一部を改正する法律（平成十八年法律第八十三号）附則第百三十条の二第一項の規定によりなおその効力を有するものとされた同法第二十六条の規定による改正前の介護保険法第八条第二十六項の介護療養型医療施設に係る同法に

よる保険給付の支給に関する事務について準用する。この場合において、前項第四号及び第五号中「介護保険法」とあるのは「健康保険法等の一部を改正する法律附則第百三十条の二第一項の規定によりなおその効力を有するものとされた同法第二十六条の規定による改正前の介護保険法」と、前項第八号中「介護保険法施行規則」とあるのは「健康保険法等の一部を改正する法律附則第百三十条の二第一項の規定によりなおその効力を有するものとされた介護保険法施行規則」と読み替えるものとする。

第四十七条　法別表第二の九十四の項の主務省令で定める事務は、次の各号に掲げる事務とし、同項の主務省令で定める情報は、当該各号に掲げる事務の区分に応じ当該各号に定める情報とする。

一　介護保険法第三十六条の要介護認定又は要支援認定の申請に係る事実についての審査に関する事務　当該申請を行う者に係る他の市町村による要介護認定（同法第十九条第一項の要介護認定をいう。）又は要支援認定（同条第二項の要支援認定をいう。）に関する情報

二　介護保険法第五十条の居宅介護サービス費等の額の特例の申請に係る事実についての審査に関する事務　次に掲げる情報

イ　当該申請を行う者に係る生活保護実施関係情報

ロ　当該申請を行う者又は当該者が属する世帯の生計を主として維持する者に係る市町村民税に関する情報

ハ　当該申請を行う者又は当該者と同一の世帯に属する者に係る住民票に記載された住民票関係情報

三　介護保険法第五十一条第一項の高額介護サービス費の支給の申請に係る事実についての審査に関する事務　次に掲げる情報

イ　当該申請を行う者に係る生活保護実施関係情報

ロ　当該申請を行う者又は当該者と同一の世帯に属する者に係る市町村民税に関する情報

ハ　当該申請を行う者又は当該者と同一の世帯に属する者に係る住民票に記載された住民票関係情報

四　介護保険法第六十条の介護予防サービス費等の額の特例の申請に係る事実についての審査に関する事務　次に掲げる情報

イ　当該申請を行う者に係る生活保護実施関係情報

ロ　当該申請を行う者又は当該者が属する世帯の生計を主として維持する者に係る市町村民税に関する情報

ハ　当該申請を行う者又は当該者と同一の世帯に属する者に係る住民票に記載された住民票関係情報

五　介護保険法第六十一条第一項の高額介護予防サービス費の支給の申請に係る事実についての審査に関する事務　次に掲げる情報

イ　当該申請を行う者に係る生活保護実施関係情報

ロ　当該申請を行う者又は当該者と同一の世帯に属する者に係る市町村民税に関する情報
ハ　当該申請を行う者又は当該者と同一の世帯に属する者に係る住民票に記載された住民票関係情報
六　介護保険法第百二十九条第二項の保険料の賦課に関する事務　次に掲げる情報
イ　当該保険料を課せられる被保険者（以下この号において「賦課被保険者」という。）に係る生活保護実施関係情報
ロ　賦課被保険者又は当該賦課被保険者と同一の世帯に属する者に係る市町村民税に関する情報
ハ　賦課被保険者又は当該賦課被保険者と同一の世帯に属する者に係る住民票に記載された住民票関係情報
ニ　賦課被保険者に係る介護保険法第十三条第一項の住所地特例対象施設への入所又は入居に関する情報
七　介護保険法第百四十二条の保険料の減免又は徴収の猶予の申請に係る事実についての審査に関する事務　次に掲げる情報
イ　当該申請を行う者に係る生活保護実施関係情報
ロ　当該保険料の減免の申請を行う者又は当該者が属する世帯の生計を主として維持する者に係る市町村民税に関する情報
ハ　当該申請を行う者又は当該者と同一の世帯に属する者に係る住民票に記載された住民票関係情報
八　介護保険法施行規則第二十七条第一項の被保険者証の再交付の申請に係る事実についての審査に関する事務　次に掲げる情報
イ　当該申請を行う者に係る生活保護実施関係情報
ロ　当該申請を行う者に係る介護保険法第十三条第一項の住所地特例対象施設への入所又は入居に関する情報
九　介護保険法施行規則第三十二条の規定による被保険者資格の喪失の届出に係る事実についての審査に関する事務　次に掲げる情報
イ　当該届出を行う者に係る生活保護実施関係情報
ロ　当該届出を行う者に係る介護保険法第十三条第一項の住所地特例対象施設への入所又は入居に関する情報
十　介護保険法施行規則第八十三条の六（同令第九十七条の四において準用する場合を含む。）の市町村の認定の申請に係る事実についての審査に関する事務　次に掲げる情報
イ　当該申請を行う者に係る生活保護実施関係情報
ロ　当該申請を行う者又は当該者と同一の世帯に属する者に係る市町村民税に関する情報
ハ　当該申請を行う者又は当該者と同一の世帯に属する者に係る住民票に記載された住民票関係情報
十一　介護保険法施行法（平成九年法律第百二十四号）第

十三条第三項の施設介護サービス費又は同条第五項の特定入所者介護サービス費の支給の申請に係る事実についての審査に関する事務　次に掲げる情報

イ　当該申請を行う者に係る生活保護実施関係情報

ロ　当該申請を行う者又は当該者と同一の世帯に属する者に係る市町村民税に関する情報

ハ　当該申請を行う者又は当該者と同一の世帯に属する者に係る住民票に記載された住民票関係情報

2　前項第二号、第三号及び第十号の規定は、健康保険法等の一部を改正する法律（平成十八年法律第八十三号）附則第百三十条の二第一項の規定によりなおその効力を有するものとされた同法第二十六条の規定による改正前の介護保険法第八条第二十六項の介護療養型医療施設に係る同法による保険給付の支給に関する事務について準用する。この場合において、前項第二号及び第三号中「介護保険法」とあるのは「健康保険法等の一部を改正する法律附則第百三十条の二第一項の規定によりなおその効力を有するものとされた同法第二十六条の規定による改正前の介護保険法」と、前項第十号中「介護保険法施行規則」とあるのは「健康保険法等の一部を改正する法律附則第百三十条の二第一項の規定によりなおその効力を有するものとされた介護保険法施行規則」と読み替えるものとする。

第四十八条　法別表第二の九十六の項の主務省令で定める事務は、被災者生活再建支援法（平成十年法律第六十六号）第三条第一項の被災者生活再建支援金の支給の申請に係る事実についての審査に関する事務とし、同表の九十六の項の主務省令で定める情報は、当該申請を行う者又は当該者と同一の世帯に属する者に係る住民票に記載された住民票関係情報とする。

第四十九条　法別表第二の九十七の項の主務省令で定める事務は、次の各号に掲げる事務とし、同項の主務省令で定める情報は、当該各号に掲げる事務の区分に応じ当該各号に定める情報とする。

一　感染症の予防及び感染症の患者に対する医療に関する法律（平成十年法律第百十四号）第三十七条第一項の費用負担の申請に係る事実についての審査に関する事務　当該申請に係る患者又は当該患者の配偶者若しくは扶養義務者に係る道府県民税又は市町村民税に関する情報

二　感染症の予防及び感染症の患者に対する医療に関する法律第四十二条第一項の療養費の支給の申請に係る事実についての審査に関する事務　当該申請に係る患者又は当該患者の配偶者若しくは扶養義務者に係る道府県民税又は市町村民税に関する情報

第五十条　法別表第二の百二の項の主務省令で定める事務は、次の各号に掲げる事務とし、同項の主務省令で定める情報は、当該各号に掲げる事務の区分に応じ当該各号に定める情報とする。

一　平成十三年統合法附則第二十五条第五項において準用する廃止前農林共済法（平成十三年統合法附則第二条第一項第一号の廃止前農林共済法をいう。）第二十八条第一項の規定による支払未済の特例年金給付の支給の請求に係る事実についての審査に関する事務　当該請求を行う者又は死亡した当該請求に係る支払未済の特例年金給付の支給を受けるべき者に係る住民票に記載された住民票関係情報

二　平成十三年統合法附則第三十七条第六項において準用する廃止前農林共済法第五十二条後段の規定による特例遺族共済年金の転給の請求に係る事実についての審査に関する事務　次に掲げる情報

イ　当該請求を行う者に係る道府県民税又は市町村民税に関する情報

ロ　当該請求を行う者又は当該請求に係る受給権者であった者に係る住民票に記載された住民票関係情報

三　平成十三年統合法附則第四十二条第十項において準用する廃止前旧制度農林共済法（平成十三年統合法附則第三十八条第六項の廃止前旧制度農林共済法をいう。）第四十八条後段の規定による特例遺族年金の転給の請求に係る事実についての審査に関する事務　次に掲げる情報

イ　当該請求を行う者に係る道府県民税又は市町村民税に関する情報

ロ　当該請求を行う者又は当該請求に係る受給権者であった者に係る住民票に記載された住民票関係情報

四　平成十三年統合法附則第四十五条第一項の特例障害農林年金の支給の請求に係る事実についての審査に関する事務　次に掲げる情報

イ　当該請求を行う者の配偶者に係る道府県民税又は市町村民税に関する情報

ロ　当該請求を行う者又は当該者の配偶者に係る住民票に記載された住民票関係情報

五　平成十三年統合法附則第四十六条第一項の特例遺族農林年金の支給の請求に係る事実についての審査に関する事務　次に掲げる情報

イ　当該請求を行う者に係る道府県民税又は市町村民税に関する情報

ロ　当該請求を行う者又は当該請求に係る旧農林共済組合（平成十三年統合法附則第二条第一項第七号の旧農林共済組合をいう。）の組合員であった者に係る住民票に記載された住民票関係情報

第五十一条　法別表第二の百三の項の主務省令で定める事務は、次の各号に掲げる事務とし、同項の主務省令で定める情報は、当該各号に掲げる事務の区分に応じ当該各号に定める情報とする。

一　独立行政法人農業者年金基金法（平成十四年法律第百二十七号）第十一条の被保険者の資格の取得の申出に係る事実についての審査に関する事務　当該申出を行う者に係る平成十三年統合法による年金である給付（平成十三年統合法附則第十六条第三項の規定により厚生年金保険の実施者たる政府が支給するものとされた年金である給付を除く。第四号において同じ。）の支給に関する情報

二　独立行政法人農業者年金基金法第二十二条第一項又は第二項の未支給の年金給付の支給の請求に係る事実についての審査に関する事務　当該請求を行う者又は死亡した当該請求に係る未支給の年金給付の支給を受けるべき者に係る住民票に記載された住民票関係情報

三　独立行政法人農業者年金基金法第三十五条の死亡一時金の支給を受ける権利の裁定の請求に係る事実についての審査に関する事務　当該請求を行う者又は死亡した当該請求に係る農業者年金の被保険者若しくは被保険者であった者に係る住民票に記載された住民票関係情報

四　独立行政法人農業者年金基金法第四十五条第一項又は第二項の保険料の額の特例に係る申出に係る事実についての審査に関する事務　次に掲げる情報

イ　当該申出を行う者に係る道府県民税又は市町村民税に関する情報

ロ　当該申出を行う者に係る住民票に記載された住民票関係情報

ハ　当該申出を行う者に係る平成十三年統合法による年金である給付の支給に関する情報

五　独立行政法人農業者年金基金法施行規則（平成十五年農林水産省令第九十五号）第二十七条第一項の届出に係る事実についての審査に関する事務　当該届出を行う者、当該者の配偶者又は当該届出に係る所有権若しくは使用収益権の移転若しくは使用収益権の設定の相手方に係る住民票に記載された住民票関係情報

六　独立行政法人農業者年金基金法施行規則第三十七条第一項の届出に係る事実についての審査に関する事務　当該届出を行う者又は当該届出に係る所有権若しくは使用収益権の移転若しくは使用収益権の設定の相手方に係る住民票に記載された住民票関係情報

七　独立行政法人農業者年金基金法施行規則第四十二条第一項の届出に係る事実についての審査に関する事務　当該届出を行う者に係る道府県民税又は市町村民税に関する情報

八　農業者年金基金法の一部を改正する法律（平成十三年法律第三十九号。第十一号において「平成十三年法律第三十九号」という。）による改正前の農業者年金基金法（昭和四十五年法律第七十八号）又は農業者年金基金法

の一部を改正する法律（平成二年法律第二十一号）による改正前の農業者年金基金法（次号及び第十号において「平成十三年改正前農業者年金基金法等」という。）第三十七条第一項又は第二項の未支給の年金給付の支給の請求に係る事実についての審査に関する事務　当該請求を行う者又は死亡した当該請求に係る未支給の年金給付の支給を受けるべき者に係る住民票に記載された住民票関係情報

九　平成十三年改正前農業者年金基金法等第四十一条第一項又は第二項の経営移譲年金の支給を受ける権利の裁定の請求に係る事実についての審査に関する事務　当該請求を行う者、当該者の配偶者又は当該請求に係る所有権若しくは使用収益権の移転若しくは使用収益権の設定の相手方に係る住民票に記載された住民票関係情報

十　平成十三年改正前農業者年金基金法等第五十四条の死亡一時金の支給を受ける権利の裁定の請求に係る事実についての審査に関する事務　当該請求を行う者又は死亡した当該請求に係る農業者年金の被保険者又は被保険者であった者に係る住民票に記載された住民票関係情報

十一　独立行政法人農業者年金基金法附則第六条第三項の規定によりなおその効力を有するものとされた平成十三年法律第三十九号附則第八条第一項、第二項若しくは第三項又は第十一条第一項若しくは第二項の規定によりなおその効力を有するものとされ、及びなお従前の例によることとされた農業者年金基金法施行規則等を廃止する省令（平成十三年厚生労働省・農林水産省令第四号）第一号の規定による廃止前の農業者年金基金法施行規則（昭和四十五年厚生省・農林省令第二号。次号及び第十三号において「旧農業者年金基金法施行規則」という。）第三十五条の三十三第一項の届出に係る事実についての審査に関する事務　当該届出を行う者又は当該届出に係る所有権若しくは使用収益権の移転若しくは使用収益権の設定の相手方に係る住民票に記載された住民票関係情報

十二　旧農業者年金基金法施行規則第三十五条の五十五第一項又は第三十五条の五十七第一項の届出に係る事実についての審査に関する事務　当該届出を行う者又は当該届出に係る所有権若しくは使用収益権の移転若しくは使用収益権の設定の相手方に係る住民票に記載された住民票関係情報

十三　旧農業者年金基金法施行規則第三十八条第一項の届出に係る事実についての審査に関する事務　当該届出を行う者に係る道府県民税又は市町村民税に関する情報

第五十二条　法別表第二の百四の項の主務省令で定める事務は、独立行政法人日本スポーツ振興センター法（平成十四年法律第百六十二号）第十五条第一項第七号又は附則第八

条第一項の災害共済給付の給付金の支払の請求に係る事実についての審査に関する事務とし、同表の百四の項の主務省令で定める情報は、当該請求に係る同法第三条の児童生徒等又は同法附則第八条第一項の児童が属する世帯の世帯主に係る生活保護実施関係情報とする。

第五十三条　法別表第二の百六の項の主務省令で定める事務は、次の各号に掲げる事務とし、同項の主務省令で定める情報は、当該各号に掲げる事務の区分に応じ当該各号に定める情報とする。

一　独立行政法人日本学生支援機構法（平成十五年法律第九十四号）第十四条第一項の学資金の貸与の申請に係る事実についての審査に関する事務　次に掲げる情報

イ　当該申請を行う者（以下この号において「学資金貸与申請者」という。）又は当該学資金貸与申請者と生計を共にする者に係る身体障害者福祉法第十五条第一項の身体障害者手帳の交付及びその障害の程度に関する情報

ロ　学資金貸与申請者又は当該学資金貸与申請者と生計を共にする者に係る精神保健及び精神障害者福祉に関する法律第四十五条第一項の精神障害者保健福祉手帳の交付及びその障害の程度に関する情報

ハ　学資金貸与申請者の生計を維持する者に係る生活保護実施関係情報

ニ　学資金貸与申請者の生計を維持する者に係る雇用保険法第十条第一項の失業等給付の支給に関する情報

二　独立行政法人日本学生支援機構法第十五条第二項の返還の期限の猶予の申請に係る事実についての審査に関する事務　次に掲げる情報

イ　当該申請を行う者（以下この号において「猶予申請者」という。）又は当該猶予申請者と住居及び生計を共にする者に係る身体障害者福祉法第十五条第一項の身体障害者手帳の交付及びその障害の程度に関する情報

ロ　猶予申請者又は当該猶予申請者と住居及び生計を共にする者に係る精神保健及び精神障害者福祉に関する法律第四十五条第一項の精神障害者保健福祉手帳の交付及びその障害の程度に関する情報

ハ　猶予申請者に係る生活保護実施関係情報

ニ　猶予申請者、当該猶予申請者と住居及び生計を共にする者又は当該猶予申請者の二親等以内の親族に係る住民票に記載された住民票関係情報

ホ　猶予申請者又は当該猶予申請者の二親等以内の親族に係る雇用保険法第十条第一項の失業等給付の支給に関する情報

三　独立行政法人日本学生支援機構法第十七条の学資金の回収に関する事務　次に掲げる情報

イ　独立行政法人日本学生支援機構法第十四条第一項の学資金の貸与を受けた者（以下この号において「学資金被貸与者」という。）又は当該学資金被貸与者の保証人（独立行政法人日本学生支援機構に関する省令（平成十六年文部科学省令第二十三号）第二十五条の保証人をいう。以下この号において同じ。）に係る身体障害者福祉法第十五条第一項の身体障害者手帳の交付及びその障害の程度に関する情報

ロ　学資金被貸与者又は当該学資金被貸与者の保証人に係る精神保健及び精神障害者福祉に関する法律第四十五条第一項の精神障害者保健福祉手帳の交付及びその障害の程度に関する情報

ハ　学資金被貸与者又は当該学資金被貸与者の保証人に係る生活保護実施関係情報

ニ　学資金被貸与者又は当該学資金被貸与者の保証人に係る住民票に記載された住民票関係情報

四　独立行政法人日本学生支援機構法施行令（平成十六年政令第二号）第五条第三項の学資金の返還の期限及び返還の方法の変更の申請に係る事実についての審査に関する事務　次に掲げる情報

イ　当該申請を行う者、当該者と住居及び生計を共にする者又は当該申請を行う者の二親等以内の親族に係る住民票に記載された住民票関係情報

ロ　当該申請を行う者又は当該者の二親等以内の親族に係る雇用保険法第十条第一項の失業等給付の支給に関する情報

第五十四条　法別表第二の百七の項の主務省令で定める事務は、次の各号に掲げる事務とし、同項の主務省令で定める情報は、当該各号に掲げる事務の区分に応じ当該各号に定める情報とする。

一　特定障害者に対する特別障害給付金の支給に関する法律第六条第一項又は第二項の特別障害者給付金の受給資格及びその額の認定の請求に係る事実についての審査に関する事務　次に掲げる情報

イ　当該請求を行う者に係る船員保険法第二十九条第二項の保険給付の支給に関する情報

ロ　当該請求を行う者に係る労働者災害補償保険法（昭和二十二年法律第五十号）第十二条の八第三項の傷病補償年金、同法第十五条第一項の障害補償年金、同法第十六条の遺族補償年金、同法第二十二条の三第二項の障害年金、同法第二十二条の四第二項の遺族年金若しくは同法第二十三条第一項の傷病年金又は同法附則第五十九条第一項の障害補償年金前払一時金、同法附則第六十条第一項の遺族補償年金前払一時金、同法附則第六十二条第一項の障害年金前払一時金若しくは同法附則第六十三条第一項の遺族年金前払一時金の支給

に関する情報
ハ　当該請求を行う者に係る道府県民税に関する情報
ニ　当該請求を行う者に係る地方公務員災害補償法第二十八条の二第一項の傷病補償年金、同法第二十九条第一項の障害補償年金若しくは同法第三十一条の遺族補償年金又は同法附則第五条の三第一項の障害補償年金前払一時金若しくは同法附則第六条第一項の遺族補償年金前払一時金の支給に関する情報
二　特定障害者に対する特別障害給付金の支給に関する法律施行規則（平成十七年厚生労働省令第四十九号）第三条第一項の支給の調整に該当する場合の届出に係る事実についての審査に関する事務　次に掲げる情報
イ　当該届出を行う者に係る船員保険法第二十九条第二項の保険給付の支給に関する情報
ロ　当該届出を行う者に係る労働者災害補償保険法第十二条の八第三項の傷病補償年金、同法第十五条第一項の障害補償年金、同法第十六条の遺族補償年金、同法第二十二条の三第二項の障害年金、同法第二十二条の四第二項の遺族年金若しくは同法第二十三条第一項の傷病年金又は同法附則第五十九条第一項の障害補償年金前払一時金、同法附則第六十条第一項の遺族補償年金前払一時金、同法附則第六十二条第一項の障害年金前払一時金若しくは同法附則第六十三条第一項の遺族年金前払一時金の支給に関する情報
ハ　当該届出を行う者に係る地方公務員災害補償法第二十八条の二第一項の傷病補償年金、同法第二十九条第一項の障害補償年金若しくは同法第三十一条の遺族補償年金又は同法附則第五条の三第一項の障害補償年金前払一時金若しくは同法附則第六条第一項の遺族補償年金前払一時金の支給に関する情報
三　特定障害者に対する特別障害給付金の支給に関する法律施行規則第四条第一項の支給の調整に該当しない場合又は支給の調整の額が変更となる場合の届出に係る事実についての審査に関する事務　次に掲げる情報
イ　当該届出を行う者に係る船員保険法第二十九条第二項の保険給付の支給に関する情報
ロ　当該届出を行う者に係る労働者災害補償保険法第十二条の八第三項の傷病補償年金、同法第十五条第一項の障害補償年金、同法第十六条の遺族補償年金、同法第二十二条の三第二項の障害年金、同法第二十二条の四第二項の遺族年金若しくは同法第二十三条第一項の傷病年金又は同法附則第五十九条第一項の障害補償年金前払一時金、同法附則第六十条第一項の遺族補償年金前払一時金、同法附則第六十二条第一項の障害年金前払一時金若しくは同法附則第六十三条第一項の遺族年金前払一時金の支給に関する情報

ハ 当該届出を行う者に係る道府県民税に関する情報

ニ 当該届出を行う者に係る地方公務員災害補償法第二十八条の二第一項の傷病補償年金、同法第二十九条第一項の障害補償年金若しくは同法第三十一条の遺族補償年金又は同法附則第五条の三第一項の障害補償年金前払一時金若しくは同法附則第六条第一項の遺族補償年金前払一時金の支給に関する情報

四 特定障害者に対する特別障害給付金の支給に関する法律施行規則第七条第一項の現況の届出に係る事実についての審査に関する事務 次に掲げる情報

イ 当該届出を行う者に係る船員保険法第二十九条第二項の保険給付の支給に関する情報

ロ 当該届出を行う者に係る労働者災害補償保険法第十二条の八第三項の傷病補償年金、同法第十五条第一項の障害補償年金、同法第十六条の遺族補償年金、同法第二十二条の三第二項の障害年金、同法第二十二条の四第二項の遺族年金若しくは同法第二十三条第一項の傷病年金又は同法附則第五十九条第一項の障害補償年金前払一時金、同法附則第六十条第一項の遺族補償年金前払一時金、同法附則第六十二条第一項の障害年金前払一時金若しくは同法附則第六十三条第一項の遺族年金前払一時金の支給に関する情報

ハ 当該届出を行う者に係る道府県民税に関する情報

ニ 当該届出を行う者に係る地方公務員災害補償法第二十八条の二第一項の傷病補償年金、同法第二十九条第一項の障害補償年金若しくは同法第三十一条の遺族補償年金又は同法附則第五条の三第一項の障害補償年金前払一時金若しくは同法附則第六条第一項の遺族補償年金前払一時金の支給に関する情報

第五十五条 法別表第二の百八の項の主務省令で定める事務は、次の各号に掲げる事務とし、同項の主務省令で定める情報は、当該各号に掲げる事務の区分に応じ当該各号に定める情報とする。

一 障害者の日常生活及び社会生活を総合的に支援するための法律第六条の自立支援給付（自立支援医療費を除く。）の支給の申請に係る事実についての審査に関する事務 次に掲げる情報

イ 当該申請を行う障害者若しくは当該障害者と同一の世帯に属する者又は当該申請に係る障害児の保護者若しくは当該保護者と同一の世帯に属する者に係る生活保護実施関係情報

ロ 当該申請を行う障害者若しくは当該障害者と同一の世帯に属する者又は当該申請に係る障害児の保護者若しくは当該保護者と同一の世帯に属する者に係る中国残留邦人等支援給付実施関係情報

ハ 当該申請を行う障害者若しくは当該障害者の配偶者

又は当該申請に係る障害児の保護者若しくは当該保護者と同一の世帯に属する者に係る市町村民税に関する情報
ニ　当該申請を行う障害者若しくは当該障害者と同一の世帯に属する者又は当該申請に係る障害児の保護者若しくは当該保護者と同一の世帯に属する者に係る住民票に記載された住民票関係情報
二　障害者の日常生活及び社会生活を総合的に支援するための法律第二十四条第二項の支給決定の変更に関する事務　次に掲げる情報
イ　当該変更に係る障害者若しくは当該障害者と同一の世帯に属する者又は障害児の保護者若しくは当該保護者と同一の世帯に属する者に係る生活保護実施関係情報
ロ　当該変更に係る障害者若しくは当該障害者と同一の世帯に属する者又は障害児の保護者若しくは当該保護者と同一の世帯に属する者に係る中国残留邦人等支援給付実施関係情報
ハ　当該変更に係る障害者若しくは当該障害者と同一の世帯に属する者又は障害児の保護者若しくは当該保護者と同一の世帯に属する者に係る住民票に記載された住民票関係情報
三　障害者の日常生活及び社会生活を総合的に支援するための法律第五十三条第一項の支給認定の申請に係る事実についての審査に関する事務　次に掲げる情報
イ　当該申請を行う障害者若しくは当該障害者と同一の世帯に属する者又は当該申請に係る障害児の保護者若しくは当該保護者と同一の世帯に属する者に係る生活保護実施関係情報
ロ　当該申請を行う障害者若しくは当該障害者と同一の世帯に属する者又は当該申請に係る障害児の保護者若しくは当該保護者と同一の世帯に属する者に係る中国残留邦人等支援給付実施関係情報
ハ　当該申請を行う障害者又は当該申請に係る障害児の保護者若しくは支給認定基準世帯員（障害者の日常生活及び社会生活を総合的に支援するための法律施行令（平成十八年政令第十号）第二十九条第一項の支給認定基準世帯員をいう。次号ハにおいて同じ。）に係る市町村民税に関する情報
ニ　当該申請を行う障害者若しくは当該障害者と同一の世帯に属する者又は当該申請に係る障害児の保護者若しくは当該保護者と同一の世帯に属する者若しくは当該障害児に係る住民票に記載された住民票関係情報
四　障害者の日常生活及び社会生活を総合的に支援するための法律第五十六条第二項の支給認定の変更に関する事務　次に掲げる情報

イ　当該変更に係る障害者若しくは当該障害者と同一の世帯に属する者又は障害児の保護者若しくは当該保護者と同一の世帯に属する者に係る生活保護実施関係情報
ロ　当該変更に係る障害者若しくは当該障害者と同一の世帯に属する者又は障害児の保護者若しくは当該保護者と同一の世帯に属する者に係る中国残留邦人等支援給付実施関係情報
ハ　当該変更に係る障害者、障害児の保護者又は支給認定基準世帯員に係る市町村民税に関する情報
ニ　当該変更に係る障害者若しくは当該障害者と同一の世帯に属する者又は障害児の保護者若しくは当該保護者と同一の世帯に属する者に係る住民票に記載された住民票関係情報

第五十六条　法別表第二の百十一の項の主務省令で定める事務は、厚生年金保険の保険給付及び国民年金の給付に係る時効の特例等に関する法律施行規則（平成十九年厚生労働省令第九十四号）第一条第一項又は第二項の施行前裁定特例給付の支給に係る書類に係る事実についての審査に関する事務とし、同表の百十一の項の主務省令で定める情報は、当該書類を提出する者又は死亡した当該書類の提出に係る施行前裁定特例給付の支給を受けるべき者に係る住民票に記載された住民票関係情報とする。

第五十七条　法別表第二の百十二の項の主務省令で定める事務は、厚生年金保険の保険給付及び国民年金の給付の支払の遅延に係る加算金の支給に関する法律（平成二十一年法律第三十七号）附則第二条第一項において読み替えて準用する同法第二条ただし書若しくは第三条ただし書若しくは附則第二条第三項若しくは第三条第一項の保険給付遅延特別加算金又は給付遅延特別加算金の支給の請求に係る事実についての審査に関する事務とし、同表の百十二の項の主務省令で定める情報は、当該請求を行う者又は死亡した当該請求に係る保険給付遅延特別加算金若しくは給付遅延特別加算金の支給を受けるべき者に係る住民票に記載された住民票関係情報とする。

第五十八条　法別表第二の百十三の項の主務省令で定める事務は、次の各号に掲げる事務とし、同項の主務省令で定める情報は、当該各号に掲げる事務の区分に応じ当該各号に定める情報とする。
一　高等学校等就学支援金の支給に関する法律（平成二十二年法律第十八号）第四条の高等学校等就学支援金（同法第三条第一項の高等学校等就学支援金をいう。ハ及び次号ハにおいて「就学支援金」という。）の受給資格の認定の申請に係る事実についての審査に関する事務　次に掲げる情報
イ　当該申請を行う者の保護者等（高等学校等就学支援

金の支給に関する法律施行令（平成二十二年政令第百十二号）第一条第二項の保護者等をいう。以下この条において同じ。）に係る市町村民税に関する情報

ロ　当該申請を行う者又は当該者の保護者等に係る住民票に記載された住民票関係情報

ハ　当該申請を行う者に係る就学支援金の支給に関する情報

二　高等学校等就学支援金の支給に関する法律第十七条の収入の状況の届出に係る事実についての審査に関する事務　次に掲げる情報

イ　当該届出を行う者の保護者等に係る市町村民税に関する情報

ロ　当該届出を行う者又は当該者の保護者等に係る住民票に記載された住民票関係情報

ハ　当該届出を行う者に係る就学支援金の支給に関する情報

第五十九条　法別表第二の百十四の項の主務省令で定める事務は、職業訓練の実施等による特定求職者の就職の支援に関する法律第七条第一項の職業訓練受講給付金の支給の申請に係る事実についての審査に関する事務とし、同表の百十四の項の主務省令で定める情報は、次に掲げる情報とする。

一　当該申請を行う者若しくは当該者と同居の若しくは生計を一にする別居の配偶者、子及び父母に係る道府県民税又は市町村民税に関する情報

二　当該申請を行う者又は当該者と同居の若しくは生計を一にする別居の配偶者、子及び父母に係る住民票に記載された住民票関係情報

第六十条　この命令に定めるもののほか、法第二十二条第一項の規定により提供すべき情報の属する年度その他の法別表第二の主務省令で定める事務及び情報の範囲に関し必要な事項は、内閣総理大臣及び総務大臣が定めるものとする。

附　則

この命令は、法附則第一条第五号に掲げる規定の施行の日から施行する。

電子署名等に係る地方公共団体情報システム機構の認証業務に関する法律

（平成14年法律第153号）

5

電子署名等に係る地方公共団体情報システム機構の認証業務に関する法律

（平成十四年法律第百五十三号）

※行政手続における特定の個人を識別するための番号の利用等に関する法律の施行に伴う関係法律の整備等に関する法律（平成二十五年法律第二十八号）第三十一条による改正後。傍線は改正部分。

目次

第一章　総則（第一条・第二条）
第二章　認証業務
第一節　署名認証業務
第一款　署名用電子証明書（第三条―第十六条）
第二款　署名検証者等に対する署名用電子証明書失効情報等の提供（第十七条―第二十一条）
第二節　利用者証明認証業務
第一款　利用者証明用電子証明書（第二十二条―第三十五条）
第二款　利用者証明検証者に対する利用者証明用電子証明書失効情報等の提供（第三十六条―第三十八条）
第三節　認証事務管理規程等（第三十九条―第四十三条）
第三章　認証業務情報等の保護（第四十四条―第六十四条）
第四章　雑則（第六十五条―第七十二条）
第五章　罰則（第七十三条―第七十九条）
附則

第一章　総則

（目的）

第一条　この法律は、電子署名及び電子利用者証明に係る地方公共団体情報システム機構（以下「機構」という。）の認証業務に関する制度その他必要な事項を定めることにより、電子署名及び電子利用者証明の円滑な利用の促進を図り、もって住民の利便性の向上並びに国及び地方公共団体の行政運営の簡素化及び効率化に資することを目的とする。

（定義）

第二条　この法律において「電子署名」とは、電子署名及び認証業務に関する法律（平成十二年法律第百二号）第二条第一項に規定する電子署名であって、総務省令で定める基準に適合するものをいう。

2　この法律において「電子利用者証明」とは、電気通信回線に接続している電子計算機を利用しようとする者がその利用の際に行う措置で、当該措置を行った者が機構が当該措置を行うことができるとした者と同一の者であることを証明するものであって、総務省令で定める基準に適合するものをいう。

3　この法律において「認証業務」とは、署名認証業務及び利用者証明認証業務をいう。

4　この法律において「署名認証業務」とは、自らが行う電子署名についてその業務を利用する者（以下「署名利用者」という。）、第十七条第四項に規定する署名検証者又は同条第六項に規定する団体署名検証者の求めに応じて行う署名利用者検証符号（当該署名利用者が電子署名を行うために用いる符号（以下「署名利用者符号」という。）と総務省令で定めるところにより対応する符号であって、当該電子署名が当該署名利用者符号を

5　電子署名等に係る地方公共団体情報システム機構の認証業務に関する法律（平成14年法律第153号）

用いて行われたものであることを確認するために用いられるものをいう。以下同じ。）が当該署名利用者のものであることの証明に関する業務をいう。

5　この法律において「利用者証明認証業務」とは、自らが行う電子利用者証明についてその業務を利用する者（以下「利用者証明利用者」という。）又は第三十六条第二項に規定する利用者証明検証者の求めに応じて行う利用者証明利用者検証符号（当該利用者証明利用者が電子利用者証明を行うために用いる符号（以下「利用者証明利用者符号」という。）と総務省令で定めるところにより対応する符号であって、当該電子利用者証明が当該利用者証明利用者符号を用いて行われたものであることを確認するために用いられるものをいう。以下同じ。）が当該利用者証明利用者のものであることの証明に関する業務をいう。

第二章　認証業務

第一節　署名認証業務

第一款　署名用電子証明書

（署名用電子証明書の発行）

第三条　住民基本台帳に記録されている者は、その者が記録されている住民基本台帳を備える市町村（特別区を含む。以下同じ。）の市町村長（特別区の区長を含む。以下同じ。）を経由して、機構に対し、自己に係る署名用電子証明書（署名利用者検証符号が当該署名利用者のものであることを証明するために作成される電磁的記録（電子的方式、磁気的方式その他人の知覚によっては認識することができない方式で作られる記録であって、電子計算機による情報処理の用に供されるものをいう。以下同じ。）をいう。以下同じ。）の発行の申請をすることができる。

2　前項の申請をしようとする者（以下この条において「申請者」という。）は、その者が記録されている住民基本台帳を備える市町村の市町村長（以下「住所地市町村長」という。）に対し、政令で定めるところにより、当該申請者に係る住民票に記載されている事項のうち住民基本台帳法（昭和四十二年法律第八十一号）第七条第一号から第三号まで及び第七号に掲げる事項（同号に掲げる事項については、住所とする。）を記載した申請書（以下この条において「申請書」という。）を提出しなければならない。

3　住所地市町村長は、前項の規定により申請書の提出を受けたときは、申請者が当該市町村の備える住民基本台帳に記録されている者であることの確認（以下この条において「署名利用者確認」という。）をするものとし、署名利用者確認のため、総務省令で定めるところにより、これを証明する書類の提示又は提出を申請者に求めることができる。

4　住所地市町村長は、前項の規定により署名利用者確認をしたときは、総務省令で定めるところにより、当該申請者の署名利用者符号及びこれと対応する署名利用者検証符号を作成し、これらを当該申請者の個人番号カード（行政手続における特定の個人を識別するための番号の利用等に関する法律（平成二十五年法律第二十七号）第二条第七項に規定する個人番号カードをいう。第二十二条第四項において同じ。）その他の総務省令で定める電磁的記録媒体（電磁的記録に係る記録媒体をいう。以下同じ。）に記録するものとする。

5　住所地市町村長は、前項の規定による記録をしたときは、総務省令で定めるところにより、当該申請者に係る申請書の内容及び署名利用者検証符号を機構に通知するものとする。

6　前項の規定による通知を受けた機構は、総務省令で定めるところにより、機構が電子署名を行った当該申請に係る署名用電子証明書を発行し、これを住所地市町村長に通知するものとする。

7　前項の規定による通知を受けた住所地市町村長は、総務省令で定めるところにより、当該通知に係る署名用電子証明書を第四項の電磁的記録媒体に記録して申請者に提供するものとする。

8　第五項の規定による申請書の内容及び署名利用者検証符号の通知並びに第六項の規定による署名用電子証明書の通知は、総務省令で定めるところにより、住所地市町村長又は機構の使用に係る電子計算機から電気通信回線を通じて相手方である機構又は住所地市町村長の使用に係る電子計算機に送信することによって行うものとする。

（署名利用者符号の適切な管理）

第四条　署名利用者は、総務省令で定めるところにより、当該署名利用者の署名利用者符号の漏えい、滅失及び毀損の防止その他署名利用者符号の適切な管理を行わなければならない。

（署名用電子証明書の有効期間）

第五条　署名用電子証明書の有効期間は、総務省令で定める。

（署名用電子証明書の二重発行の禁止）

第六条　署名利用者は、当該署名利用者に係る署名用電子証明書が第十五条第一項の規定により効力を失わない限り、重ねて署名用電子証明書の発行を受けることができない。

（署名用電子証明書の記録事項）

第七条　署名用電子証明書には、次に掲げる事項を記録するものとする。

一　署名用電子証明書の発行の番号、発行年月日及び有効期間の満了する日

二　署名利用者検証符号及び当該署名利用者検証符号に関する事項で総務省令で定めるもの

三　署名利用者に係る住民票に記載されている事項のうち住民基本台帳法第七条第一号から第三号まで及び第七号に掲げる事項（同号に掲げる事項については、住所とする。）

四　その他総務省令で定める事項

（署名用電子証明書発行記録の記録）

第八条　機構は、署名用電子証明書を発行したときは、総務省令で定めるところにより、当該署名用電子証明書（当該署名用電子証明書について機構が行った電子署名に係る電磁的記録を含む。）及び当該署名用電子証明書の発行を受けた署名利用者に係る住民票に記載されている住民基本台帳法第七条第十三号に規定する住民票コード（以下「署名用電子証明書発行記録」という。）を電磁的記録媒体に記録し、これを発行した日から政令で定める期間保存しなければならない。

（署名用電子証明書の失効を求める旨の申請）

第九条　署名利用者は、機構に対し、当該署名利用者に係る署名用電子証明書の失効を求める旨の申請をすることができる。

2　第三条第二項、第三項、第五項及び第八項の規定は、前項の申請について準用する。この場合において、同条第五項中「前項の規定による記録をしたときは、総務省令で定めるところにより」とあるのは「総務省令で定めるところにより」と、「申請書の内容及び署名利用者検証符号」とあるのは「申請書の内容」と、同条第八項中「申請書の内容及び署名利用者検証符号の通知並びに第六項の規定による署名用電子証明書」とあるの

は「申請書の内容」と、「住所地市町村長又は機構」とあるのは「住所地市町村長」と、「機構又は住所地市町村長」とあるのは「機構」と読み替えるものとする。

3　署名利用者は、前項において準用する第三条第二項、第三項、第五項及び第八項の規定によるほか、総務省令で定めるところにより、当該署名利用者の使用に係る電子計算機から電気通信回線を通じて機構の使用に係る電子計算機に送信することにより第一項の申請をすることができる。この場合においては、当該署名利用者は、当該署名利用者の署名利用者符号を用いて、当該申請に電子署名を行わなければならない。

4　第一項の申請については、行政手続等における情報通信の技術の利用に関する法律（平成十四年法律第百五十一号）第三条の規定は、適用しない。

（署名利用者符号の漏えい等があった旨の届出）

第十条　署名利用者は、当該署名利用者の署名利用者符号が漏えいし、滅失し、若しくは毀損したとき、又は当該署名利用者符号を記録した第三条第四項の電磁的記録媒体が使用できなくなったときは、住所地市町村長を経由して、速やかに機構にその旨の届出をしなければならない。

2　第三条第二項、第三項、第五項及び第八項の規定は、前項の届出について準用する。この場合において、同条第二項中「申請者」とあるのは「届出者」と、「申請書」とあるのは「届出書」と、同条第三項中「申請書」とあるのは「届出書」と、「申請者」とあるのは「届出者」と、同条第五項中「前項の規定による記録をしたときは、総務省令で定めるところにより」とあるのは「総務省令で定めるところにより」と、「申請者」とあるのは「届出者」と、「申請書の内容及び署名利用者検証符号」とあるのは「届出書の内容」と、同条第八項中「申請書の内容及び署名利用者検証符号の通知並びに第六項の規定による署名用電子証明書」とあるのは「届出書の内容」と、「住所地市町村長又は機構」とあるのは「住所地市町村長」と、「機構又は住所地市町村長」とあるのは「機構」と読み替えるものとする。

（署名用電子証明書失効申請等情報の記録）

第十一条　第九条第一項の申請又は前条第一項の届出を受けた機構は、直ちに、当該申請又は届出に係る署名用電子証明書の発行の番号、第九条第一項の申請があった旨又は前条第一項の届出があった旨及びこれらの事項をこの条の規定により記録する年月日（以下「署名用電子証明書失効申請等情報」という。）を、総務省令で定めるところにより、電磁的記録媒体に記録し、これを当該記録をした日から政令で定める期間保存しなければならない。

（署名利用者異動等失効情報の記録）

第十二条　機構は、住民基本台帳法第三十条の九に規定する機構保存本人確認情報（第三十一条において「機構保存本人確認情報」という。）によって署名利用者が次に掲げる事由のいずれかに該当することを知ったときは、直ちに、当該署名利用者に発行した署名用電子証明書の発行の番号、当該事由に該当した旨及びこれらの事項をこの条の規定により記録する年月日（以下「署名利用者異動等失効情報」という。）を、総務省令で定めるところにより、電磁的記録媒体に記録し、これを当該記録をした日から政令で定める期間保存しなければならない。

一　当該署名利用者に係る住民票に記載されている事項のうち住民基本台帳法第七条第一号から第三号まで及び第七号に掲げる事項（同号に掲げる事項については、住所とする。）の全部又は一部について記載の修正（総務省令で定める軽微な修正を除く。）があったこと。

二　当該署名利用者に係る住民票が消除されたこと。

（署名用電子証明書記録誤り等に係る情報の記録）

第十三条　機構は、前条に定めるもののほか、署名用電子証明書に記録された事項について、当該署名用電子証明書の発行を受けた署名利用者に係る住民票に記載されている事項と異なるものがあることその他の記録誤り又は記録漏れ（以下「署名用電子証明書記録誤り等」という。）があることを知ったときは、直ちに、当該署名用電子証明書記録誤り等があった署名用電子証明書の発行の番号、署名用電子証明書記録誤り等があった旨及びこれらの事項をこの条の規定により記録する年月日（以下「署名用電子証明書記録誤り等に係る情報」という。）を、総務省令で定めるところにより、電磁的記録媒体に記録し、これを当該記録をした日から政令で定める期間保存しなければならない。

（署名用電子証明書発行者署名符号の漏えい等に係る情報の記録）

第十四条　機構は、署名用電子証明書に係る署名用電子証明書発行者署名符号（機構が署名用電子証明書について電子署名を行うために用いた符号をいう。以下この条において同じ。）が漏えいし、滅失し、又は毀損したこと（以下この条において「署名用電子証明書発行者署名符号の漏えい等」という。）を知ったときは、直ちに、当該署名用電子証明書発行者署名符号を用いて電子署名を行った署名用電子証明書の発行の番号、署名用電子証明書発行者署名符号の漏えい等があった旨及びこれらの事項をこの条の規定により記録する年月日（以下「署名用電子証明書発行者署名符号の漏えい等に係る情報」という。）を、総務省令で定めるところにより、電磁的記録媒体に記録し、これを当該記録をした日から政令で定める期間保存しなければならない。

（署名用電子証明書の失効）

第十五条　署名用電子証明書は、次の各号のいずれかに該当するときは、その効力を失う。

一　機構が第十一条の規定により署名用電子証明書失効申請等情報を記録したとき。

二　機構が第十二条の規定により署名利用者異動等失効情報を記録したとき。

三　機構が第十三条の規定により署名用電子証明書記録誤り等に係る情報を記録したとき。

四　機構が前条の規定により署名用電子証明書発行者署名符号の漏えい等に係る情報を記録したとき。

五　署名用電子証明書の有効期間が満了したとき。

2　機構は、前項第三号の規定により署名用電子証明書の効力が失われたときは、署名用電子証明書記録誤り等があった署名用電子証明書の発行を受けた署名利用者に対し、速やかに当該署名用電子証明書に署名用電子証明書記録誤り等があった旨及び当該署名用電子証明書の効力が失われた旨を通知しなければならない。

3　機構は、第一項第四号の規定により署名用電子証明書の効力が失われたときは、総務省令で定めるところにより、遅滞なくその旨を公表しなければならない。

（署名用電子証明書失効情報ファイルの作成等）

第十六条　機構は、総務省令で定めるところにより、署名用電子証明書失効情報ファイル（一定の時点において保存されている署名用電子証明書失効情報（第十一条の規定により保存する署名用電子証明書失効申請等情報、第十二条の規定により保存する署名利用者異動等失効情報、第十三条の規定により保存する署名用電子証明書記録誤り等に係る情報及び第十四条の規定により保存する署名用電子証明書発行者署名符号の漏えい等に係る情報をいう。以下同じ。）の集合物であって、それらの署名用電子証明書失効情報を電子計算機を用いて検索することができるように体系的に構成したものをいう。以下同じ。）を定期的に作成し、これを作成した日から政令で定める期間保存しなければならない。

第二款　署名検証者等に対する署名用電子証明書失効情報等の提供

（署名検証者等に係る届出等）

第十七条　次に掲げる者は、署名利用者から通知された電子署名が行われた情報について当該署名利用者が当該電子署名を行ったことを確認するため、機構に対して次条第一項の規定による同項に規定する保存期間に係る署名用電子証明書失効情報の提供及び同条第二項の規定による同項に規定する保存期間に係る署名用電子証明書失効情報ファイルの提供を求めようとする場合には、あらかじめ、機構に対し、総務省令で定めるところにより、これらの提供を求める旨の届出をしなければならない。

一　行政機関等（行政手続等における情報通信の技術の利用に関する法律第二条第二号に規定する行政機関等をいう。以下同じ。）

二　裁判所

三　行政機関等に対する申請、届出その他の手続に随伴して必要となる事項につき、電磁的方式により提供を受け、行政機関等に対し自らこれを提供し、又はその照会に応じて回答する業務を行う者として行政庁が法律の規定に基づき指定し、登録し、認定し、又は承認した者

四　電子署名及び認証業務に関する法律第八条に規定する認定認証事業者

五　電子署名及び認証業務に関する法律第二条第三項に規定する特定認証業務を行う者であって政令で定める基準に適合するものとして総務大臣が認定する者

六　前各号に掲げる者以外の者であって、署名利用者から通知された電子署名が行われた情報について当該署名利用者が当該電子署名を行ったこと又は利用者証明利用者が行った電子利用者証明について当該利用者証明利用者が当該電子利用者証明を行ったことの確認を政令で定める基準に適合して行うことができるものとして総務大臣が認定するもの

2　前項第五号又は第六号の認定（次項において「認定」という。）は、一年を下らない政令で定める期間ごとにその更新を受けなければ、その期間の経過によって、その効力を失う。

3　総務大臣は、次の各号のいずれかに該当するときは、認定を取り消すことができる。

一　認定を受けた者が第一項第五号の政令で定める基準に適合しなくなったとき又は同項第六号に規定する確認を同号の政令で定める基準に適合して行うことができなくなったと認められるとき。

二　認定を受けた者が第十九条、第五十条第一項又は第五十二条第一項若しくは第二項の規定に違反したとき。

三　認定を受けた者が第三十八条、第五十一条第一項又は第五十三条の規定に違反したとき。

四　認定を受けた者から第五十条第一項に規定する受領した署

5　電子署名等に係る地方公共団体情報システム機構の認証業務に関する法律（平成14年法律第153号）

名用電子証明書失効情報等の電子計算機処理等（電子計算機処理（電子計算機を使用して行われる情報の入力、蓄積、編集、加工、修正、更新、検索、消去、出力又はこれらに類する処理をいう。）又は情報の入力のための準備作業若しくは電磁的記録媒体の保管をいう。以下同じ。）の委託（二以上の段階にわたる委託を含む。）を受けた者が同条第二項において準用する同条第一項の規定に違反したとき。

五　認定を受けた者から第五十一条第一項に規定する受領した利用者証明用電子証明書失効情報等の電子計算機処理等の委託（二以上の段階にわたる委託を含む。）を受けた者が同条第二項において準用する同条第一項の規定に違反したとき。

六　認定を受けた者若しくはその役員若しくは職員又はこれらの者であった者が第五十四条第一項の規定に違反したとき。

七　認定を受けた者若しくはその役員若しくは職員又はこれらの者であった者が第五十五条第一項の規定に違反したとき。

八　認定を受けた者から第五十条第一項に規定する受領した署名用電子証明書失効情報等の電子計算機処理等の委託（二以上の段階にわたる委託を含む。）を受けた者若しくはその役員若しくは職員又はこれらの者であった者が第五十四条第二項の規定に違反したとき。

九　認定を受けた者から第五十一条第一項に規定する受領した利用者証明用電子証明書失効情報等の電子計算機処理等の委託（二以上の段階にわたる委託を含む。）を受けた者若しくはその役員若しくは職員又はこれらの者であった者が第五十五条第二項の規定に違反したとき。

十　認定を受けた者の委託（二以上の段階にわたる委託を含む。）を受けて行う第五十条第一項に規定する受領した署名用電子証明書失効情報等の電子計算機処理等に関する事務に従事している者又は従事していた者が第五十六条第一項の規定に違反したとき。

十一　認定を受けた者の委託（二以上の段階にわたる委託を含む。）を受けて行う第五十一条第一項に規定する受領した利用者証明用電子証明書失効情報等の電子計算機処理等に関する事務に従事している者又は従事していた者が第五十七条の規定に違反したとき。

4　第一項の届出を受けた機構及び当該届出をした者（以下「署名検証者」という。）は、機構が次条第一項及び第二項の規定により提供を行う情報の範囲その他当該提供を行うに当たって合意しておくべきものとして総務省令で定める事項について、あらかじめ、取決めを締結しなければならない。

5　次に掲げる団体又は機関は、当該団体又は機関に所属する者で政令で定めるものに対して第二十条第一項の規定による回答をするため、機構に対して次条第一項の規定による同項に規定する保存期間に係る署名用電子証明書失効情報の提供及び同条第二項の規定による同項に規定する保存期間に係る署名用電子証明書失効情報ファイルの提供を求めようとする場合（第一号に掲げる団体にあっては当該団体に所属する者が法律の規定に基づき他人の依頼を受けて行政機関等及び裁判所に対する申請、届出その他の手続を行う場合に、第二号に掲げる団体又は機関にあっては当該団体又は機関に所属する者が行政機関等及び裁判所に対する申請、届出その他の手続に必要な電磁的記録を提供する場合に限る。）には、あらかじめ、機構に対し、総務省令で定めるところにより、これらの提供を求める旨及び第二十条第一項の規定による回答を受ける者（以下「署名確認者」という。）の範囲の届出をしなければならない。

一　法律の規定に基づき他人の依頼を受けて行政機関等及び裁判所に対する申請、届出その他の手続を行う者が所属する団体で政令で定めるもの

二　行政機関等及び裁判所に対する申請、届出その他の手続に必要な電磁的記録を提供する者が所属する団体又は機関で政令で定めるもの

6　第四項の規定は、前項の届出を受けた機構及び当該届出をした者（以下「団体署名検証者」という。）について準用する。

（署名検証者等に対する署名用電子証明書失効情報の提供等）

第十八条　機構は、次条第一項又は第二十条第一項の規定による確認をしようとする署名検証者又は団体署名検証者（以下「署名検証者等」という。）の求めがあったときは、政令で定めるところにより、速やかに、保存期間に係る署名用電子証明書失効情報（第十一条から第十四条までの規定による保存期間が経過していない署名用電子証明書失効情報をいう。以下同じ。）の提供を行うものとする。

2　機構は、署名検証者等の求めに応じ、政令で定めるところにより、保存期間に係る署名用電子証明書失効情報ファイル（第十六条の規定による保存期間が経過していない署名用電子証明書失効情報ファイルをいう。以下同じ。）の提供を行うことができる。

3　機構は、署名検証者が第三十六条第二項に規定する利用者証明検証者である場合において、当該署名検証者の求めがあったときは、政令で定めるところにより、速やかに、次の各号に掲げる場合の区分に応じ、それぞれ当該各号に定める事項（以下「対応証明書の発行の番号」という。）を提供するものとする。

一　利用者証明利用者について当該利用者証明利用者に係る署名用電子証明書の発行の番号の求めがあったとき　第五条の規定による有効期間が経過していない当該利用者証明利用者に係る署名用電子証明書の発行の番号

二　署名利用者について当該署名利用者に係る第二十二条第一項に規定する利用者証明用電子証明書の発行の番号の求めがあったとき　第二十四条の規定による有効期間が経過していない当該署名利用者に係る同項に規定する利用者証明用電子証明書の発行の番号

4　機構は、次の各号のいずれかに該当し、又は該当するおそれがあると認めるときは、署名検証者等に対する前三項の規定による保存期間に係る署名用電子証明書失効情報、保存期間に係る署名用電子証明書失効情報ファイル又は対応証明書の発行の番号の提供を停止することができる。

一　署名検証者等が次条、第二十条第一項若しくは第三項、第五十条第一項又は第五十二条第一項から第三項までの規定に違反したとき。

二　署名検証者等から第五十条第一項に規定する受領した署名用電子証明書失効情報等の電子計算機処理等の委託（二以上の段階にわたる委託を含む。）を受けた者が同条第二項において準用する同条第一項の規定に違反したとき。

三　署名検証者等若しくはその役員若しくは職員又はこれらの者であった者が第五十四条第一項の規定に違反したとき。

四　署名検証者等から第五十条第一項に規定する受領した署名用電子証明書失効情報等の電子計算機処理等の委託（二以上の段階にわたる委託を含む。）を受けた者若しくはその役員若しくは職員又はこれらの者であった者が第五十四条第二項の規定に違反したとき。

五　署名検証者等の委託（二以上の段階にわたる委託を含む。）を受けて行う第五十条第一項に規定する受領した署名用電子証明書失効情報等の電子計算機処理等に関する事務に従事している者又は従事していた者が第五十六条第一項の規定に違反したとき。

六　署名検証者等が第三十六条第二項に規定する利用者証明検

証者である場合において、第三十七条第三項の規定により同条第一項に規定する保存期間に係る利用者証明用電子証明書失効情報又は同条第二項に規定する保存期間に係る利用者証明用電子証明書失効情報ファイルの提供を停止されたとき。

5　機構は、次の各号のいずれかに該当し、又は該当するおそれがある場合において、特に必要があると認めるときは、団体署名検証者に対する第一項又は第二項の規定による保存期間に係る署名用電子証明書失効情報又は保存期間に係る署名用電子証明書失効情報ファイルの提供を停止することができる。

一　署名確認者が第二十一条、第五十条第三項又は第五十二条第四項の規定に違反したとき。

二　署名確認者から第五十条第三項に規定する受領した回答の電子計算機処理等の委託（二以上の段階にわたる委託を含む。）を受けた者が同条第四項において準用する同条第三項の規定に違反したとき。

三　署名確認者若しくはその役員若しくは職員又はこれらの者であった者が第五十四条第三項において準用する同条第一項の規定に違反したとき。

四　署名確認者から第五十条第三項に規定する受領した回答の電子計算機処理等の委託（二以上の段階にわたる委託を含む。）を受けた者若しくはその役員若しくは職員又はこれらの者であった者が第五十四条第三項において準用する同条第二項の規定に違反したとき。

五　署名確認者の委託（二以上の段階にわたる委託を含む。）を受けて行う第五十条第三項に規定する受領した回答の電子計算機処理等に関する事務に従事している者又は従事していた者が第五十六条第二項において準用する同条第一項の規定に違反したとき。

（署名検証者の義務）

第十九条　署名検証者は、署名利用者から当該署名利用者の署名利用者符号を用いて電子署名が行われた情報及び署名用電子証明書の通知を受理したときは、当該署名用電子証明書が第十五条第一項の規定により効力を失っていないこと及び当該署名用電子証明書に記録された署名利用者検証符号に対応する署名利用者符号を用いて当該電子署名が行われたことを確認しなければならない。

2　署名検証者は、署名利用者から通知された署名用電子証明書に記録された署名利用者検証符号を、当該署名用電子証明書とともに通知された情報について行われている電子署名が当該署名利用者検証符号に対応する署名利用者符号を用いて行われていることの確認以外の目的に利用してはならない。

（団体署名検証者の義務）

第二十条　団体署名検証者は、次条第一項の規定による確認をしようとする署名確認者の求めがあったときは、第十八条第一項又は第二項の規定により提供を受けた保存期間に係る署名用電子証明書失効情報又は保存期間に係る署名用電子証明書失効情報ファイルを基に当該求めに係る署名用電子証明書が第十五条第一項の規定により効力を失っていないことを確認し、政令で定めるところにより、速やかに、当該確認の結果について回答しなければならない。

2　前項の規定にかかわらず、団体署名検証者は、第十八条第五項各号のいずれかに該当し、又は該当するおそれがあると認めるときは、前項の規定による回答をしないことができる。

3　団体署名検証者は、署名確認者から署名利用者の署名利用者符号を用いて電子署名が行われた情報及び署名用電子証明書の通知を受領したときは、当該署名用電子証明書に記録された署名利用者検証符号を、当該署名用電子証明書とともに通知された情報について行われている電子署名が当該署名利用者検証符号に対応する署名利用者符号を用いて行われていることの確認以外の目的に利用してはならない。

（署名確認者の義務）

第二十一条　署名確認者は、署名利用者から当該署名利用者の署名利用者符号を用いて電子署名が行われた情報及び署名用電子証明書の通知を受領したとき（第十七条第五項第一号に掲げる団体に所属する署名確認者にあっては法律の規定に基づき他人の依頼を受けて行政機関等及び裁判所に対する申請、届出その他の手続を行う場合に、同項第二号に掲げる団体又は機関に所属する署名確認者にあっては行政機関等及び裁判所に対する申請、届出その他の手続に必要な電磁的記録を提供する場合に限る。）は、当該署名用電子証明書が第十五条第一項の規定により効力を失っていないこと及び当該署名用電子証明書に記録された署名利用者検証符号に対応する署名利用者符号を用いて当該電子署名が行われたことを確認しなければならない。

2　署名確認者は、署名利用者から通知された署名用電子証明書に記録された署名利用者検証符号を、当該署名用電子証明書とともに通知された情報について行われている電子署名が当該署名利用者検証符号に対応する署名利用者符号を用いて行われていることの確認以外の目的に利用してはならない。

第二節　利用者証明認証業務

第一款　利用者証明用電子証明書

（利用者証明用電子証明書の発行）

第二十二条　住民基本台帳に記録されている者は、住所地市町村長を経由して、機構に対し、自己に係る利用者証明用電子証明書（利用者証明利用者検証符号が当該利用者証明利用者のものであることを証明するために作成される電磁的記録をいう。以下同じ。）の発行の申請をすることができる。

2　前項の申請をしようとする者（以下この条において「申請者」という。）は、住所地市町村長に対し、政令で定めるところにより、当該申請者に係る住民票に記載されている事項のうち住民基本台帳法第七条第一号から第三号まで及び第七号に掲げる事項（同号に掲げる事項については、住所とする。）を記載した申請書（以下この条において「申請書」という。）を提出しなければならない。

3　住所地市町村長は、前項の規定により申請書の提出を受けたときは、申請者が当該市町村の備える住民基本台帳に記録されている者であることの確認（以下この条において「利用者証明利用者確認」という。）をするものとし、利用者証明利用者確認のため、総務省令で定めるところにより、これを証明する書類の提示又は提出を申請者に求めることができる。

4　住所地市町村長は、前項の規定により利用者証明利用者確認をしたときは、総務省令で定めるところにより、当該申請者の利用者証明利用者符号及びこれと対応する利用者証明利用者検証符号を作成し、これらを当該申請者の個人番号カードその他の総務省令で定める電磁的記録媒体に記録するものとする。

5　住所地市町村長は、前項の規定による記録をしたときは、総務省令で定めるところにより、当該申請者に係る申請書の内容及び利用者証明利用者検証符号を機構に通知するものとする。

6　前項の規定による通知を受けた機構は、総務省令で定めるところにより、機構が電子署名を行った当該申請に係る利用者証明用電子証明書を発行し、これを住所地市町村長に通知するものとする。

5 電子署名等に係る地方公共団体情報システム機構の認証業務に関する法律（平成14年法律第153号）

7　前項の規定による通知を受けた住所地市町村長は、総務省令で定めるところにより、当該通知に係る利用者証明用電子証明書を第四項の電磁的記録媒体に記録して申請者に提供するものとする。

8　第五項の規定による申請書の内容及び利用者証明利用者検証符号の通知並びに第六項の規定による利用者証明用電子証明書の通知は、総務省令で定めるところにより、住所地市町村長又は機構の使用に係る電子計算機から電気通信回線を通じて相手方である機構又は住所地市町村長の使用に係る電子計算機に送信することによって行うものとする。

（利用者証明利用者符号の適切な管理）

第二十三条　利用者証明利用者は、総務省令で定めるところにより、当該利用者証明利用者の利用者証明利用者符号の漏えい、滅失及び毀損の防止その他利用者証明利用者符号の適切な管理を行わなければならない。

（利用者証明用電子証明書の有効期間）

第二十四条　利用者証明用電子証明書の有効期間は、総務省令で定める。

（利用者証明用電子証明書の二重発行の禁止）

第二十五条　利用者証明利用者は、当該利用者証明利用者に係る利用者証明用電子証明書が第三十四条第一項の規定により効力を失わない限り、重ねて利用者証明用電子証明書の発行を受けることができない。

（利用者証明用電子証明書の記録事項）

第二十六条　利用者証明用電子証明書には、次に掲げる事項を記録するものとする。

一　利用者証明用電子証明書の発行の番号、発行年月日及び有効期間の満了する日

二　利用者証明利用者検証符号及び当該利用者証明利用者検証符号に関する事項で総務省令で定めるもの

三　その他総務省令で定める事項

（利用者証明用電子証明書発行記録の記録）

第二十七条　機構は、利用者証明用電子証明書を発行したときは、総務省令で定めるところにより、当該利用者証明用電子証明書（当該利用者証明用電子証明書について機構が行った電子署名に係る電磁的記録を含む。）及び当該利用者証明用電子証明書の発行を受けた利用者証明利用者に係る住民票に記載されている住民基本台帳法第七条第十三号に規定する住民票コード（以下「利用者証明用電子証明書発行記録」という。）を電磁的記録媒体に記録し、これを発行した日から政令で定める期間保存しなければならない。

（利用者証明用電子証明書の失効を求める旨の申請）

第二十八条　利用者証明利用者は、機構に対し、当該利用者証明利用者に係る利用者証明用電子証明書の失効を求める旨の申請をすることができる。

2　第二十二条第二項、第三項、第五項及び第八項の規定は、前項の申請について準用する。この場合において、同条第五項中「前項の規定による記録をしたときは、総務省令で定めるところにより」とあるのは「総務省令で定めるところにより」と、「申請書の内容及び利用者証明利用者検証符号」とあるのは「申請書の内容」と、同条第八項中「申請書の内容及び利用者証明利用者検証符号の通知並びに第六項の規定による利用者証

明用電子証明書」とあるのは「申請書の内容」と、「住所地市町村長又は機構」とあるのは「住所地市町村長」と、「機構又は住所地市町村長」とあるのは「機構」と読み替えるものとする。

3　利用者証明利用者が署名利用者である場合においては、当該利用者証明利用者は、前項において準用する第二十二条第二項、第三項、第五項及び第八項の規定によるほか、総務省令で定めるところにより、当該利用者証明利用者の使用に係る電子計算機から電気通信回線を通じて機構の使用に係る電子計算機に送信することにより第一項の申請をすることができる。この場合においては、当該利用者証明利用者は、当該利用者証明利用者の署名利用者符号を用いて、当該申請に電子署名を行わなければならない。

4　第一項の申請については、行政手続等における情報通信の技術の利用に関する法律第三条の規定は、適用しない。

（利用者証明利用者符号の漏えい等があった旨の届出）

第二十九条　利用者証明利用者は、当該利用者証明利用者の利用者証明利用者符号が漏えいし、滅失し、若しくは毀損したとき、又は当該利用者証明利用者符号を記録した第二十二条第四項の電磁的記録媒体が使用できなくなったときは、住所地市町村長を経由して、速やかに機構にその旨の届出をしなければならない。

2　第二十二条第二項、第三項、第五項及び第八項の規定は、前項の届出について準用する。この場合において、同条第二項中「申請者」とあるのは「届出者」と、「申請書」とあるのは「届出書」と、同条第三項中「申請書」とあるのは「届出書」と、「申請者」とあるのは「届出者」と、同条第五項中「前項の規定による記録をしたときは、総務省令で定めるところにより」とあるのは「総務省令で定めるところにより」と、「申請者」とあるのは「届出者」と、「申請書の内容及び利用者証明利用者検証符号」とあるのは「届出書の内容」と、同条第八項中「申請書の内容及び利用者証明利用者検証符号の通知並びに第六項の規定による利用者証明用電子証明書」とあるのは「届出書の内容」と、「住所地市町村長又は機構」とあるのは「住所地市町村長」と、「機構又は住所地市町村長」とあるのは「機構」と読み替えるものとする。

（利用者証明用電子証明書失効申請等情報の記録）

第三十条　第二十八条第一項の申請又は前条第一項の届出を受けた機構は、直ちに、当該申請又は届出に係る利用者証明用電子証明書の発行の番号、第二十八条第一項の申請があった旨又は前条第一項の届出があった旨及びこれらの事項をこの条の規定により記録する年月日（以下「利用者証明用電子証明書失効申請等情報」という。）を、総務省令で定めるところにより、電磁的記録媒体に記録し、これを当該記録をした日から政令で定める期間保存しなければならない。

（利用者証明利用者異動等失効情報の記録）

第三十一条　機構は、機構保存本人確認情報によって利用者証明利用者が次に掲げる事由のいずれかに該当することを知ったときは、直ちに、当該利用者証明利用者に発行した利用者証明用電子証明書の発行の番号、当該事由に該当した旨及びこれらの事項をこの条の規定により記録する年月日（以下「利用者証明利用者異動等失効情報」という。）を、総務省令で定めるところにより、電磁的記録媒体に記録し、これを当該記録をした日から政令で定める期間保存しなければならない。

一　当該利用者証明利用者に係る住民票が消除されたこと（住

5 電子署名等に係る地方公共団体情報システム機構の認証業務に関する法律（平成14年法律第153号）

民基本台帳法第二十四条の規定による届出（次号において「転出届」という。）に基づき当該住民票が消除された場合を除く。）。

二　当該利用者証明利用者が転出届をした場合において、当該利用者証明利用者が住民基本台帳法第二十二条第一項の規定による届出を行うことなく、当該転出届により届け出た転出の予定年月日から三十日を経過したこと。

（利用者証明用電子証明書記録誤り等に係る情報の記録）

第三十二条　機構は、利用者証明用電子証明書に記録された事項について、当該利用者証明用電子証明書に係る記録誤り又は記録漏れ（以下「利用者証明用電子証明書記録誤り等」という。）があることを知ったときは、直ちに、当該利用者証明用電子証明書記録誤り等があった利用者証明用電子証明書の発行の番号、利用者証明用電子証明書記録誤り等があった旨及びこれらの事項をこの条の規定により記録する年月日（以下「利用者証明用電子証明書記録誤り等に係る情報」という。）を、総務省令で定めるところにより、電磁的記録媒体に記録し、これを当該記録をした日から政令で定める期間保存しなければならない。

（利用者証明用電子証明書発行者署名符号の漏えい等に係る情報の記録）

第三十三条　機構は、利用者証明用電子証明書に係る利用者証明用電子証明書発行者署名符号（機構が当該利用者証明用電子証明書について電子署名を行うために用いた符号をいう。以下この条において同じ。）が漏えいし、滅失し、又は毀損したこと（以下この条において「利用者証明用電子証明書発行者署名符号の漏えい等」という。）を知ったときは、直ちに、当該利用者証明用電子証明書発行者署名符号を用いて電子署名を行った利用者証明用電子証明書の発行の番号、利用者証明用電子証明書発行者署名符号の漏えい等があった旨及びこれらの事項をこの条の規定により記録する年月日（以下「利用者証明用電子証明書発行者署名符号の漏えい等に係る情報」という。）を、総務省令で定めるところにより、電磁的記録媒体に記録し、これを当該記録をした日から政令で定める期間保存しなければならない。

（利用者証明用電子証明書の失効）

第三十四条　利用者証明用電子証明書は、次の各号のいずれかに該当するときは、その効力を失う。

一　機構が第三十条の規定により利用者証明用電子証明書失効申請等情報を記録したとき。

二　機構が第三十一条の規定により利用者証明利用者異動等失効情報を記録したとき。

三　機構が第三十二条の規定により利用者証明用電子証明書記録誤り等に係る情報を記録したとき。

四　機構が前条の規定により利用者証明用電子証明書発行者署名符号の漏えい等に係る情報を記録したとき。

五　利用者証明用電子証明書の有効期間が満了したとき。

2　機構は、前項第三号の規定により利用者証明用電子証明書の効力が失われたときは、利用者証明用電子証明書記録誤り等があった利用者証明用電子証明書の発行を受けた利用者証明利用者に対し、速やかに当該利用者証明用電子証明書に利用者証明用電子証明書記録誤り等があった旨及び当該利用者証明用電子証明書の効力が失われた旨を通知しなければならない。

3　機構は、第一項第四号の規定により利用者証明用電子証明書の効力が失われたときは、総務省令で定めるところにより、遅滞なくその旨を公表しなければならない。

（利用者証明用電子証明書失効情報ファイルの作成等）

第三十五条　機構は、総務省令で定めるところにより、利用者証明用電子証明書失効情報ファイル（一定の時点において保存されている利用者証明用電子証明書失効情報（第三十条の規定により保存する利用者証明用電子証明書失効申請等情報、第三十一条の規定により保存する利用者証明利用者異動等失効情報、第三十二条の規定により保存する利用者証明用電子証明書記録誤り等に係る情報及び第三十三条の規定により保存する利用者証明用電子証明書発行者署名符号の漏えい等に係る情報をいう。以下同じ。）の集合物であって、それらの利用者証明用電子証明書失効情報を電子計算機を用いて検索することができるように体系的に構成したものをいう。以下同じ。）を定期的に作成し、これを作成した日から政令で定める期間保存しなければならない。

第二款　利用者証明検証者に対する利用者証明用電子証明書失効情報等の提供

（利用者証明検証者に係る届出等）

第三十六条　第十七条第一項各号に掲げる者は、利用者証明利用者が行った電子利用者証明について当該利用者証明利用者が当該電子利用者証明を行ったことを確認するため、機構に対して次条第一項の規定による同項に規定する保存期間に係る利用者証明用電子証明書失効情報の提供及び同条第二項の規定による同項に規定する保存期間に係る利用者証明用電子証明書失効情報ファイルの提供を求めようとする場合には、あらかじめ、機構に対し、総務省令で定めるところにより、これらの提供を求める旨の届出をしなければならない。

2　前項の届出を受けた機構及び当該届出をした者（以下「利用者証明検証者」という。）は、機構が次条第一項及び第二項の規定により提供を行う情報の範囲その他当該提供を行うに当たって合意しておくべきものとして総務省令で定める事項について、あらかじめ、取決めを締結しなければならない。

（利用者証明検証者に対する利用者証明用電子証明書失効情報の提供等）

第三十七条　機構は、次条第一項の規定による確認をしようとする利用者証明検証者の求めがあったときは、政令で定めるところにより、速やかに、保存期間に係る利用者証明用電子証明書失効情報（第三十条から第三十三条までの規定による保存期間が経過していない利用者証明用電子証明書失効情報をいう。以下同じ。）の提供を行うものとする。

2　機構は、利用者証明検証者の求めに応じ、政令で定めるところにより、保存期間に係る利用者証明用電子証明書失効情報ファイル（第三十五条の規定による保存期間が経過していない利用者証明用電子証明書失効情報ファイルをいう。以下同じ。）の提供を行うことができる。

3　機構は、次の各号のいずれかに該当し、又は該当するおそれがあると認めるときは、利用者証明検証者に対する前二項の規定による保存期間に係る利用者証明用電子証明書失効情報又は保存期間に係る利用者証明用電子証明書失効情報ファイルの提供を停止することができる。

一　利用者証明検証者が次条、第五十一条第一項又は第五十三条の規定に違反したとき。

二　利用者証明検証者から第五十一条第一項に規定する受領した利用者証明用電子証明書失効情報等の電子計算機処理等の委託（二以上の段階にわたる委託を含む。）を受けた者が同条第二項において準用する同条第一項の規定に違反したとき。

三　利用者証明検証者若しくはその役員若しくは職員又はこれらの者であった者が第五十五条第一項の規定に違反したとき。

四　利用者証明検証者から第五十一条第一項に規定する受領した利用者証明用電子証明書失効情報等の電子計算機処理等の委託（二以上の段階にわたる委託を含む。）を受けた者若しくはその役員若しくは職員又はこれらの者であった者が第五十五条第二項の規定に違反したとき。

五　利用者証明検証者の委託（二以上の段階にわたる委託を含む。）を受けて行う第五十一条第一項に規定する受領した利用者証明用電子証明書失効情報等の電子計算機処理等に関する事務に従事している者又は従事していた者が第五十七条の規定に違反したとき。

六　利用者証明検証者が署名検証者等である場合において、第十八条第四項の規定により保存期間に係る署名用電子証明書失効情報、保存期間に係る署名用電子証明書失効情報ファイル又は対応証明書の発行の番号の提供を停止されたとき。

（利用者証明検証者の義務）

第三十八条　利用者証明検証者は、利用者証明利用者が当該利用者証明利用者の利用者証明利用者符号を用いて行った電子利用者証明に関して利用者証明用電子証明書の通知を受理したときは、当該利用者証明用電子証明書が第三十四条第一項の規定により効力を失っていないこと及び当該利用者証明用電子証明書に記録された利用者証明利用者検証符号に対応する利用者証明利用者符号を用いて当該電子利用者証明が行われたことを確認しなければならない。

2　利用者証明検証者は、利用者証明利用者から通知された利用者証明用電子証明書に記録された利用者証明利用者検証符号を、当該利用者証明用電子証明書の通知に係る電子利用者証明が当該利用者証明利用者検証符号に対応する利用者証明利用者符号を用いて行われていることの確認以外の目的に利用してはならない。

第三節　認証事務管理規程等

（認証事務管理規程）

第三十九条　機構は、この法律の規定により機構が行う認証業務の実施に関する事務（以下「認証事務」という。）に関し総務省令で定める事項について認証事務管理規程を定め、総務大臣の認可を受けなければならない。これを変更しようとするときも、同様とする。

2　総務大臣は、前項の規定により認可をした認証事務管理規程が認証事務の適正かつ確実な実施上不適当となったと認めるときは、機構に対し、これを変更すべきことを命ずることができる。

（帳簿の備付け）

第四十条　機構は、総務省令で定めるところにより、認証事務に関する事項で総務省令で定めるものを記載した帳簿を備え、保存しなければならない。

（報告書の公表）

第四十一条　機構は、毎年少なくとも一回、第十八条第一項から第三項までの規定による保存期間に係る署名用電子証明書失効情報、保存期間に係る署名用電子証明書失効情報ファイル及び対応証明書の発行の番号の提供の状況並びに第三十七条第一項及び第二項の規定による保存期間に係る利用者証明用電子証明書失効情報及び保存期間に係る利用者証明用電子証明書失効情報ファイルの提供の状況について、総務省令で定めるところにより、報告書を作成し、これを公表するものとする。

（監督命令）

第四十二条　総務大臣は、認証事務の適正な実施を確保するため必要があると認めるときは、機構に対し、認証事務の実施に関し監督上必要な命令をすることができる。

（報告及び立入検査）

第四十三条　総務大臣は、認証事務の適正な実施を確保するため必要があると認めるときは、機構に対し、認証事務の実施の状況に関し必要な報告を求め、又はその職員に、機構の事務所に立ち入り、認証事務の実施の状況若しくは設備、帳簿、書類その他の物件を検査させ、若しくは関係者に質問させることができる。

2　前項の規定により立入検査をする職員は、その身分を示す証明書を携帯し、関係人の請求があったときは、これを提示しなければならない。

3　第一項の規定による立入検査の権限は、犯罪捜査のために認められたものと解釈してはならない。

第三章　認証業務情報等の保護

（認証業務情報の安全確保）

第四十四条　機構が署名用電子証明書発行記録、署名用電子証明書失効情報及び署名用電子証明書失効情報ファイル並びに利用者証明用電子証明書発行記録、利用者証明用電子証明書失効情報及び利用者証明用電子証明書失効情報ファイル（以下「認証業務情報」という。）の電子計算機処理等を行うに当たっては、認証業務情報の漏えい、滅失及び毀損の防止その他の当該認証業務情報の適切な管理のために必要な措置を講じなければならない。

2　前項の規定は、機構から認証業務情報の電子計算機処理等の委託（二以上の段階にわたる委託を含む。）を受けた者が受託した業務を行う場合について準用する。

（認証業務情報の利用及び提供の制限）

第四十五条　機構は、次に掲げる場合を除き、認証業務情報を利用し、又は提供してはならない。

一　第十一条から第十四条までの規定による署名用電子証明書失効情報の記録のために署名用電子証明書発行記録を利用する場合

二　第十八条第一項の規定により保存期間に係る署名用電子証明書失効情報を提供する場合

三　第十八条第二項の規定により保存期間に係る署名用電子証明書失効情報ファイルを提供する場合

四　第十八条第三項の規定による対応証明書の発行の番号の提供のために署名用電子証明書発行記録及び利用者証明用電子証明書発行記録を利用する場合

五　第三十条から第三十三条までの規定による利用者証明用電子証明書失効情報の記録のために利用者証明用電子証明書発行記録を利用する場合

六　第三十七条第一項の規定により保存期間に係る利用者証明用電子証明書失効情報を提供する場合

七　第三十七条第二項の規定により保存期間に係る利用者証明用電子証明書失効情報ファイルを提供する場合

八　認証業務情報の利用につき当該認証業務情報に係る本人が同意した事務を機構が遂行する場合

5　電子署名等に係る地方公共団体情報システム機構の認証業務に関する法律（平成14年法律第153号）

（認証業務に関する情報の適正な使用）

第四十六条　機構及び市町村長は、認証業務及びこれに附帯する業務の実施に際して知り得た情報を認証業務及びこれに附帯する業務の用に供する目的以外の目的に使用してはならない。

（機構の役職員等の秘密保持義務）

第四十七条　署名用電子証明書若しくは利用者証明用電子証明書の発行に係る電子計算機処理等に関する事務又は認証業務情報の電子計算機処理等に関する事務に従事する機構の役員若しくは職員（地方公共団体情報システム機構法（平成二十五年法律第二十九号）第二十六条第一項に規定する認証業務情報保護委員会の委員を含む。）又はこれらの職にあった者は、その事務に関して知り得た署名用電子証明書若しくは利用者証明用電子証明書の発行若しくは認証業務情報に関する秘密又は署名用電子証明書若しくは利用者証明用電子証明書の発行に係る電子計算機処理等若しくは認証業務情報の電子計算機処理等に関する秘密を漏らしてはならない。

2　機構から署名用電子証明書若しくは利用者証明用電子証明書の発行に係る電子計算機処理等若しくは認証業務情報の電子計算機処理等の委託（二以上の段階にわたる委託を含む。）を受けた者若しくはその役員若しくは職員又はこれらの者であった者は、その委託された業務に関して知り得た署名用電子証明書若しくは利用者証明用電子証明書の発行若しくは認証業務情報に関する秘密又は署名用電子証明書若しくは利用者証明用電子証明書の発行に係る電子計算機処理等若しくは認証業務情報の電子計算機処理等に関する秘密を漏らしてはならない。

（市町村の職員等の秘密保持義務）

第四十八条　署名用電子証明書又は利用者証明用電子証明書の提供に係る電子計算機処理等に関する事務に従事する市町村の職員又は職員であった者は、その事務に関して知り得た署名用電子証明書又は利用者証明用電子証明書の提供に係る電子計算機処理等に関する秘密を漏らしてはならない。

2　市町村長から署名用電子証明書若しくは利用者証明用電子証明書の提供に係る電子計算機処理等の委託（二以上の段階にわたる委託を含む。）を受けた者若しくはその役員若しくは職員又はこれらの者であった者は、その委託された業務に関して知り得た署名用電子証明書又は利用者証明用電子証明書の提供に係る電子計算機処理等に関する秘密を漏らしてはならない。

（認証業務情報等に係る電子計算機処理等の受託者等の義務）

第四十九条　機構の委託（二以上の段階にわたる委託を含む。）を受けて行う署名用電子証明書若しくは利用者証明用電子証明書の発行に係る電子計算機処理等又は認証業務情報の電子計算機処理等に関する事務に従事している者又は従事していた者は、その事務に関して知り得た事項をみだりに他人に知らせ、又は不当な目的に使用してはならない。

2　市町村長の委託（二以上の段階にわたる委託を含む。）を受けて行う署名用電子証明書又は利用者証明用電子証明書の提供に係る電子計算機処理等に関する事務に従事している者又は従事していた者は、その事務に関して知り得た事項をみだりに他人に知らせ、又は不当な目的に使用してはならない。

（署名検証者等による受領した署名用電子証明書失効情報等の安全確保等）

第五十条　第十八条第一項から第三項までの規定により保存期間に係る署名用電子証明書失効情報、保存期間に係る署名用電子証明書失効情報ファイル又は対応証明書の発行の番号の提供を受けた署名検証者等がこれらの規定により提供を受けた保存期間に係る署名用電子証明書失効情報、保存期間に係る署名用電子証明書失効情報ファイル又は対応証明書の発行の番号（以下「受領した署名用電子証明書失効情報等」という。）の電子計算機処理等を行うに当たっては、当該署名検証者等は、受領した署名用電子証明書失効情報等の漏えいの防止その他の当該受領した署名用電子証明書失効情報等の適切な管理のために必要な措置を講じなければならない。

2　前項の規定は、署名検証者等から受領した署名用電子証明書失効情報等の電子計算機処理等の委託（二以上の段階にわたる委託を含む。）を受けた者が受託した業務を行う場合について準用する。

3　第二十条第一項の規定による回答を受けた署名確認者が同項の規定により受けた回答（以下「受領した回答」という。）の電子計算機処理等を行うに当たっては、当該署名確認者は、受領した回答の漏えいの防止その他の当該受領した回答の適切な管理のために必要な措置を講じなければならない。

4　前項の規定は、署名確認者から受領した回答の電子計算機処理等の委託（二以上の段階にわたる委託を含む。）を受けた者が受託した業務を行う場合について準用する。

（利用者証明検証者による受領した利用者証明用電子証明書失効情報等の安全確保等）

第五十一条　第三十七条第一項又は第二項の規定により保存期間に係る利用者証明用電子証明書失効情報又は保存期間に係る利用者証明用電子証明書失効情報ファイルの提供を受けた利用者証明検証者がこれらの規定により提供を受けた保存期間に係る利用者証明用電子証明書失効情報又は保存期間に係る利用者証明用電子証明書失効情報ファイル（以下「受領した利用者証明用電子証明書失効情報等」という。）の電子計算機処理等を行うに当たっては、当該利用者証明検証者は、受領した利用者証明用電子証明書失効情報等の漏えいの防止その他の当該受領した利用者証明用電子証明書失効情報等の適切な管理のために必要な措置を講じなければならない。

2　前項の規定は、利用者証明検証者から受領した利用者証明用電子証明書失効情報等の電子計算機処理等の委託（二以上の段階にわたる委託を含む。）を受けた者が受託した業務を行う場合について準用する。

（署名検証者等の受領した署名用電子証明書失効情報等の利用及び提供の制限等）

第五十二条　署名検証者は、第十九条第一項の規定により署名用電子証明書が効力を失っていないことの確認をするため必要な範囲内で、第十八条第一項又は第二項の規定により提供を受けた保存期間に係る署名用電子証明書失効情報又は保存期間に係る署名用電子証明書失効情報ファイルを利用するものとし、これらの規定により提供を受けた保存期間に係る署名用電子証明書失効情報又は保存期間に係る署名用電子証明書失効情報ファイルの全部又は一部を当該確認以外の目的のために利用し、又は提供してはならない。

2　利用者証明検証者である署名検証者は、利用者証明利用者に係る署名用電子証明書の発行の番号又は署名利用者に係る利用者証明用電子証明書の発行の番号の確認をするため必要な範囲内で、第十八条第三項の規定により提供を受けた対応証明書の発行の番号を利用するものとし、当該対応証明書の発行の番号の全部又は一部を当該確認以外の目的のために利用し、又は提供してはならない。

3　団体署名検証者は、第二十条第一項の規定により署名用電子

5　電子署名等に係る地方公共団体情報システム機構の認証業務に関する法律（平成14年法律第153号）

証明書が効力を失っていないことの確認をし、当該確認の結果についての回答をするため必要な範囲内で、第十八条第一項又は第二項の規定により提供を受けた保存期間に係る署名用電子証明書失効情報又は保存期間に係る署名用電子証明書失効情報ファイルを利用するものとし、これらの規定により提供を受けた保存期間に係る署名用電子証明書失効情報ファイルの全部又は一部を当該確認及び回答以外の目的のために利用し、又は提供してはならない。

4　署名確認者は、第二十一条第一項の規定により署名用電子証明書が効力を失っていないことの確認をするため必要な範囲内で、受領した回答を利用するものとし、受領した回答の全部又は一部を当該確認以外の目的のために利用し、又は提供してはならない。

（利用者証明検証者の受領した利用者証明用電子証明書失効情報等の利用及び提供の制限）

第五十三条　利用者証明検証者は、第三十八条第一項の規定により利用者証明用電子証明書が効力を失っていないことの確認をするため必要な範囲内で、受領した利用者証明用電子証明書失効情報等を利用するものとし、受領した利用者証明用電子証明書失効情報等の全部又は一部を当該確認以外の目的のために利用し、又は提供してはならない。

（署名検証者等の職員等の秘密保持義務等）

第五十四条　受領した署名用電子証明書失効情報等の電子計算機処理等に関する事務に従事する署名検証者等若しくはその役員若しくは職員又はこれらの者であった者は、その事務に関して知り得た受領した署名用電子証明書失効情報等に関する秘密又は受領した署名用電子証明書失効情報等の電子計算機処理等に関する秘密を漏らしてはならない。

2　署名検証者等から受領した署名用電子証明書失効情報等の電子計算機処理等の委託（二以上の段階にわたる委託を含む。）を受けた者若しくはその役員若しくは職員又はこれらの者であった者は、その委託された業務に関して知り得た受領した署名用電子証明書失効情報等に関する秘密又は受領した署名用電子証明書失効情報等の電子計算機処理等に関する秘密を漏らしてはならない。

3　前二項の規定は、署名確認者について準用する。この場合において、前二項中「受領した署名用電子証明書失効情報等」とあるのは、「受領した回答」と読み替えるものとする。

（利用者証明検証者の職員等の秘密保持義務等）

第五十五条　受領した利用者証明用電子証明書失効情報等の電子計算機処理等に関する事務に従事する利用者証明検証者若しくはその役員若しくは職員又はこれらの者であった者は、その事務に関して知り得た受領した利用者証明用電子証明書失効情報等に関する秘密又は受領した利用者証明用電子証明書失効情報等の電子計算機処理等に関する秘密を漏らしてはならない。

2　利用者証明検証者から受領した利用者証明用電子証明書失効情報等の電子計算機処理等の委託（二以上の段階にわたる委託を含む。）を受けた者若しくはその役員若しくは職員又はこれらの者であった者は、その委託された業務に関して知り得た受領した利用者証明用電子証明書失効情報等に関する秘密又は受領した利用者証明用電子証明書失効情報等の電子計算機処理等に関する秘密を漏らしてはならない。

（受領した署名用電子証明書失効情報等に係る電子計算機処理

5　電子署名等に係る地方公共団体情報システム機構の認証業務に関する法律（平成14年法律第153号）

等の受託者等の義務等）

第五十六条　署名検証者等の委託（二以上の段階にわたる委託を含む。）を受けて行う受領した署名用電子証明書失効情報等の電子計算機処理等に関する事務に従事している者又は従事していた者は、その事務に関して知り得た事項をみだりに他人に知らせ、又は不当な目的に使用してはならない。

2　前項の規定は、署名確認者について準用する。この場合において、同項中「受領した署名用電子証明書失効情報等」とあるのは、「受領した回答」と読み替えるものとする。

（受領した利用者証明用電子証明書失効情報等に係る電子計算機処理等の受託者等の義務）

第五十七条　利用者証明検証者の委託（二以上の段階にわたる委託を含む。）を受けて行う受領した利用者証明用電子証明書失効情報等の電子計算機処理等に関する事務に従事している者又は従事していた者は、その事務に関して知り得た事項をみだりに他人に知らせ、又は不当な目的に使用してはならない。

（自己の認証業務情報の開示）

第五十八条　何人も、機構に対し、自己に係る認証業務情報について、政令で定める方法により、その開示（自己に係る認証業務情報が存在しないときにその旨を知らせることを含む。以下同じ。）を請求することができる。

2　機構は、前項の開示の請求があったときは、当該開示の請求をした者に対し、政令で定める方法により、当該開示の請求に係る認証業務情報について開示をしなければならない。

（開示の期限）

第五十九条　前条第二項の開示は、当該開示の請求を受けた日から起算して三十日以内にしなければならない。

2　機構は、事務処理上の困難その他正当な理由により前項に規定する期間内に開示をすることができないときは、同項に規定する期間内に、当該開示の請求をした者に対し、同項の期間内に開示をすることができない理由及び開示の期限を政令で定める方法により通知しなければならない。

（開示の手数料）

第六十条　機構は、第五十八条第一項の規定により自己に係る認証業務情報の開示の請求をする者から、機構が総務大臣の認可を受けて定める額の手数料を徴収することができる。

（自己の認証業務情報の訂正等）

第六十一条　機構は、第五十八条第二項の規定により開示を受けた者から、政令で定める方法により、当該開示に係る認証業務情報についてその内容の全部又は一部の訂正、追加又は削除（以下この条において「訂正等」という。）を求められた場合には、遅滞なく調査を行い、その結果に基づき、当該認証業務情報の内容の訂正等を行わなければならない。

2　機構は、前項の規定に基づき求められた訂正等を行ったとき、又は訂正等を行わない旨の決定をしたときは、第五十八条第二項の規定により開示を受けた者に対し、遅滞なく、その旨（訂正等を行ったときは、その内容を含む。）を政令で定める方法により通知しなければならない。

（苦情処理）

第六十二条　機構及び市町村長は、この法律の規定により機構及び市町村が処理する事務の実施に関する苦情の適切かつ迅速な処理に努めなければならない。

5　電子署名等に係る地方公共団体情報システム機構の認証業務に関する法律（平成14年法律第153号）

（署名用電子証明書又は利用者証明用電子証明書の発行の番号の利用制限等）

第六十三条　機構、署名検証者等、署名確認者又は利用者証明検証者以外の者は、何人も、業として、署名用電子証明書の発行の番号又は利用者証明用電子証明書の発行の番号の記録されたデータベース（自己以外の者に係る署名用電子証明書の発行の番号又は利用者証明用電子証明書の発行の番号を含む当該自己以外の者に関する情報の集合物であって、それらの情報を電子計算機を用いて検索することができるように体系的に構成したものをいう。以下この項において同じ。）であって、当該データベースに記録された情報が他に提供されることが予定されているものを構成してはならない。

2　総務大臣は、前項の規定に違反する行為が行われた場合において、当該行為をした者が更に反復して同項の規定に違反する行為をするおそれがあると認めるときは、当該行為をした者に対し、当該行為を中止することを勧告し、又は当該行為が中止されることを確保するために必要な措置を講ずることを勧告することができる。

3　総務大臣は、前項の規定による勧告を受けた者がその勧告に従わないときは、その者に対し、期限を定めて、当該勧告に従うべきことを命ずることができる。

（報告及び検査）

第六十四条　総務大臣は、前条第二項又は第三項の規定による措置に関し必要があると認めるときは、その必要と認められる範囲内において、同条第一項の規定に違反していると認めるに足りる相当の理由がある者に対し、必要な事項に関し報告を求め、又はその職員に、同項の規定に違反していると認めるに足りる相当の理由がある者の事務所若しくは事業所に立ち入り、帳簿、書類その他の物件を検査させることができる。

2　前項の規定により立入検査をする職員は、その身分を示す証明書を携帯し、関係人の請求があったときは、これを提示しなければならない。

3　第一項の規定による立入検査の権限は、犯罪捜査のために認められたものと解釈してはならない。

第四章　雑則

（総務大臣の援助等）

第六十五条　総務大臣は、機構の認証業務に係る技術の評価に関する調査及び研究を行うとともに、機構及び市町村並びに署名利用者及び利用者証明利用者に対し必要な情報の提供、助言その他の援助を行うよう努めなければならない。

（報告の徴収）

第六十六条　総務大臣は、この法律の施行に必要な限度において第十七条第一項第五号又は第六号の認定を受けた者に対し、その業務の実施の状況に関し必要な報告を求めることができる。

2　機構は、この法律の施行に必要な限度において、署名検証者（行政機関等及び裁判所を除く。第七十八条第二項において同じ。）及び団体署名検証者並びに利用者証明検証者（行政機関等及び裁判所を除く。同項において同じ。）に対し、その業務の実施の状況に関し必要な報告を求めることができる。

（手数料）

第六十七条　機構は、次に掲げる事務に関し、機構が定める額の手数料を徴収することができる。

一　第三条第六項の規定による署名用電子証明書の発行に係る

事務

二　第十八条第一項の規定による保存期間に係る署名用電子証明書失効情報の提供に係る事務

三　第十八条第二項の規定による保存期間に係る署名用電子証明書失効情報ファイルの提供に係る事務

四　第十八条第三項の規定による対応証明書の発行の番号の提供に係る事務

五　第二十二条第六項の規定による利用者証明用電子証明書の発行に係る事務

六　第三十七条第一項の規定による保存期間に係る利用者証明用電子証明書失効情報の提供に係る事務

七　第三十七条第二項の規定による保存期間に係る利用者証明用電子証明書失効情報ファイルの提供に係る事務

2　機構は、前項に規定する手数料の額を定め、又はこれを変更しようとするときは、総務大臣の認可を受けなければならない。

3　機構は、第一項第一号及び第五号に掲げる事務に関する手数料の徴収の事務を住所地市町村長に委託することができる。

（機構がした処分等に係る不服申立て）

第六十八条　機構が行う認証事務に係る処分又はその不作為について不服がある者は、総務大臣に対し、行政不服審査法（昭和三十七年法律第百六十号）による審査請求をすることができる。

（運用規程）

第六十九条　機構は、総務省令で定めるところにより、認証業務の実施のための手続その他必要な事項を定めた運用規程を作成し、これを公表しなければならない。

（技術的基準）

第七十条　認証業務の用に供する施設又は設備の管理の方法その他認証業務及びこれに附帯する業務の実施について必要な技術的基準は、総務大臣が定める。

（指定都市の特例）

第七十一条　地方自治法（昭和二十二年法律第六十七号）第二百五十二条の十九第一項の指定都市（次項において「指定都市」という。）に対するこの法律の規定の適用については、政令で定めるところにより、区を市と、区長を市長とみなす。

2　前項に定めるもののほか、指定都市に対するこの法律の規定の適用については、政令で特別の定めをすることができる。

（政令への委任）

第七十二条　この法律の実施のための手続その他その施行に関し必要な事項は、政令で定める。

第五章　罰則

第七十三条　機構に対し、その認証業務に関し、虚偽の申請をして、不実の署名用電子証明書又は利用者証明用電子証明書を発行させた者は、五年以下の懲役又は三百万円以下の罰金に処する。

2　前項の未遂罪は、罰する。

第七十四条　第四十七条、第四十八条、第五十四条第一項（同条第三項において準用する場合を含む。）若しくは第二項（同条第三項において準用する場合を含む。）又は第五十五条の規定に違反して秘密を漏らした者は、二年以下の懲役又は百万円以下の罰金に処する。

第七十五条　第六十三条第三項の規定による命令に違反した者は、

一年以下の懲役又は五十万円以下の罰金に処する。

第七十六条　次の各号のいずれかに該当するときは、その違反行為をした機構の役員又は職員は、三十万円以下の罰金に処する。

一　第四十条の規定に違反して帳簿を備えず、帳簿に記載せず、若しくは帳簿に虚偽の記載をし、又は帳簿を保存しなかったとき。

二　第四十三条第一項の規定による報告を求められて、報告をせず、若しくは虚偽の報告をし、又は同項の規定による検査を拒み、妨げ、若しくは忌避し、若しくは同項の規定による質問に対して答弁をせず、若しくは虚偽の答弁をしたとき。

第七十七条　第六十四条第一項の規定による報告をせず、若しくは虚偽の報告をし、又は同項の規定による検査を拒み、妨げ、若しくは忌避した者は、三十万円以下の罰金に処する。

第七十八条　第六十六条第一項の規定による報告を求められて、報告をせず、又は虚偽の報告をした第十七条第一項第五号又は第六号の認定を受けた者は、三十万円以下の罰金に処する。

2　第六十六条第二項の規定による報告を求められて、報告をせず、又は虚偽の報告をした署名検証者若しくは団体署名検証者又は利用者証明検証者は、三十万円以下の罰金に処する。

第七十九条　法人の代表者又は法人若しくは人の代理人、使用人その他の従事者が、その法人又は人の業務に関し、第七十五条及び前二条の違反行為をしたときは、行為者を罰するほか、その法人又は人に対して各本条の刑を科する。

5　電子署名等に係る地方公共団体情報システム機構の認証業務に関する法律（平成14年法律第153号）

【6から9は横組につき巻末から始まります。】

個人番号の独自利用条例・個人情報保護条例の制定・改正に係る参考情報について（送付）

（平成26年12月15日事務連絡）

個人番号の独自利用条例・個人情報保護条例の制定・改正に係る参考情報について

（平成26年12月15日内閣府大臣官房番号制度担当室参事官・総務省自治行政局住民制度課長から各都道府県社会保障・税番号制度担当課長あて事務連絡）

標記の件につきまして，社会保障・税番号制度導入に当たって，各地方公共団体において制定又は改正が必要となる，行政手続における特定の個人を識別するための番号の利用等に関する法律（平成25年法律第27号）第9条第2項に基づく個人番号の独自利用に関する条例及び同法第19条第9号に基づく同一地方公共団体内の他機関への特定個人情報の提供に関する条例並びに同法第31条に基づく特定個人情報の保護に関する条例に係る参考情報を別添のとおり送付いたしますので，業務の参考としていただきますようお願いいたします。

貴都道府県におかれましては，域内市区町村へ情報提供をしていただきますよう重ねてお願いいたします。

なお，本情報はあくまで参考情報であり，各地方公共団体において制定又は改正する条例につきましては，各地方公共団体の状況に応じて適宜御対応いただきますようお願いいたします。

資　料

番号法に基づく個人番号の利用及び特定個人情報の提供に関する条例（案）①

行政手続における特定の個人を識別するための番号の利用等に関する法律に
基づく個人番号の利用及び特定個人情報の提供に関する条例（案）

（趣旨）
第１条　この条例は、行政手続における特定の個人を識別するための番号の利用等に関する法律（平成25年法律第27号。以下「法」という。）第９条第２項に基づく個人番号の利用及び法第19条第９号に基づく特定個人情報の提供に関し必要な事項を定めるものとする。

（定義）
第２条　この条例において、次の各号に掲げる用語の意義は、当該各号に定めるところによる。
（１）個人情報　法第２条第３項に規定する個人情報をいう。
（２）個人番号　法第２条第５項に規定する個人番号をいう。
（３）特定個人情報　法第２条第８項に規定する特定個人情報をいう。
（４）個人番号利用事務実施者　法第２条第12項に規定する個人番号利用事務実施者をいう。
（５）情報提供ネットワークシステム　法第２条第14項に規定する情報提供ネットワークシステムをいう。

（都道府県（市町村）の責務）
第３条　都道府県（市町村）は、個人番号の利用及び特定個人情報の提供に関し、その適正な取扱いを確保するために必要な措置を講ずるとともに、国との連携を図りながら、自主的かつ主体的に、地域の特性に応じた施策を実施するものとする。

番号法に基づく個人番号の利用及び特定個人情報の提供に関する条例（案）②

（個人番号の利用範囲）
第４条　法第９条第２項の条例で定める事務は、別表第１の上欄に掲げる機関が行う同表の下欄に掲げる事務、別表第２の上欄に掲げる機関が行う同表の中欄に掲げる事務及び知事（市町村長）又は教育委員会が行う法別表第２の第２欄に掲げる事務とする。
２　別表第２の上欄に掲げる機関は、同表の中欄に掲げる事務を処理するために必要な限度で、同表の下欄に掲げる特定個人情報であって当該機関が保有するものを利用することができる。ただし、法の規定により、情報提供ネットワークシステムを使用して他の個人番号利用事務実施者から当該特定個人情報の提供を受けることができる場合は、この限りでない。
３　知事（市町村長）又は教育委員会は、法別表第２の第２欄に掲げる事務を処理するために必要な限度で同表の第４欄に掲げる特定個人情報であって自らが保有するものを利用することができる。ただし、法の規定により、情報提供ネットワークシステムを使用して他の個人番号利用事務実施者から当該特定個人情報の提供を受けることができる場合は、この限りでない。
４　第２項の規定による特定個人情報の利用ができる場合において、他の条例、規則その他の規程の規定により当該特定個人情報と同一の内容の情報を含む書面の提出が義務付けられているときは、当該書面の提出があったものとみなす。

番号法に基づく個人番号の利用及び特定個人情報の提供に関する条例（案）③

（特定個人情報の提供）
第５条　法第19条第９号の条例で定める特定個人情報を提供することができる場合は、別表第３の第１欄に掲げる機関が、同表の第３欄に掲げる機関に対し、同表の第２欄に掲げる事務を処理するために必要な同表の第４欄に掲げる特定個人情報の提供を求めた場合において、同表の第３欄に掲げる機関が当該特定個人情報を提供するときとする。
２　前項の規定による特定個人情報の提供があった場合において、他の条例、規則その他の規程の規定により当該特定個人情報と同一の内容の情報を含む書面の提出が義務付けられているときは、当該書面の提出があったものとみなす。

（規則への委任）
第６条　この条例の施行に関し必要な事項は、規則で定める。

附　則
この条例は、法附則第１条第４号に掲げる規定の施行の日から施行する。

番号法に基づく個人番号の利用及び特定個人情報の提供に関する条例（案）④

別表第１（第４条第１項関係）

機関	事務
１　知事（市町村長）	○○費助成に関する条例による助成金の支給に関する事務であって規則で定めるもの
２　教育委員会	▲▲料徴収条例による▲▲料の減免に関する事務であって規則で定めるもの

別表第２（第４条第１項関係）

機関	事務	特定個人情報
１　知事（市町村長）	○○費助成に関する条例による助成金の支給に関する事務であって規則で定めるもの	地方税関係情報であって規則で定めるもの
２　教育委員会	▲▲料徴収条例による▲▲料の減免に関する事務であって規則で定めるもの	生活保護法による保護の実施に関する情報であって規則で定めるもの

番号法に基づく個人番号の利用及び特定個人情報の提供に関する条例（案）⑤

別表第３（第５条第１項関係）

情報照会機関	事務	情報提供機関	特定個人情報
１　教育委員会	▲▲料徴収条例による▲▲料の減免に関する事務であって規則で定めるもの	知事（市町村長）	地方税関係情報であって規則で定めるもの

番号法に基づく個人番号の利用及び特定個人情報の提供に関する条例の制定イメージ①

個人番号の利用及び特定個人情報の提供に関する条例制定の概要

番号法の規定

○ 番号法第９条においては、個人番号の利用範囲を原則として以下の範囲と規定している。※1
- 番号法別表第一に掲げる主体が、同表に掲げる事務において利用する場合（第１項）
- 地方公共団体が、条例で定める事務※2において利用する場合（第２項）
- 個人番号関係事務実施者が、個人番号関係事務において利用する場合（第３項）

※１ このほか、災害時における特例等の例外的な利用が認められている（第４項・第５項）。
※２ 福祉、保健若しくは医療その他の社会保障、地方税又は防災に関する事務に限る。

○ 番号法第19条においては、同条各号に掲げられた場合を除き特定個人情報の提供を制限しており、同一地方公共団体内の他機関へ特定個人情報を提供する場合は同条第９号に基づく条例を制定する必要がある。

条例の制定の必要性

○ このため、以下の①～③の場合には、地方公共団体は番号法に基づく条例を定める必要がある。
① 番号法別表第一に掲げられていない事務において個人番号を利用する場合（独自利用）
② 同一機関内で特定個人情報の授受を行う場合（庁内連携）
③ 同一地方公共団体内の他機関への特定個人情報の提供
※ 庁内連携は、必然的に全地方公共団体が行うことが想定されるため、全地方公共団体が条例を定める必要がある。

スケジュール

○ 番号法に基づく個人番号の利用及び特定個人情報の提供に関する条例については、実際に独自利用、庁内連携及び同一地方公共団体内の他機関への特定個人情報の提供が行われるまでに整備する必要がある。
○ 個人番号の独自利用・庁内連携は番号法の施行に伴い個人番号が利用可能になる平成28年１月から独自利用、庁内連携及び同一地方公共団体内の機関間で特定個人情報の情報連携を行う場合には、既存データベースと個人番号との初期突合等の準備を行うために対象となる事務を明らかにしておく必要があることから、個人番号の付番を行う平成27年10月までに条例を整備しておくことが望ましいと考えられる。

番号法に基づく個人番号の利用及び特定個人情報の提供に関する条例の制定イメージ②

○ 番号法の施行により、地方公共団体で個人番号の独自利用事務、特定個人情報の庁内連携及び同一地方公共団体内の他機関への特定個人情報の提供を行う場合に制定する条例のイメージを示したもの。
※ 情報連携を行う具体的な事務などの規定については、各地方公共団体の実態に即して規定することが必要となる。

趣旨・定義に関する規定

趣　旨

○ 各地方公共団体において定める条例の実態に即して、当該条例の趣旨及び用語の定義を規定する必要がある。
○ 特定個人情報の定義については、番号法第２条第８項に規定する定義と異なることのないよう留意が必要である。

イメージ

（趣旨）
第１条　この条例は、行政手続における特定の個人を識別するための番号の利用等に関する法律（平成25年法律第27号。以下「法」という。）第９条第２項に基づく個人番号の利用及び法第19条第９号に基づく特定個人情報の提供に関し必要な事項を定めるものとする。

（定義）
第２条　この条例において、次の各号に掲げる用語の意義は、当該各号に定めるところによる。
（１）個人情報　法第２条第３項に規定する個人情報をいう。
（２）個人番号　法第２条第５項に規定する個人番号をいう。
（３）特定個人情報　法第２条第８項に規定する特定個人情報をいう。
（４）個人番号利用事務実施者　法第２条第12項に規定する個人番号利用事務実施者をいう。
（５）情報提供ネットワークシステム　法第２条第14項に規定する情報提供ネットワークシステムをいう。

番号法に基づく個人番号の利用及び特定個人情報の提供に関する条例の制定イメージ③

地方公共団体の責務に関する規定

趣　旨

○　番号法第５条において、社会保障・税番号制度の導入に当たっての地方公共団体の責務が定められている。
○　地方公共団体において、条例による個人番号の独自利用についても当該規定は当然に適用されるものであるが、条例の制定にあたり広く住民へ各地方公共団体の責務を明示することが望ましい。

（参考）

（地方公共団体の責務）

番号法第５条　地方公共団体は、基本理念にのっとり、個人番号その他の特定個人情報の取扱いの適正を確保するために必要な措置を講ずるとともに、個人番号及び法人番号の利用に関し、国との連携を図りながら、自主的かつ主体的に、その地域の特性に応じた施策を実施するものとする。

イメージ

（都道府県（市町村）の責務）
第３条　都道府県（市町村）は、個人番号の利用及び特定個人情報の提供に関し、その適正な取扱いを確保するために必要な措置を講ずるとともに、国との連携を図りながら、自主的かつ主体的に、地域の特性に応じた施策を実施するものとする。

個人番号の利用範囲に関する規定①

趣　旨

○　番号法第９条第２項に基づく規定（個人番号の独自利用の規定）として、次の規定を定める。
①　個人番号の独自利用を行う事務の規定（条例イメージの第４条第１項）
②　個人番号の独自利用を行う事務の処理のための庁内連携（条例イメージの第４条第２項）
③　番号法に定められた個人番号利用事務の処理のための庁内連携を行う旨の規定（条例イメージの第４条第３項）
○　この場合、個人番号の独自利用を行う事務及び個人番号の独自利用を行う事務の処理のための庁内連携を行う事務については、別表に記載することが想定される。
○　社会保障・税番号制度は、国民の利便性向上のために各種行政手続における添付書類の削減を行っており、番号法第22条第２項では情報提供ネットワークシステムを介して特定個人情報の提供があった際には、他の法令により書類の提出を義務付けている場合でも、当該義務を解除している。地方公共団体における特定個人情報の庁内連携においても同様であり、他の条例により書類の提出を義務付けている場合でも、庁内連携により特定個人情報の利用ができるときには、当該義務を解除することが適当である。

番号法に基づく個人番号の利用及び特定個人情報の提供に関する条例の制定イメージ④

個人番号の利用範囲に関する規定②

イメージ

（個人番号の利用範囲）
第４条　法第９条第２項の条例で定める事務は、別表第１の上欄に掲げる機関が行う同表の下欄に掲げる事務、別表第２の上欄に掲げる機関が行う同表の中欄に掲げる事務及び知事（市町村長）又は教育委員会が行う法別表第２の第２欄に掲げる事務とする。
２　別表第２の上欄に掲げる機関は、同表の中欄に掲げる事務を処理するために必要な限度で、同表の下欄に掲げる特定個人情報であって当該機関が保有するものを利用することができる。ただし、法の規定により、情報提供ネットワークシステムを使用して他の個人番号利用事務実施者から当該特定個人情報の提供を受けることができる場合は、この限りでない。
３　知事（市町村長）又は教育委員会は、法別表第２の第２欄に掲げる事務を処理するために必要な限度で同表の第４欄に掲げる特定個人情報であって自らが保有するものを利用することができる。ただし、法の規定により、情報提供ネットワークシステムを使用して他の個人番号利用事務実施者から当該特定個人情報の提供を受けることができる場合は、この限りでない。
４　第２項の規定による特定個人情報の利用ができる場合において、他の条例、規則その他の規程の規定により当該特定個人情報と同一の内容の情報を含む書面の提出が義務付けられているときは、当該書面の提出があったものとみなす。

別表第１（第４条第１項関係）

機関	事務
１ 知事（市町村長）	○○費助成に関する条例による助成金の支給に関する事務であって規則で定めるもの
２ 教育委員会	▲▲料徴収条例による▲▲料の減免に関する事務であって規則で定めるもの

別表第２（第４条第１項関係）

機関	事務	特定個人情報
１ 知事（市町村長）	○○費助成に関する条例による助成金の支給に関する事務であって規則で定めるもの	地方税関係情報であって規則で定めるもの
２ 教育委員会	▲▲料徴収条例による▲▲料の減免に関する事務であって規則で定めるもの	生活保護法による保護の実施に関する情報であって規則で定めるもの

番号法に基づく個人番号の利用及び特定個人情報の提供に関する条例の制定イメージ⑤

特定個人情報の提供

趣　旨

○　同一地方公共団体内の他機関へ特定個人情報を提供する場合には、番号法第19条第９号に基づく条例の規定を設ける必要がある。
○　この場合、同一地方公共団体内の他機関へ特定個人情報を提供する事務等について、別表に記載することが想定される。
○　なお、各地方公共団体において、機関間の特定個人情報の授受を行わない場合は、この規定は必須ではなく、具体的な事務フローなどを確認した上で、規定の必要の有無を判断する必要がある。
○　社会保障・税番号制度は、国民の利便性向上のために各種行政手続における添付書類の削減を行っており、番号法第22条第２項では情報提供ネットワークシステムを介して特定個人情報の提供があった際には、他の法令により書類の提出を義務付けている場合でも、当該義務を解除している。番号法第19条第９号に基づく条例により特定個人情報の提供を受ける場合においても同様であり、他の条例により書類の提出を義務付けている場合でも、特定個人情報の提供を受けることができるときには、当該義務を解除することが適当である。

イメージ

（特定個人情報の提供）
第５条　法第19条第９号の条例で定める特定個人情報を提供することができる場合は、別表第３の第１欄に掲げる機関が、同表の第３欄に掲げる機関に対し、同表の第２欄に掲げる事務を処理するために必要な同表の第４欄に掲げる特定個人情報の提供を求めた場合において、同表の第３欄に掲げる機関が当該特定個人情報を提供するときとする。
２　前項の規定による特定個人情報の提供があった場合において、他の条例、規則その他の規程の規定により当該特定個人情報と同一の内容の情報を含む書面の提出が義務付けられているときは、当該書面の提出があったものとみなす。

別表第３（第５条第１項関係）

情報照会機関	事務	情報提供機関	特定個人情報
１　教育委員会	▲▲料徴収条例による▲▲料の減免に関する事務であって規則で定めるもの	知事（市町村長）	地方税関係情報であって規則で定めるもの

番号法に基づく個人番号の利用及び特定個人情報の提供に関する条例の制定イメージ⑥

規則への委任

趣　旨

○　条例を定めるに当たって、別表の具体的な内容など個別具体の事務に関して必要な事項は規則で定めることも考えられるため、規則への委任についての規定を置くことが考えられる（条例にすべて記載する場合には、規則への委任の規定は不要となる）。

イメージ

（規則への委任）
第６条　この条例の施行に関し必要な事項は、規則で定める。

施行期日（附則）

趣　旨

○　個人番号の利用が開始される日は、番号法附則第１条第４号に基づく政令によって定まり（平成28年１月を予定）、それ以前には個人番号を利用することができない。そのため、条例の施行期日について、個人番号の利用が開始される日と同時に施行されるよう規定する必要がある。

イメージ

附　則
この条例は、法附則第１条第４号に掲げる規定の施行の日から施行する。

6 個人番号の独自利用条例・個人情報保護条例の制定・改正に係る参考情報について（送付）

個人情報保護条例の改正等について①

個人情報保護条例改正の概要

趣　旨

○　番号法では、特定個人情報について、一般法よりも更に厳格な個人情報保護措置を講じており、番号法第31条において、地方公共団体は、「行政機関個人情報保護法、独立行政法人等個人情報保護法、個人情報保護法及びこの法律の規定により講ずることとされている措置の趣旨を踏まえ、保有する特定個人情報の適正な取扱いが確保され、並びに当該地方公共団体が保有する特定個人情報の開示、訂正、利用の停止、消去及び提供の停止を実施するために必要な措置を講ずるものとする」とされている。
　番号法における特定個人情報の保護に関する規定は地方公共団体に対しても適用されることとなるが、番号法第29条（行政機関個人情報保護法等の特例）及び第30条（情報提供等記録についての特例）において、行政機関個人情報保護法や個人情報保護法等の読替えとして規定されているものについては当然に地方公共団体の条例に適用されるものではないため、その趣旨に沿って条例改正等の対応が必要となる場合がある。

条例改正等の対応

○　条例改正等の対応としては以下の対応が考えられる。
①　現行の個人情報保護条例に特定個人情報の保護に関する規定を新規に追加する改正を行う。
②　現行の個人情報保護条例の規定に読替規定を置き、特定個人情報の保護に関する規定を追加する改正を行う。
③　「特定個人情報の保護に関する条例」を新規に制定する。

スケジュール

○　個人情報保護条例の改正は、実際に特定個人情報を保有する平成27年10月までに整備する必要がある。

特定個人情報と情報提供等記録

○　番号法第29条において「情報提供等記録以外の特定個人情報」に関する読替規定を置き、第30条において「情報提供等記録」に関する読替規定を置いている。「情報提供等記録」とは、特定個人情報の情報連携を行った際に記録する情報照会者・提供者の名称や照会・提供された特定個人情報の項目等についての情報であり、特定個人情報と位置付けられるものであるが、一般の特定個人情報とその性質が異なるため、保護に関する規定も異なる取扱いとする必要がある。

個人情報保護条例の改正等について②

改正等すべき規定一覧

	特定個人情報（情報提供等記録を除く）	情報提供等記録	改正趣旨
利用目的以外の目的での利用に関する規定	○　以下の例外を除いて原則禁止 ①激甚災害時等に金銭の支払いを行う場合 ※金融機関に該当する地方独立行政法人等のみ該当する。 ②人の生命、身体又は財産の保護のために必要がある場合であって、本人の同意があり、又は本人の同意を得ることが困難である場合	○　利用目的以外の目的での利用を禁止する。	特定個人情報は、利用目的以外の目的での利用について、通常の個人情報よりもさらに厳格に利用が許容される例外事由を限定している。 また、情報提供等記録については、利用目的以外の目的での利用が想定されないため、利用目的以外の目的での利用を禁止する。
提供の制限に関する規定	○　番号法第19条の各号に該当する場合に提供できるようにする。		番号法において特定個人情報を提供することができる場合は、番号法第19条各号に掲げられた場合に限定されているため、個人情報保護条例上も特定個人情報を提供できる場合を同条各号に掲げられた場合に制限する。 オンライン結合を制限する規定が条例上置かれている場合、番号法第19条各号に掲げられた場合にはオンライン結合を可能とすることが必要な場合がある。
開示・訂正・利用停止に関する規定	○　本人、法定代理人、任意代理人による開示請求、訂正請求、利用停止請求を認める。		特定個人情報についてはその性格から、本人の関与についてより一層の保護が必要であると考えられることから、本人及び法定代理人に加え任意代理人に対しても開示請求及び訂正請求を行うことを認める。
利用停止の請求の条件に関する規定	○　以下の場合についても利用停止請求を認める。 ①利用制限に対する違反 ②収集制限・保管制限に対する違反 ③ファイル作成制限に対する違反 ④提供制限に対する違反	○　利用停止請求を認めない。	番号法では、特定個人情報について、番号法に違反する行為のうち特に不適切なものが行われた場合にも利用停止請求を認めているため、個人情報保護条例においても同様の措置を講ずる。 なお、情報提供等記録については、システム上、自動保存されるものであり、利用制限等に違反する取扱いが想定されないため、利用停止請求を認めない。
開示手数料の減免に関する規定	○　経済的困難その他特別の理由があると認められるときは、開示手数料を減額又は免除できるようにする。		経済的な理由等によらずに、各個人が特定個人情報を容易に確認できるようにするため、開示手数料の減額又は免除の措置を講ずる。
他の条例による開示実施との調整に関する規定	○　他の条例による開示の実施との調整規定を設けている場合は、当該規定を適用除外とする。		他の条例等により同一の方法の開示が定められている場合に調整規定を設ける場合があるが、マイ・ポータルによる情報開示の方がより住民の利便性が高い場合も想定されることから、他の法令等により同一の方法の開示が定められている場合でも、重ねて番号法に基づくマイ・ポータルを通じた開示を可能とする必要がある。
開示・訂正時の移送に関する規定	－	○　開示・訂正決定に際し他の機関への移送を認めない。	情報提供等記録については、他機関で開示等の決定をする場合が想定されないため、移送に関する手続を適用除外とする。
訂正の通知先に関する規定	－	○　訂正した場合に、総務大臣及び情報提供者又は情報照会者に対し通知する。	情報提供等記録は情報の照会者、提供者及び情報提供ネットワークシステムを管理する総務大臣において記録・保管されるものであり、訂正した際にもこれらの主体に通知することとする。
その他の規定	○　特定個人情報及び情報提供等記録などの定義を追加する。 ○　措置要求を行わないこととする。		各地方公共団体の個人情報保護条例の実態に即して必要な条項を追加する。 また、特定個人情報は、番号法第19条各号により明確に提供できる場合が制限されるため、措置要求については適用除外とする。

個人情報保護条例の改正のイメージについて①

○　番号法の施行により、現行の個人情報保護条例に特定個人情報の保護に関する規定を新規に追加する改正を行った場合に考えられる規定のイメージを示したもの
※　各地方公共団体において制定している個人情報保護条例の規定とは異なる場合がある
※　特定個人情報の定義については、番号法第２条第８項に規定する定義と異なることのないよう留意が必要である

定義の追加

イメージ

（定義）
第○条　この条例において、次の各号に掲げる用語の意義は、当該各号に定めるところによる。
○　個人情報　生存する個人に関する情報であって、当該情報に含まれる氏名、生年月日その他の記述等により特定の個人を識別することができるもの（他の情報と容易に照合することができ、それにより特定の個人を識別することができることとなるものを含む。）をいう。
○　保有個人情報　実施機関の職員が職務上作成し、又は取得した個人情報であって、当該実施機関の職員が組織的に利用するものとして、当該実施機関が保有しているものをいう。ただし、行政文書に記録されているものに限る。
○　個人番号　行政手続における特定の個人を識別するための番号の利用等に関する法律（平成25年法律第27号。以下「番号法」という。）第２条第５項に規定する個人番号をいう。
○　特定個人情報　番号法第２条第８項に規定する特定個人情報をいう。
○　情報提供等記録　番号法第23条第１項及び第２項の規定により記録された特定個人情報をいう。
○　保有特定個人情報　実施機関の職員が職務上作成し、又は取得した特定個人情報であって、当該実施機関の職員が組織的に利用するものとして、当該実施機関が保有しているものをいう。ただし、行政文書に記録されているものに限る。
○　．．．．
○　．．．．

個人情報保護条例の改正のイメージについて②

特定個人情報の利用目的以外の目的での利用・提供の制限に関する規定

イメージ

（利用及び提供の制限）
第○条　実施機関は、法令に基づく場合を除き、利用目的以外の目的のために保有個人情報（保有特定個人情報を除く。以下この条において同じ。）を自ら利用し、又は提供してはならない。
２　前項の規定にかかわらず、実施機関は、次の各号のいずれかに該当すると認めるときは、利用目的以外の目的のために保有個人情報を自ら利用し、又は提供することができる。ただし、保有個人情報を利用目的以外の目的のために自ら利用し、又は提供することによって、本人又は第三者の権利利益を不当に侵害するおそれがあると認められるときは、この限りでない。
（１）本人の同意があるとき、又は本人に提供するとき。
（２）実施機関が法令の定める所掌事務の遂行に必要な限度で保有個人情報を内部で利用する場合であって、当該保有個人情報を利用することについて相当な理由のあるとき。
（３）．．．

（特定個人情報の利用の制限）
第○条の２　実施機関は、利用目的以外の目的のために保有特定個人情報（情報提供等記録を除く。以下この条において同じ。）を自ら利用してはならない。
２　前項の規定にかかわらず、実施機関は、人の生命、身体又は財産の保護のために必要である場合であって、本人の同意があり、又は本人の同意を得ることが困難であるときは、利用目的以外の目的のために特定個人情報を利用することができる。ただし、特定個人情報を利用目的以外の目的のために自ら利用することによって、本人又は第三者の権利利益を不当に侵害するおそれがあると認められるときは、この限りではない。

（情報提供等記録の利用の制限）
第○条の３　実施機関は、利用目的以外の目的のために情報提供等記録を自ら利用してはならない。

（特定個人情報の提供の制限）
第○条の４　実施機関は、番号法第19条の各号のいずれかに該当する場合を除き、特定個人情報を提供してはならない。

個人情報保護条例の改正のイメージについて③

特定個人情報の開示請求及び訂正請求に関する規定

イメージ

（開示請求権）
第○条　何人も、この条例の定めるところにより、実施機関に対し、当該実施機関の保有する自己を本人とする保有個人情報（保有個人情報に該当しない保有特定個人情報を含む。以下この章において同じ。）の開示を請求することができる。
2　未成年者又は成年被後見人の法定代理人（保有特定個人情報にあっては、未成年者若しくは成年被後見人の法定代理人又は本人の委任による代理人）は、本人に代わって前項の規定による開示の請求（以下「開示請求」という。）をすることができる。

（開示請求の手続）
第○条　開示請求は、次に掲げる事項を記載した書面（以下「開示請求書」という。）を実施機関に提出してしなければならない。
（1）開示請求をする者の氏名及び住所又は居所
（2）開示請求に係る保有個人情報が記録されている行政文書の名称その他の開示請求に係る保有個人情報を特定するに足りる事項
2　前項の場合において、開示請求をする者は、規則で定めるところにより、開示請求に係る保有個人情報の本人であること（前条第2項の規定による開示請求にあっては、開示請求に係る保有個人情報の本人の法定代理人（保有特定個人情報にあっては、法定代理人又は本人の委任による代理人）であること）を示す書類を提示し、又は提出しなければならない。
3　実施機関は、開示請求書に形式上の不備があると認めるときは、開示請求をした者（以下「開示請求者」という。）に対し、相当の期間を定めて、その補正を求めることができる。この場合において、実施機関は、開示請求者に対し、補正の参考となる情報を提供するよう努めなければならない。

（保有個人情報の開示義務）
第○条　実施機関は、開示請求があったときは、開示請求に係る保有個人情報に次の各号に掲げる情報のいずれかが含まれている場合を除き、開示請求者に対し当該保有個人情報を開示しなければならない。
（1）開示請求者（第○条第○項の規定により未成年者又は成年被後見人の法定代理人（保有特定個人情報にあっては、未成年者若しくは成年被後見人の法定代理人又は本人の委任による代理人）が本人に代わって開示請求をする場合にあっては、当該本人をいう。以下この条において同じ。）の生命、健康、生活又は財産を害するおそれがある情報
（2）．．．

個人情報保護条例の改正のイメージについて④

特定個人情報の開示請求及び訂正請求に関する規定

イメージ

（訂正請求権）
第○条　何人も、自己を本人とする保有個人情報の内容が事実でないと思料するときは、この条例の定めるところにより、当該保有個人情報を保有する実施機関に対し、当該保有個人情報の訂正（追加又は削除を含む。以下同じ。）を請求することができる。ただし、当該保有個人情報の訂正に関して他の条例又はこれに基づく規則の規定により特別の手続が定められているときは、この限りでない。
（1）開示決定に基づき開示を受けた保有個人情報
（2）．．．
2　未成年者又は成年被後見人の法定代理人（保有特定個人情報にあっては、未成年者若しくは成年被後見人の法定代理人又は本人の委任による代理人）は、本人に代わって前項の規定による訂正の請求をすることができる。

（訂正請求の手続）
第○条　前条の規定による訂正の請求（以下「訂正請求」という。）は、次に掲げる事項を記載した書面を実施機関に提出してしなければならない．．．

個人情報保護条例の改正のイメージについて⑤

特定個人情報の利用停止に関する規定

イメージ

（利用停止請求権）
第○条　何人も、自己を本人とする保有個人情報（保有特定個人情報を除く。以下この項において同じ。）が次の各号のいずれかに該当すると思料するときは、この条例の定めるところにより、当該保有個人情報を保有する実施機関に対し、当該各号に定める措置を請求することができる。ただし、当該保有個人情報の利用の停止、消去又は提供の停止（以下「利用停止」という。）に関して他の条例又はこれに基づく規則の規定により特別の手続が定められているときは、この限りでない。
（1）当該保有個人情報を保有する実施機関により適法に取得されたものでないとき．．．
（2）．．．
2　未成年者又は成年被後見人の法定代理人は、本人に代わって前項の規定による利用停止の請求をすることができる。

（特定個人情報の利用停止請求権）
第○条の2　何人も、自己を本人とする保有特定個人情報（情報提供等記録を除く。以下この条において同じ。）が次の各号のいずれかに該当すると思料するときは、この条例の定めるところにより、当該保有特定個人情報を保有する実施機関に対し、当該各号に定める措置を請求することができる。ただし、当該保有特定個人情報の利用停止に関して他の条例又はこれに基づく規則の規定により特別の手続が定められているときは、この限りでない。
（1）当該保有特定個人情報を保有する実施機関により適法に取得されたものでないとき、又は第○条（「特定個人情報の利用の制限」に関する条）第1項及び第2項の規定に違反して利用されているとき、番号法第20条の規定に違反して収集され、若しくは保管されているとき、又は番号法第28条の規定に違反して作成された特定個人情報ファイル（番号法第2条9項に規定する特定個人情報ファイルをいう。）に記録されているとき　当該保有特定個人情報の利用の停止又は消去
（2）番号法第19条の規定に違反して提供されているとき　当該保有特定個人情報の提供の停止
2　未成年者若しくは成年被後見人の法定代理人又は本人の委任による代理人は、本人に代わって前項の規定による利用停止の請求をすることができる。

個人情報保護条例の改正のイメージについて⑥

開示手数料の減免に関する規定

イメージ

（手数料）
第○条　開示請求をする者は、条例で定めるところにより、実費の範囲内において条例で定める額の手数料を納めなければならない。
2　前項の手数料の額を定めるに当たっては、できる限り利用しやすい額とするよう配慮しなければならない。
3　保有特定個人情報の開示請求において、実施機関は、経済的困難その他の特別な理由があると認めるときは、規則で定めるところにより、当該開示請求に係る手数料を減額し、又は免除することができる。

他の条例による開示実施との調整に関する規定

イメージ

（開示の実施）
第A条　保有個人情報の開示は、当該保有個人情報が、文書又は図画に記録されているときは閲覧又は写しの交付により、電磁的記録に記録されているときはその種別、情報化の進展状況等を勘案して実施機関が定める方法により行う。ただし、閲覧の方法による保有個人情報の開示にあっては、実施機関は、当該保有個人情報が記録されている文書又は図画の保存に支障を生ずるおそれがあると認めるとき、その他正当な理由があるときは、その写しにより、これを行うことができる。
2　．．．

（他の条例による開示の実施との調整）
第○条　実施機関は、他の条例の規定により、開示請求者に対し開示請求に係る保有個人情報（保有特定個人情報を除く。以下この項において同じ。）が第A条第1項本文に規定する方法と同一の方法で開示することとされている場合（開示の期間が定められている場合にあっては、当該期間内に限る。）には、同項本文の規定にかかわらず、当該保有個人情報については、当該同一の方法による開示を行わない。ただし、当該他の条例の規定に一定の場合には開示をしない旨の定めがあるときは、この限りでない。
2　他の条例の規定に定める開示の方法が縦覧であるときは、当該縦覧を前条第1項本文の閲覧とみなして、前項の規定を適用する。

個人情報保護条例の改正のイメージについて⑦

情報提供等記録の開示・訂正時の移送に関する規定

イメージ

（事案の移送）
第○条　実施機関は、開示請求に係る保有個人情報（情報提供等記録を除く。）が他の機関から提供されたものであるとき、その他他の機関において開示決定等をすることにつき正当な理由があるときは、当該他の機関と協議の上、当該他の機関に対し、事案を移送することができる。この場合においては、移送をした機関は、開示請求者に対し、事案を移送した旨を書面により通知しなければならない。
2　．．．

（事案の移送）
第○条　実施機関は、訂正請求に係る保有個人情報（情報提供等記録を除く。）が移送を受けた機関が行った開示に係るものであるとき、その他他の機関において訂正決定等をすることにつき正当な理由があるときは、当該他の実施機関と協議の上、当該他の実施機関に対し、事案を移送することができる。この場合においては、移送をした実施機関は、訂正請求者に対し、事案を移送した旨を書面により通知しなければならない。
2　．．．

訂正の通知先に関する規定

イメージ

（保有個人情報の提供先への通知）
第○条　実施機関は、訂正決定に基づく保有個人情報（情報提供等記録を除く。）の訂正の実施をした場合において、必要があると認めるときは、当該保有個人情報の提供先に対し、遅滞なく、その旨を書面により通知するものとする。

（情報提供等記録の提供先への通知）
第○条の２　実施機関は、訂正決定に基づき実施機関が保有する情報提供等記録の訂正の実施をした場合において、必要があると認めるときは、総務大臣及び番号法第19条第７号に規定する情報照会者又は情報提供者（当該訂正に係る番号法第23条第１項及び第２項に規定する記録に記録された者であって、当該実施機関の長以外のものに限る。）に対し、遅滞なく、その旨を書面により通知するものとする。

個人情報保護条例の改正のイメージについて⑧

措置要求の適用除外

イメージ

（保有個人情報の提供を受ける者に対する措置要求）
第○条　実施機関は、他の実施機関に保有個人情報（保有特定個人情報を除く。以下この条において同じ。）を提供する場合又は専ら統計の作成又は学術研究の目的のために保有個人情報を提供する場合において、必要があると認めるときは、保有個人情報の提供を受ける者に対し、提供に係る個人情報について、その利用の目的若しくは方法の制限その他必要な制限を付し、又はその漏えいの防止その他の個人情報の適切な管理のために必要な措置を講ずることを求めるものとする。

施行期日

○　番号法附則第１条第４号に掲げる規定の施行の日（平成28年１月）から施行する。
○　ただし、特定個人情報の提供の制限に関する規定は、番号法附則第１条に掲げる規定の施行の日（平成27年10月）、情報提供等記録に関する規定は、番号法附則第１条第５号に掲げる規定の施行の日（平成29年１月）から施行する。

マイナンバー制度の導入に係る地方自治体への財政措置

7

7 マイナンバー制度の導入に係る地方自治体への財政措置

マイナンバー制度の導入に係る地方自治体への財政措置について

平成27年度からマイナンバー制度がいよいよ導入されることとなり，平成27年10月からは住民一人一人に付番される「個人番号」を通知する「通知カード」が全世帯（全住民）に郵送されることとなった。

また，平成28年1月からは個人番号の「利用」が開始され，希望する住民は，申請（通知カードの郵送時に申請書も同封される。）により，本人確認書類としての利用，また各種行政サービスの提供を受けることができる「個人番号カード」の交付を受けることが可能となる。

さらに，平成29年1月からは国の行政機関等間における「情報連携」が開始され，同年7月からは地方公共団体等との間においても開始され，全ての行政機関等間において情報連携が可能となる予定である。

まさにマイナンバー制度の本格実施を目前に控え，現在，地方自治体においても，組織上及び情報システム上の体制整備等について，急ピッチで準備が進められている状況であり，政府としては，地方自治体における所要の経費について適切に支援すべく，平成27年度の予算案及び地方財政措置案上において所要の経費を計上していることから，本稿においては，主に総務省におけるマイナンバー制度に係る地方自治体向けの各種財政上の措置について，解説することとしたい。

1　各種措置の概要について

個人番号制度の導入に係る地方公共団体への財政措置（平成27年度・総務省所管分）

（　）内の値は前年度予算

①　個人番号カードの発行等の実施：483.2億円（2.2億円）
※前年度は地方公共団体情報システム機構への委託費

・地方公共団体情報システム機構への通知カード・個人番号カード関連事務の委任に係る市町村の交付金に対する補助金

・市町村における個人番号カード交付事務に係る経費に対する補助金

②　番号制度構築に係る地方公共団体の関係システム整備への支援：120.9億円（311.3億円）

・地方公共団体において、番号制度の導入に当たって必要となる、関係情報システムの整備に係る補助金＜26補正409.3億円＞※社会保障関係システムについては、厚生労働省において予算措置

③　その他の番号制度に係る支援措置

・地方公共団体において使用する情報連携等のための端末・機器等に要する経費及びデータの移行に要する経費について普通交付税措置を実施

（参考）個人番号制度の導入に係る国によるシステム開発等の予算措置（平成27年度・総務省所管分）

④　個人番号の付番の実施：14.2億円（31.8億円）

・個人番号の付番開始（平成27年10月予定）に向けたシステム開発などを引き続き実施

⑤　総合行政ネットワークの改修に要する経費：2.4億円（新規）

・情報連携に用いるネットワークとして総合行政ネットワークに必要不可欠となる改修等を実施

①個人番号カードの発行等の実施（その１・予算の前提）

通知カード

・初期の通知カード関係書類の送付先：約5,400万世帯（平成27年10月より）
　以降は新規分として年間140万人に送付

・通知カードの素材：紙

・通知カード送付の際、個人番号カード交付申請書も同封

・通知カードの送付方法：簡易書留

・通知カードと交付申請書の単価：17.9円/枚（障害者用音声コードあり）

個人番号カード

・無料交付

・個人番号カード発行枚数：1,500万枚（平成27年度：1,000万枚、平成28年度：500万枚）

・個人番号カード単価：700円／枚

・電子証明書：200円／枚

再発行手数料

・通知カードの再発行手数料：500円

・個人番号カードの再発行手数料：1,000円
　※各市町村において手数料条例で定める必要あり

①個人番号カードの発行等の実施（その２・予算の内容）

個人番号カードの発行等の実施：483.2億円

個人番号カード交付事業費補助金:443.2億円

【内容】
番号法総務省令第35条第1項に基づき、地方公共団体情報システム機構（以下「J-LIS」という）への通知カード・個人番号カード関連事務の委任に係る市町村の交付金に対して補助金を措置（補助率10/10）

委任を受け、J-LISにおいて実施する事業は以下のとおり。
（１）個人番号カード発行等事業を行うためのプロジェクト管理事業　0.8億円
（２）通知カード等の作成・発送事業　267.0億円　（0.7億円）
（３）個人番号カードの申込処理事業　48.1億円　（26.4億円）
（４）個人番号カードの製造・発行事業　112.5億円　（66.2億円）
（５）個人番号カード機能の一時停止等のためのコールセンター事業　14.9億円　（3.9億円）

※数字の単位は億円。（　）内の数字は平成28年度国庫債務負担行為。

【対象】
市町村

個人番号カード交付事務費補助金:40.0億円

【内容】
市町村における個人番号カード交付事務に係る経費に対して補助金を措置
（主に臨時職員等追加のための経費を対象。詳細については今後補助金交付要綱において規定）

【対象】
市町村

②番号制度構築に係る地方公共団体の関係システム整備への支援

■国庫補助の対象

・番号制度の導入に係る地方公共団体のシステム整備（下記システム）のうち、直接的に番号制度の導入に係る経費を対象として、予算の範囲内において、総務大臣が認めた額を国庫補助金として措置。

（単位：億円）

項目		H26当初	H26補正（案）	H27当初（案）	H26+27
		国庫補助金	国庫補助金	国庫補助金	国庫補助金
住基システム	補助率 10/10	123.5	120.2	－	243.7
税務システム	補助率 2/3	126.8	－	120.9	247.7
団体内統合宛名システム等	補助率 10/10	41.3	163.9	－	205.1
中間サーバー整備（ハードウェア）	補助率 10/10	19.7	125.3	－	145.0
合計		311.3	409.3	120.9	841.5
			合計　530.2　（240億円増）		

■税務システムの国庫裏負担分（1/3）については、普通交付税及び特別交付税措置。　また、上記システム整備に伴い生ずるランニング経費については、地方財政措置。

③その他の番号制度に係る支援措置

③－1　情報連携等のための端末・機器等

1．目的・必要性

・税部局や福祉部局等が番号法別表に掲げられた事務を実施する場合には、ＣＳ端末等を設置し、情報連携を行うことや本人確認情報の提供を受けることが必要。
・市区町村における個人番号カードの交付に当たっては、カードの普及の観点からもカードの交付前設定を行うためのＣＳ端末の増設が必要。
・各行政機関間で情報提供ネットワークシステムを介して情報連携を行うため、中間サーバーに接続する権限管理や情報提供・照会等の操作を行うための端末を設置。

2．地方財政措置対象予定項目

ＣＳ端末（業務端末）等、タッチパネル、情報連携等のための端末について、普通交付税措置を実施予定。

③－2　データ移行経費

1．目的・必要性

・番号制度では、情報提供ネットワークシステムを介し情報連携を行うため、各行政機関において、情報連携機能を持った中間サーバーを整備し、中間サーバーに既存業務システムにおける個人情報の副本を登録した上で、当該情報を利用。
・このため、全ての地方団体において整備する中間サーバーに各業務システムから、統一的なデータ標準の形式で個人情報の副本を登録することが必要。

2．地方財政措置対象予定項目

中間サーバーへのデータ移行作業費について、普通交付税措置を実施予定。

④（参考）個人番号の付番の実施

背景と目的

・社会保障・税番号制度については、番号制度関連４法が平成25年５月24日に成立したことを受け、個人番号の利用開始に向け、所要の準備を進めているところ。
・社会保障・税番号制度：複数の機関に存在する個人や法人の情報を同一人の情報であるということの確認を行うため、付番、情報連携、本人確認の仕組みを構築するもの。

施策の概要

以下の項目について、構築・改修すべきシステムの設計・開発・テスト等を行う。

（１）付番関係
・個人番号の生成を行うシステムを構築
・本人確認情報に個人番号を追加するための住基ネットの改修
・情報提供ネットワークシステムに対し、住民票コードの提供を行うためのシステムを構築

（２）公的個人認証サービス
・マイポータルに安全にログインすることができる利用者証明用電子証明書の発行等を行うためのシステム等を構築

（３）個人番号カード開発
・個人番号カードの業務アプリケーション等を開発
・個人番号カード委託発行・管理システムを構築

予算額

平成27年度　1,420百万円　※平成24年度～平成27年度　10,394百万円

⑤（参考）総合行政ネットワークの改修に要する経費

概　要

・平成25年５月に行政手続における特定の個人を識別するための番号の利用等に関する法律（番号法）が成立し、社会保障制度、税制その他の行政分野における給付と負担の適切な維持に資することを基本理念として、情報提供ネットワークシステムを利用して行政機関等間における情報連携が行われることとされたところ。

・この情報連携に用いられるネットワーク回線については、既存の総合行政ネットワーク（ＬＧＷＡＮ）等を活用することとされており、平成28年度からの情報連携開始に先駆け、平成27年度より全国的な運用テスト等が予定されているところ。

・このため、情報連携に用いるネットワークとして総合行政ネットワークに必要不可欠となる以下の改修等を実施し、情報連携の円滑な導入及び安定的な運用を行う。

事業内容

① ＩＰｖ６通信への対応のための要件定義、通信設計・構築、通信機器設置、既存システムの設定変更等

② 情報連携に用いる情報提供ネットワークシステムにおける相互認証のための新たな電子証明書の要件定義、証明書等設計・構築、開発等

所用経費

平成27年度予算案　2.4億円（新規）

個人番号カードの多目的利用に要する経費に係る特別交付税措置

1　趣旨

個人番号カードの多目的利用（コンビニ交付、印鑑登録証、図書館利用カード等）の導入推進を図るため財政支援を行う。

2　算定方法

50%　特別交付税措置（上限５千万円）	

総事業費　A＋B＋C　の合計額

算定対象となる経費

自治体クラウド化の推進に資する場合（①事業者の提供するサービスメニューによりクラウドを利用する場合、②自治体主体で構築したシステムを共同で利用する場合、③単独でシステムを導入する場合において、容易に①又は②に移行することが可能な標準化されたパッケージソフトを導入し構築する場合）で、

A　個人番号カードを、条例の定めるところにより条例で定める事務の処理のために、又はその券面や公的個人認証サービスの電子証明書を活用する方法により市町村行政サービスの向上のために利用（以下「多目的利用」という。）することを目的として、システムを導入する場合若しくは既存システムを改修する場合に必要となる、基本構成機器（サーバ機器、端末機器及びデータベース、暗号化モジュール、カードソケット、カードＡＰ等のソフトウェア一式）に係る購入又はリース、保守若しくは改造に要する経費として総務大臣が調査した額。

B　個人番号カードの多目的利用を目的として、各市町村とシステムを共同構築するために必要な専用線及びルータ等に係る購入又はリース、保守若しくは改造に要する経費として総務大臣が調査した額。

C　A及びBの導入若しくは改造に係るＳＩ費（機器環境設定、システムインストール、データ設定、チューニング作業、総合テスト、職員研修、既存のカード発行管理システムとコミュニケーションサーバの連携を行う場合の経費等）又はコンビニエンスストアにおける証明書交付を行うことを目的として設置された証明書交付センターの運営若しくはコンビニエンスストアの端末使用料等に要する経費として総務大臣が調査した額。

※　原則、過去３年度以内導入したもののうち、現年度執行見込額について措置。

2　具体的な措置の内容について

上記１について，以下のとおり具体的に解説していくこととする。

⑴　平成27年度総務省予算における措置

ア　個人番号カードの発行等の実施　　〈483.2億円〉(2.2億円)

㈠　個人番号カード交付事業費補助金

「行政手続における特定の個人を識別するための番号の利用等に関する法律」(平成25年法律第27号。以下「番号法」という。) 第７条に基づき，市町村長（特別区の区長を含む。以下同じ。）は平成27年10月から全住民に対して通知カードにより個人番号を通知することとされ，また，希望する住民は（同封された）個人番号カードの交付申請書により個人番号カードの交付を受けることができることとされている。

この一連の流れに伴い生ずる以下の事務については，業務の特殊性及び一括処理によるスケールメリット効果等を踏まえ，「行政手続における特定の個人を識別するための番号の利用等に関する法律の規定による通知カード及び個人番号カード並びに情報提供ネットワークシステムによる特定個人情報の提供等に関する省令」(平成26年総務省令第85号) 第35条

に基づく全市町村長からの委任により，地方公共団体情報システム機構（以下「機構」という。）において一括して実施することとされており，各市町村（特別区を含む。以下同じ。）が機構に対して負担することとなる経費相当分については，平成27年度予算案において総務省から市町村へ「個人番号カード交付事業費補助金」(10/10) として交付されることとなった。

〈通知カード及び個人番号カードに係る事務〉

※（　）内の数値は平成28年度国庫債務負担行為分

①　個人番号カード発行等事業を行うためのプロジェクト管理事業	0.8億円	
②　通知カード等の作成・発送事業	267.0億円	（ 0.7億円）
③　個人番号カードの申込処理事業	48.1億円	（26.4億円）
④　個人番号カードの製造・発行事業	112.5億円	（66.2億円）
⑤　個人番号カード機能の一時停止等のためのコールセンター事業	14.9億円	（ 3.9億円）

(イ)　個人番号カード交付事務費補助金　　40.0億円

また，上記のほか実際の市町村の窓口における個人番号カード関係事務に係る人件費等の追加に要する経費についても，別途補助金が交付されることとなった。

イ　番号制度構築に係る地方自治体の関係システム整備への支援

〈120.9億円〉(720.6億円)

番号制度の導入により，地方自治体は，個人番号の付番や情報提供ネットワークシステムを活用した情報連携など重要な業務を担うこととなるため，地方自治体が実施するシステム整備への支援として国庫補助金（「社会保障・税番号制度システム整備費補助金」）の交付を平成26年度から行うこととなった。

本補助の対象は，番号法第2条第14項に規定する情報提供ネットワークシステムの整備等に関連してマイナンバー制度の導入に必要となる情報システムとなり平成26年度当初予算においては，国において311.3億円の当該補助金を確保していたところである。

平成27年度予算要求においては，地方自治体からの要望額の内容等について精査を行うとともに，平成26年度当初予算編成時からの状況の変化（大型システム改修プロジェクトの集中による経費の増嵩（SE人件費等），基本4情報

保有機能の追加など）等を踏まえた増額要求を実施したところである。

この結果，平成26年度補正予算により409.3億円，平成27年度当初予算で120.9億円と，併せて530.2億円の予算を確保する予定となっている。これは平成26年度当初予算要求当時想定していた補助金額から約240億円の増額となる。

なお，これらのシステム整備に係る国庫補助金は飽くまでイニシャルコスト（導入初期における一時経費）に係るものに限定しており，以後の運用経費については地方財政措置にて対応することとされている。

〈国庫補助金に係る各種システムの状況〉

本事業の補助対象情報システムにおける経費は，マイナンバー制度の導入に伴い，直接的にマイナンバー制度の導入に係る経費を対象として，予算の範囲内において，総務大臣が認めた額を国庫補助金として措置することとされている。（飽くまで要綱・要領に基づく対象事業の補助であり，団体個別の事情により生ずる額などを含まないものである。）

(ア)　住民基本台帳システム　（補助率10/10）

平成26年当初：123.5億円　平成26年補正：120.2億円

⇒　個人番号の生成要求・保存・履歴管理を行うための機能の追加等の番号制度対応に関する機能の追加　等

(イ)　地方税務システム　（補助率2／3）

平成26年当初：126.8億円　平成27年当初：120.9億円

⇒　個人番号，法人番号をデータベースに追加するための機能・個人番号，法人番号の真正性を確認するための機能の追加等の番号制度対応に関する機能の追加　等

(ウ)　団体内統合宛名システム等　（補助率10/10）

平成26年当初：41.3億円　平成26年補正：163.9億円

⇒　団体内統合宛名番号等の付番をするための機能・個人番号を管理するための機能等の番号制度対応に関する機能の追加，新規整備の場合は設備費等

(エ)　自治体中間サーバー（ハードウェア）整備　（補助率10/10）

平成26年当初：19.7億円　平成26年補正：125.3億円

⇒　自治体中間サーバー（ハードウェア）の整備に係る経費（ソフトウェア

については別途，国において整備し，自治体中間サーバー・プラットフォームにおいて実装）

※　社会保障関係システムについては，厚生労働省において国庫補助金として措置

ウ　その他の番号制度に係る支援措置

(ア)　個人番号の付番等の実施　〈14.2億円〉（89.7億円）

マイナンバー制度の柱となる①付番，②情報連携，③本人確認の３つの仕組みについて早急にシステムを構築する必要があり，平成24年度から平成27年度までの４か年度（平成25年度～平成27年度は国庫債務負担行為分）にわたり事業を実施しているところであり，平成27年度はその最終年度となる。

実際には，国の事業として総務省から機構への委託という形で実施されており，具体的には，以下の業務に係るシステム構築を行うこととしている。

①　「個人番号」の生成を行うシステムの構築

住民基本台帳ネットワークシステム（以下「住基ネット」という。）の本人確認情報に個人番号を追加するための住基ネットの改修や情報提供ネットワークシステムに対し，住民票コードの提供を行うためのシステムを構築

②　公的個人認証サービスのシステム改修（マイポータル等で活用することとなった利用者証明用電子証明書の追加・有効期限の延長（５年））

③　個人番号カードの券面に基本４情報及び顔写真を記載し，「公的個人認証」及び「番号」をICチップに記録するためのICカードの仕様設計

(イ)　LGWAN（総合行政ネットワーク）の改修〈2.4億円〉（新規）

マイナンバー制度の運用に当たって，行政機関等間における情報連携を行うために新たに情報提供ネットワークシステムを構築することとされており，同システムに用いる回線については，既存のネットワークを活用することとされたことから，LGWANもその一端を担うこととなった。

具体的には，平成28年度からの情報連携開始に先駆け，平成27年度から全国的な運用テスト等が予定されており，情報連携に用いるネットワーク回線として必要不可欠な以下の改修等を実施し，情報連携の円滑な導入及び安定的な運用を行うもの。

①　IPv6通信への対応のための要件定義，通信設計・構築，通信機器設置，

既存システムの設定変更等

⇒ 現行のLGWANの通信プロトコルは「IPv4方式」を採用しているが，マイナンバー制度の情報連携においては，情報提供ネットワークシステム及び行政機関等の自治体中間サーバーを結ぶIFシステムは「IPv6方式」を導入することとされており，通信方式の違いから，現状のままでは両者間で通信を行うことができない状態となる。

このため，トンネリングルーター等の設置を行い，既存システムの接続仕様等を改修することで，部分的にIPv4回線でIPv6方式の通信を可能とする改修を実施するもの

② 情報連携に用いる情報提供ネットワークシステムにおける相互認証のための新たな電子証明書の要件定義，証明書等設計・構築，開発等

⇒ 国及び地方自治体の情報連携（情報照会・情報提供）では，各機関の自治体中間サーバー間で通信を行うが，その際サーバー相互の真正性を確認し，通信の安全性及び信頼性を確保することが必要となる。

このため，新たな電子証明書を発行し，自治体中間サーバー間における相互認証，真正性確認機能を構築する。

新たな電子証明書の発行等は，LGWAN内の既存の認証局を活用することとするため，自治体中間サーバーへの電子証明書の発行機能等を新たに追加するもの

(2) 平成27年度地方財政措置（数値は全て地方財政計画上の地方負担見込額ベース）【普通交付税】（都道府県分）

ア 業務端末・自治体中間サーバー管理・接続端末等 〈58.3億円〉（43.7億円）

「包括算定経費」・「１人口」・「１企画費」・「(5)情報管理等費」にて措置

⇒ 従来，住基ネットの運用に係る経費（住民基本台帳法（昭和42年法律第81号）第30条の10に基づき都道府県の業務については機構へ委任）について措置を行っているところ。

平成27年度の経費においては，マイナンバー制度の運用開始に伴う運用移行サポートセンターの設置，個人番号付番に伴う機器の増設，通信回線増強等，大幅な運用経費の増を措置する予定となっている。（一方で平成24年度から継続して実施してきた全国・都道府県のネットワーク更改作業が平成26年度で終了したことから，当該作業に係る一時経費は減となっている。）

上記に示した所要額は，従来の住基ネットの運用経費も含まれているため，その全てがマイナンバー制度導入に伴う経費ではないが，同制度

の運用には住基ネットが不可欠なシステムであることを踏まえ，参考までに全体経費をお示しするとともに，以下にマイナンバー制度導入に伴い生ずる主な事業と経費について説明することとする。

㋐ 業務端末の増設に係る経費（10.8億円）

マイナンバー制度の導入により，地方自治体内の税部局や福祉部局等が番号法別表に掲げられた事務を実施する場合には，業務端末等を設置し，情報連携を行うことや本人確認情報の提供を受けることが必要である。

具体的には，マイナンバー制度における業務端末の役割として，以下２点が挙げられる。

① 符号取得要求を行うこと。

⇒ 業務端末を操作し，情報提供ネットワークシステムに住民票コードを送信

② 本人確認情報の取得を行うこと。

⇒ 住民基本台帳等の事務の処理に関し，他の地方自治体から本人確認情報の提供を受ける場合は，業務端末を操作し，当該本人確認情報を受領

上記の事務に対応するための業務端末の増設に係る経費について，平成27年度において新たに措置する予定となっている。

㋑ 自治体中間サーバー管理・接続端末整備に係る経費

マイナンバー制度における情報提供ネットワークシステムを介した情報連携について， 地方自治体においても平成29年7月から自治体中間サーバー管理・接続端末を整備することが必要となることから，整備に係る経費について平成27年度において新たに措置する予定となっている。

㋒ データ移行経費に係る経費（12.6億円）

マイナンバー制度では，情報提供ネットワークシステムを介し情報連携を行うため，各行政機関において，既存業務システムにおける個人情報の副本を保有し情報連携機能を持った中間サーバーを整備することとされている。地方団体において情報連携を行うためには，各業務システムから中間サーバーへ，統一的なデータ標準の形式で個人情報の副本を登録（移行）する必要がある。

このデータ移行に係る経費について，平成27年度において新たに措置する予定となっている。

㈤ **その他**

上記のほかマイナンバー制度導入に伴い対応が必要となる住基ネット側の運用経費（ハードウェアリース料，保守料等）の増についても同様に措置する予定となっている。

イ LGWAN 〈18.4億円〉（17.5億円）

「包括算定経費」・「1人口」・「1企画費」・「⑸情報管理等費」にて措置

⇒ LGWANに係る次期システムへの機器等更改対応のための経費増を措置

（平成27年度においては，番号制度に直接関わる経費ではなくLGWANの従来の運用に要する経費であるが，LGWANが番号制度に活用されるツールとなるため，参考までにお示しするもの）

ウ 公的個人認証（JPKI） 〈18.3億円〉（14.8億円）

「包括算定経費」・「1人口」・「1企画費」・「⑸情報管理等費」にて措置

⇒ 平成28年1月以降，従来の署名用電子証明書に加え，新たに利用者証明用電子証明書を追加した新システムの稼働が予定されているところ。

利用者証明用電子証明書の機能が追加されることに加え，セキュリティ機能向上のためのシステムの冗長化や電子証明書の発行枚数増等に対応するシステムのレスポンス速度の向上等が図られた結果，サーバー類をはじめとする機器数が増加し，運用保守料も増となることから所要の経費を措置（約3.4億円増）したほか，新システム運用に合わせた開設時間延長等，ヘルプデスクの充実による市町村向けヘルプデスクの運用委託費の増等（約0.8億円増）を措置

一方で，平成28年1月から，電子証明書の発行主体が都道府県から地方公共団体情報システム機構に移行することとなるが，手数料の徴収事務については，引き続き市町村の事務として継続されることとなる予定。

当該手数料徴収事務については，「電子署名等に係る地方公共団体情報システム機構の認証業務に関する法律」（平成14年法律第153号。以下「公的個人認証法」という。）第67条により市町村に委託することができるとされており，機構から全市町村へ徴収事務を委託する予定であり，当該手数料徴収事務については，都道府県を経由せずに市町村に発生する事務手続に係る経費となるため，当該事務費相当分は都道府県分から市町村分に移し替えて計上されることとなった（約0.1億円減）ほか，事務所移転等サービスセンター運営経費のコスト削減による減（約

0.6億円減）を考慮し，措置する予定となっている。

エ　地方税務システム　〈10.6億円〉（16.4億円）

「包括算定経費」・「1人口」・「1企画費」・「(5)情報管理等費」にて措置

⇒　社会保障・税番号制度システム整備費補助金（地方税務システム分）については，対象経費の2／3が交付されることとされているが，残りの1／3のうち各団体において定型的に生ずる経費を普通交付税により措置する予定となっている。

さらに，システム環境に応じた変動部分に係る経費について，別途特別交付税にて措置する予定となっている。

【普通交付税】（市町村分）

オ　統合（旧CS）端末・自治体中間サーバー管理・接続端末等

〈94.0億円〉（35.3億円）

「戸籍住民基本台帳費」：（細目）住民基本台帳費（細節）一般経費・委託料にて措置　※　自治体中間サーバー関係以外

「包括算定経費」・「1人口」・「1企画費」・「(3)情報管理等費」にて措置

※　自治体中間サーバー関係

⇒　ここでは，従来，住基ネットの運用に係る経費について措置を行っているところであるが，平成27年度の経費においてはマイナンバー制度の運用開始に伴うタッチパネルの導入，統合端末とプリンタの台数増設に係る経費及び個人番号カードへの移行に伴うICカード発行機の撤去に係る経費について増減の措置を行っている。

上記に示した所要額は，従来の住基ネットの運用経費も含まれているため，その全てがマイナンバー制度導入に伴う経費ではないが，マイナンバー制度の運用には住基ネットが不可欠なシステムであることを踏まえ，参考までに全体経費をお示しするとともに，以下にマイナンバー制度導入に伴い生ずる主な事業と経費について説明する。

(ア)　**統合端末の増設に係る経費（10.8億円）**

マイナンバー制度の導入により，税部局や福祉部局等が番号法別表に掲げられた事務を実施する場合には，統合端末等を設置し，情報連携を行うことや本人確認情報の提供を受けることが必要である。

また，現行の住基カードと比べて個人番号カードは非常に大量の枚数を発行する予定となるため，現行の統合端末の台数では対応できない市町村もあり，その普及に伴い，新たに統合端末を設置する必要が生じるところ。

具体的には，マイナンバー制度における統合端末の役割として，以下の３点があげられる。

① 符号取得要求を行うこと。

⇒ 統合端末を操作し，情報提供ネットワークシステムに住民票コードを送信

② 本人確認情報の取得を行うこと。

⇒ 住民基本台帳等の事務の処理に関し，他の地方自治体から本人確認情報の提供を受ける場合は，統合端末を操作し，当該本人確認情報を受領

③ 個人番号カードの発行を行うこと。

⇒ 個人番号カードの発行を行う際，各市町村においてカードが使用できるよう設定し，独自利用のアプリの設定を行うために統合端末を操作

上記の事務に対応するための統合端末の増設に係る経費について，平成27年度において新たに措置する予定となっている。

(イ) タッチパネル設置に係る経費（0.8億円）

現在，公的個人認証サービスに係る電子証明書については，市町村窓口に設置されている専用の受付端末等を用い発行業務等を行っているところ。

平成28年１月から，電子証明書の発行主体が都道府県から機構に移行することに伴い，機構において電子証明書の個人番号カードへの格納等を実施することとなる。

市町村の窓口では電子証明書の発行等は行わないが，機構が作成した電子証明書が格納された個人番号カードを本人確認の上，利用者自身にパスワード設定を行ってもらい交付する事務は引き続き存続することとなる。

現在，住基カードの発行等に用いられているCS端末のシステム要件及び運用要件の見直しの結果，このCS端末にタッチパネルを設置することで，CS端末と公的個人認証の受付端末の統合が可能（CS端末で電子証明書のパスワード設定が可能）となる。

現行の公的個人認証の受付端末機能をCS端末に移行させ，従来の公的個人認証の受付端末の設置が不要となることから，タッチパネル設置に係る経費について，平成27年度において新たに措置する予定となっている。

(ウ) 自治体中間サーバー管理・接続端末整備に係る経費

マイナンバー制度における情報提供ネットワークシステムを介した情報連

携について，地方自治体においても平成29年7月から自治体中間サーバー管理・接続端末を整備することが必要となることから，整備に係る経費について平成27年度において新たに措置する予定となっている。

㈡ データ移行経費に係る経費（40.5億円）

マイナンバー制度では，情報提供ネットワークシステムを介し情報連携を行うため，各行政機関において，既存業務システムにおける個人情報の副本を保有し情報連携機能を持った中間サーバーを整備することとされている。

地方自治体において情報連携を行うためには，各業務システムから中間サーバーへ，統一的なデータ標準の形式で個人情報の副本を登録（移行）する必要がある。

このデータ移行に係る経費について，平成27年度において新たに措置する予定となっている。

㈭ その他

上記のほかマイナンバー制度導入に伴い対応が必要となる住基ネット側の運用経費（ハードウェアリース料，保守料等）の増についても同様に措置する予定となっている。

カ LGWAN 〈73.6億円〉（73.6億円）

「包括算定経費」·「1人口」·「1企画費」·「⑶情報管理等費」にて措置

⇒ LGWANに係るサービス提供設備やアクセス回線使用料について所要の経費を措置しているところ。

（平成27年度においては，番号制度に直接関わる経費ではなくLGWANの従来の運用に要する経費であるが，LGWANが番号制度に活用されるツールとなるため，参考までにお示しするもの）

キ 公的個人認証（JPKI） 〈19.2億円〉（22.3億円）

「包括算定経費」·「1人口」·「1企画費」·「⑶情報管理等費」にて措置

⇒ 電子証明書の発行主体が都道府県から地方公共団体情報システム機構に変わることにより，機構が自ら個人番号カードに電子証明書を格納することとなる。このため，現在市町村窓口に設置されている電子証明書発行等のための窓口端末等は，平成28年1月からCS端末と統合（パスワード設定のためのタッチパネルを統合端末に新たに設置）され，窓口端末は廃止されるため，四半期分の保守料等が皆減（約3.3億円減）。

このほか，公的個人認証法第67条により，機構は市町村に事務を委託することができるとされており，実際にも機構から全市町村へ徴収事務を委託する予定であり，当該手数料徴収事務については，都道府県を経由せずに市町村に発生する事務手続に係る経費となるため，当該事務費相当分は都道府県分から市町村分に移し替えて計上されることとなったもの（約0.1億円増）。

ク　地方税務システム　〈49.8億円〉（46.9億円）

「包括算定経費」・「1人口」・「1企画費」・「⑶情報管理等費」

⇒　社会保障・税番号制度システム整備費補助金（地方税務システム分）については，対象経費の2／3が交付されることとされているが，残りの1／3のうち，各団体において定型的に生ずる経費を普通交付税により措置する予定となっている。

さらに，システム環境に応じた変動部分に係る経費について，別途特別交付税にて措置する予定となっている。

【特別交付税】（市町村分）

○　個人番号カードの多目的利用に要する経費（対象事業費の50％（上限5千万円））

（経緯・概要）

住民基本台帳カードの多目的利用等に要する経費については，従来，特別交付税により措置されてきたところであるが，平成27年度からの個人番号カードの導入に伴い，住民基本台帳カードの普及・促進に関する特別交付税措置は平成26年度までとされた。

しかしながら，

① コンビニ交付サービスの普及による住民の利便性の向上及び人件費等の削減による行政の効率化の推進

② 関連する地方自治体の基幹システム全体のクラウド化の呼び水とすることによる自治体システムに係る導入・運用コストの削減

といった効果が期待されることに鑑み，自治体クラウド化の推進を加速させる趣旨から以下の条件のもとに，個人番号カードの多目的利用（コンビニ交付，印鑑登録証，図書館利用カード等）の導入推進を図るため財政支援を行うこととされた。

〈条件〉

平成26年度から平成30年度までの間において，自治体クラウド化の推進に資する以下の①～③の場合を条件とするもの

① 事業者の提供するサービスメニューによりクラウドを利用する場合

② 地方自治体主体で構築したシステムを共同で利用する場合

③ 単独でシステムを導入する場合において，容易に①又は②に移行することが可能な標準化されたパッケージソフトを導入し構築する場合

(措置の内容)

A 個人番号カードを，条例の定めるところにより条例で定める事務の処理のために，又はその券面や公的個人認証サービスの電子証明書を活用する方法により市町村行政サービスの向上のために利用（以下「多目的利用」という。）することを目的として，システムを導入する場合若しくは既存システムを改修する場合に必要となる，基本構成機器（サーバー機器，端末機器及びデータベース，暗号化モジュール，カードソケット，カードAP等のソフトウェア一式）に係る購入又はリース，保守若しくは改造に要する経費として総務大臣が調査した額

B 個人番号カードの多目的利用を目的として，各市町村とシステムを共同構築するために必要な専用線及びルータ等に係る購入又はリース，保守若しくは改造に要する経費として総務大臣が調査した額

C A及びBの導入若しくは改造に係るSI費（機器環境設定，システムインストール，データ設定，チューニング作業，総合テスト，職員研修，既存のカード発行管理システムとコミュニケーションサーバの連携を行う場合の経費等）又はコンビニエンスストアにおける証明書交付を行うことを目的として設置された証明書交付センターの運営若しくはコンビニエンスストアの端末使用料等に要する経費として総務大臣が調査した額

※ 原則，過去３年度以内に導入したもののうち，現年度執行見込額について措置

なお，住民基本台帳カードの交付に対する特別交付税措置（前年度の９月１日から当該年度の８月31日までの交付実績枚数に対して1,000円を乗じた額に対し措置）については，平成26年８月末交付分を最後に廃止されることとなった。

7　マイナンバー制度の導入に係る地方自治体への財政措置

住民基本台帳カードは，個人番号カードの交付が開始される平成28年1月以降においても，既に交付され有効期間が満了していないものについては引き続き利用することが可能であるが，住民基本台帳カードからの速やかな移行を推進し，個人番号カードの普及を促進する観点から，個人番号カードの発行及び交付に係る経費について国の予算において措置され，初回交付分については無料とすることとされており，これらを踏まえたものと考えられる。

以上

マイナンバー制度　導入に向けた最近の動き

・マイナンバー制度の概要と最新動向について
（内閣官房社会保障改革担当室）…………………(32)

・地方公共団体における社会保障・税番号制度の導入について
（総務省自治行政局住民制度課）…………………(47)

・自治体中間サーバーの整備等について
（総務省大臣官房企画課個人番号企画室）………(64)

・マイナンバー制度に係る地方税分野の業務について
（総務省自治税務局市町村税課）…………………(67)

・特定個人情報の適正な取扱いに関するガイドラインのポイント
（特定個人情報保護委員会事務局）………………(70)

・社会保障分野における番号制度の導入に向けて
（厚生労働省）……………………………………(74)

・法人番号について
　法人番号で，わかる。つながる。ひろがる。
（国税庁・内閣府）………………………………(91)

・法人番号の情報提供機能に係る仕様
（国税庁長官官房企画課法人番号準備室）………(94)

資料　マイナンバー制度の概要と最新動向について（１ページ）
提供）内閣官房社会保障改革担当室

社会保障・税番号制度の導入趣旨

番号制度は、複数の機関に存在する個人の情報を同一人の情報であるということの確認を行うための基盤であり、社会保障・税制度の効率性・透明性を高め、国民にとって利便性の高い公平・公正な社会を実現するための社会基盤（インフラ）である。

社会保障・税・災害対策の各分野で番号制度を導入

効果

- より正確な所得把握が可能となり、社会保障や税の給付と負担の公平化が図られる
- 真に手を差し伸べるべき者を見つけることが可能となる
- 大災害時における真に手を差し伸べるべき者に対する積極的な支援に活用できる
- 社会保障や税に係る各種行政事務の効率化が図られる
- ＩＴを活用することにより添付書類が不要となる等、国民の利便性が向上する
- 行政機関から国民にプッシュ型の行政サービスを行うことが可能となる

実現すべき社会

- より公平・公正な社会
- 社会保障がきめ細やかかつ的確に行われる社会
- 行政に過誤や無駄のない社会
- 国民にとって利便性の高い社会
- 国民の権利を守り、国民が自己情報をコントロールできる社会

資料　マイナンバー制度の概要と最新動向について（２ページ）
提供）内閣官房社会保障改革担当室

社会保障・税番号制度の仕組み

◎個人に
①悉皆性（住民票を有する全員に付番）
②唯一無二性（1人1番号で重複の無いように付番）
③「民−民−官」の関係で流通させて利用可能な視認性（見える番号）
④最新の基本4情報（氏名、住所、性別、生年月日）と関連付けられている
新たな「個人番号」を付番する仕組み。

◎法人等に上記①〜③の特徴を有する「法人番号」を付番する仕組み。

①付番

②情報連携

◎複数の機関間において、それぞれの機関ごとに個人番号やそれ以外の番号を付して管理している同一人の情報を紐付けし、相互に活用する仕組み

- 連携される個人情報の種別やその利用事務を番号法で明確化
- 情報連携に当たっては、情報提供ネットワークシステムを利用することを義務付け（※ただし、官公庁が源泉徴収義務者として所轄の税務署に源泉徴収票を提出する場合などは除く）

③本人確認

◎個人が自分が自分であることを証明するための仕組み

◎個人が自分の個人番号の真正性を証明するための仕組み。

- ＩＣカードの券面とＩＣチップに個人番号と基本４情報及び顔写真を記載した個人番号カードを交付
- 正確な付番や情報連携、また、成りすまし犯罪等を防止する観点から不可欠な仕組み

資料 マイナンバー制度の概要と最新動向について（3ページ）
提供）内閣官房社会保障改革担当室

個人番号･法人番号の付番

個人に付する「個人番号」（マイナンバー）

付番	➢ 市町村長は、住民票に住民票コードを記載したときは、速やかに、個人番号を指定し、その者に対し、当該個人番号を通知カードにより通知しなければならない。（第7条第1項） ※対象者は住民票コードが住民票に記載されている日本の国籍を有する者、中長期在留者、特別永住者等の外国人。 ※所管は総務省、市町村の事務は法定受託事務。 ※個人番号の桁数は、１２桁。
変更	➢ 市町村長は、個人番号が漏えいして不正に用いられる恐れがあると認められるときは、請求又は職権により、従前の個人番号に代えて、新たな個人番号を指定し、通知カードにより通知しなければならない。（第7条第2項）
番号生成機関	➢ 市町村長は、個人番号を指定するときは、あらかじめ地方公共団体情報システム機構に対し、指定しようとする者に係る住民票コードを通知し、個人番号とすべき番号の生成を求める。（第8条第1項） ➢ 地方公共団体情報システム機構は、①他のいずれの個人番号とも異なり、②住民票コードを変換して得られるものであり、③住民票コードを復元することのできる規則性を備えるものでない番号を生成し、市町村長に通知する。（第8条第2項）

法人等に付する「法人番号」

付番	➢ 国税庁長官は、法人等に対して、法人番号を指定し、通知する。（第58条第1項） ※所管は国税庁。 ※法人番号の桁数は、１３桁。 ➢ 国税庁長官は、法人番号指定のため、法務大臣に対し、会社法人等番号の提供を求めることができる。（第60条） ➢ 法人番号の付番対象（第58条第1項、第2項） ① 国の機関及び地方公共団体　② 会社法その他の法令の規定により設立の登記をした法人 ③ ①②以外の法人又は人格のない社団等で、税法上、給与等の支払をする事務所の開設等の届出書、内国普通法人等の設立の届出書、外国普通法人となった旨の届出書、収益事業開始の届出書を提出することとされているものなど、一定の要件に該当するもの ④ ①～③以外の法人又は人格のない社団等であって、政令で定める一定の要件に該当するもので、国税庁長官に届け出たもの
変更・通知、検索及び閲覧	➢ 法人番号は変更不可 ➢ 国税庁長官は、付番した法人番号を当該法人等に書面により通知 ➢ 法人番号は官民を問わず様々な用途で利活用 ※法人等の基本３情報（商号又は名称、本店又は主たる事務所の所在地、法人番号）の検索・閲覧可能なサービスをホームページ等で提供。ただし、人格のない社団の場合は、予め同意のある場合のみ。

資料 マイナンバー制度の概要と最新動向について（４ページ）
提供）内閣官房社会保障改革担当室

個人番号の利用範囲

別表第一（第9条関係）

社会保障分野	年金分野	⇒年金の資格取得･確認、給付を受ける際に利用。 ○国民年金法、厚生年金保険法による年金である給付の支給に関する事務 ○国家公務員共済組合法、地方公務員等共済組合法、私立学校教職員共済法による年金である給付の支給に関する事務 ○確定給付企業年金法、確定拠出年金法による給付の支給に関する事務 ○独立行政法人農業者年金基金法による農業者年金事業の給付の支給に関する事務　等
	労働分野	⇒雇用保険等の資格取得・確認、給付を受ける際に利用。ハローワーク等の事務等に利用。 ○雇用保険法による失業等給付の支給、雇用安定事業、能力開発事業の実施に関する事務 ○労働者災害補償保険法による保険給付の支給、社会復帰促進等事業の実施に関する事務　等
	福祉・医療・その他分野	⇒医療保険等の保険料徴収等の医療保険者における手続、福祉分野の給付、生活保護の実施等低所得者対策の事務等に利用。 ○児童扶養手当法による児童扶養手当の支給に関する事務 ○母子及び寡婦福祉法による資金の貸付け、母子家庭自立支援給付金の支給に関する事務 ○障害者総合支援法による自立支援給付の支給に関する事務 ○特別児童扶養手当法による特別児童扶養手当等の支給に関する事務 ○生活保護法による保護の決定、実施に関する事務 ○介護保険法による保険給付の支給、保険料の徴収に関する事務 ○健康保険法、船員保険法、国民健康保険法、高齢者の医療の確保に関する法律による保険給付の支給、保険料の徴収に関する事務 ○独立行政法人日本学生支援機構法による学資の貸与に関する事務 ○公営住宅法による公営住宅、改良住宅の管理に関する事務　等
税分野		⇒国民が税務当局に提出する確定申告書、届出書、調書等に記載。当局の内部事務等に利用。
災害対策分野		⇒被災者生活再建支援金の支給に関する事務等に利用。 ⇒被災者台帳の作成に関する事務に利用。

⇒上記の他、社会保障、地方税、防災に関する事務その他これらに類する事務であって地方公共団体が条例で定める事務に利用。

資料 マイナンバー制度の概要と最新動向について（5ページ）
提供）内閣官房社会保障改革担当室

番号制度における情報連携の概要

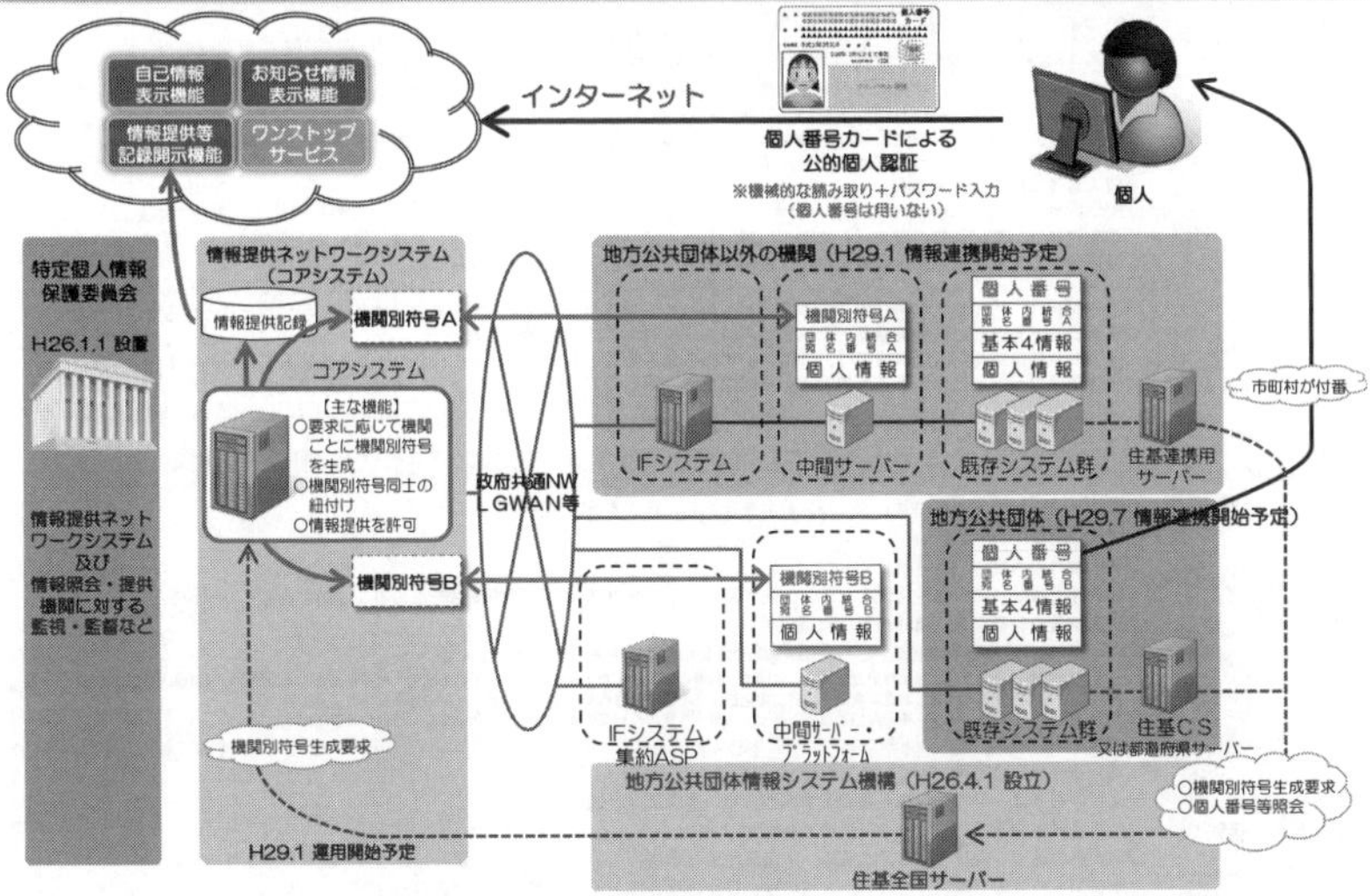

資料 マイナンバー制度の概要と最新動向について（6ページ）
提供）内閣官房社会保障改革担当室

社会保障・税番号制度における安心・安全の確保

番号制度に対する国民の懸念

- 個人番号を用いた個人情報の追跡・名寄せ・突合が行われ、集積・集約された**個人情報が外部に漏えい**するのではないかといった懸念。
- 個人番号の不正利用等（例：他人の個人番号を用いた**成りすまし**）等により財産その他の被害を負うのではないかといった懸念。
- 国家により個人の様々な個人情報が個人番号をキーに名寄せ・突合されて**一元管理**されるのではないかといった懸念

制度面における保護措置

① 番号法の規定によるものを除き、特定個人情報の収集・保管、特定個人情報ファイルの作成を禁止（番号法第20条、第28条）
② 特定個人情報保護委員会による監視・監督（番号法第50条～第52条）
③ 特定個人情報保護評価（番号法第26条、第27条）
④ 罰則の強化（番号法第67条～第77条）
⑤ マイ・ポータルによる情報提供等記録の確認（番号法附則第6条第5項）

システム面における保護措置

① 個人情報を一元的に管理せずに、分散管理を実施
② 個人番号を直接用いず、符号を用いた情報連携を実施
③ アクセス制御により、アクセスできる人の制限・管理を実施
④ 通信の暗号化を実施

資料　マイナンバー制度の概要と最新動向について（7ページ）
提供）内閣官房社会保障改革担当室

個人情報の管理の方法について

×　番号制度が導入されることで、各行政機関等が保有している個人情報を特定の機関に集約し、その集約した個人情報を各行政機関が閲覧することができる『一元管理』の方法をとるものではない。

○　番号制度が導入されても、従来どおり個人情報は各行政機関等が保有し、他の機関の個人情報が必要となった場合には、番号法別表第二で定められるものに限り、情報提供ネットワークシステムを使用して、情報の照会・提供を行うことができる『分散管理』の方法をとるものである。

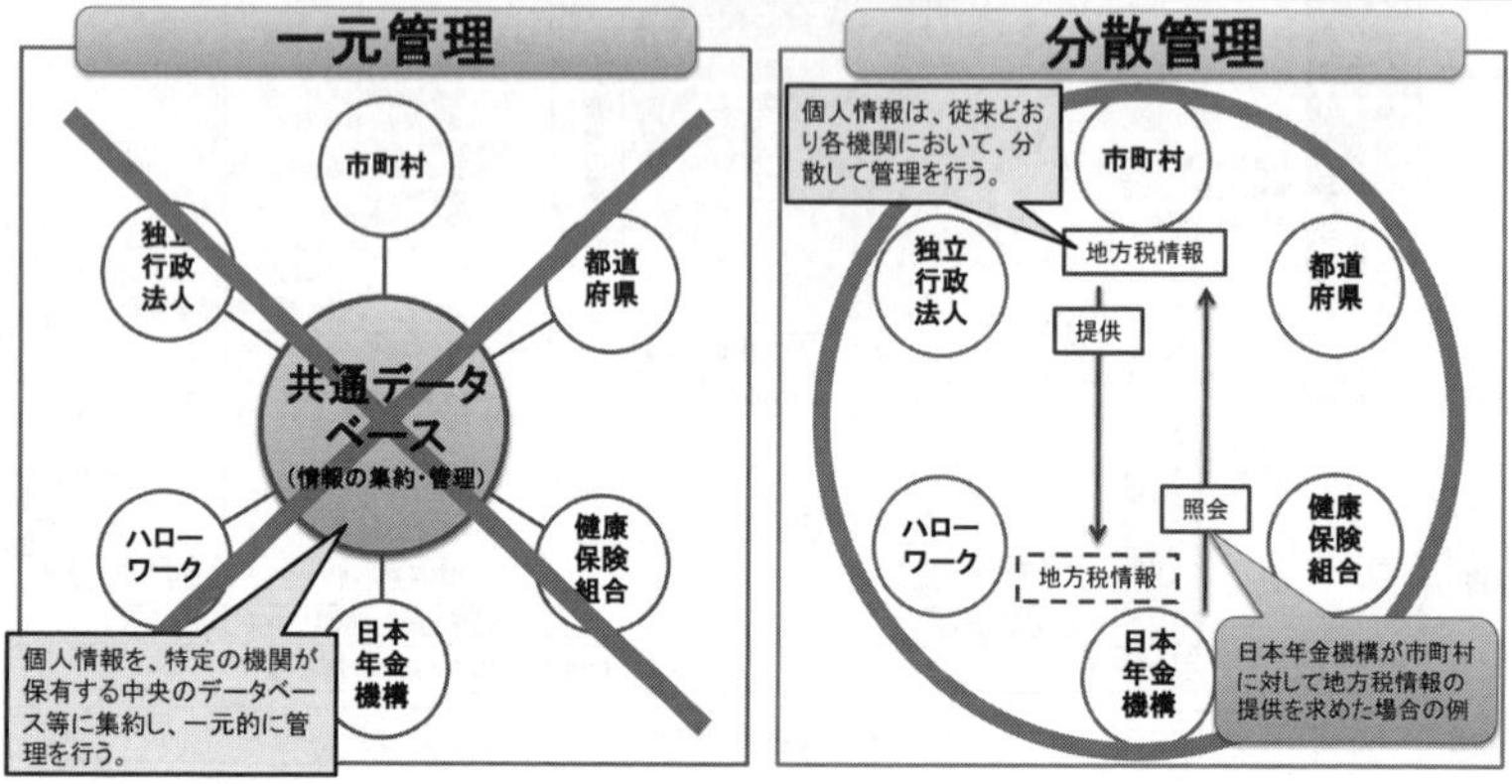

資料　マイナンバー制度の概要と最新動向について（8ページ）
提供）内閣官房社会保障改革担当室

罰則の強化

	行為	法定刑	同種法律における類似規定の罰則			
			行政機関個人情報保護法・独立行政法人等個人情報保護法	個人情報保護法	住民基本台帳法	その他
1	個人番号利用事務等に従事する者が、正当な理由なく、特定個人情報ファイルを提供	4年以下の懲役or 200万以下の罰金or 併科	2年以下の懲役or 100万以下の罰金	―	―	
2	上記の者が、不正な利益を図る目的で、個人番号を提供又は盗用	3年以下の懲役or 150万以下の罰金or 併科	1年以下の懲役or 50万以下の罰金	―	2年以下の懲役or 100万以下の罰金	
3	情報提供ネットワークシステムの事務に従事する者が、情報提供ネットワークシステムに関する秘密の漏えい又は盗用	同上	―	―	同上	
4	人を欺き、人に暴行を加え、人を脅迫し、又は、財物の窃取、施設への侵入等により個人番号を取得	3年以下の懲役or 150万以下の罰金	―	―	―	（割賦販売法・クレジット番号）3年以下の懲役or 50万以下の罰金
5	国の機関の職員等が、職権を濫用して特定個人情報が記録された文書等を収集	2年以下の懲役or 100万以下の罰金	1年以下の懲役or 50万以下の罰金	―	―	
6	委員会の委員等が、職務上知り得た秘密を漏えい又は盗用	同上	―	―	1年以下の懲役or 30万以下の罰金	
7	委員会から命令を受けた者が、委員会の命令に違反	2年以下の懲役or 50万以下の罰金	―	6月以下の懲役or 30万以下の罰金	1年以下の懲役or 50万以下の罰金	
8	委員会による検査等に際し、虚偽の報告、虚偽の資料提出をする、検査拒否等	1年以下の懲役or 50万以下の罰金	―	30万以下の罰金	30万以下の罰金	
9	偽りその他不正の手段により個人番号カードを取得	6月以下の懲役or 50万以下の罰金	―		30万以下の罰金	

資料 マイナンバー制度の概要と最新動向について（9ページ）
提供）内閣官房社会保障改革担当室

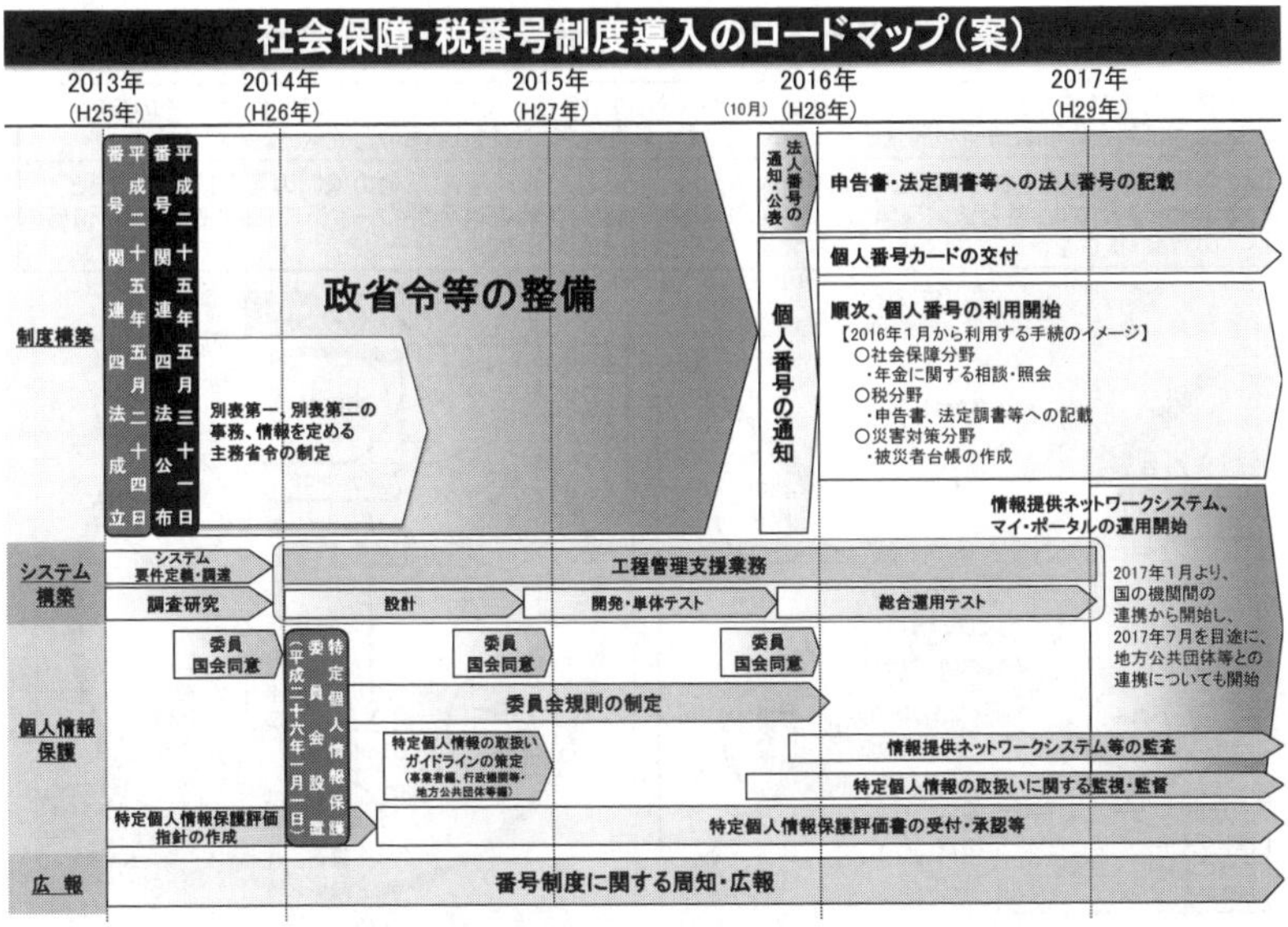

資料 マイナンバー制度の概要と最新動向について（10ページ）
提供）内閣官房社会保障改革担当室

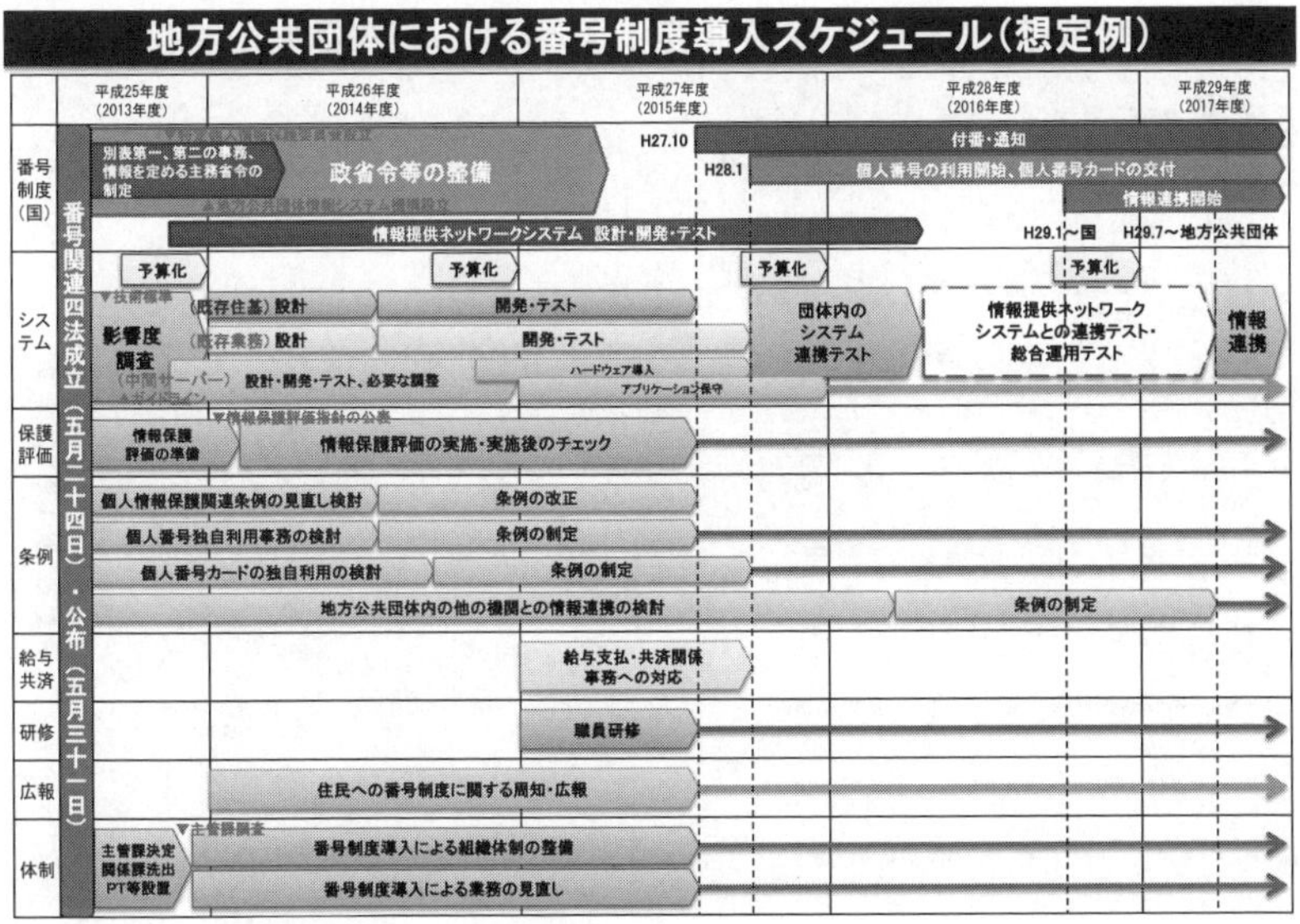

資料　マイナンバー制度の概要と最新動向について（11ページ）
提供）内閣官房社会保障改革担当室

番号法政省令の準備状況について

- **行政手続における特定の個人を識別するための番号の利用等に関する法律施行令**
  - 平成26年3月31日に公布
- **行政手続における特定の個人を識別するための番号の利用等に関する法律の一部の施行期日を定める政令**
  ※特定個人情報保護委員会による特定個人情報保護評価指針の策定、特定個人情報保護評価の実施開始の日を平成26年4月20日とするもの。
  - 平成26年4月16日に公布
- **行政手続における特定の個人を識別するための番号の利用等に関する法律施行規則**
  - 平成26年7月4日に公布
- **行政手続における特定の個人を識別するための番号の利用等に関する法律別表第一の主務省令で定める事務を定める命令**
  - 平成26年9月10日に公布
- **行政手続における特定の個人を識別するための番号の利用等に関する法律別表第二の主務省令で定める事務及び情報を定める命令**
  - 平成26年12月12日に公布

資料　マイナンバー制度の概要と最新動向について（12ページ）
提供）内閣官房社会保障改革担当室

番号法施行令※の概要

※行政手続における特定の個人を識別するための番号の利用等に関する法律施行令（平成26年政令第155号）

1. 個人番号関係

1. 個人番号

○個人番号は、郵便又は信書便により通知カードを送付する方法により通知。（2条）

○番号変更が必要な理由等を記載した請求書、又は疎明資料の市町村長への提出等、個人番号の変更手続を規定。（3条、4条）

○個人番号は、住民票コードを変換した11桁の番号＋1桁の検査用数字の12桁の番号。（8条）

2. 通知カード、個人番号カード

○通知カードは、個人番号の変更等により市町村長から返納を求められたとき等に返納しなければならない。（5条）

○基本4情報以外の個人番号カード記載事項は、個人番号カードの有効期間、通称とする。（1条）

○個人番号カードの交付手続として、写真を添付した交付申請書の市町村長への提出、窓口における交付、通知カードの返納等について規定。（13条）

○個人番号カードは、国外に転出したとき、死亡したとき、個人番号を変更したとき等に失効する。（14条）

○個人番号カードは、有効期間満了や失効等により返納しなければならない。（15条）

○個人番号カードのICチップ領域を利用できる者は、①国民の利便性の向上に資するものとして総務大臣が定める事務を処理する行政機関等、②行政サービスを受ける者の利便性の向上に資するものとして条例で定める事務を処理する地方公共団体・地方独法とする（18条）

3. 本人確認の措置（12条）

○以下のア及びイの書類の提示を受けること等の措置とする。

ア　個人番号が記載された住民票の写し又は住民票記載事項証明書
イ　写真の表示等により本人を特定できる書類

○代理人による場合は、以下のアからウまでの書類の提示を受けること等の措置とする。

ア　委任状等の代理権を明らかにする書類
イ　写真の表示等により代理人を特定できる書類
ウ　個人番号カード等の本人の個人番号・氏名等が記載された書類

2. 特定個人情報の提供関係

1. 特定個人情報の提供

○特定個人情報を提供できる政令で定める公益上の必要があるときは、金融商品取引法及び独禁法による犯則事件の調査、地方自治法による地方議会による調査、租税に関する法律の規定による質問等が行われるとき等とする。（26条・別表）

2. 安全確保措置

○地方税法等の規定により提供される特定個人情報の安全を確保するための措置は、提供を受ける者の名称、提供の日時、特定個人情報の項目等を記録すること等の措置とする。（23条、25条）

3. 情報提供ネットワークシステム

○情報照会者又は情報提供者は、符号を取得することができるとするなど、情報連携の手続を規定。（20条,21条,27条,28条）

○情報提供等記録の保存は7年とする。（29条）

3. 特定個人情報保護委員会関係

○別表に掲げるもののうち、委員会の指導、勧告等の権限の対象としない手続は、金融商品取引法及び独禁法による犯則事件の調査、地方自治法による地方議会による調査、国際刑事裁判所に対する協力等に関する法律による国際刑事裁判所に対する証拠の提供等の協力が行われるとき等とする。（34条・別表）

4. 法人番号関係

1. 法人番号

○法人番号は、12桁の会社法人等番号等＋1桁の検査数字の13桁の番号。（35条）

2. 指定、通知、公表

○法人番号は、法人番号等が記載された書面により通知。（38条）

○届出により法人番号の指定を受けることができるものは、国内に本店又は主たる事務所を有する法人等とする。（39条）

○法人番号等はインターネットにより公表。（41条）

資料　マイナンバー制度の概要と最新動向について（13ページ）
提供）内閣官房社会保障改革担当室

番号法施行規則※の概要

※行政手続における特定の個人を識別するための番号の利用等に関する法律施行規則

1. 個人番号関係(本人確認の措置)

1. 本人から個人番号の提供を受ける場合

○通知カード又は個人番号が記載された住民票の写し・住民票記載事項証明書とともに提示すべき身元確認書類を規定
・運転免許証、旅券、在留カード等の写真付きの書類　等
○個人番号カード、通知カード又は個人番号が記載された住民票の写し等の提示が困難な場合の個人番号の確認の措置を規定
・地方公共団体情報システム機構への確認、住民基本台帳の確認　等
○オンライン申請等の対面以外の場合の本人確認の措置を規定
・個人番号カードのICチップの読み取り　等

2. 代理人から個人番号の提供を受ける場合

○本人の依頼により又は法令の規定により本人の代理人として個人番号を提供することを証明する書類を規定
・戸籍謄本(法定代理人)、委任状(任意代理人)　等
○代理人の身元確認書類を規定
・個人番号カード、運転免許証、旅券、在留カード等の写真付き書類　等
○本人の個人番号を確認できる書類を規定
・本人の個人番号カード、通知カード、個人番号が記載された住民票の写し・住民票記載事項証明書又はこれらの写し
○本人の個人番号を確認できる書類の提示が困難な場合の個人番号の確認の措置を規定
・地方公共団体情報システム機構への確認、住民基本台帳の確認　等
○オンライン申請等の対面以外の場合の本人確認の措置を規定
・電子的委任状の送付、代理人の電子署名の添付　等

3. その他

○個人番号カードの代理人への交付の際の本人確認の措置、個人番号の変更請求の際の本人確認の措置等を規定

2. 特定個人情報の提供関係

○地方税法の規定により特定個人情報を提供する場合の安全確保措置等を規定

資料　マイナンバー制度の概要と最新動向について（14ページ）
提供）内閣官房社会保障改革担当室

本人確認の措置(本人)　①

	番号確認	身元(実存)確認
対面／郵送(注1)	① 個人番号カード【法16】	① 個人番号カード【法16】
	② 通知カード【法16】 ③ 個人番号が記載された住民票の写し・住民票記載事項証明書【令12①】	② 運転免許証、運転経歴証明書、旅券、身体障害者手帳、精神障害者保健福祉手帳、療育手帳、在留カード、特別永住者証明書【則1①一、則2一】 ③ 官公署から発行・発給された書類その他これに類する書類であって、写真の表示等の措置が施され、個人番号利用事務実施者が適当と認めるもの(ⅰ氏名、ⅱ生年月日又は住所、が記載されているもの)【則1①二、則2二】
	④ ①から③までが困難であると認められる場合【則3①】 ア 地方公共団体情報システム機構への確認(個人番号利用事務実施者) イ 住民基本台帳の確認(市町村長) ウ 過去に本人確認の上、特定個人情報ファイルを作成している場合には、当該特定個人情報ファイルの確認。 エ 官公署又は個人番号利用事務実施者・個人番号関係事務実施者から発行・発給された書類その他これに類する書類であって個人番号利用事務実施者が適当と認める書類(ⅰ個人番号、ⅱ氏名、ⅲ生年月日又は住所、が記載されているもの) ※ 源泉徴収票など個人番号利用事務等実施者が発行等する書類や、自己の個人番号に相違ない旨の本人による申告書などを想定。	④ ①から③までが困難であると認められる場合は、以下の書類を2つ以上【則1①三、則3②】 ア 公的医療保険の被保険者証、年金手帳、児童扶養手当証書、特別児童扶養手当証書 イ 官公署又は個人番号利用事務実施者・個人番号関係事務実施者から発行・発給された書類その他これに類する書類であって個人番号利用事務実施者が適当と認めるもの(ⅰ氏名、ⅱ生年月日又は住所、が記載されているもの) ⑤ ①から③までが困難であると認められる場合であって、財務大臣、国税庁長官、都道府県知事又は市町村長が租税に関する事務において個人番号の提供を受けるときは、以下のいずれかの措置をもって④に代えることができる。【則1③、則3③】 ア 公的医療保険の被保険者証、年金手帳、児童扶養手当証書、特別児童扶養手当証書のいずれか1つ イ 申告書等に添付された書類であって、本人に対し一に限り発行・発給された書類又は官公署から発行・発給された書類に記載されているⅰ氏名、ⅱ生年月日又は住所、の確認 ウ 申告書等又はこれと同時に提出される口座振替納付に係る書面に記載されている預貯金口座の名義人の氏名、金融機関・店舗、預貯金の種別・口座番号の確認 エ 調査において確認した事項等の個人番号の提供を行う者しか知り得ない事項の確認 オ アからエまでが困難であると認められる場合であって、還付請求でないときは、過去に本人確認の上で受理している申告書等に記載されている純損失の金額、雑損失の金額その他申告書等を作成するに当たって必要となる事項又は考慮すべき事情であって財務大臣等が適当と認めるものの確認
		⑥ 個人番号の提供を行う者と雇用関係にあること等の事情を勘案し、人違いでないことが明らかと個人番号利用事務実施者が認めるときは、身元(実存)確認書類は要しない。【則3⑤】

(注1) 郵送の場合は、書類又はその写しの提出

資料　マイナンバー制度の概要と最新動向について（15ページ）
提供）内閣官房社会保障改革担当室

本人確認の措置（本人）②

	番号確認	身元（実存）確認
オンライン	① 個人番号カード（ICチップの読み取り）【則4一】 ② 以下のいずれかの措置 ア 地方公共団体情報システム機構への確認（個人番号利用事務実施者）【則4二イ】 イ 住民基本台帳の確認（市町村長）【則4二イ】 ウ 過去に本人確認の上、特定個人情報ファイルを作成している場合には、当該特定個人情報ファイルの確認【則4二イ】 エ 官公署若しくは個人番号利用事務実施者・個人番号関係事務実施者から発行・発給された書類その他これに類する書類であって個人番号利用事務実施者が適当と認める書類（ⅰ個人番号、ⅱ氏名、ⅲ生年月日又は住所、が記載されているもの）若しくはその写しの提出又は当該書類に係る電磁的記録の送信【則4二ロ】 ※ 通知カードの写しを別途郵送・PDFファイルの添付送信などを想定。	① 個人番号カード（ICチップの読み取り）【則4一】 ② 公的個人認証による電子署名【則4二ハ】 ③ 個人番号利用事務実施者が適当と認める方法【則4二ニ】 ※ 民間発行の電子署名、個人番号利用事務実施者によるID・PWの発行などを想定。
電話（注2）	① 過去に本人確認の上作成している特定個人情報ファイルの確認【則3①三】 ② 地方公共団体情報システム機構への確認（個人番号利用事務実施者）【則3①一】 ③ 住民基本台帳の確認（市町村長）【則3①二】	○ 本人しか知り得ない事項その他の個人番号利用事務実施者が適当と認める事項の申告【則3④】 ※ 基礎年金番号などの固有の番号、給付の受取先金融機関名等の複数聴取などを想定。

（注2）本人確認の上特定個人情報ファイルを作成している場合であって、個人番号利用事務・個人番号関係事務にあたって電話で個人番号の提供を受け、当該ファイルにおいて個人情報を検索、管理する場合に限る。

資料　マイナンバー制度の概要と最新動向について（16ページ）
提供）内閣官房社会保障改革担当室

本人確認の措置（代理人）①

	代理権の確認	代理人の身元（実存）の確認	本人の番号確認
対面／郵送（注1）	① 法定代理人の場合は、戸籍謄本その他その資格を証明する書類【則6①一】 ② 任意代理人の場合には、委任状【則6①二】 ③ ①②が困難であると認められる場合には、官公署又は個人番号利用事務実施者・個人番号関係事務実施者から本人に対し一に限り発行・発給された書類その他の代理権を証明するものとして個人番号利用事務実施者が適当と認める書類【則6①三】 ※ 本人の健康保険証などを想定。	① 代理人の個人番号カード、運転免許証、運転経歴証明書、旅券、身体障害者手帳、精神障害者保健福祉手帳、療育手帳、在留カード、特別永住者証明書【則7①一】 ② 官公署から発行・発給された書類その他これに類する書類であって、写真の表示等の措置が施され、個人番号利用事務実施者が適当と認めるもの（ⅰ氏名、ⅱ生年月日又は住所、が記載されているもの）【則7①二】 ②′ 法人の場合は、登記事項証明書その他の官公署から発行・発給された書類及び現に個人番号の提供を行う者と当該法人との関係を証する書類その他これらに類する書類であって個人番号利用事務実施者が適当と認める書類（ⅰ商号又は名称、ⅱ本店又は主たる事務所の所在地、が記載されているもの）【則7②】 ③ ①②が困難であると認められる場合は、以下の書類を2つ以上【則9①】 ア 公的医療保険の被保険者証、年金手帳、児童扶養手当証書、特別児童扶養手当証書 イ 官公署又は個人番号利用事務実施者・個人番号関係事務実施者から発行・発給された書類その他これに類する書類であって個人番号利用事務実施者が適当と認めるもの（ⅰ氏名、ⅱ生年月日又は住所、が記載されているもの） ④ ①②が困難であると認められる場合であって、財務大臣、国税庁長官、都道府県知事又は市町村長が代理人たる税理士等から租税に関する事務において個人番号の提供を受けるときは、税理士名簿等の確認をもって③に代えることができる。【則9②】 ⑤ 個人番号の提供を行う者と雇用関係にあること等の事情を勘案し、人違いでないことが明らかと個人番号利用事務実施者が認めるときは、身元（実存）確認書類は要しない【則9④】	① 本人の個人番号カード又はその写し【則8】 ② 本人の通知カード又はその写し【則8】 ③ 本人の個人番号が記載された住民票の写し・住民票記載事項証明書又はその写し【則8】 ④ ①から③までが困難であると認められる場合 ア 地方公共団体情報システム機構への確認（個人番号利用事務実施者）【則9⑤一】 イ 住民基本台帳の確認（市町村長）【則9⑤二】 ウ 過去に本人確認の上特定個人情報ファイルを作成している場合には、当該特定個人情報ファイルの確認【則9⑤三】 エ 官公署又は個人番号利用事務実施者・個人番号関係事務実施者から発行・発給された書類その他これに類する書類であって個人番号利用事務実施者が適当と認める書類（ⅰ個人番号、ⅱ氏名、ⅲ生年月日又は住所、が記載されているもの）【則9⑤四】 ※ 源泉徴収票など個人番号利用事務等実施者が発行する書類、自己の個人番号に相違ない旨の本人による申告書などを想定。

（注1）郵送の場合は、書類又はその写しの提出

資料 マイナンバー制度の概要と最新動向について（17 ページ）
提供）内閣官房社会保障改革担当室

本人確認の措置（代理人）②

	代理権の確認	代理人の身元（実存）の確認	本人の番号確認
オンライン	○ 本人及び代理人のⅰ氏名、ⅱ生年月日又は住所、並びに代理権を証明する情報の送信を受けることその他の個人番号利用事務実施者が適当と認める方法【則10一】 ※ 電子的に作成された委任状、代理人の事前登録などを想定。	○ 代理人の公的個人認証による電子署名の送信を受けることその他の個人番号利用事務実施者が適当と認める方法【則10二】 ※ 公的公人認証による電子署名のほか民間による電子署名、個人番号利用事務実施者によるID・PWの発行などを想定。	① 地方公共団体情報システム機構への確認（個人番号利用事務実施者）【則10三イ】 ② 住民基本台帳の確認（市町村長）【則10三イ】 ③ 過去に本人確認の上特定個人情報ファイルを作成している場合には、当該特定個人情報ファイルの確認【則10三イ】 ④ 官公署若しくは個人番号利用事務実施者・個人番号関係事務実施者から発行・発給された書類その他これに類する書類であって個人番号利用事務実施者が適当と認める書類（ⅰ個人番号、ⅱ氏名、ⅲ生年月日又は住所、が記載されているもの）若しくはその写し又は当該書類に係る電磁的記録の送信【則10三ロ】 ※ 個人番号カード、通知カードの写しを別途送付・PDFファイルの添付送信などを想定。
電話（注2）	○ 本人及び代理人しか知り得ない事項その他の個人番号利用事務実施者が適当と認める事項の申告【則9③】 ※ 本人と代理人との関係、基礎年金番号などの固有の番号、給付の受取先金融機関名等の複数聴取などを想定。		① 過去に本人確認の上作成している特定個人情報ファイルの確認【則9⑤三】 ② 地方公共団体情報システム機構への確認（個人番号利用事務実施者）【則9⑤一】 ③ 住民基本台帳の確認（市町村長）【則9⑤二】

（注2）本人確認の上特定個人情報ファイルを作成している場合であって、個人番号利用事務・個人番号関係事務にあたって電話で個人番号の提供を受け、当該ファイルにおいて個人情報を検索、管理する場合に限る。

資料 マイナンバー制度の概要と最新動向について（18 ページ）
提供）内閣官房社会保障改革担当室

マイナンバー広報 基本方針

○ 政府広報等での一般国民向け広報と、説明会等の民間事業者向け広報を総合的に展開
○ 27年1月から、準備に着手が必要な民間事業者向けの説明会を重点的に実施
○ 政府広報等は3月を第1弾とし、27年度も集中広報期間を設け、一般国民向け、民間事業者向けの広報を全面展開

《当面の目標》

一般国民向け　マイナンバーを聞いたことがない人を減らす

民間事業者向け　マイナンバーの準備を始めている事業者を増やす

一般国民向け広報

◆ 3月（第1弾）、7月（通知3か月前）、9～10月（通知前）、12月（28年1月からの利用開始前）に集中広報を展開

◆ 政府広報等による多様なメディアの活用
・現役世代、高齢者、若者、女性、障害者、外国人など、多様な世代・対象にきめ細かなアプローチ
・TV、ラジオ、新聞、雑誌、WEB等の多様なメディアを活用
　3月　TVCM、新聞記事下広告、新聞折込広告
　　雑誌、WEB広報　等
　※ 4月以降、ラジオ、動画等を含め、媒体を拡充し、実施時期に応じた内容を検討

民間事業者向け広報

◆ 政府広報等でのメディアの活用（専門紙、スポーツ紙、週刊誌、動画DVD、事業者向けリーフレット等）に加え、特に民間事業者向けの説明会を重点的に実施
・特定個人情報保護委員会の民間事業者向けガイドラインや、税・社会保障関連情報の周知

➡ 経済団体等と連携し、説明会の開催
➡ 全省庁、地方自治体に広報実施・協力依頼
➡ 経済団体等に広報協力依頼
➡ 税理士会、社労士会等への協力依頼
➡ 関係府省連絡会議の開催
➡ 各省庁から所管業界への働きかけ

資料 マイナンバー制度の概要と最新動向について（19ページ）
提供）内閣官房社会保障改革担当室

平成26年度　マイナンバー広報（平成27年2月時点）

○ホームページ、ツイッターでの情報発信
・マイナちゃんのマイナンバー解説、ＦＡＱ（よくある質問）等

○ポスターの作成・掲示
・地方自治体、税務署、年金事務所、ハローワーク等で掲示

○コールセンターの開設（平成26年10月～）

○事業者向け説明資料・ＦＡＱ（よくある質問）

○事業者向け説明会（平成27年1月～）

○各省庁、地方自治体、業界団体等への広報実施・協力依頼（平成27年2月）

《今後の予定》

○多様なメディアを活用した政府広報（平成27年3月～）
・ＴＶＣＭ、新聞広告（記事下・折込）、専門紙、スポーツ紙、週刊誌、ＷＥＢ、動画ＤＶＤ、事業者向けリーフレット 等

○障害者向け広報

○外国人向け広報
・ホームページで英中韓西葡の５か国語で情報提供

あなたにも、マイナンバー。
はじまります。
平成27年
10月から
マイナンバーを
一人ひとりに
お届けします！
マイナンバー（個人番号）とは、国民一人ひとりが持つ12桁の番号のこと。
3つのメリット
1 行政の効率化 手続きが正確で早くなる
2 国民の利便性の向上 面倒な手続きが簡単に
3 公平・公正な社会の実現 給付金などの不正受給の防止
0570-20-0178
マイナンバー
内閣府

資料 マイナンバー制度の概要と最新動向について（20ページ）
提供）内閣官房社会保障改革担当室

マイナンバー広報実施計画（案）（平成26・27年度）

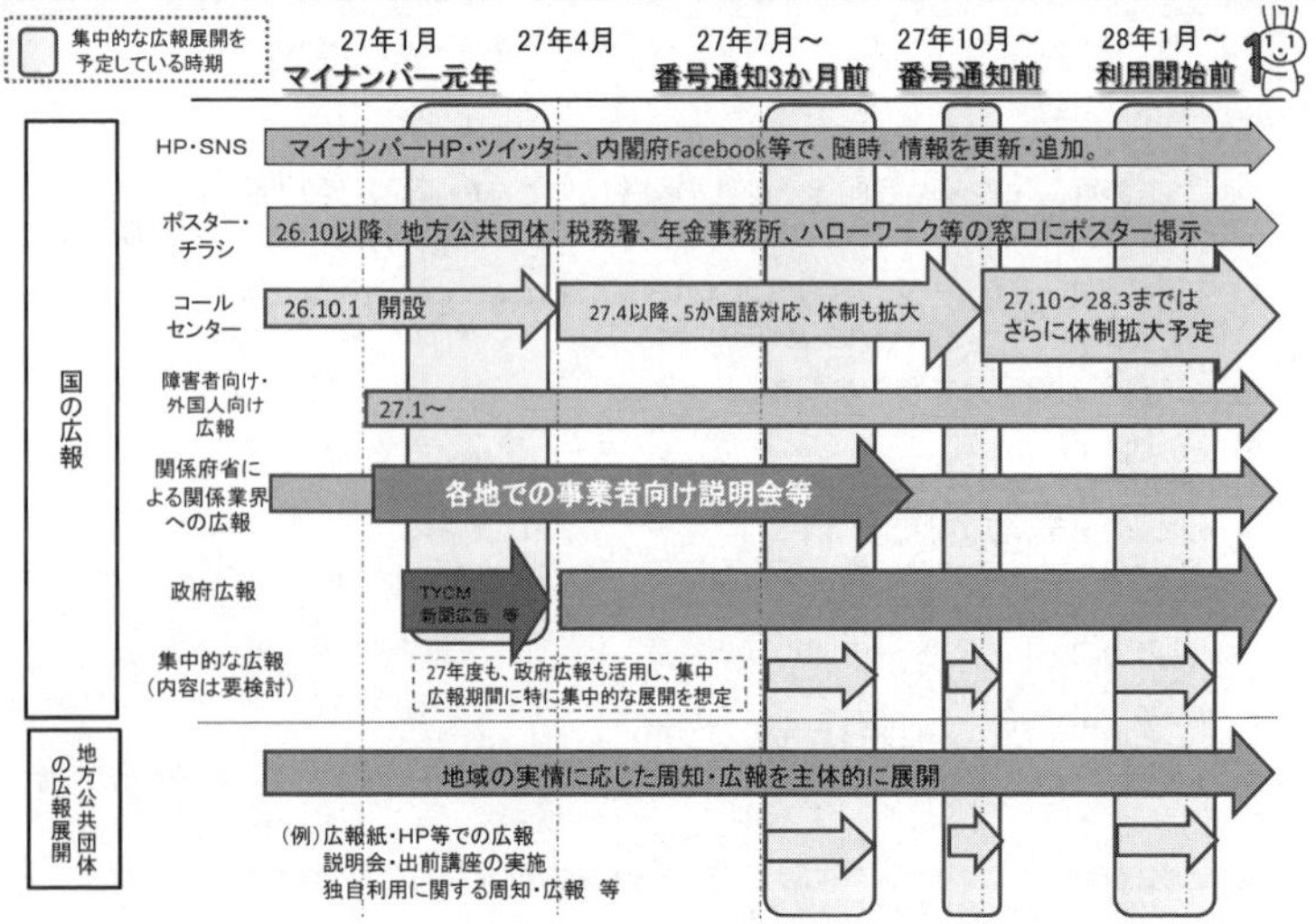
集中的な広報展開を予定している時期
27年1月
マイナンバー元年
27年4月
27年7月～
番号通知3か月前
27年10月～
番号通知前
28年1月～
利用開始前
国の広報
HP・SNS
マイナンバーHP・ツイッター、内閣府Facebook等で、随時、情報を更新・追加。
ポスター・チラシ
26.10以降、地方公共団体、税務署、年金事務所、ハローワーク等の窓口にポスター掲示
コールセンター
26.10.1　開設
27.4以降、5か国語対応、体制も拡大
27.10～28.3までは
さらに体制拡大予定
障害者向け・外国人向け広報
27.1～
関係府省による関係業界への広報
各地での事業者向け説明会等
政府広報
TVCM
新聞広告　等
集中的な広報
（内容は要検討）
27年度も、政府広報も活用し、集中
広報期間に特に集中的な展開を想定
地方公共団体の広報展開
地域の実情に応じた周知・広報を主体的に展開
（例）広報紙・HP等での広報
説明会・出前講座の実施
独自利用に関する周知・広報　等

資料　マイナンバー制度の概要と最新動向について（21 ページ）
提供）内閣官房社会保障改革担当室

マイナンバーの事業者向け広報

○ 特定個人情報保護委員会が事業者向けガイドラインを作成（実務に即したガイドラインとするため、民間企業へのヒアリングや中小企業団体等が参加する検討会の議論を経て作成）
また、国税庁、厚生労働省等が税制関係の帳票類や年金・医療保険・雇用保険関係等の申請書類の様式等を公表
○ ガイドライン等を踏まえ、関係省庁が連携し、事業者向けの広報資料を作成
○「マイナンバー元年」である27年1月から、内閣府・特定個人情報保護委員会が中心になり、経済団体その他関係団体等の協力の下、事業者向け説明会を開催（27年1月～27年度前半）
○ 関係省庁からも、地方公共団体や関係業界団体等に説明
○ 地方公共団体や関係業界団体に対しても、地方レベル、業界内での説明会開催等を依頼

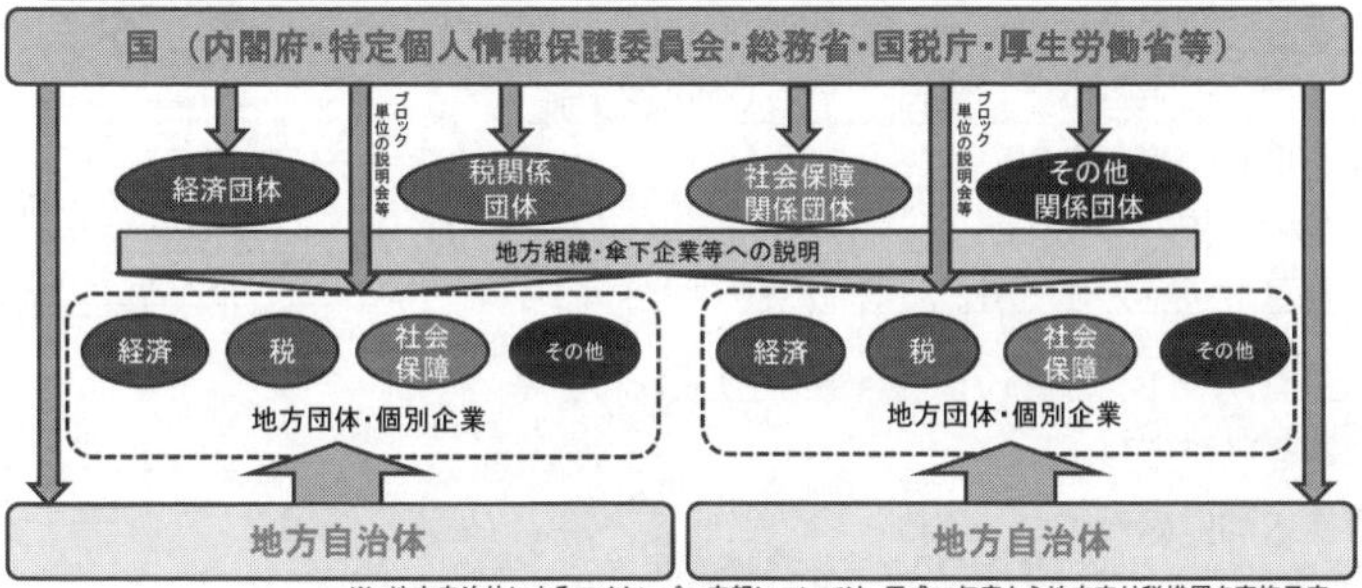

※　地方自治体によるマイナンバー広報については、平成27年度から地方交付税措置を実施予定

資料　マイナンバー制度の概要と最新動向について（22 ページ）
提供）内閣官房社会保障改革担当室

地方公共団体でのマイナンバー広報の取組事例

以下は、地方公共団体の既実施・実施予定・検討中の実例等を踏まえた取組の例示。

○ 説明会・出前講座等の実施
・地域の経済・税・社会保障その他の関係団体等への説明会等の開催
・自治会、婦人会、民生委員児童委員、学校等に対する説明会・出前講座の実施

○ 広報紙、ホームページ、ＳＮＳ（メルマガ、Facebook、twitter等）での情報発信（「マイナちゃん」の活用等）

○ ポスターの掲示、チラシの配布

○ その他
・ＣＡＴＶ、コミュニティＦＭ、有線放送等での情報発信
・地域のメディアの活用
・デジタルサイネージ、動画広告モニター等
・電車、バス等の中刷り広告
・独自のコールセンターの開設
・多言語での情報提供
・ご当地キャラとマイナちゃんのコラボ

※　地方公共団体によるマイナンバー広報（説明会・出前講座等の実施やチラシの作成等）については、平成27年度から地方交付税措置を実施予定

資料 マイナンバー制度の概要と最新動向について（23ページ）
提供）内閣官房社会保障改革担当室

IT総合戦略本部の体制（平成27年1月23日時点）

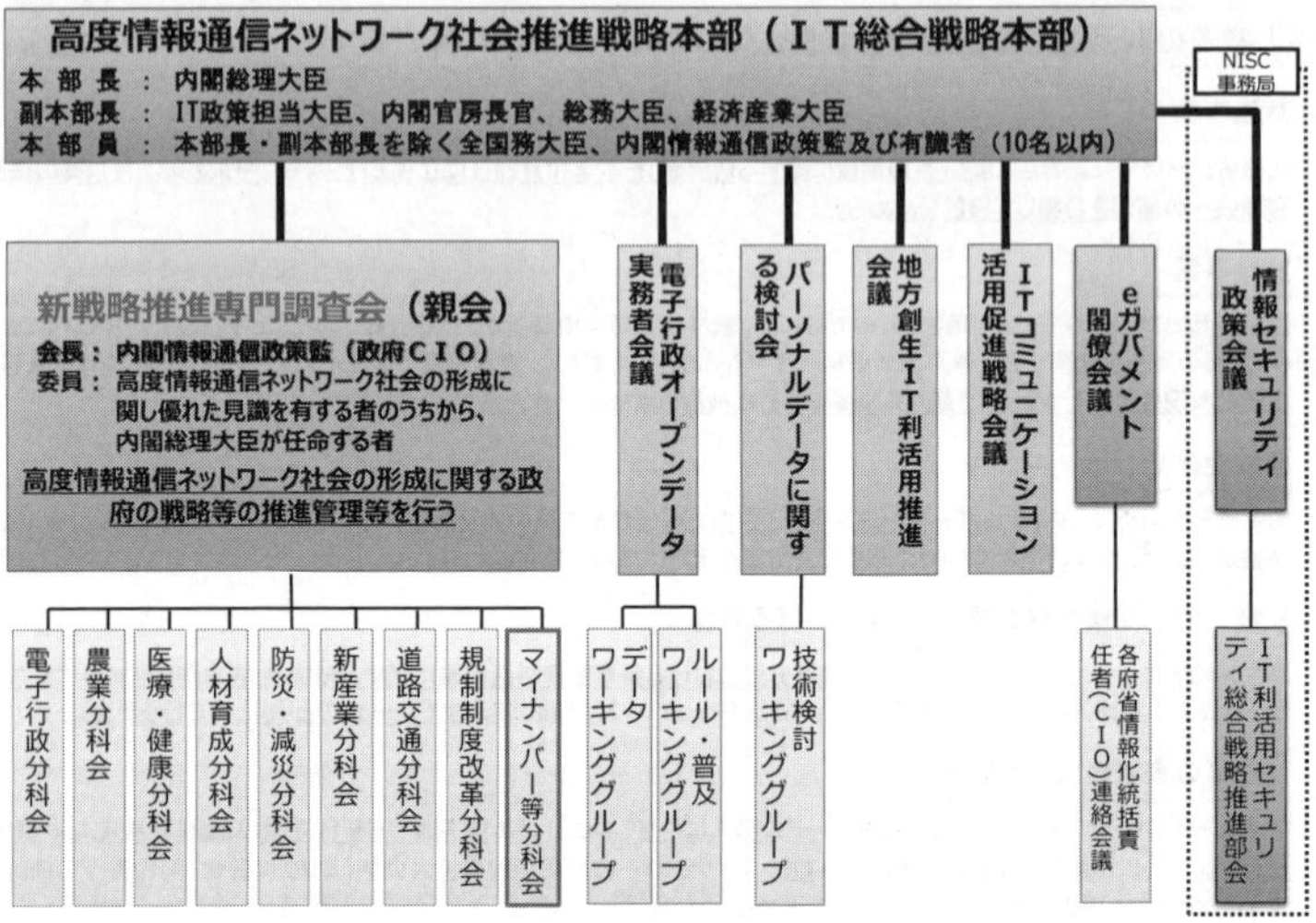

資料 マイナンバー制度の概要と最新動向について（24ページ）
提供）内閣官房社会保障改革担当室

マイナンバー等分科会　中間とりまとめの概要

「世界最先端のIT利活用社会」のインフラとして、マイナンバー制度の普及と利活用を図るため、国・地方・民間が連携して取り組むべき事項を取りまとめ。

【目指すべき社会】	➢ 誰もがより安全・安心にインターネットを利用できる基盤を持つ社会 ➢ 誰もが必要な時に自身の情報にアクセスし、利活用でき、サービスへの満足度が向上する社会 ➢ 国・地方・民間の様々な手続き・サービスが、シームレスかつ効率的に連携し、広く電子的に完結できる社会
個人番号カード 誰もが取得できる実社会・オンラインの本人確認手段	• 暮らしに係る公的サービスに係るカード類（健康保険証、印鑑登録カード等）や、広く保有される資格の証明書類（国家資格等の資格の証明書、国家公務員身分証明書等）等の、個人番号カードへの一元化／一体化 • コンビニ交付等、個人番号カードを利用した利便性の高いサービスの拡大 • 官民の様々な本人確認を要する手続きでの利用に向けた調整・周知 • オンライン本人確認手段である公的個人認証サービスの行政・民間利用の拡大 • 取得に係る本人負担の軽減　等
マイポータル/マイガバメント 暮らしに係る利便性の高い官民オンラインサービスの提供	• 利用者に係る特定個人情報や医療・介護・健康等に係る自己情報の閲覧 • 利用者の利益になる情報を提供するプッシュ型サービス • 引越しや死亡等のライフイベントに係るワンストップサービス • サービスに必要な情報をデータで入手・利用できる仕組み • シームレスなサービス利用に向けた本人確認に係る官民連携基盤 • スマートフォンやCATV等、利用チャンネルや認証手段の拡大 • 高齢者等が安心して利用できるサポート体制や代理利用の環境整備
個人番号/法人番号 名寄せ・突合による情報の正確で迅速な確認	• 行政における個人番号を利用した業務・システム見直し • 行政が保有する法人に係る公開情報への法人番号の付与の徹底 • 法人番号を利用した法人ポータルの構築

これらに近接し、更なるメリットが期待できる以下の分野へのマイナンバー利用範囲の拡大等を検討
①戸籍事務、②旅券事務、③預貯金付番、④医療・介護・健康情報の管理・連携、⑤自動車登録事務

資料 マイナンバー制度の概要と最新動向について（25ページ）
提供）内閣官房社会保障改革担当室

マイナンバーの利用範囲拡大に関する検討の方向性の概要

「個人番号の利用範囲拡大の検討状況について」（平成26年11月11日マイナンバー等分科会）

① 戸籍事務

法務省において有識者らによる**「戸籍制度に関する研究会」を本年10月29日に立ち上げ**。今後、**平成28年2月以降の法制審議会への諮問を目指して検討**を進める。

② 旅券事務

戸籍事務でマイナンバーが利用されるのであれば、旅券申請時に申請者が戸籍謄(抄)本を提出する必要がなくなることから、国民の利便性の向上と旅券事務効率化に資するものと考えており、**戸籍事務でのマイナンバーの利用に向けた法務省の検討状況も踏まえつつ、引き続き外務省を中心に検討**を進める。

③ 預貯金付番

内閣官房を中心に、**マイナンバー法の改正を行う方向で関係者間で具体的な調整を行っている**ところ。仮に、関係者間の調整が整えば、**来年の通常国会での必要な法整備を視野に準備**を進める。

④ 医療・介護・健康情報の管理・連携等に係る事務

厚生労働省において、有識者らによる**「医療等分野における番号制度の活用等に関する研究会」を本年5月30日に立ち上げ**、必要性や具体的な利活用場面等について議論を行っている。今後、**年末までに一定のとりまとめを行う予定**。

⑤ 自動車の登録等に係る事務

平成28年1月に予定されている**個人番号カードの導入に併せ、OSSにおいて同カードを利用（本人確認機能）した申請を可能とする**。さらに、**他の利便性向上策についても、**マイナンバーの利用範囲の拡大のタイミングに併せ、関係省庁の検討状況も踏まえつつ、**国土交通省を中心に検討**を進める。

資料 マイナンバー制度の概要と最新動向について（26ページ）
提供）内閣官房社会保障改革担当室

成長戦略におけるマイナンバー制度の位置づけ

「「日本再興戦略」改訂2014-未来への挑戦-」及び「中短期工程表」（平成26年6月24日閣議決定）

4. 世界最高水準のIT社会の実現
（3）新たに講ずべき具体的施策
③ マイナンバー制度の積極的活用等

2016年1月に予定されているマイナンバー制度の利用開始や、2017年1月を目途とされている**情報提供等記録開示システム（いわゆる「マイ・ポータル」）の整備に向けた取組を加速**する。

マイナンバー制度に合わせて導入される**個人番号カードについて、公的サービスや資格証明に係るカードとの一体化など、国民への普及に向けた取組みについて検討**を進め、個人番号カードの交付が開始される2016年1月までに方向性を明らかにする。

また、**金融、医療・介護・健康、戸籍、旅券、自動車登録などの公共性の高い分野を中心に**、個人情報の保護に配慮しつつ、マイナンバー利用の在り方やメリット・課題等について検討を進め、今年度中に**マイナンバーの利用範囲拡大の方向性を明らかにする**。

さらに、2016年から利用が開始される**法人番号について、行政機関等での利用を進める**とともに、**行政機関等が保有する自らの法人情報の検索・参照や各種電子手続を可能とする「法人ポータル」の運用を2017年1月から開始**する。

（略）

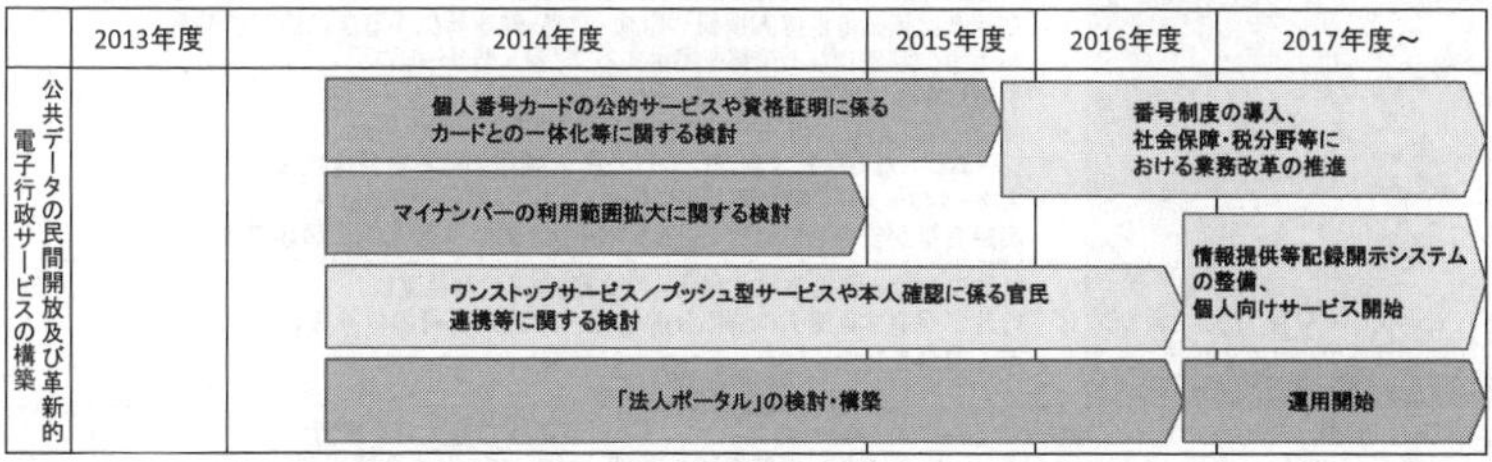

資料 マイナンバー制度の概要と最新動向について（27 ページ）
提供）内閣官房社会保障改革担当室

IT戦略におけるマイナンバー制度の位置づけ

（改訂）「世界最先端IT国家創造宣言」及び「工程表」（平成26年６月24日閣議決定）

	「マイガバメント（仮称）」の実現	個人番号カードの普及	マイナンバー及び法人番号の利活用
創造宣言	・ 政府情報システムについて、個人番号カード等による本人認証を一括して行える認証プラットフォーム（仮称）の構築に向けて検討。 ・ マイポータルをスマートフォンやCATV等、多様なチャネルで利用可能に。 ・ マイポータルの機能を拡大し、暮らしに係る利便性の高い官民オンラインサービスを可能とする「マイガバメント（仮称）」を実現。	・ ICチップの空き領域や公的個人認証サービス等を活用、健康保険証などのカード類を一体化/一元化。 ・ 個人番号カードで利用できるサービスの拡大、民間利活用場面の拡大、本人確認手段としての利活用場面の拡大。 ・ 取得に係る負担の軽減。	・ 行政機関が公表する法人情報に法人番号を併記。法人情報の検索等を容易にし、利用価値を高める。 ・ 法人に係るワンストップサービス等を実現するために必要な「法人ポータル」を構築。 ・ 情報連携等により更なる効率化・利便性の向上が見込まれる分野については、マイナンバーの利用範囲の拡大や制度基盤の活用について検討。
工程表	【短期（2014年度～2015年度）】 ・ マイポータルの活用を前提に、主な機能・内容（プッシュ型サービス、ワンストップサービス等）について検討。 ・ 認証プラットフォーム（仮称）の構築に向けて検討するなど、本人確認やAPI等の連携の枠組みを構築。 ・ スマートフォンやCATV等、利用チャネル及び認証手段の拡大に向けた検討。 ・ 公共施設への端末の設置等、情報弱者の利用に向けての対応策の検討。 【中・長期（2016年度～2021年度）】 ・ 2017年１月以降、順次、 ① 主な機能のサービス提供の開始 ② 本人確認の連携による官民オンラインサービスのシームレスな連携の実施 ③ 利用チャネル及び認証手段の拡大 ④ 情報弱者対応策の実施	【短期（2014年度～2015年度）】 ・ 2016年１月以降、順次、 ① 交付開始（費用負担が生じないよう検討） ② 一元化/一体化、市町村の独自利用推進 ③ 個人番号カードを用いたサービスを利用できる地方公共団体等及び対象の手続きを拡大 ④ 身分証明書としての取扱上の留意点を含め、調整・周知 ⑤ 公的個人認証サービスについて、対象となる行政手続等の拡大・見直しについて検討、署名検証者の民間事業者への拡大に向けた実証・働きかけ 【中・長期（2016年度～2021年度）】 ① 一元化/一体化、市町村の独自利用推進 ② 民間事業者の空き領域利用ニーズを検討 ③ 個人番号カードを用いたサービスを利用できる地方公共団体等及び対象の手続きを拡大 ④ 身分証明書としての利用を推進 ⑤ 公的個人認証サービスの対象手続きの拡大・見直し、民間事業者への利用の働きかけ	【短期（2014年度～2015年度）】 ・ 2016年１月以降、順次、 ① 行政機関が公表する法人情報に法人番号を併記 ② 「法人ポータル（仮称）」の検討・構築 ③ 法人情報の効率的・効果的な利活用方策について検討・実施・推進 ・ 2014年秋までに、マイナンバーの利用範囲の拡大や制度基盤の活用について検討を行い、政府CIOに状況を報告（特に①戸籍事務、②旅券事務、③預貯金付番、④医療・介護・健康情報の管理・連携、⑤自動車検査登録事務等）。 【中・長期（2016年度～2021年度）】 ① 2018年１月以降、公表する法人情報には原則法人番号を併記 ② 2017年１月より「法人ポータル（仮称）」の運用開始 ③ 法人情報の効率的・効果的な利活用方策について検討・実施・推進 ④ 個人事業主や法人の支店等に対する法人番号の付番について検討 ・ マイナンバーの利用範囲の拡大や制度基盤の活用について、番号法改正法案を提出。

資料 マイナンバー制度の概要と最新動向について（28 ページ）
提供）内閣官房社会保障改革担当室

新成長戦略におけるマイナンバー制度の位置づけ

「（改訂）日本再興戦略」（平成26年6月24日閣議決定）

4. 世界最高水準のIT社会の実現
（1）～（2）（略）

（3）新たに講ずべき具体的施策
①～②（略）

③ マイナンバー制度の積極的活用等

2016年1月に予定されているマイナンバー制度の利用開始や、2017年1月を目途とされている**情報提供等記録開示システム（いわゆる「マイ・ポータル」）の整備に向けた取組を加速**する。

マイナンバー制度に合わせて導入される**個人番号カードについて、公的サービスや資格証明に係るカードとの一体化など、国民への普及に向けた取組みについて検討**を進め、個人番号カードの交付が開始される2016年1月までに方向性を明らかにする。

また、**金融、医療・介護・健康、戸籍、旅券、自動車登録などの公共性の高い分野を中心に**、個人情報の保護に配慮しつつ、マイナンバー利用の在り方やメリット・課題等について検討を進め、今年度中に**マイナンバーの利用範囲拡大の方向性を明らかにする**。

さらに、2016年から利用が開始される**法人番号について、行政機関等での利用を進める**とともに、**行政機関等が保有する自らの法人情報の検索・参照や各種電子手続を可能とする「法人ポータル」の運用を2017年1月から開始**する。

（略）

④～⑥（略）

資料　マイナンバー制度の概要と最新動向について（29ページ）
提供）内閣官房社会保障改革担当室

政府税制調査会「マイナンバー・税務執行ディスカッショングループ」論点整理（平成26年4月）の概要

Ⅰ．基本的考え方

○ マイナンバーの活用により、行政手続の簡素化をはじめとする国民の利便性向上を図ることが重要。
○ 所得や資産等の負担能力を正確に把握し、社会保障・税制度を適正に運用する観点からマイナンバーの活用を進めるべき。
○ 行政・民間の両分野でのIT化・オンライン化を強力に推進。個人情報保護の徹底していくとともに国民のITリテラシーの向上を図ることにも留意。
○ マイナンバー制度の目的や意義について丁寧に説明を行い幅広い理解を得ることが必要。

Ⅱ．具体的検討事項

（1）マイナンバーを活用した利便性の向上・行政運営の効率化

○ 各種添付書類の省略、書類提出先の一元化など行政手続の簡素化を図り、利便性の向上を図るべき。
○ 税務分野では、マイポータルによって、納税者が必要としている情報を積極的に開示・発信し、申告の際に利用できるようにすることが考えられる。
○ 地方公共団体においては、業務改革や住民サービスの向上に結びつくサービス改革が期待できる。更なるサービス改革に向けて各自治体が創意工夫を発揮されることが望ましい。
○ 国民の利便性向上を最大限図るため、マイナンバーの利用範囲の拡大についても検討されるべき。

Ex.医療情報（医療費支払い情報）、激甚災害時の民間事務を含めた活用、金融分野（マネーロンダリング対策、預金保険の名寄せ）

（2）社会保障や税の給付と負担の公平化

○ 税務の分野では、法定調書の名寄せや申告書情報との突合が正確かつ効率的にできるようになり、所得把握が向上し、適正・公平な課税に資する。
○ 社会保障分野でも、所得や資産等の負担能力をより正確に把握することが可能となり、社会保障の給付や負担の公平化が、より一層図られることが期待されている。
○ 適正・公平な課税や負担能力に応じた公平できめ細かい社会保障の実現のためには、正確に所得や資産を把握することが重要。税と社会保障の両面からマイナンバーを活用した環境整備を進めるべき。

（金融資産・所得）

・国民の多くが保有する預金が把握の対象から漏れている状態は改めるべきであり、預金口座へのマイナンバーの付番について早急に検討すべき。
・その際、預金口座へのマイナンバー付番は、マネーロンダリング対策や、預金保険などでの名寄せ、災害時の迅速な対応といった場面でも、その効果が期待できるとともに、将来的に民間利用が可能となった場合には、金融機関の顧客管理等にも利用できるものとなることも踏まえた検討が必要。
・他方、金融機関のコストや事務負担など、執行面の課題を十分に検討する必要。幅広い論点について、海外における取組も参考にしつつ、実態を十分踏まえて、実務的に検討を進めていくべき。

（固定資産）

・現在の不動産登記は必ずしも真の所有者を示していない等の課題もあり、実態を踏まえた実務的な検討が必要。

資料　マイナンバー制度の概要と最新動向について（30ページ）
提供）内閣官房社会保障改革担当室

自民党IT戦略特命委員会・マイナンバー利活用小委員会　緊急提言（平成26年7月3日）の概要

マイナンバー制度への期待と課題

期待

⇒マイナンバー制度は、社会保障制度や税制、IT社会の基盤となるもの。
・これまで実現が困難とされていた新たな制度設計が可能に。
・より正確な所得把握等を通じて、より公平な社会保障や税の執行を実現。
・行政機関での正確で効率的な情報管理に資する。
・国民が官民のオンラインサービスを安心、安全に利用し、メリットを実感できる社会を実現。

課題

⇒マイナンバー制度の導入、定着、そして発展に向けて、国民の期待は大きく、すでに多額の税金が投入されており、絶対に失敗は許されない。
・「個人番号カード」を広く国民に持ってもらうことが必要不可欠な大前提。
・仮に、個人番号カードを普及させる確実な手立てを講じられないのであれば、マイナンバー制度の施行は凍結すべき。

個人番号カードの普及策

交付方法の再考	多くの国民が保有するカードとの機能一元化	官民の各種カードの機能一元化	無料交付
多様な申請・交付の手段を市町村長が採りえるよう、柔軟に対応。	健康保険証機能を個人番号カードに集約。自動車運転免許証も中長期課題として検討。	国や地方公共団体が発行するカードは順次個人番号カードに置き換え。民間事業者のICチップ空き領域利用解禁、社員証・学生証・診察券・キャッシュカード等に利用。	当面は国が全額費用負担し、無料交付。民間事業者（スポンサー）による費用負担も中長期課題として検討。

健康保険証機能の個人番号カードへの集約化

○ 2016年1月以降、直ちに個人番号カードを健康保険証として利用
○ 健康保険証機能の個人番号カードへの集約化により、2018年度までに約8700万枚普及（国民の約2/3が保有）

■ 現行のマイナンバー法で対応可能。個人番号カードの普及効果大。
■ 医療機関の窓口で被保険者番号の代わりにマイナンバーを利用
■ 健康保険証発行費用の縮減、顔写真の確認による成りすまし受診の防止が可能
■ 現行法で想定されているレセプトへのマイナンバー記載も容易
■ 大規模なシステム改修は不要
■ 個人番号カードの券面の空きスペースに保険者を識別するシールを貼るなどして、加入している保険の種類がわかるようにする必要

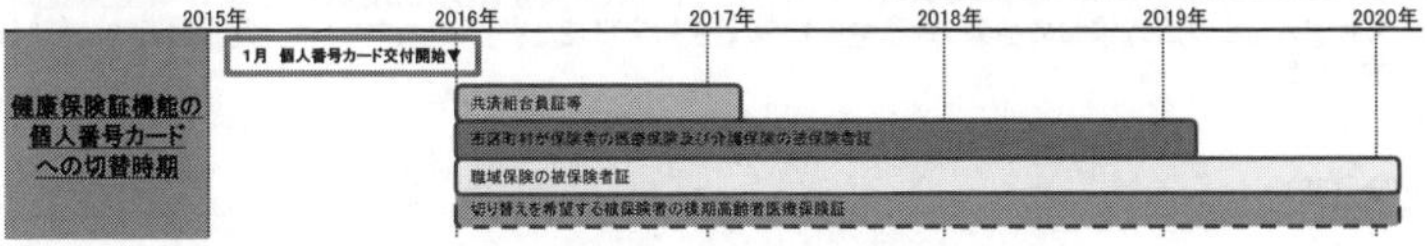

資料　地方公共団体における社会保障・税番号制度の導入について（１ページ）
提供）総務省自治行政局住民制度課

社会保障・税番号制度の概要
～行政手続における特定の個人を識別するための番号の利用等に関する法律～

基本理念

○ 個人番号及び法人番号の利用に関する施策の推進は、個人情報の保護に十分に配慮しつつ、**社会保障制度、税制、災害対策に関する分野**における利用の促進を図るとともに、他の行政分野及び行政分野以外の国民の利便性の向上に資する分野における利用の可能性を考慮して行われなければならない（第3条第2項）。

個人番号

○ 市町村長は、法定受託事務として、**住民票コードを変換して得られる個人番号**を指定し、**通知カード**により本人に通知（第7条第1項）。盗用、漏洩等の被害を受けた場合等に限り変更可（第7条第2項）。中長期在留者、特別永住者等の外国人住民も対象。
○ **個人番号の利用範囲を法律に規定**（第9条）。①国･地方の機関での社会保障分野、国税･地方税の賦課徴収及び防災等に関する事務での利用、②当該事務に係る申請･届出等を行う者（代理人･受託者含む）が事務処理上必要な範囲での利用、③災害時の金融機関での利用に限定。
○ 番号法に規定する場合を除き、**他人に個人番号の提供を求めることは禁止**（第15条）。本人から個人番号の提供を受ける場合、個人番号カードの提示を受ける等の**本人確認を行う必要**（第16条）。

個人番号カード

○ 市町村長は、**顔写真付きの個人番号カードを交付**（第17条第1項）。この場合、通知カードの返納を受ける。
○ ①市町村は条例で定めるところにより、②政令で定めるもの（民間事業者等）は政令で定めるところにより、総務大臣が定める安全基準に従って、**ＩＣチップの空き領域を利用することができる**（第18条）。※民間事業者については、当分の間、政令で定めないものとする。

個人情報保護

○ 番号法の規定によるものを除き、**特定個人情報（個人番号をその内容に含む個人情報）の収集･保管**（第20条）及び**特定個人情報ファイルの作成を禁止**（第28条）。
○ **特定個人情報の提供は原則禁止**。ただし、行政機関等が**情報提供ネットワークシステムを使用しての提供**など、番号法に規定するものに限り可能（第19条）。※民間事業者は、情報提供ネットワークシステムを使用できない。
○ 情報提供ネットワークシステムで情報提供を行う際の連携キーとして個人番号を用いない等、**個人情報の一元管理ができない仕組み**を構築。
○ 国民が自宅のパソコンから情報提供等の記録を確認できる仕組み**（マイ･ポータル）の提供**（附則第6条第5項）、**特定個人情報保護評価の実施**（第27条）、**特定個人情報保護委員会の設置**（第36条）、**罰則の強化**（第67条～第77条）など、十分な個人情報保護策を講じる。

法人番号

○ 国税庁長官は、法人等に法人番号を通知（第58条）。**法人番号は原則公表**。※民間での自由な利用も可。

検討等

○ 法施行後３年を目途として、**個人番号の利用範囲の拡大**について検討を加え、必要があると認めるときは、その結果に基づいて、国民の理解を得つつ、所要の措置を講ずる。
○ 法施行後１年を目途として、**特定個人情報保護委員会の権限の拡大等**について検討を加え、その結果に基づいて所要の措置を講ずる。

資料　地方公共団体における社会保障・税番号制度の導入について（２ページ）
提供）総務省自治行政局住民制度課

番号法総務省令の概要

※ 正式名称 ：行政手続における特定の個人を識別するための番号の利用等に関する法律の規定による通知カード及び個人番号カード並びに情報提供ネットワークシステムによる特定個人情報の提供等に関する省令

1. 概要

(1)個人番号とすべき番号の生成

○ 個人番号とすべき番号の生成に係る通知の方法は、電子計算機の操作により、電気通信回線を通じた送信の方法に関する技術的基準は、総務大臣が定める。

(2)通知カード

○ 通知カードには、個人番号、氏名、住所、性別及び生年月日のほか、通知カードの発行の日及び通称を記載する。
○ 通知カードの様式(裏面に追記欄)、再交付手続(紛失した場合等に再交付)を規定。

(3)個人番号カード

○ 個人番号カードには、個人番号、氏名、住所、性別、生年月日及び写真のほか、住民票コードを記録する。
○ 個人番号カードの様式(表面に追記欄を設け、裏面に個人番号を記載)、有効期間(20歳以上は発行日から10回目の誕生日まで、20歳未満は発行日から5回目の誕生日まで)、再交付手続(紛失した場合等に再交付)等を規定。
○ 地方公共団体情報システム機構に対する通知カード･個人番号カード関連事務の委任について定める。

(4)情報提供ネットワークシステムによる特定個人情報の提供等

○ 情報提供ネットワークシステムによる特定個人情報の提供の方法は、電子計算機の操作により、電気通信回線を通じた送信等の方法については、総務大臣が定める。
○ 情報提供ネットワークシステムで送信する事項及び情報提供等の記録事項(提供の求めに係る事務をつかさどる組織の名称(課室名レベル)、情報照会者の処理する事務等)を規定する。
○ 特定個人情報の提供の求めがあった旨の通知に総務大臣が定める有効期間を設ける旨規定する。

2. スケジュール

平成26年11月20日公布

資料 地方公共団体における社会保障・税番号制度の導入について（３ページ）
提供）総務省自治行政局住民制度課

住民基本台帳法施行令の改正について

○下記について、順次施行令を改正予定。

<u>平成27年10月施行分</u>
①住民票の記載事項及び本人確認情報に個人番号が追加されることについて規定
②指定情報処理機関制度の廃止に伴い、必要な事項について規定
③本人確認情報の保存期間の延長
④住民基本台帳法の一部改正に伴う条項ずれへの対応　等

<u>平成28年１月施行分</u>
①個人番号を含んだ本人確認情報の提供のため必要な事項について規定
②住基カード廃止に伴う規定の削除　等

<u>平成29年１月施行分</u>
①情報提供ネットワークシステムでの情報連携に用いる符号生成のため、機構から総務省へ住民票コードを提供することに関し必要な事項について規定　等

※上記に応じ、「住民基本台帳法施行規則」、「電気通信回線を通じた送信又は磁気ディスクの送付の方法並びに磁気ディスクへの記録及びその保存の方法に関する技術的基準（住基ネット基準）」を改正予定。また、住民基本台帳カードに関する技術的基準に代えて、通知カード及び個人番号カードについて必要な技術的基準を制定予定。

※本人確認情報を利用できる者及び事務を規定している住民基本台帳法の別表改正に伴い、住民基本台帳法別表省令を改正予定

※上記住基令の改正については、デジタルPMO上に改正案の四段表（現行と上記三段階の改正を一覧にしたもの）を掲載。また、各自治体等において今後作成する必要のある様式類のリストについても掲載。

資料 地方公共団体における社会保障・税番号制度の導入について（４ページ）
提供）総務省自治行政局住民制度課

公的個人認証法の一部改正について

1. マイポータルの利用等に活用できる「電子利用者証明」の仕組みを創設

○　自己の個人番号に係る個人情報が行政機関等にどのように提供されたかを確認するため、マイポータルを通じてインターネット上で閲覧できる仕組みを構築することに伴い、ID・パスワード方式に変わるインターネット上の安全なログイン手段として「電子利用者証明」の仕組みを創設する。

2. 行政機関等に限定していた署名検証者の範囲を拡大（総務大臣が認める民間事業者を追加）

○　民間のサービスにおけるインターネット上での本人確認手段として活用可能とするため、これまで行政機関等に限定していた署名検証者の範囲を拡大し、総務大臣が認める民間事業者を追加する。（例：インターネット上での預金口座開設等）

○　これに伴い、電子証明書の発行番号が個人情報のマッチングキーとならないように、当該発行番号の利用の制限に関する規定を設ける。

3. 電子証明書の発行手続きを簡素化

○　電子証明書の発行の増加に対応し、市町村長の発行事務の円滑化を図るため、現行制度において申請者本人が作成している鍵ペアを、市町村長が作成することとする。

4. 指定認証機関制度の廃止　⇒　地方公共団体情報システム機構に移行

○　各都道府県知事が指定認証機関へ事務を委任する仕組みを廃止し、地方公共団体情報システム機構が認証業務を行うことを規定する。

○　機構は、電子証明書の失効情報の提供に係る事務等に関し、手数料を徴収することができる。

資料 地方公共団体における社会保障・税番号制度の導入について（5ページ）
提供）総務省自治行政局住民制度課

公的個人認証法施行令の改正について

1. 概要

○ 番号法整備法による公的個人認証法の改正に基づき、電子署名に関する地方公共団体の認証業務に関する施行令を改正（平成28年1月施行）。

①マイ・ポータルへのログイン等に用いる「利用者証明用電子証明書」の創設に伴い、必要な事項について規定

②電子証明書の鍵ペア生成を市町村長から機構に委任することに関し必要な事項について規定

③署名検証者の範囲を拡大し、行政機関等に加えて総務大臣が認める民間事業者を追加することに伴い、当該民間事業者の認定基準について規定

④電子証明書の発行記録、電子証明書の失効情報ファイルの保存期間について規定　等

※上記に応じ、公的個人認証法施行規則、認証業務及びこれに附帯する業務の実施に関する技術的基準を改正予定。

※②民間事業者の認定基準については、詳細は公的個人認証法施行規則又は大臣告示において規定する予定。

2. スケジュール

平成26年度中にパブコメ予定

資料 地方公共団体における社会保障・税番号制度の導入について（6ページ）
提供）総務省自治行政局住民制度課

個人番号カード、通知カードについて

	住民基本台帳カード	個人番号カード	通知カード
1 様式	 ○住民票コードの券面記載なし ○顔写真は選択制	 表面（案）　裏面（案） ○個人番号を券面に記載（裏面に記載する方向で検討） ○顔写真を券面に記載	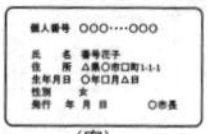 （案） ○個人番号を券面に記載 ○顔写真なし
2 作成・交付	○即日交付又は窓口に2回来庁 ○人口3万人未満は委託可能 ○手数料：1000円が主（電子証明書を搭載した場合） ○交付事務は自治事務	○通知カードとあわせて個人番号カードの交付申請書を送付し、申請は郵送で受け付けるため、市町村窓口へは1回来庁のみ（顔写真確認等）を想定 ○全市町村が共同で委任することを想定。民間事業者の活用も視野 ○手数料：無料 ○交付事務は法定受託事務	○全国民に郵送で送付するため、来庁の必要なし。 ○全市町村が共同で委任することを想定。民間事業者の活用も視野 ○手数料：なし ○交付事務は法定受託事務
3 利便性	○身分証明書としての利用が中心	○身分証明書としての利用 ○個人番号を確認する場面での利用（就職、転職、出産育児、病気、年金受給、災害等） ○市町村、都道府県、行政機関等による付加サービスの利用 ○電子証明書による民間部門を含めた電子申請・取引等における利用	○個人番号カードの交付を受けるまでの間、行政機関の窓口等で個人番号の提供を求められた際に利用可能 （番号法に基づく本人確認のためには、通知カードのほか主務省令で定める書類の提示が必要。）

資料 地方公共団体における社会保障・税番号制度の導入について（7ページ）
提供）総務省自治行政局住民制度課

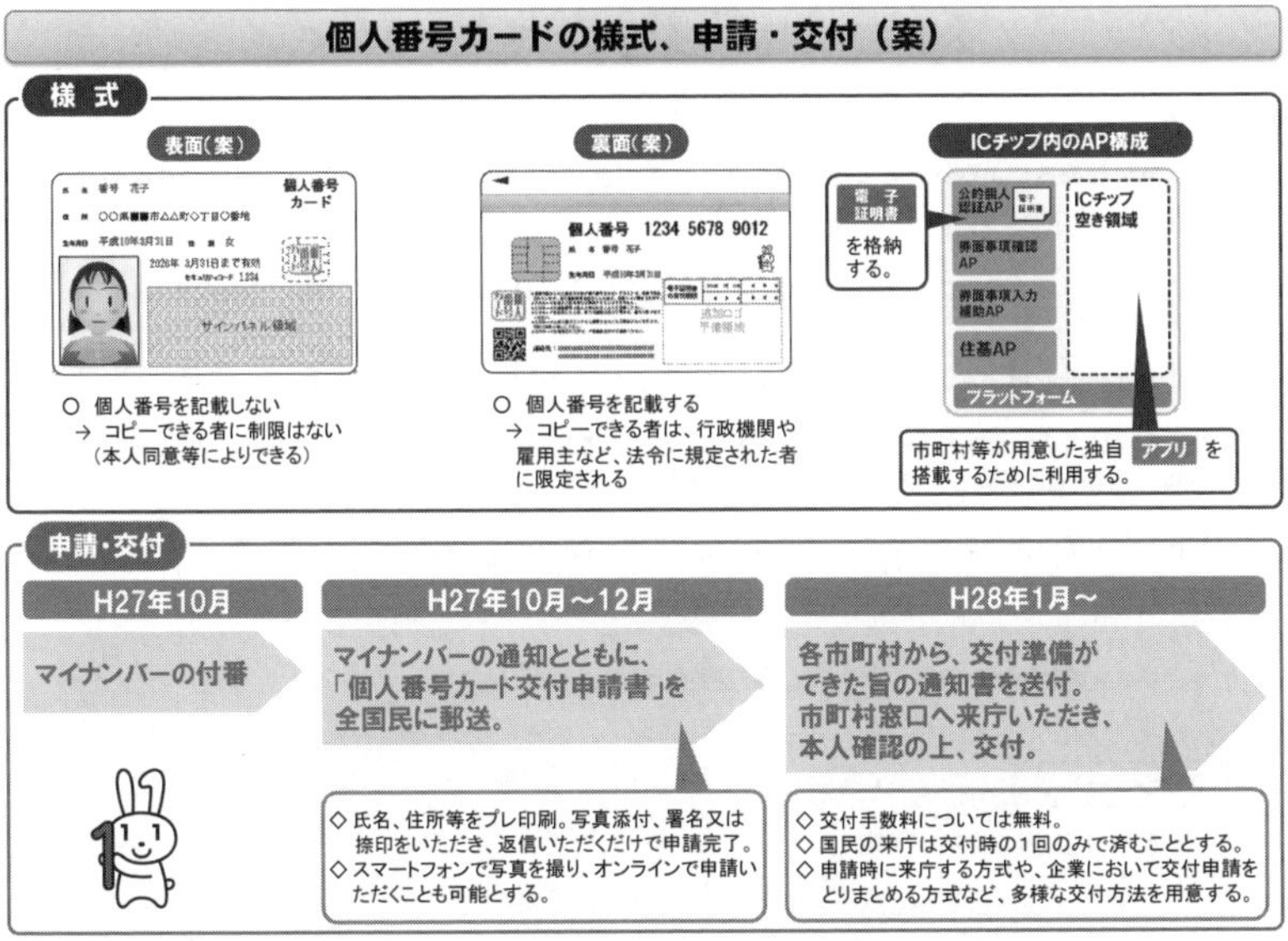
個人番号カードの様式、申請・交付（案）
様式
表面(案)
個人番号カード
サインパネル領域
○ 個人番号を記載しない
→ コピーできる者に制限はない
（本人同意等によりできる）
裏面(案)
個人番号 1234 5678 9012
○ 個人番号を記載する
→ コピーできる者は、行政機関や雇用主など、法令に規定された者に限定される
ICチップ内のAP構成
電子証明書
を格納する。
公的個人認証AP
券面事項確認AP
券面事項入力補助AP
住基AP
ICチップ空き領域
プラットフォーム
市町村等が用意した独自 アプリ を搭載するために利用する。
申請・交付
H27年10月
マイナンバーの付番
H27年10月～12月
マイナンバーの通知とともに、「個人番号カード交付申請書」を全国民に郵送。
◇ 氏名、住所等をプレ印刷。写真添付、署名又は捺印をいただき、返信いただくだけで申請完了。
◇ スマートフォンで写真を撮り、オンラインで申請いただくことも可能とする。
H28年1月～

各市町村から、交付準備ができた旨の通知書を送付。市町村窓口へ来庁いただき、本人確認の上、交付。
◇ 交付手数料については無料。
◇ 国民の来庁は交付時の1回のみで済むこととする。
◇ 申請時に来庁する方式や、企業において交付申請をとりまとめる方式など、多様な交付方法を用意する。

資料 地方公共団体における社会保障・税番号制度の導入について（8ページ）
提供）総務省自治行政局住民制度課

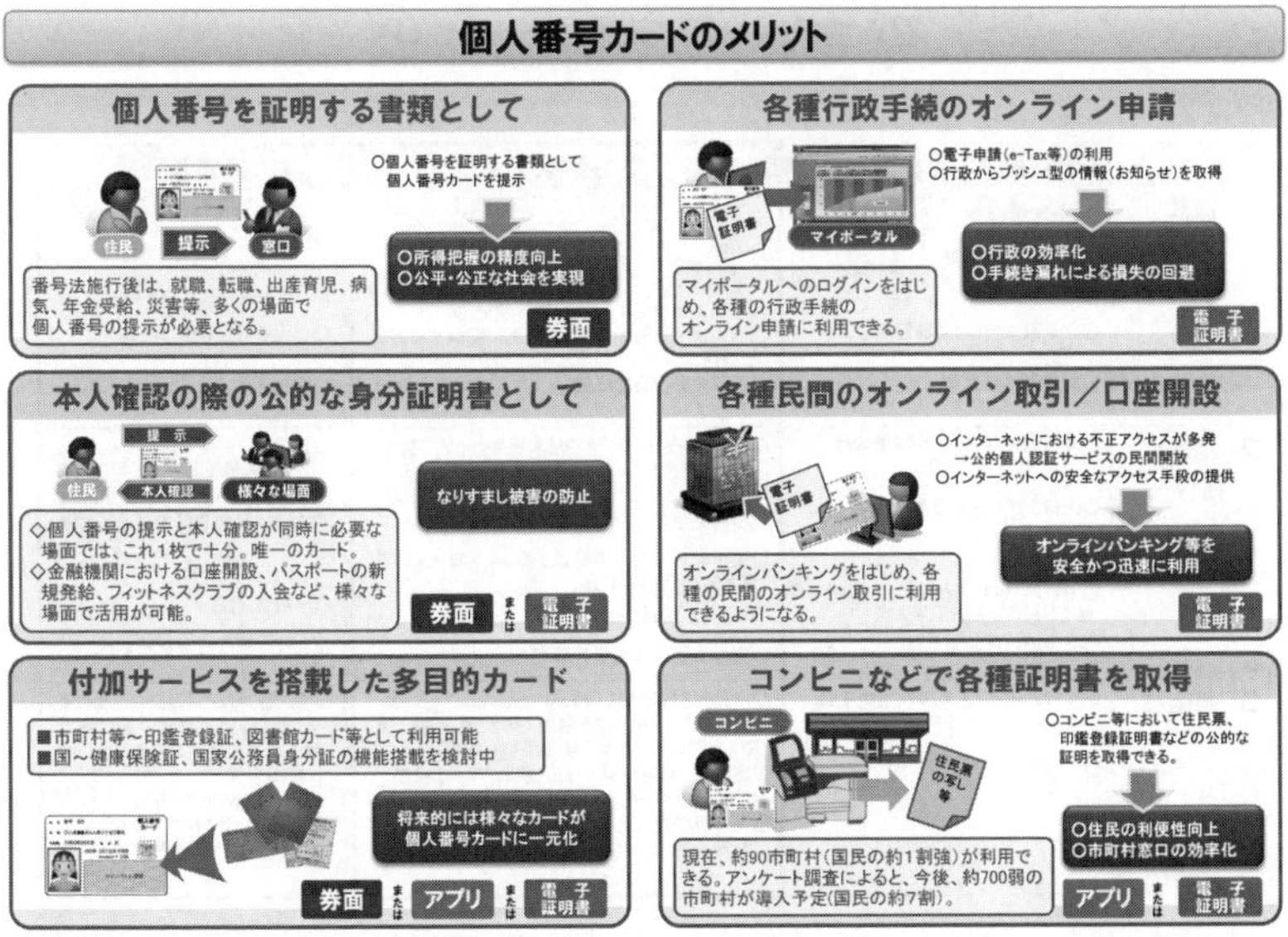
個人番号カードのメリット
個人番号を証明する書類として
○個人番号を証明する書類として個人番号カードを提示
住民 提示 窓口
○所得把握の精度向上
○公平・公正な社会を実現
番号法施行後は、就職、転職、出産育児、病気、年金受給、災害等、多くの場面で個人番号の提示が必要となる。
券面
各種行政手続のオンライン申請
○電子申請（e-Tax等）の利用
○行政からプッシュ型の情報（お知らせ）を取得
電子証明書
マイポータル
○行政の効率化
○手続き漏れによる損失の回避
マイポータルへのログインをはじめ、各種の行政手続のオンライン申請に利用できる。
電子証明書
本人確認の際の公的な身分証明書として
提示
住民 本人確認 様々な場面
なりすまし被害の防止
◇個人番号の提示と本人確認が同時に必要な場面では、これ1枚で十分。唯一のカード。
◇金融機関における口座開設、パスポートの新規発給、フィットネスクラブの入会など、様々な場面で活用が可能。
券面 または 電子証明書
各種民間のオンライン取引／口座開設
○インターネットにおける不正アクセスが多発
→公的個人認証サービスの民間開放
○インターネットへの安全なアクセス手段の提供
電子証明書
オンラインバンキング等を安全かつ迅速に利用
オンラインバンキングをはじめ、各種の民間のオンライン取引に利用できるようになる。
電子証明書
付加サービスを搭載した多目的カード
■市町村等～印鑑登録証、図書館カード等として利用可能
■国～健康保険証、国家公務員身分証の機能搭載を検討中
将来的には様々なカードが個人番号カードに一元化
券面 または アプリ または 電子証明書
コンビニなどで各種証明書を取得
コンビニ
住民票の写し等
○コンビニ等において住民票、印鑑登録証明書などの公的な証明を取得できる。
○住民の利便性向上
○市町村窓口の効率化
現在、約90市町村（国民の約1割強）が利用できる。アンケート調査によると、今後、約700弱の市町村が導入予定（国民の約7割）。
アプリ または 電子証明書

資料　地方公共団体における社会保障・税番号制度の導入について（9ページ）
提供）総務省自治行政局住民制度課

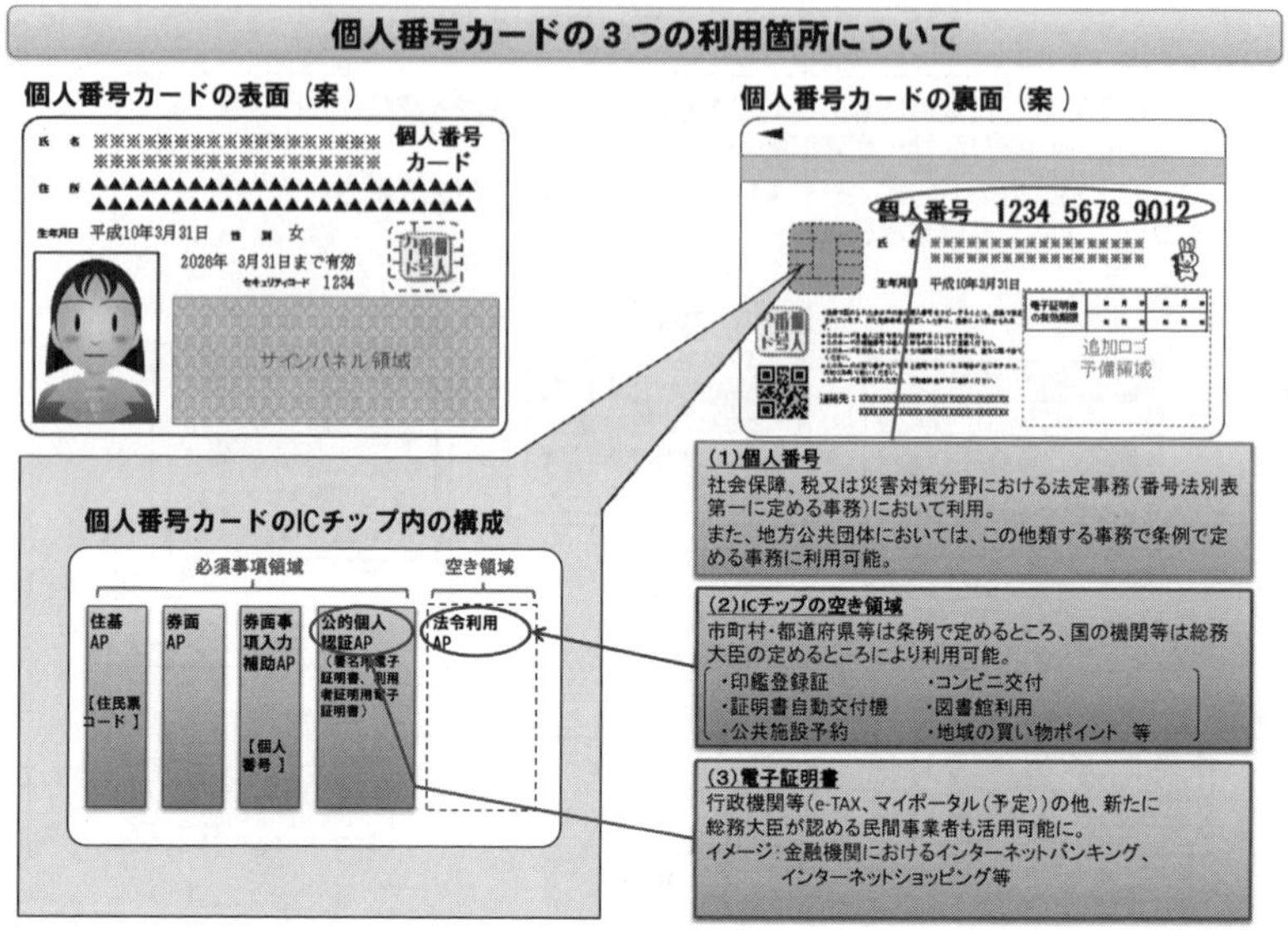

個人番号カードの3つの利用箇所について
個人番号カードの表面（案）
個人番号カード
平成10年3月31日
2026年 3月31日まで有効
サインパネル領域
個人番号カードの裏面（案）
個人番号 1234 5678 9012
追加ロゴ
予備領域
個人番号カードのICチップ内の構成
必須事項領域
空き領域
住基AP
【住民票コード】
券面AP
券面事項入力補助AP
【個人番号】
公的個人認証AP
（署名用電子証明書、利用者証明用電子証明書）
法令利用AP
(1)個人番号
社会保障、税又は災害対策分野における法定事務（番号法別表第一に定める事務）において利用。

また、地方公共団体においては、この他類する事務で条例で定める事務に利用可能。
(2)ICチップの空き領域
市町村・都道府県等は条例で定めるところ、国の機関等は総務大臣の定めるところにより利用可能。
・印鑑登録証
・コンビニ交付
・証明書自動交付機
・図書館利用
・公共施設予約
・地域の買い物ポイント　等
(3)電子証明書
行政機関等（e-TAX、マイポータル（予定））の他、新たに総務大臣が認める民間事業者も活用可能に。
イメージ：金融機関におけるインターネットバンキング、インターネットショッピング等

資料　地方公共団体における社会保障・税番号制度の導入について（10ページ）
提供）総務省自治行政局住民制度課

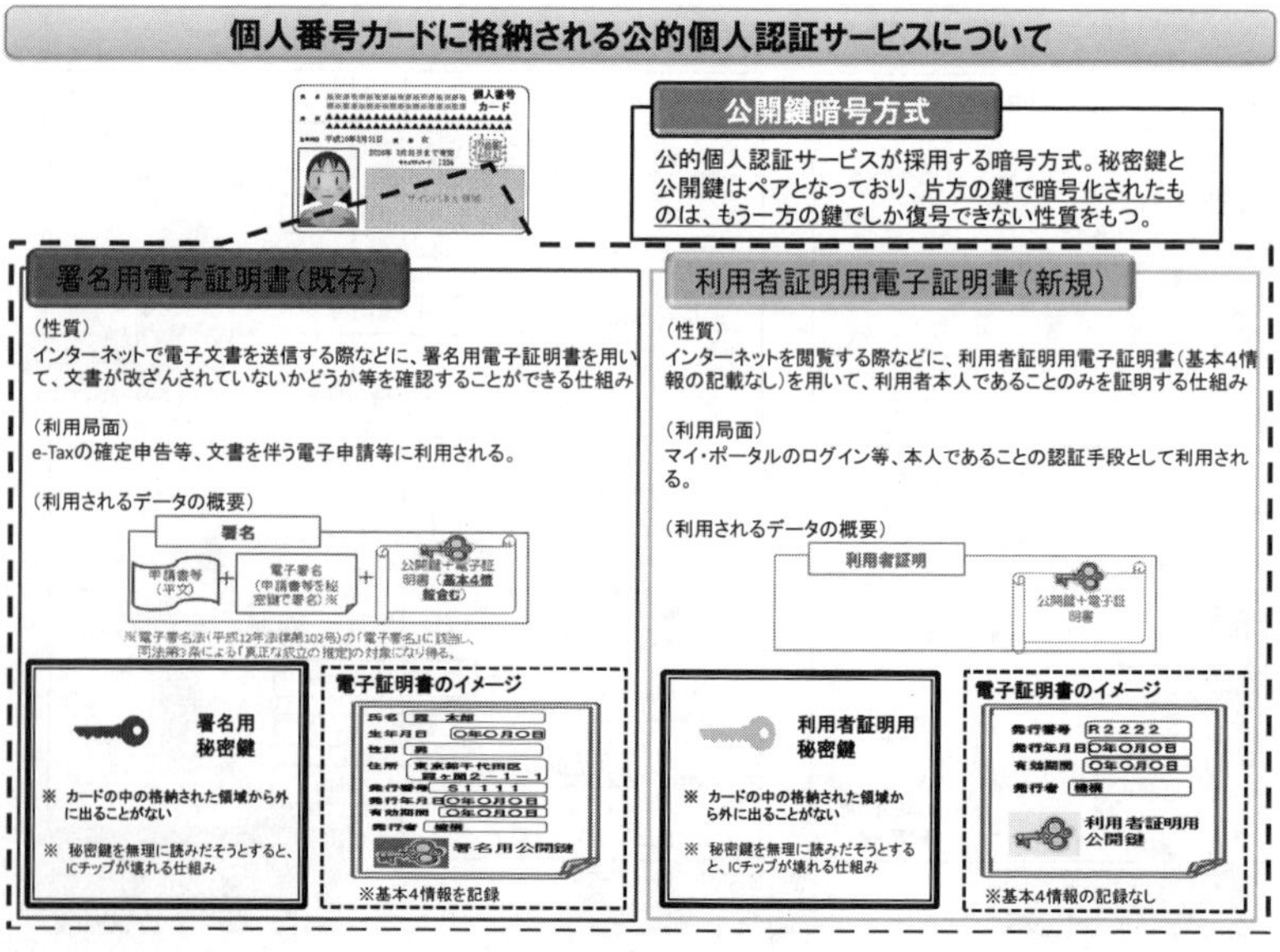

個人番号カードに格納される公的個人認証サービスについて
公開鍵暗号方式
公的個人認証サービスが採用する暗号方式。秘密鍵と公開鍵はペアとなっており、片方の鍵で暗号化されたものは、もう一方の鍵でしか復号できない性質をもつ。
署名用電子証明書（既存）
（性質）
インターネットで電子文書を送信する際などに、署名用電子証明書を用いて、文書が改ざんされていないかどうか等を確認することができる仕組み
（利用局面）
e-Taxの確定申告等、文書を伴う電子申請等に利用される。
（利用されるデータの概要）
署名
申請書等（平文）
電子署名（申請書等を秘密鍵で署名）※
公開鍵＋電子証明書（基本4情報含む）
署名用秘密鍵
※ カードの中の格納された領域から外に出ることがない
※ 秘密鍵を無理に読みだそうとすると、ICチップが壊れる仕組み
電子証明書のイメージ
署名用公開鍵
※基本4情報を記録
利用者証明用電子証明書（新規）
（性質）
インターネットを閲覧する際などに、利用者証明用電子証明書（基本4情報の記載なし）を用いて、利用者本人であることのみを証明する仕組み
（利用局面）
マイ・ポータルのログイン等、本人であることの認証手段として利用される。
（利用されるデータの概要）
利用者証明
公開鍵＋電子証明書
利用者証明用秘密鍵
※ カードの中の格納された領域から外に出ることがない
※ 秘密鍵を無理に読みだそうとすると、ICチップが壊れる仕組み
電子証明書のイメージ
R2222
利用者証明用公開鍵
※基本4情報の記録なし

資料 地方公共団体における社会保障・税番号制度の導入について（11ページ）
提供）総務省自治行政局住民制度課

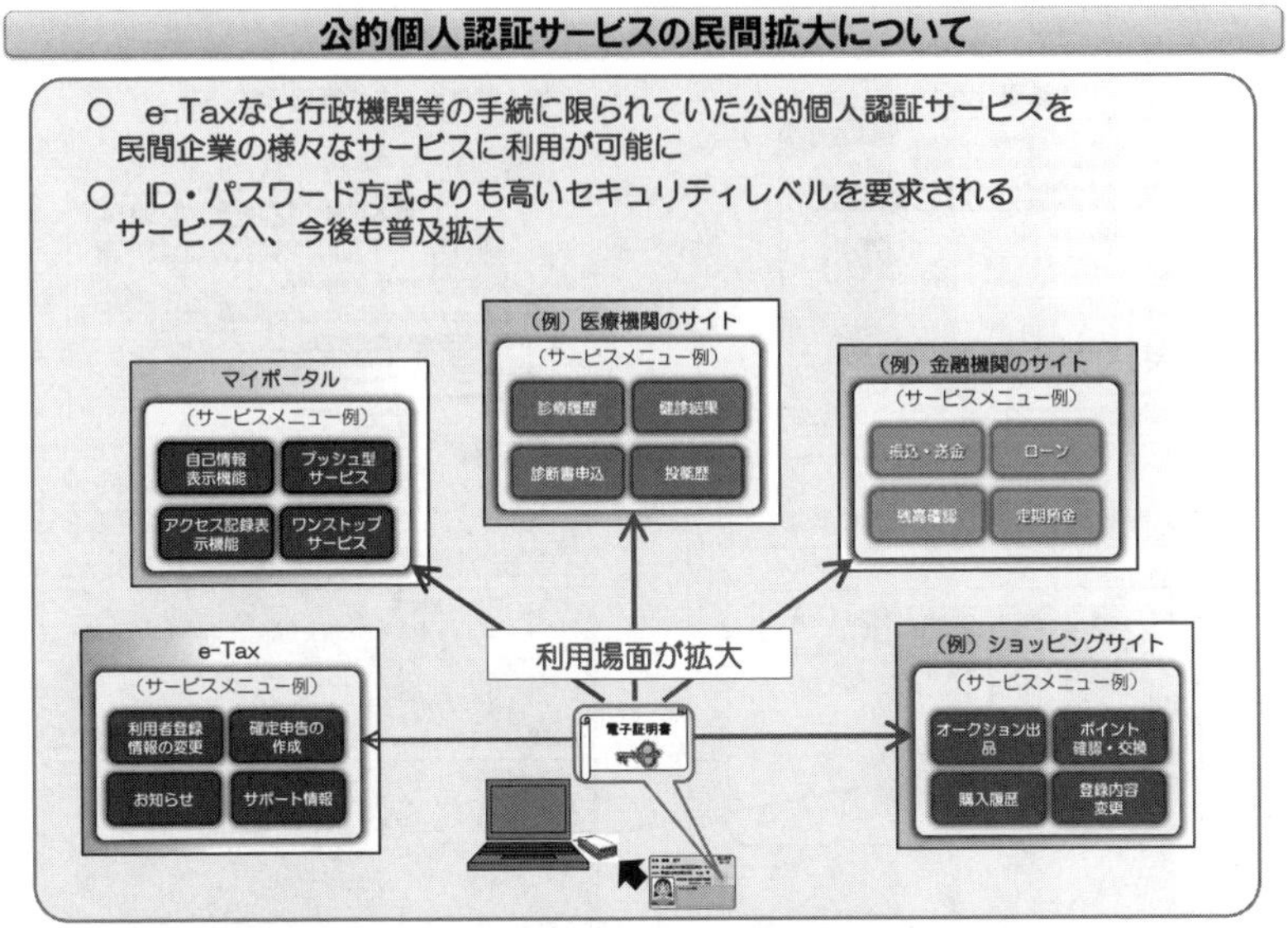

資料 地方公共団体における社会保障・税番号制度の導入について（12ページ）
提供）総務省自治行政局住民制度課

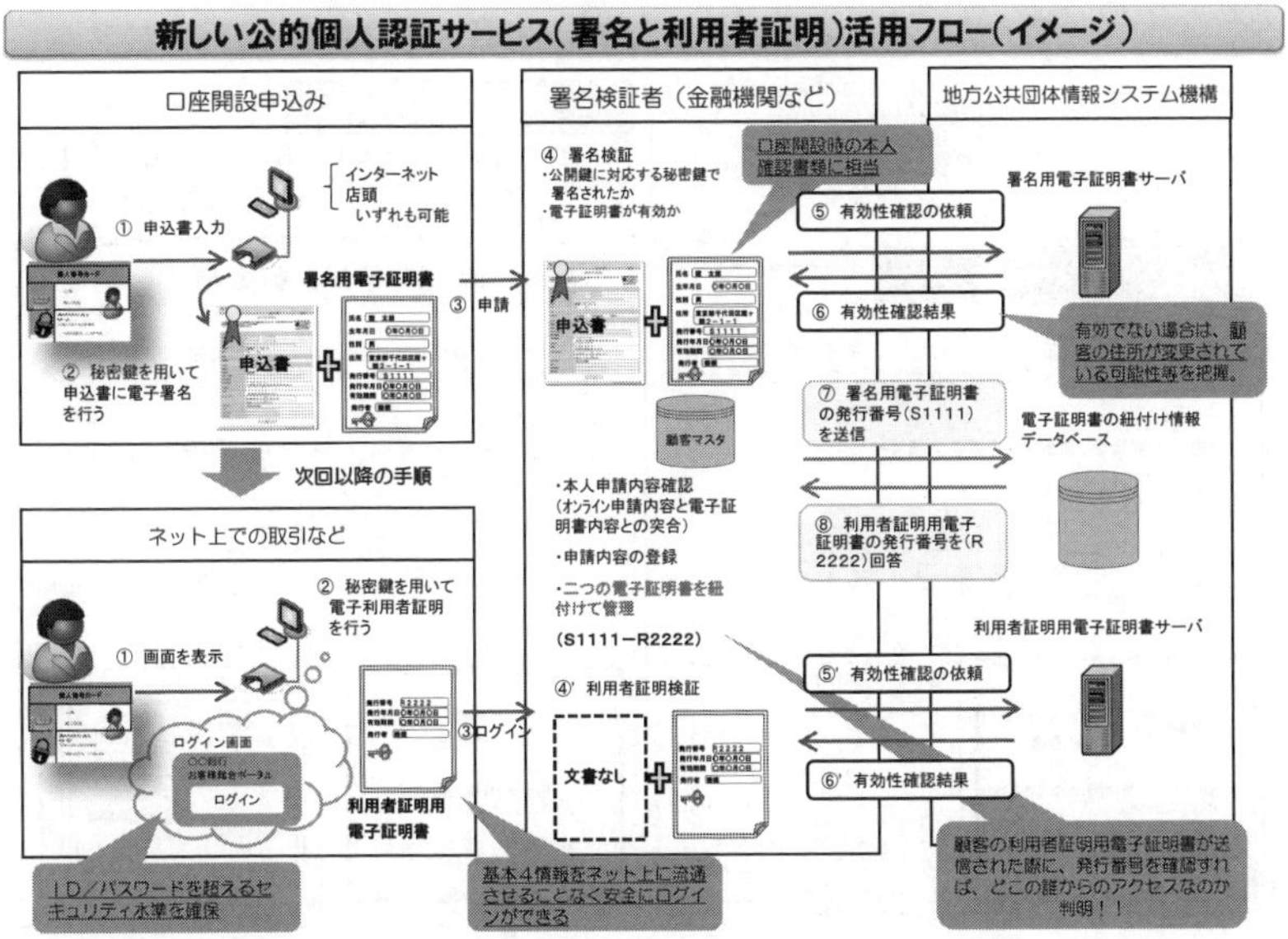

資料 地方公共団体における社会保障・税番号制度の導入について（13ページ）
提供）総務省自治行政局住民制度課

個人番号カード発行等に係る業務スキーム

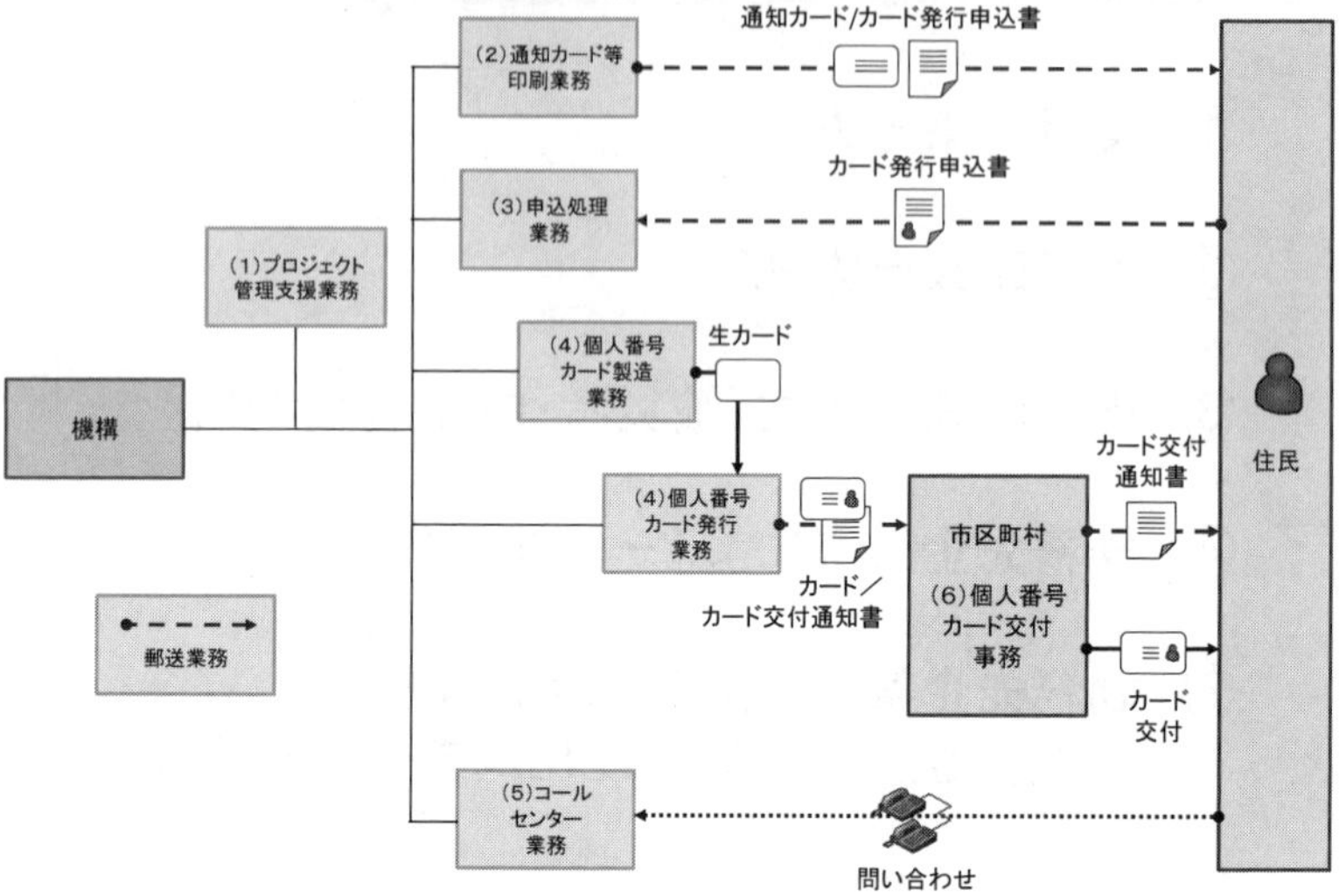

資料 地方公共団体における社会保障・税番号制度の導入について（14ページ）
提供）総務省自治行政局住民制度課

個人番号カードの発行等に関する主な業務

(1)プロジェクト管理支援業務	・プロジェクト全体の管理支援（プロジェクト計画、プロジェクト管理要領等の作成、進捗管理支援等） ・調達仕様書の作成や提案書の審査支援
(2)通知カード等印刷業務	・通知カードの作成 ・個人番号カード交付申請書の作成 ・封筒（通知カード等の送付用封筒、交付申請書の返信用封筒）の作成 ・通知カード等を封入封緘し、発送
(3)申込処理業務	・個人番号カード交付申請書の受付 ・不備があれば申請者へ申請不備の旨を通知
(4)個人番号カード製造・発行業務	・個人番号カードの仕様に準拠するICカードの製造 ・J－LISから提供されるデータに基づき、個人番号カードの券面印刷及び情報の格納を実施 ・個人番号カードの交付通知書の作成 ・個人番号カード・交付通知書の梱包・発送（市区町村宛て）
(5)コールセンター業務	・個人番号カードに係る住民からの各種問合せ（主に発行手続きに関することや発行の進捗状況について）を受付、回答 ・住民からの個人番号カードの紛失等による一時停止依頼への対応（原則として24時間365日対応）
(6)個人番号カード交付事務	・市町村窓口における個人番号カードの交付

資料 地方公共団体における社会保障・税番号制度の導入について（15 ページ）
提供）総務省自治行政局住民制度課

個人番号カードの申請・交付方式（案）について

① 交付時来庁方式

② 申請時来庁方式

③ 申請時来庁方式（被災者・DV被害者対応）

④ 勤務先企業等による一括申請方式

⑤ 勤務先企業等による一括申請方式
（勤務先企業等に職員が出向き一括申請受付）

資料 地方公共団体における社会保障・税番号制度の導入について（16 ページ）
提供）総務省自治行政局住民制度課

市区町村における個人番号カードの交付業務フロー（①交付時来庁方式）

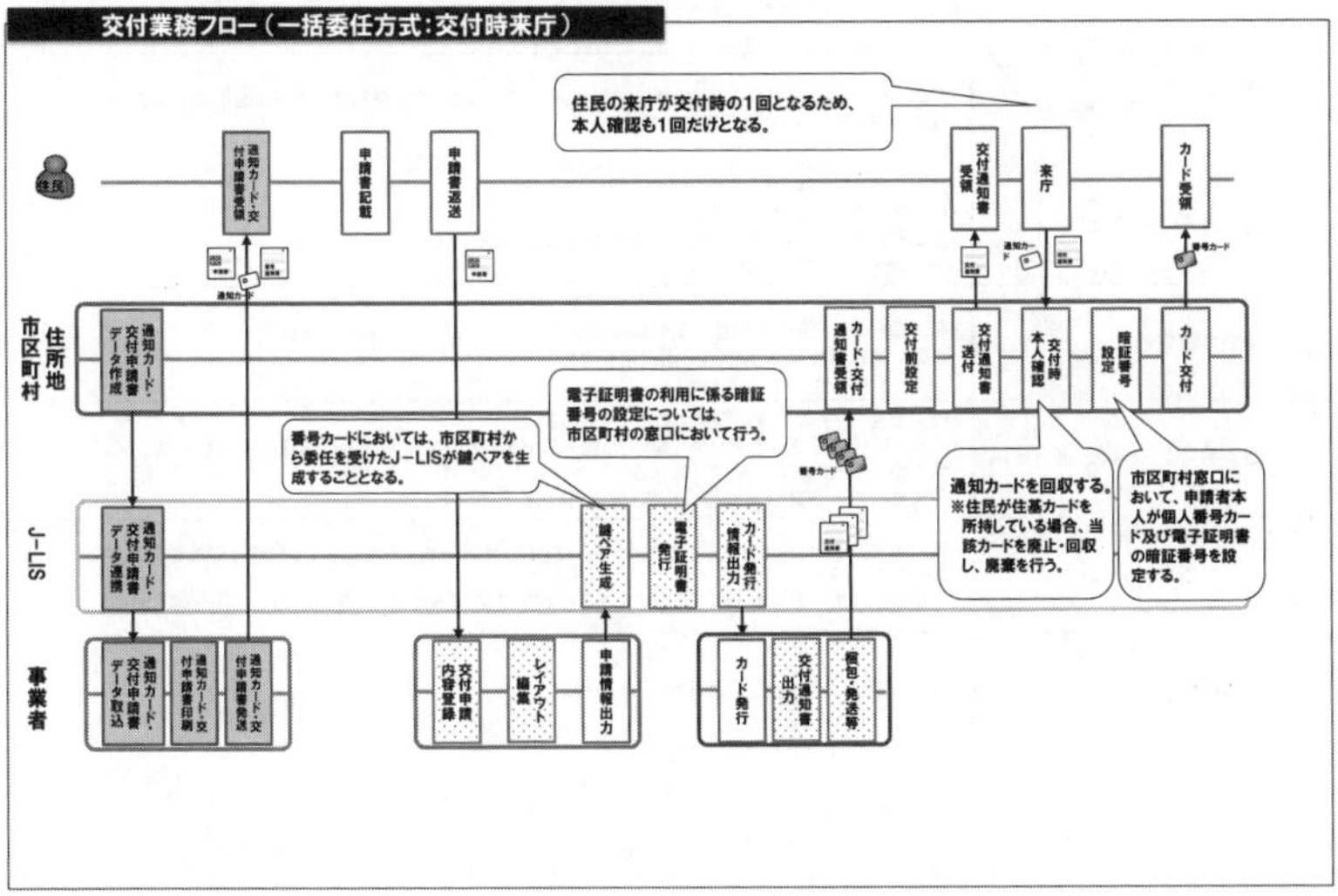

資料　地方公共団体における社会保障・税番号制度の導入について（17ページ提供）総務省自治行政局住民制度課

市区町村における個人番号カードの交付業務フロー（②申請時来庁方式）

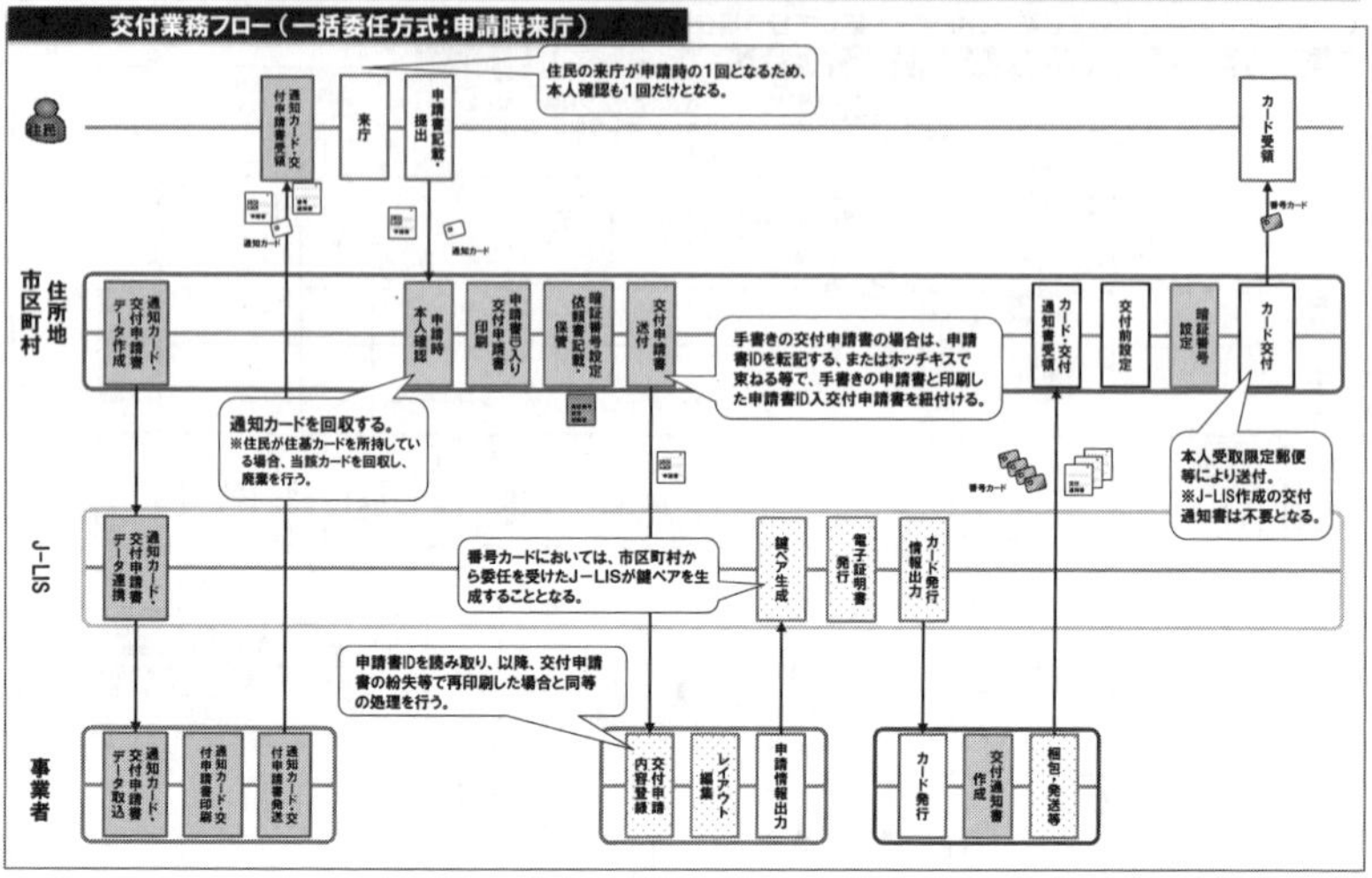

資料　地方公共団体における社会保障・税番号制度の導入について（18ページ提供）総務省自治行政局住民制度課

市区町村における個人番号カードの交付業務フロー（③被災者・DV被害者対応）

○　住所地市区町村以外に居所を構える被災者やDV被害者に対する交付を想定した業務フローは、以下のとおり。

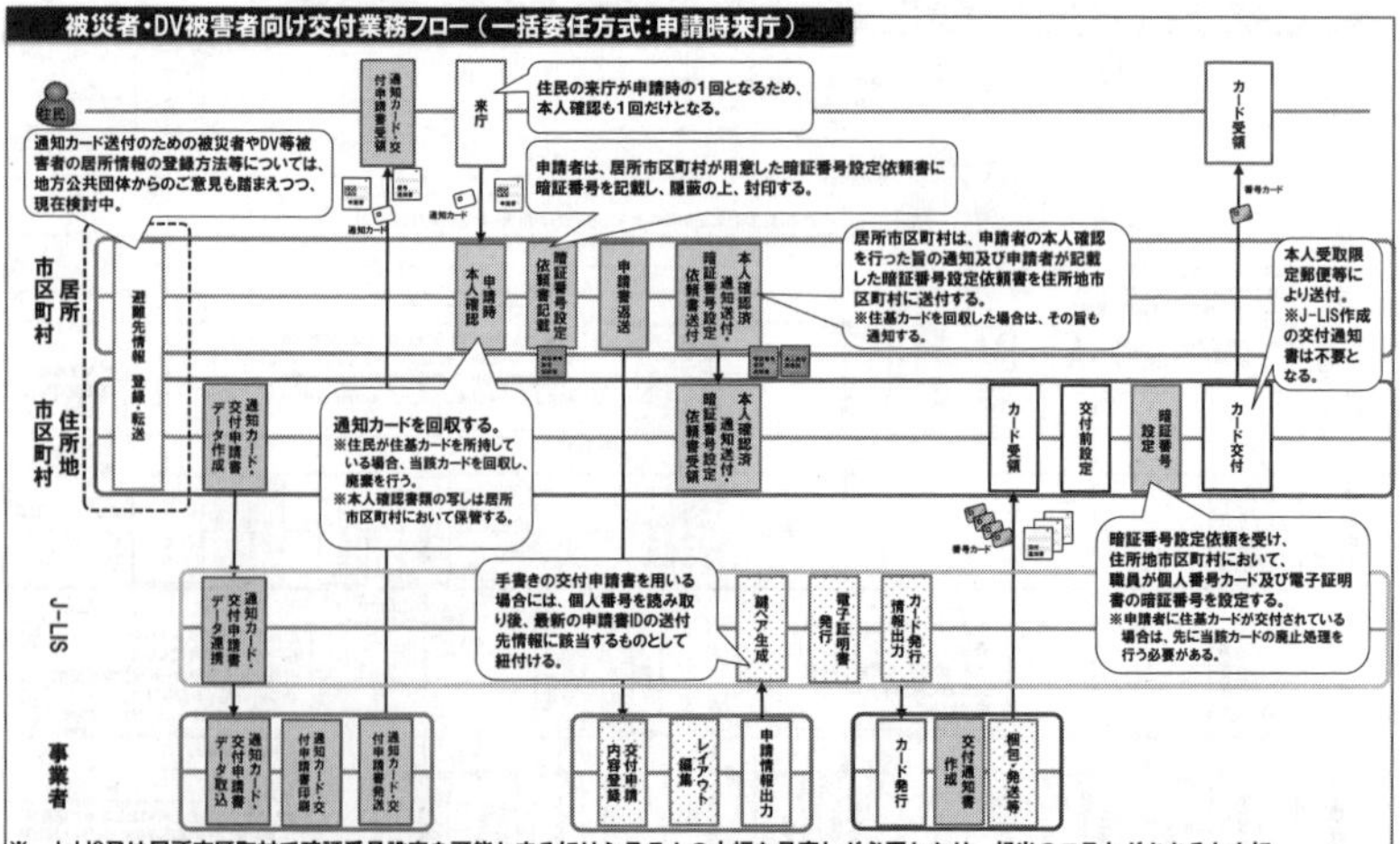

※　J-LIS又は居所市区町村で暗証番号設定を可能とするにはシステムの大幅な見直しが必要となり、相当のコストがかかるともに、平成28年1月以降の早期の対応が困難。

資料 地方公共団体における社会保障・税番号制度の導入について（19ページ）
提供）総務省自治行政局住民制度課

市区町村における個人番号カードの交付業務フロー（④勤務先企業等による一括申請）

○ 勤務先企業等において従業員の申請を一括して行う場合を想定した交付業務フローは、以下のとおり。

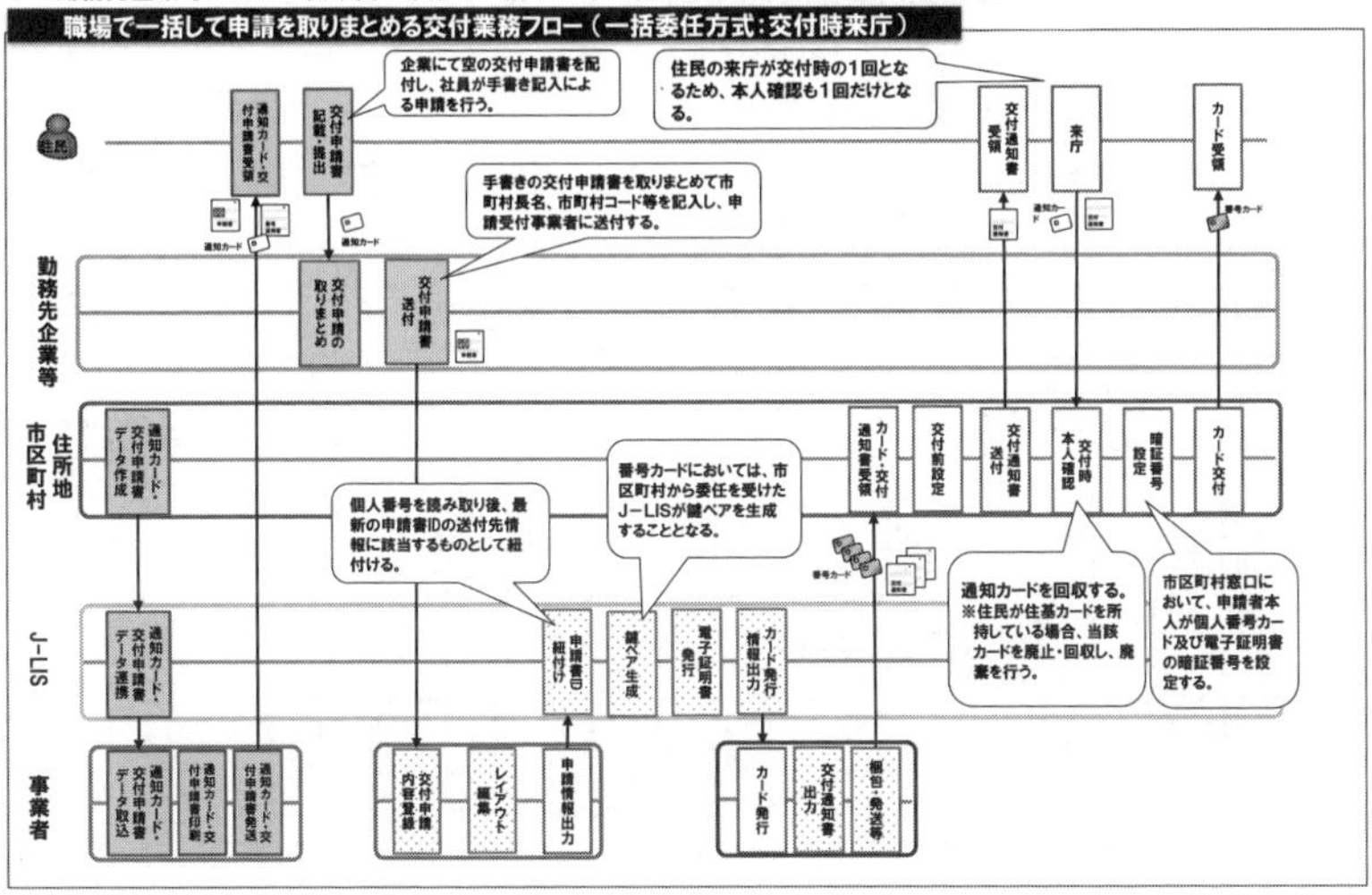

資料 地方公共団体における社会保障・税番号制度の導入について（20ページ）
提供）総務省自治行政局住民制度課

市区町村における個人番号カードの交付業務フロー（⑤勤務先企業等に職員が出向き一括申請受付）

○ 勤務先企業の所在市区町村の職員が勤務先企業に出張し、従業員の本人確認を一括して行う場合を想定した交付業務フローは、以下のとおり。

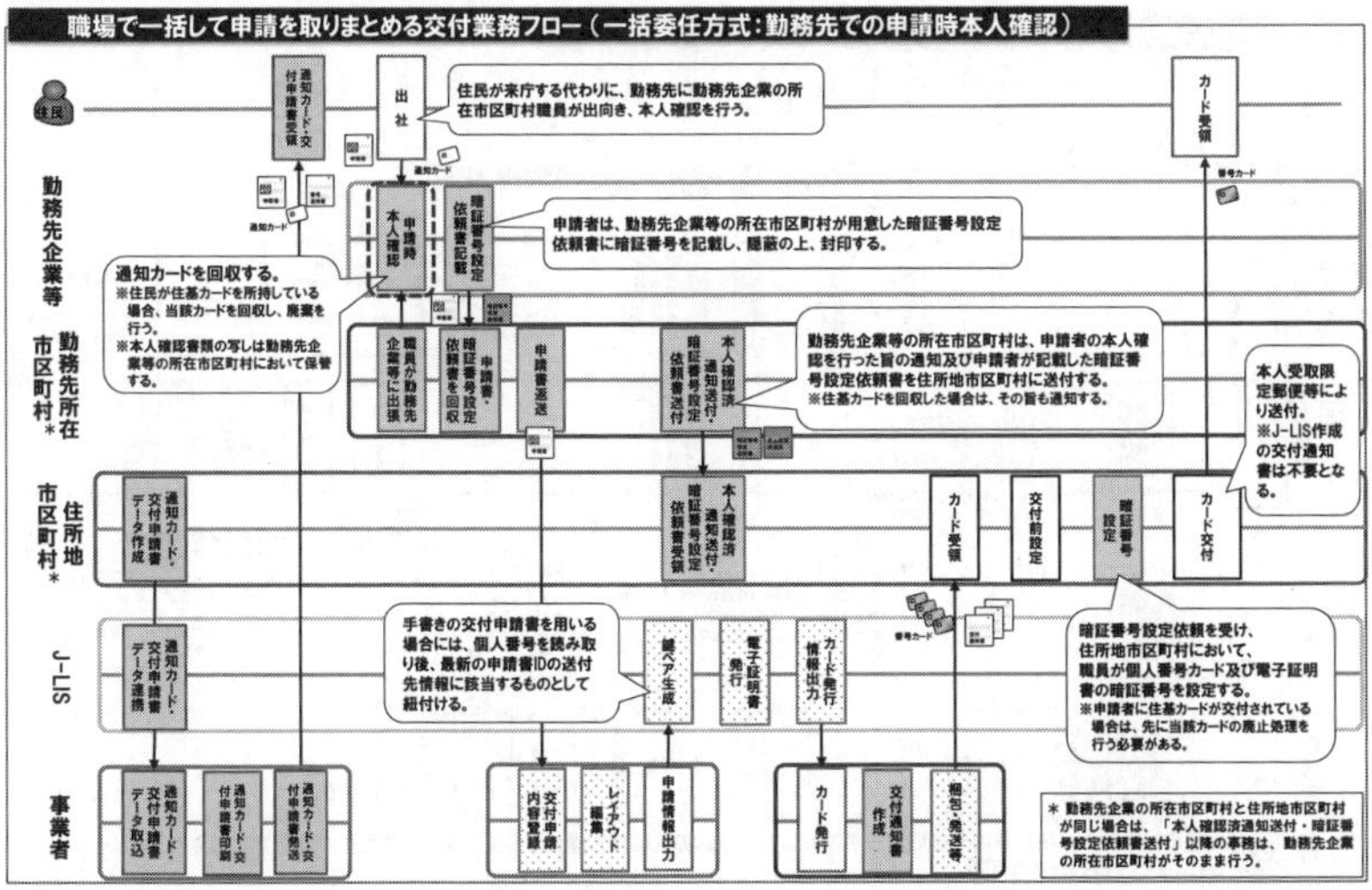

資料 地方公共団体における社会保障・税番号制度の導入について（21 ページ）
提供）総務省自治行政局住民制度課

「コンビニ交付サービス」の導入について （1/3）

1 個人番号カード（平成28年1月交付開始）

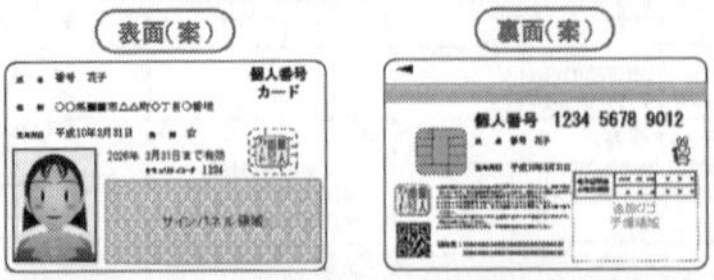

◆ 交付手数料は無料。
◆ 数多くのメリット。
❶ 個人番号の証明書
❷ 本人確認の証明書
❸ 市町村や国などの各種サービスのカード
❹ 行政手続のオンライン申請
❺ 民間のオンライン取引・口座開設
❻ コンビニ等で各種証明書を取得

➡ 相当数の住民が取得するものと見込まれる。

2 コンビニ交付サービスのイメージ

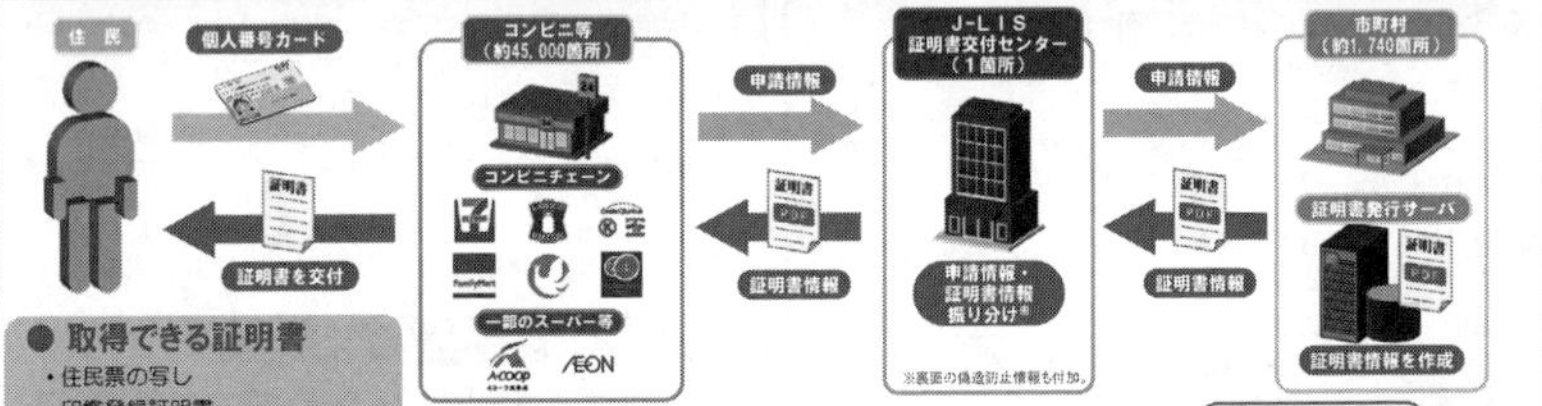

● 取得できる証明書
・住民票の写し
・印鑑登録証明書
・住民票記載事項証明書※
・各種税証明書※
・戸籍証明書※
・戸籍の附票の写し※
※対応しない市町村もあり。

いつでも 早朝から夜（6:30～23:00）まで土日祝日※も対応。
※12/29～1/3を除く。

どこでも 全国の約45,000店舗で交付を受けられる。

導入のメリット
・住民の利便性向上
・窓口業務の負担軽減
・証明書交付事務コストの低減

資料 地方公共団体における社会保障・税番号制度の導入について（22 ページ）
提供）総務省自治行政局住民制度課

「コンビニ交付サービス」の導入について （2/3）

3 導入予定団体

■ 個人番号カードの導入を契機に、多くの市町村がコンビニ交付サービスの導入を予定。

約4割の団体がコンビニ交付サービスを導入予定。※

➡ その住民である約9,600万人（国民の約7割）がコンビニ交付サービスを享受できることとなる見込み。※※

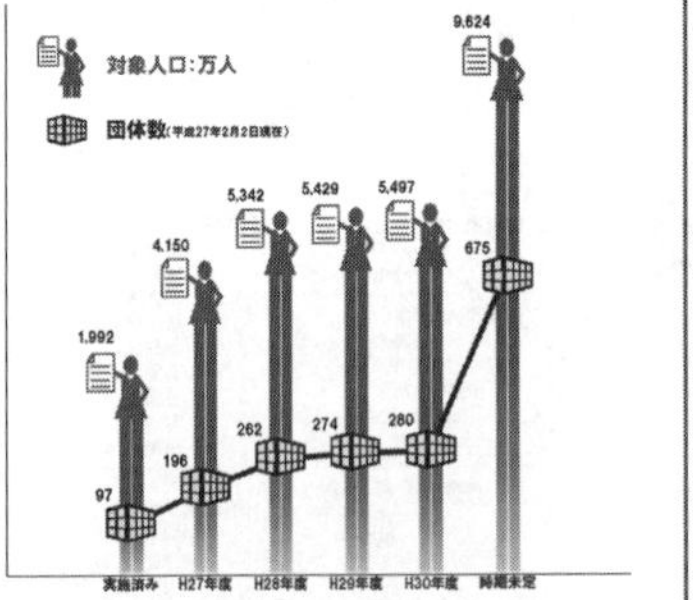

※ J-LISが昨年の夏から秋にかけて実施したアンケート調査結果による。
※※平成26年1月1日現在の人口をもとに算出。

4 導入のための経費

■ コンビニ交付サービスの導入コストは、標準的な団体の実績平均で約2,100万円※。

● 既存システムの改修費
● 証明書発行サーバの構築費
● 証明書交付センターへの接続費
▶ 約2,100万円

※住民票の写し、印鑑登録証明書を対象とする場合、平成22年度～24年度に導入した59団体の事業費を基に算出。

特別交付税措置
対象経費に対し、
2分の1、上限5,000万円の措置
条件：自治体クラウドの推進に資するものであること。

■ ランニングコスト
◆ 証明書発行サーバの保守費
◆ 証明書交付センターの運営負担金
・町村100万円～指定都市（100万人以上）1,000万円
・一定の時期には、参加団体の増加に伴い、見直しを予定。
◆ コンビニ事業者等への委託手数料（1通当たり）123円

以上についても、当初3年間は上記特別交付税の対象となる。

資料 地方公共団体における社会保障・税番号制度の導入について（23ページ）
提供）総務省自治行政局住民制度課

「コンビニ交付サービス」の導入について　（3/3）

5 導入のための準備・期間

■ **J-LIS等への申請書の提出後、概ね6か月間の期間が必要。**

・J-LISへの申請書と、LGWANへの申請書の提出が必要。

・標準的には、システム改修等に概ね3か月、テストに概ね3か月の期間が必要。

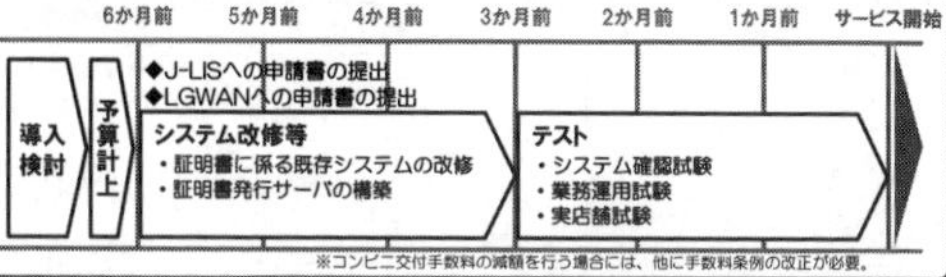

※コンビニ交付手数料の減額を行う場合には、他に手数料条例の改正が必要。

6 どんどん便利になるコンビニ交付サービス

■ **6カ国語に対応（26年6月開始）**

コンビニ交付サービスは、英語、中国語（簡体字、繁体字）、韓国語、スペイン語、ポルトガル語の6カ国語による画面案内を実施。外国人住民に優しく、市町村の窓口対応の負担もぐっと軽減するサービス。

■ **住所地と本籍地が異なる住民でも、戸籍の証明書を取得可能に（28年1月予定）**

現在のコンビニ交付サービスでは、戸籍の証明書の交付を受けられるのは、住所地と本籍地が同一の住民に限られる。

28年1月以降は、住所地と本籍地が異なる住民でも本籍地に申請をしておけば、コンビニ等で戸籍の証明書の交付を受けられるよう、機能を追加する予定。※

※本籍地がコンビニ交付サービスを公的個人認証方式により導入することが必要。

7 よくあるご質問

Q．うちの町にはコンビニが無い。コンビニ交付サービス導入の意味がない。

A．コンビニ交付サービスは、参加市町村のコンビニ等に限らず、全国どこのコンビニ等でも交付が受けられるサービス。
よって、参加市町村にコンビニ等がなくても、住民の生活圏（通勤、通学、買い物等のエリア）においてコンビニ等があれば、参加の意義がある。
また、あたかも庁舎がコンビニ店舗であるかのように、コンビニのマルチコピー機をリースし設置するという方法もある。

Q．番号法に基づく情報連携で各種証明書の添付が不要になっていく。コンビニ交付サービスの意義は早晩失われるのでは。

A．番号法に基づく情報連携は官→官に限られ、民→民の情報連携はされないので、民間事業者に対しては引き続き各種証明書の添付が必要。現在、コンビニ交付の約4割を占める印鑑登録証明書は、民間事業者に提出されるものであり、また、同様に約4割を占める住民票の写しは、住宅関係手続など多くの民民手続で活用されていることから、コンビニ交付サービスの意義は失われない。

資料 地方公共団体における社会保障・税番号制度の導入について（24ページ）
提供）総務省自治行政局住民制度課

市区町村の参加状況

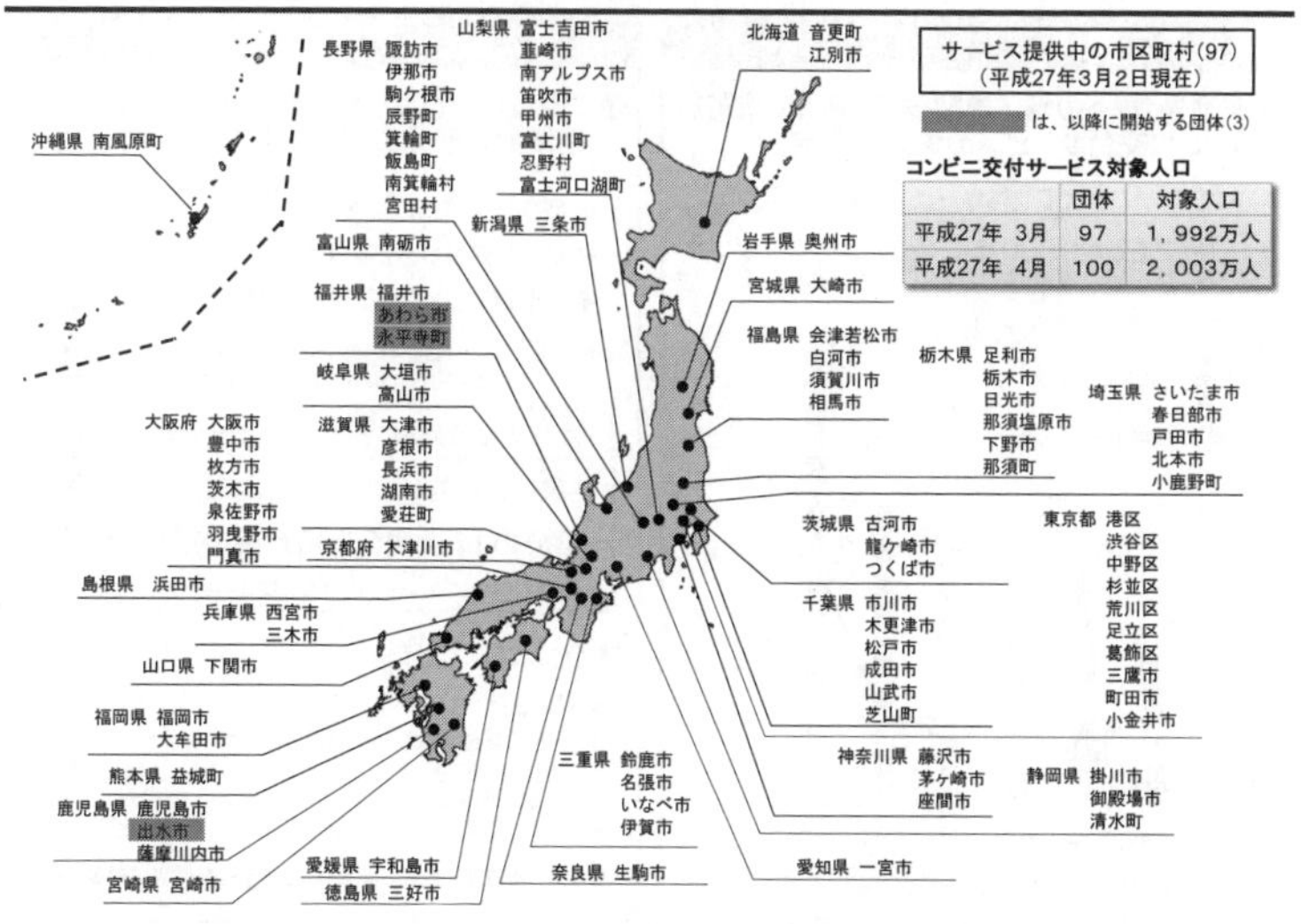

コンビニ交付サービス対象人口

	団体	対象人口
平成27年 3月	97	1，992万人
平成27年 4月	100	2，003万人

資料 地方公共団体における社会保障・税番号制度の導入について（25 ページ）
提供）総務省自治行政局住民制度課

公的個人認証サービスの利用によるコンビニ交付の実現について

現行の仕組みとの比較

本人認証の仕組み	条例制定の要否	条例利用APの書き込み	システム構築に係る負担	本人認証の仕組み	対象カード
条例利用方式（カードAP認証）	必要	必要	証明発行サーバ及び条例利用システムを構築	利用者ID及び暗証番号	個人番号カードだけでなく、住基カードでも利用可
公的個人認証方式	不要	不要	証明発行サーバのみ構築	利用者証明用電子証明書の有効性検証	個人番号カードのみ利用可

市区町村におけるメリット

○ ICカード標準システムの導入が必須でなくなることで、 コンビニ交付導入時のコスト負担が低減される。
○ 証明書等自動交付APをカードに搭載する必要がなく、カード交付に係る事務コストが削減できる。
○ 証明書種別ごとの暗証番号が不要となることで、パスワード管理の事務コストが削減できる。
○ コンビニ交付を実施するための条例を制定する必要がなくなる。

利用者におけるメリット

○ 証明書等自動交付APをカードに搭載する必要がなく、カード交付時間が短縮される。
○ 現在コンビニ交付を行っていない市区町村の住民においても、個人番号カードを持っていれば、当該市区町村が新たにコンビニ交付を開始したタイミングで、特段の手続きなしにコンビニ交付が利用できる。
○ 証明書種別ごとの暗証番号が不要となる。

資料 地方公共団体における社会保障・税番号制度の導入について（26 ページ）
提供）総務省自治行政局住民制度課

個人番号カードにおける証明発行サーバの運用パターン

個人番号カード開始に伴う証明発行サーバの運用パターンは以下のとおりです。

条例利用方式をそのまま利用し続けるけることは可能です。また、平成28年1月以降も、順次公的個人認証方式に切り替えることが可能です。

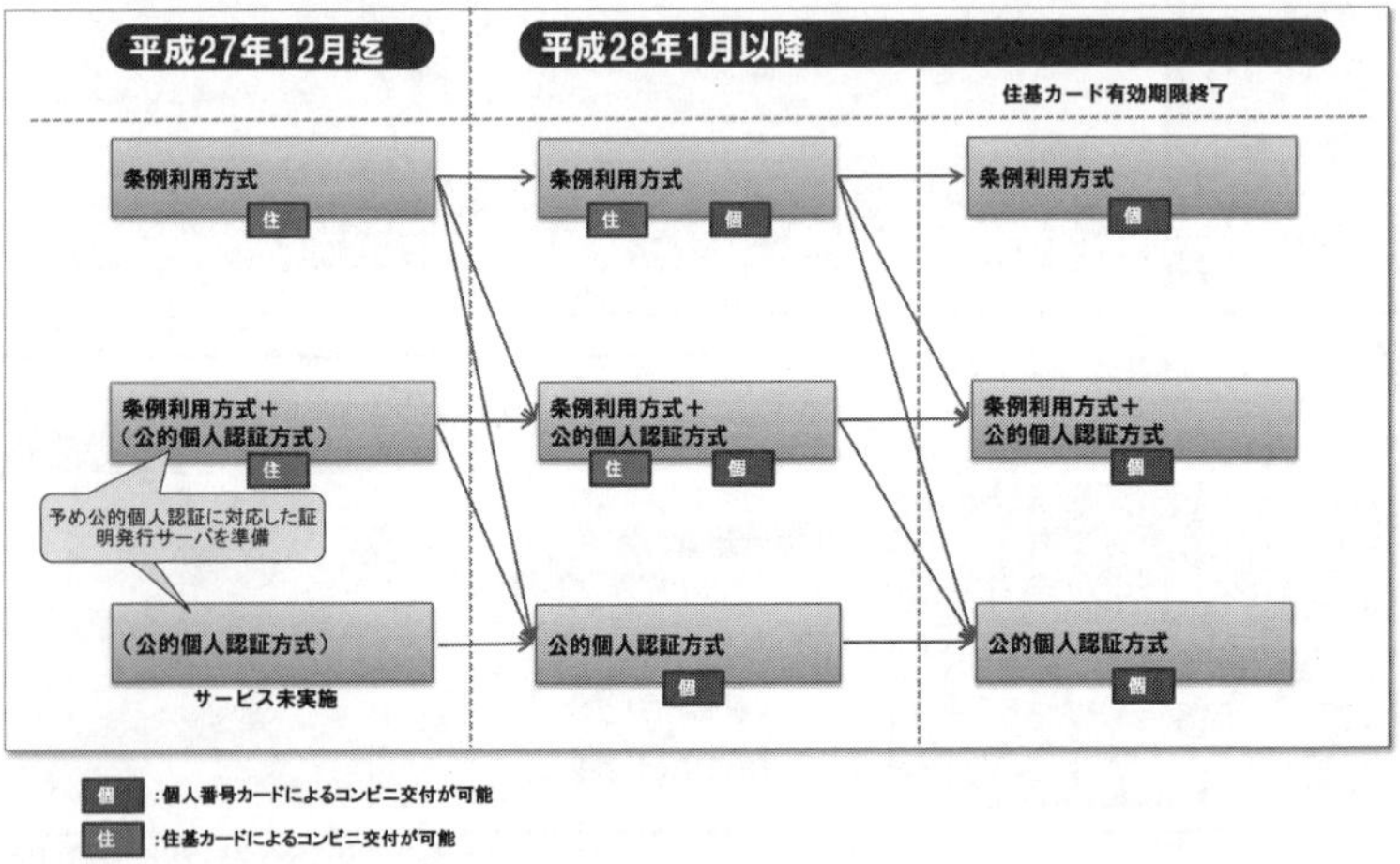

資料 地方公共団体における社会保障・税番号制度の導入について（27 ページ）
提供）総務省自治行政局住民制度課

住所地と本籍地が異なる場合の戸籍証明書等交付について

住所地と本籍地が異なる住民に対して、コンビニ交付で戸籍証明書及び戸籍の附票の写し（以下「本籍地証明書」という。）を取得できる機能を加えるための検討を行っています。

本籍地証明書を取得するための手順は、次のとおりとなります。
1）事前に、本籍地の証明発行サーバに本籍地証明書利用登録申請を行う（インターネットまたはキオスク端末による申請）。
→本籍地の戸籍担当者は申請情報に基づき、利用者登録（戸籍証明書と利用者の紐付け）を行う。
2）数日後（利用者登録完了後）、キオスク端末より本籍地の戸籍証明書を取得する。

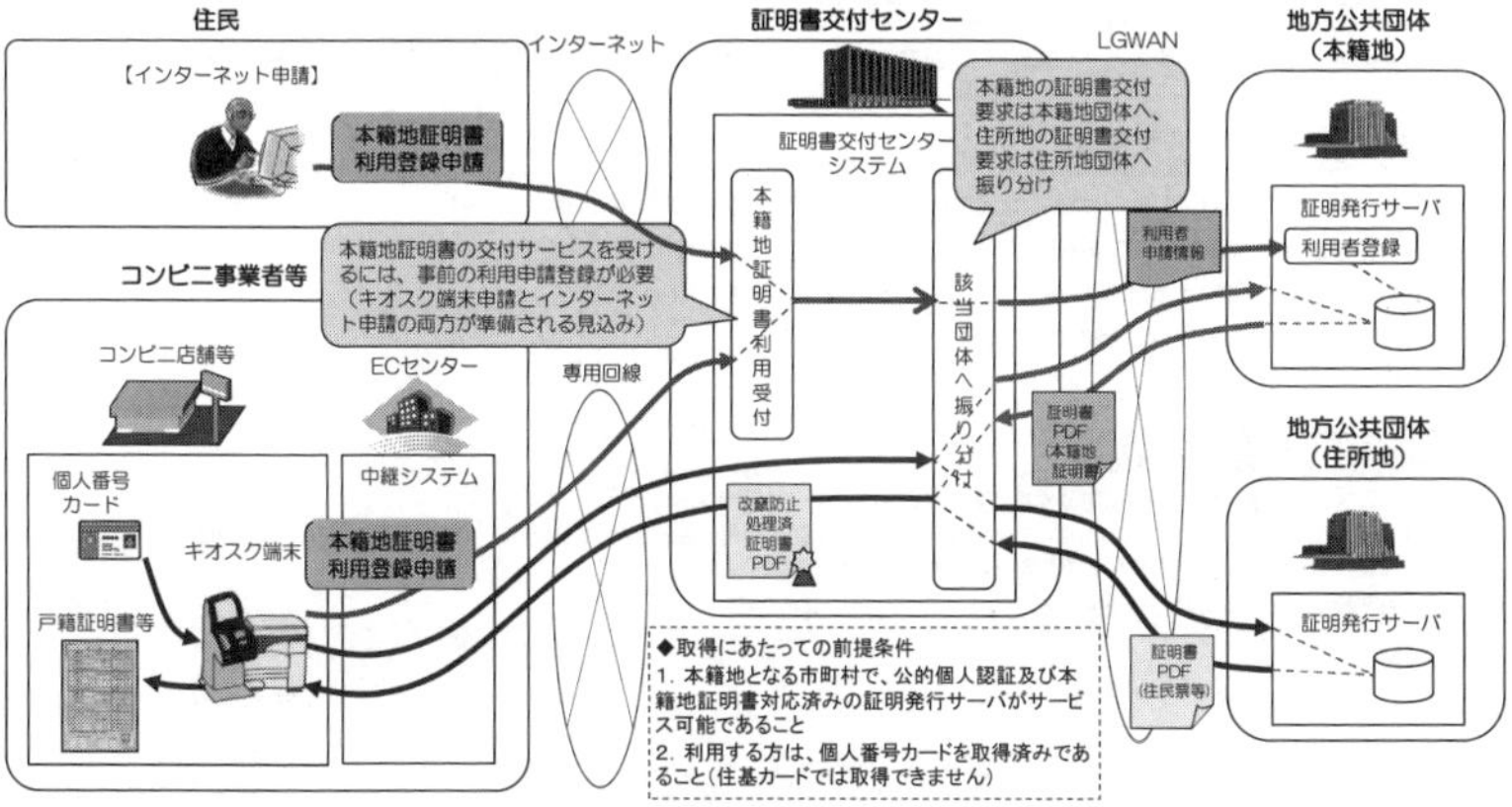

資料 地方公共団体における社会保障・税番号制度の導入について（28 ページ）
提供）総務省自治行政局住民制度課

個人番号カードの多目的利用の方法

利用によるメリット

行政側	多くのカードを一元化	カード発行・カード管理 のコスト削減が可能
住民側	カードを多く持たずに済む	利便性の向上が可能

主な利用の方法は２つ

	アプリのインストール	条例の制定
① 独自アプリを搭載する方法	利用希望者のカードへのインストール作業が必要	必要
② 標準アプリ（その中に格納される電子証明書）を活用する方法	作業不要（標準搭載）	不要

※①②のほか、券面の磁気ストライプ等を利用する方法もある。 ※カード申請者が同時に電子証明書を申請して頂けるよう、申請書の統合の検討、手数料の調整等を実施。

資料　地方公共団体における社会保障・税番号制度の導入について（29ページ）
提供）総務省自治行政局住民制度課

①独自アプリを搭載する方法（図書館サービスを例に）（その1）

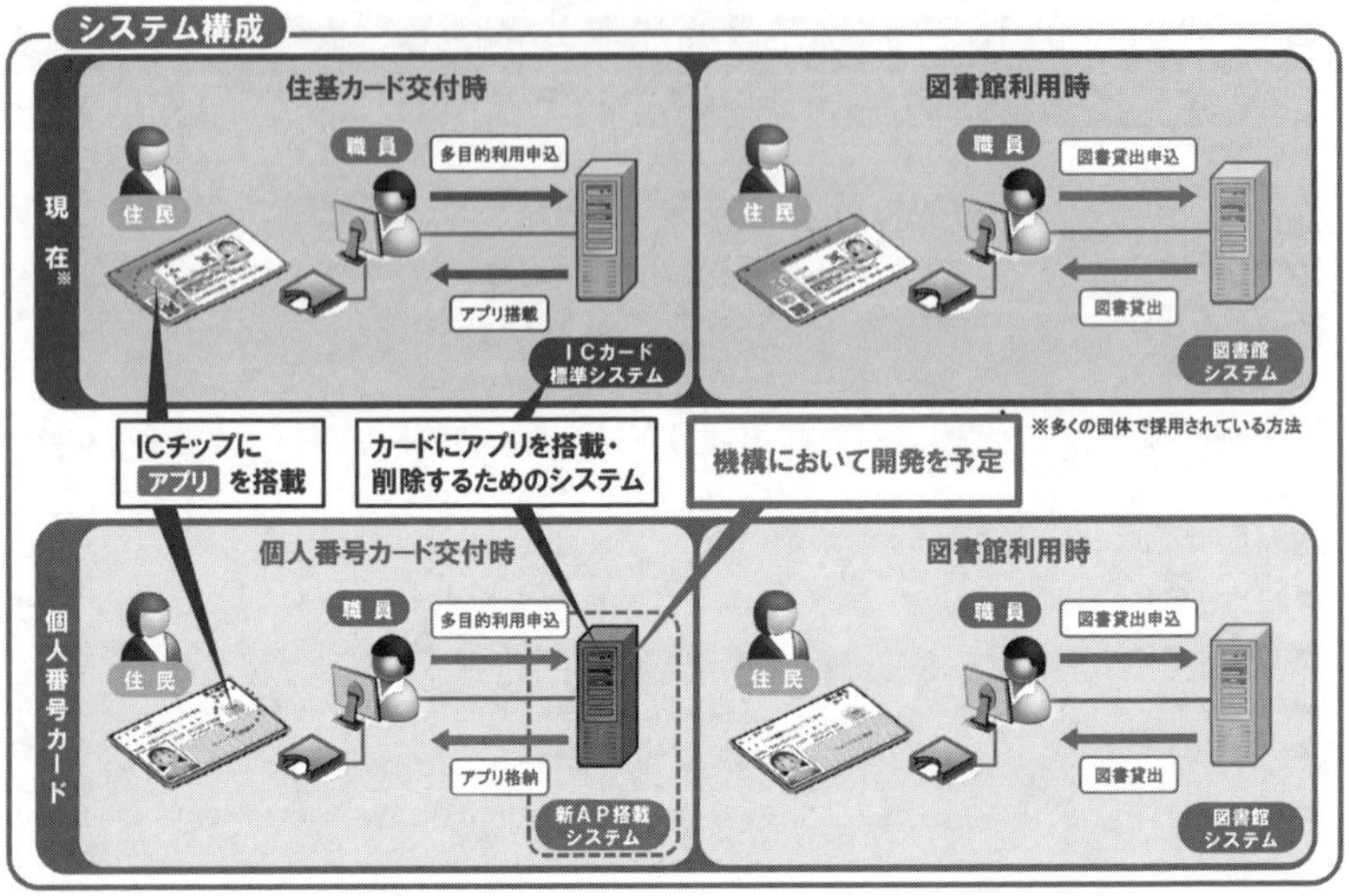

資料　地方公共団体における社会保障・税番号制度の導入について（30ページ）
提供）総務省自治行政局住民制度課

①独自アプリを搭載する方法（図書館サービスを例に）（その2）

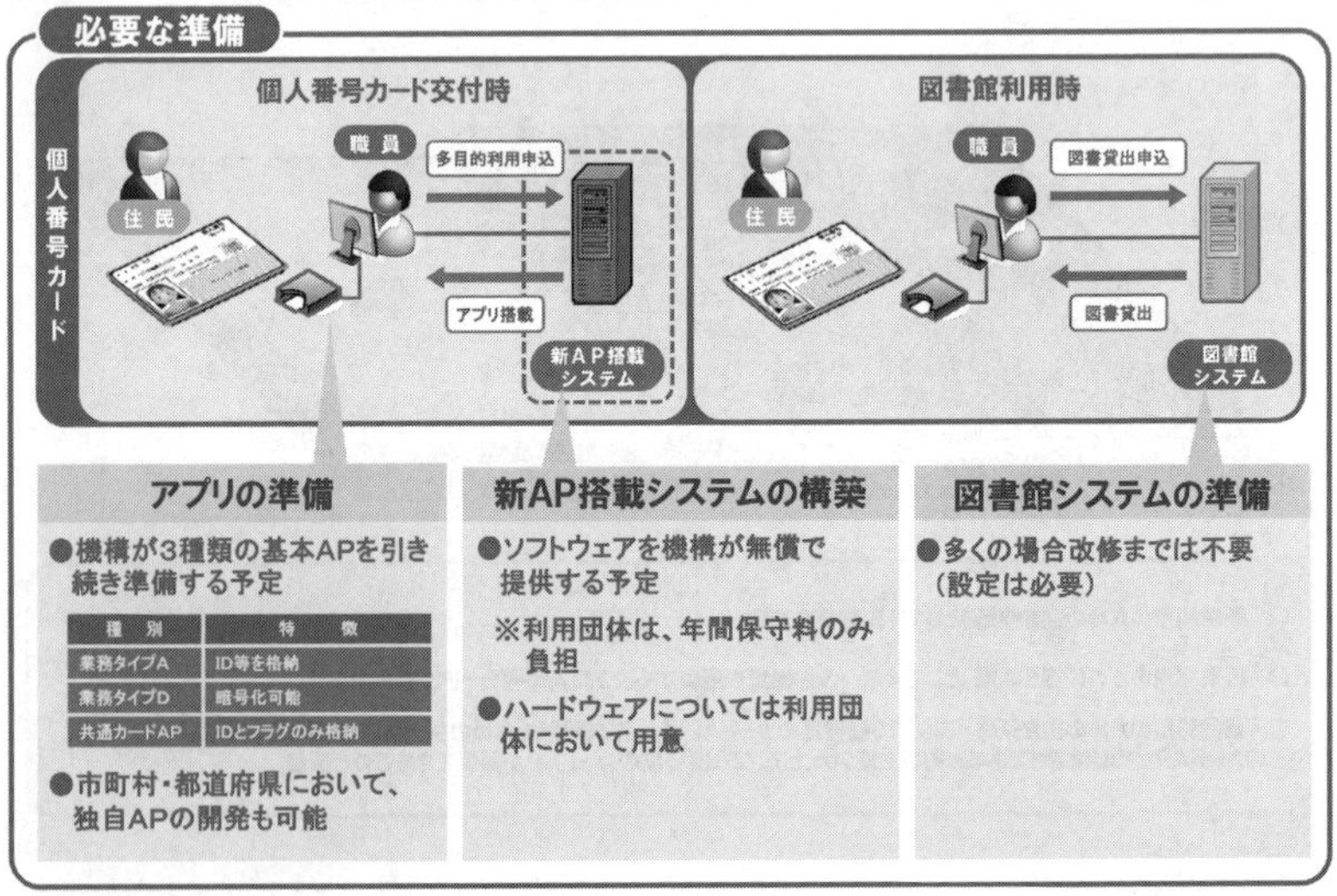

資料 地方公共団体における社会保障・税番号制度の導入について（31ページ）
提供）総務省自治行政局住民制度課

①独自アプリを搭載する方法（現状）

サービス名	団体数	カードAPの種類	概　　要
コンビニ交付サービス	88	業務タイプA	コンビニでの証明書等交付に利用
自動交付機サービス	89	業務タイプA	自動交付機での証明書等交付に利用
広域交付・窓口交付サービス	20	業務タイプA	複数の市町村をまたがった証明書等交付に利用 市町村の窓口での証明書等交付に利用
申請書自動作成サービス	6	業務タイプA 共通カードAP	窓口で申請する書類に4情報等を自動的に表示（4情報等の記入の省力化のために利用）
図書館サービス	49	業務タイプA 共通カードAP	図書館カードとして利用
印鑑登録証サービス	58	業務タイプA 共通カードAP	印鑑登録証として利用
商店街ポイントサービス	5	独自AP	商店街共通のポイントカードとして利用
プリペイド式電子マネー機能サービス	4	業務タイプA	電子マネーとして利用
出退勤管理サービス	1	独自AP	職員の出退勤を管理するために利用
学童安心安全サービス	1	共通カードAP	児童の出席を管理するために利用
健康づくりポイント管理サービス	1	共通カードAP	温泉利用のためのポイントサービスとして利用
福祉相談支援サービス	1	共通カードAP	福祉サイト（ナビゲーション）で利用（停止中）
一時預りサービス	1	共通カードAP	電子ロッカーとして利用（停止中）
安否情報サービス	0	業務タイプD	消防庁の安否情報システムに避難者の情報を登録する際に利用（利用団体なし）

資料 地方公共団体における社会保障・税番号制度の導入について（32ページ）
提供）総務省自治行政局住民制度課

（参考）個人番号カードの空き領域

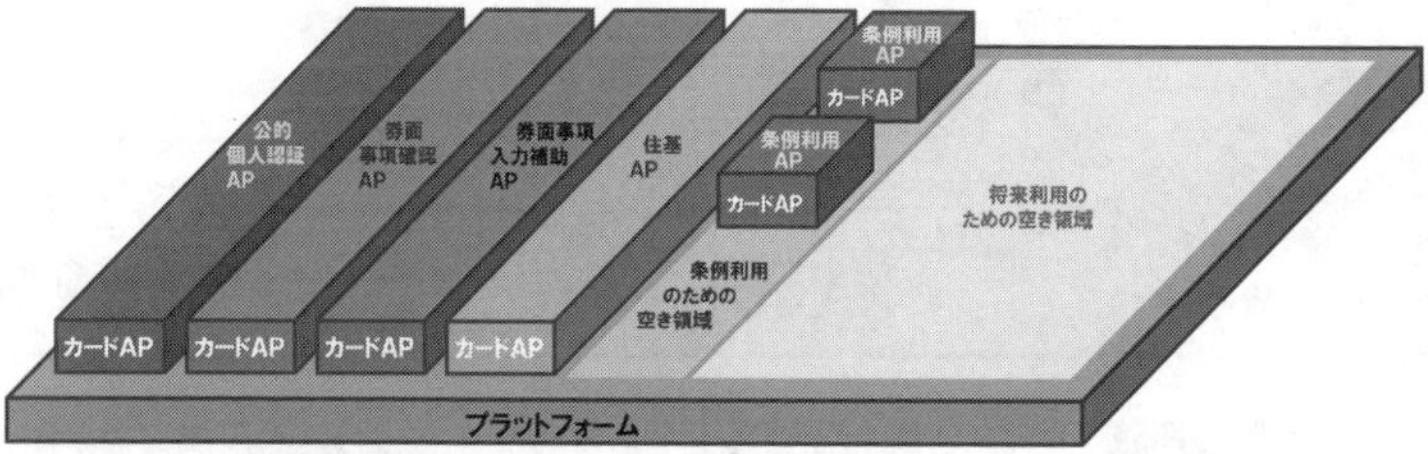

○「条例利用のための空き領域」として1割程度を想定。

○「将来利用のための空き領域」として4割～5割程度を確保するよう個人番号カード仕様書で規定。

○「条例利用のための空き領域」には、10個程度のカードAPが、「将来利用のための空き領域」には、将来搭載するそれぞれのカードAPが同じ大きさであると前提を置いた上で、20個程度のカードAPが搭載できるものと想定。

資料　地方公共団体における社会保障・税番号制度の導入について（33ページ）
提供）総務省自治行政局住民制度課

②標準アプリ（電子証明書）を活用する方法（印鑑登録サービスを例に）（その1）

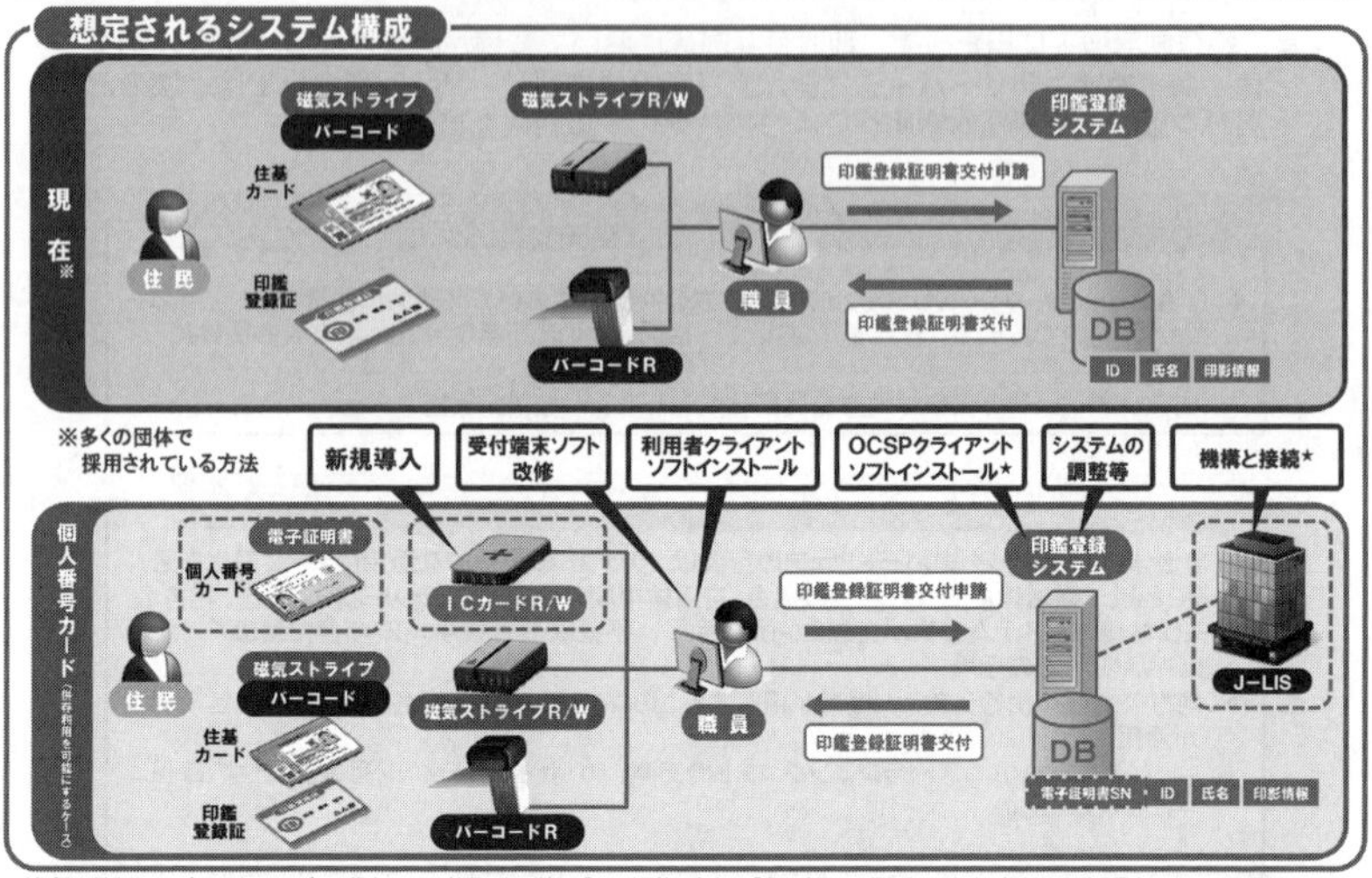

（参考）印鑑登録サービス以外のサービスの場合で、その性質にかんがみ、「カード所持の事実」＋「券面確認」で、認証として十分であると判断する場合には、★は不要。

資料　地方公共団体における社会保障・税番号制度の導入について（34ページ）
提供）総務省自治行政局住民制度課

②標準アプリ（電子証明書）を活用する方法（印鑑登録サービスを例に）（その2）

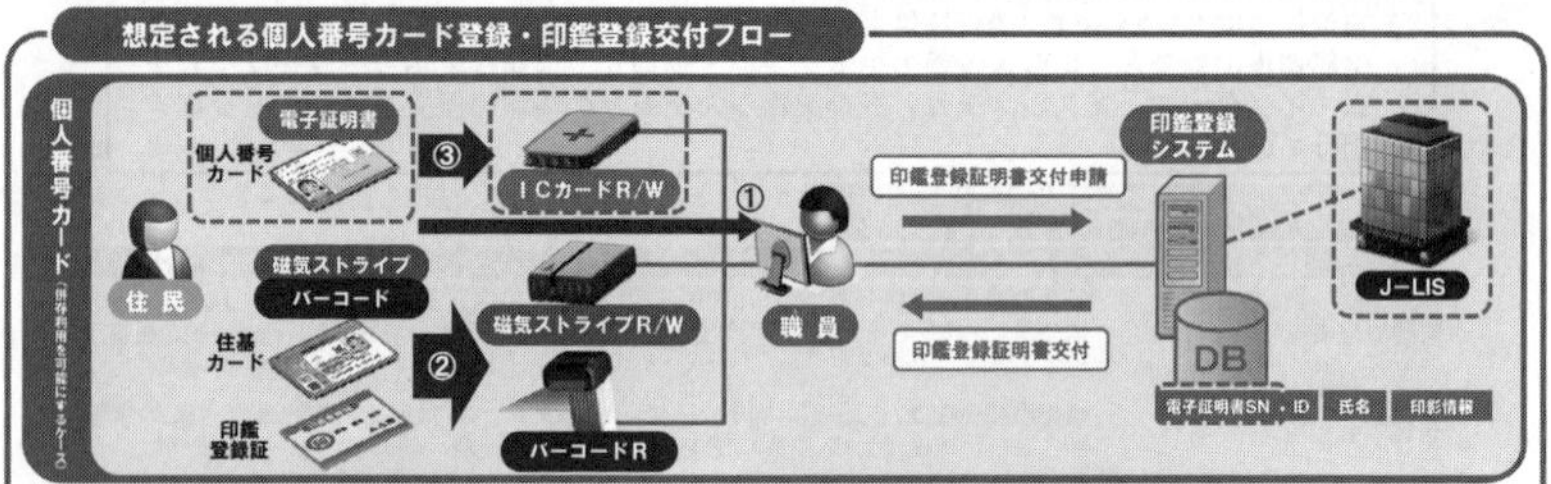

個人番号カード登録フロー（初回）

① 個人番号カードの券面により本人確認。
② 既存カードをR/Wにかざしていただく。
➡ ID　氏名　印影情報 を職員の端末に表示。
③ 個人番号カードをR/Wにかざしていただく。
➡ 電子証明書SN を読み込み、
ID 等とひも付け、DBに登録。

※電子証明書の情報を印鑑登録サービスのために利用させていただくことについて、本人の同意を得る。

印鑑登録証明書交付フロー

❶ 個人番号カードをR/Wにかざしていただく。
❷ 暗証番号を入力していただく。

※システムが自動で電子利用者証明、署名検証、失効確認を行う。

（参考）印鑑登録サービス以外のサービスの場合で、その性質にかんがみ、「カード所持の事実」＋「券面確認」で、認証として十分であると判断する場合には、❶のみで終了。

資料 自治体中間サーバーの整備等について（1ページ）
提供）総務省大臣官房企画課個人番号企画室

番号制度に係る自治体中間サーバー整備の共同化・集約化の基本的考え方

■ 番号制度導入に当たって、地方公共団体において整備が必要となる「地方公共団体 情報連携中間サーバーシステム」（自治体中間サーバー）については、次のとおりクラウドの積極的活用等により、共同化・集約化を推進。

①ソフトウェア：国による一括開発

◆ 自治体中間サーバーのソフトウェアは、地方公共団体において共通的に整備することが必要となるものであり、国（総務省）において一括開発（平成25年度〜）し、地方公共団体に配布
（当該ソフトウェアの保守は地方公共団体情報システム機構が実施）

②ハードウェア：クラウドによる共同化・集約化

◆ 自治体中間サーバーのハードウェアの整備は、クラウドの積極的な活用により共同化を図ることとし、自治体中間サーバーの拠点（自治体中間サーバー・プラットフォーム）を、地方公共団体情報システム機構が全国2か所に用意（平成26年度後半〜27年度で整備）
⇒ LGWAN-ASPの活用
⇒ 地方公共団体情報システム機構が用意するこのプラットフォームを各都道府県・市区町村が活用
→（a）イニシャルコスト・ランニングコストの節減、（b）セキュリティ、運用の安定性の確保につながるもの

資料 自治体中間サーバーの整備等について（2ページ）
提供）総務省大臣官房企画課個人番号企画室

自治体中間サーバー・ソフトウェアについて

○ 自治体中間サーバーは、情報提供ネットワークシステムを介した情報連携を行うため、情報連携の対象となる個人情報の副本を保存・管理し、情報提供ネットワークシステム・インターフェイスシステムと既存業務システムとの情報の授受を仲介する役割を担うもの。

自治体中間サーバーの主な機能（概要）

機能名	概要
符号管理機能（※）	符号管理機能は情報照会、情報提供に用いる個人の識別子である「符号」と、情報保有機関内で個人を特定するために利用する「団体内統合宛名番号」とを紐付け、その情報を保管・管理する機能。
情報照会機能	情報照会機能は、情報提供ネットワークシステムを介して、特定個人情報（連携対象）の情報照会及び情報提供受領（照会した情報の受領）を行う機能。
情報提供機能	情報提供機能は、情報提供ネットワークシステムを介して、情報照会要求の受領及び当該特定個人情報（連携対象）の提供を行う機能。
既存システム接続機能	自治体中間サーバーと既存システム、団体内統合宛名システム及び住基システムとの間で情報照会内容、情報提供内容、特定個人情報（連携対象）、符号取得のための情報等について連携するための機能。
情報提供データベース管理機能	特定個人情報（連携対象）を副本として、保持・管理する機能。
データ送受信機能	自治体中間サーバーと情報提供ネットワークシステム（インターフェイスシステム）との間で情報照会、情報提供、符号取得のための情報等について連携するための機能。
システム管理機能	バッチの状況管理、業務統計情報の集計、稼動状態の通知、保管期限切れ情報の削除を行う機能。

※個人情報の保護等の観点から、自治体中間サーバーでは個人番号を保持しないこととし、情報連携に用いる符号と、各団体内において一意に個人を特定する団体内統合宛名番号等で、個人のひも付けを行うこととする。
⇒ 個人番号と団体内統合宛名番号等をひも付ける団体内統合宛名システム等の整備が必要。

資料 自治体中間サーバーの整備等について（3ページ）
提供）総務省大臣官房企画課個人番号企画室

自治体中間サーバー・ソフトウェアにかかる情報提供スケジュール（予定）

平成27年2月17日現在

提供資料		概要	提供時期
システム方式設計書		システム化方針及びシステム方式、非機能要件などを記載した文書	
	0.1版	符号管理業務を中心とした業務フロー等を提供	H26.5.30[済]
	1.0版	全業務機能についての業務シナリオ、業務フロー等を提供	H26.8.8[済]
	1.1版	情報提供NWSの外部インターフェイス仕様書3.0版を反映したもの	H26.11.28[済]
	1.2版	情報提供NWSの外部インターフェイス仕様書4.0版、テスト全体方針書等を反映したもの	H27.2末
ソフトウェア基本設計書		ソフトウェア基本方式、画面・帳票設計、データベース設計などを記載した文書	－
ソフトウェア詳細設計書		データフロー定義、ジョブ設計、データベース設計、環境設定などを記載した文書	－
ソフトウェア画面等設計書		管理端末、接続端末の画面等のユーザーインターフェイスのイメージを記載した文書	H27.3下旬
ソフトウェア・プログラム		ソフトウェア・プログラム一式、当該プログラムのソースコード及び標準規約などを記載した文書（「自治体中間サーバー・プラットフォーム」において実装）	－
自治体中間サーバー接続試験ツール		地方公共団体において既存システムの開発（改修）を行い、既存システムの自治体中間サーバー連携機能をテストするためのプログラム	H27.7下旬
地方公共団体の対応例		地方公共団体における既存システムの改修に必要となる情報（対応例）を記載した文書	
	0.5版	符号管理業務に関する既存システムの機能追加等の例、中間サーバーの利用環境の例	H26.8.8[済]
	1.0版	全業務に関する既存システムの機能追加等の例、異常時の対応例等	H26.12.25[済]
外部インターフェイス仕様書		既存システムとの連携に係るインターフェイスについて記載した文書	
	0.5版	符号管理業務等にかかるもの	H26.8.8[済]
	0.6版	全業務機能にかかるもので、個別の手続・情報に依らない共通的なインターフェイスにかかるもの（情報連携関係を含む。）	H26.12.25[済]
	1.0版	0.6版以降に公開された「情報提供ネットワークシステム　外部インターフェイス仕様書」等を踏まえたインターフェイスの追加等。また、地方公共団体に係る概ね24特定個人情報・260事務手続程度に係るインターフェイスを提供。	H27.2末
	1.1版	1.0版の情報・事務手続きに加え、「データ標準レイアウト（事務手続対応版）（平成26年12月版）」に示された地方公共団体に係る全特定個人情報・事務手続に係るインターフェイスを提供。	H27.3下旬

（※）今後、データ標準レイアウトの修正・追加等があった場合には、適宜、外部インターフェイス仕様書等を改定して提供する予定。

資料 自治体中間サーバーの整備等について（4ページ）
提供）総務省大臣官房企画課個人番号企画室

自治体中間サーバー・ハードウェアの共同化・集約化（イメージ）

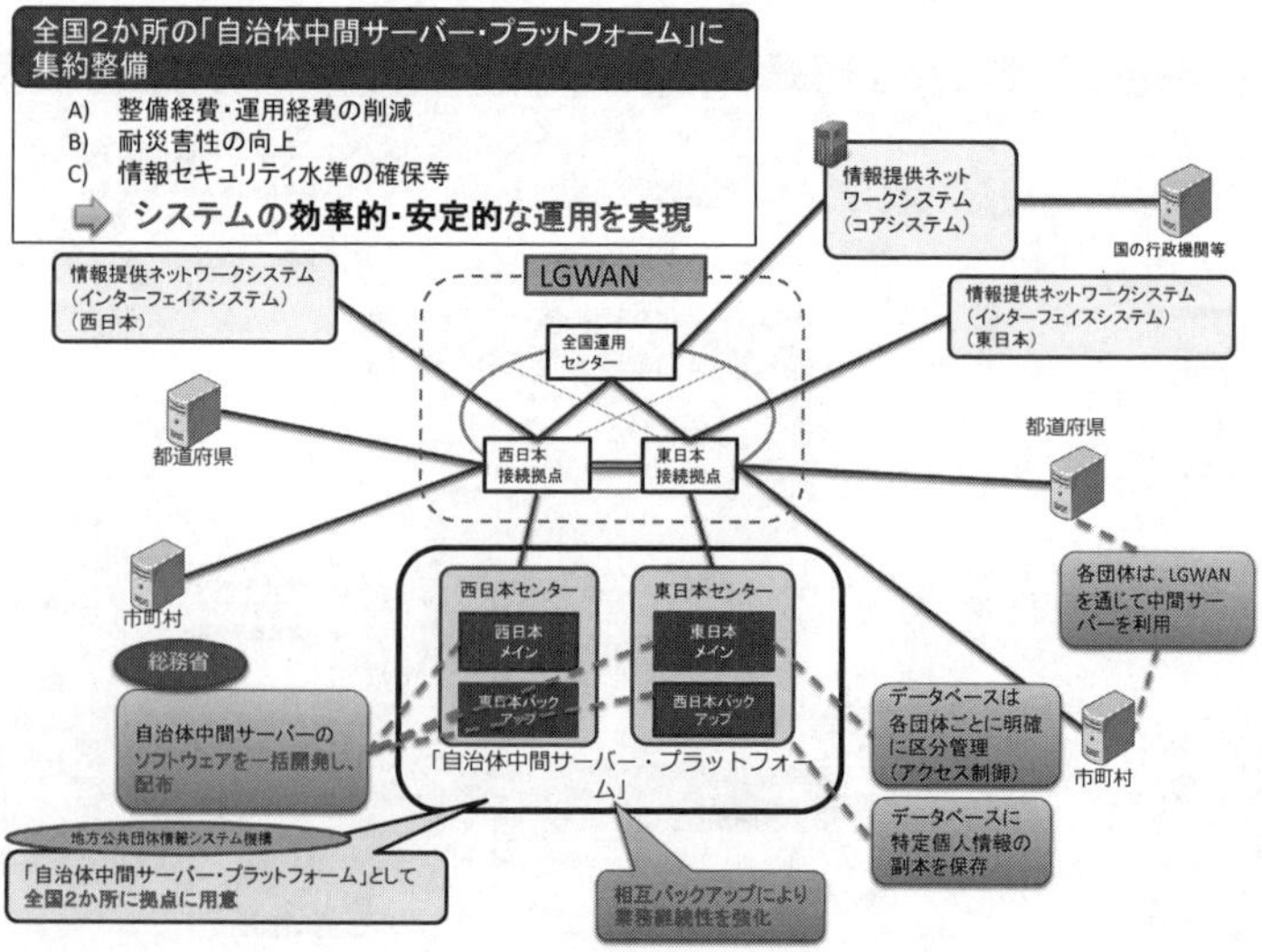

資料 自治体中間サーバーの整備等について（5ページ）
提供）総務省大臣官房企画課個人番号企画室

番号制度構築に係る地方公共団体の関係システム整備への支援（総務省分）

■国庫補助の対象
・ 番号制度の導入に係る地方公共団体のシステム整備（下記システム）のうち、直接的に番号制度の導入に係る経費を対象として、予算の範囲内において、総務大臣が認めた額を国庫補助金として措置。

（単位：億円）

項目		H26当初	H26補正	H27当初（案）	H26+27
		国庫補助金	国庫補助金	国庫補助金	国庫補助金
住基システム	補助率 10/10	123.5	120.2	−	243.7
税務システム	補助率 2/3	126.8	−	120.9	247.7
団体内統合宛名システム等	補助率 10/10	41.3	163.9	−	205.1
自治体中間サーバー整備（ハードウェア）	補助率 10/10	19.7	125.3	−	145.0
合計		311.3	409.3	120.9	841.5
			合計 530.2 （240億円増）		

■税務システムの国庫裏負担分（1/3）については、普通交付税及び特別交付税措置。
また、上記システム整備に伴い生ずるランニング経費については、地方財政措置。

資料 自治体中間サーバーの整備等について（6ページ）
提供）総務省大臣官房企画課個人番号企画室

社会保障・税番号制度導入に向けた地方公共団体関係のスケジュール

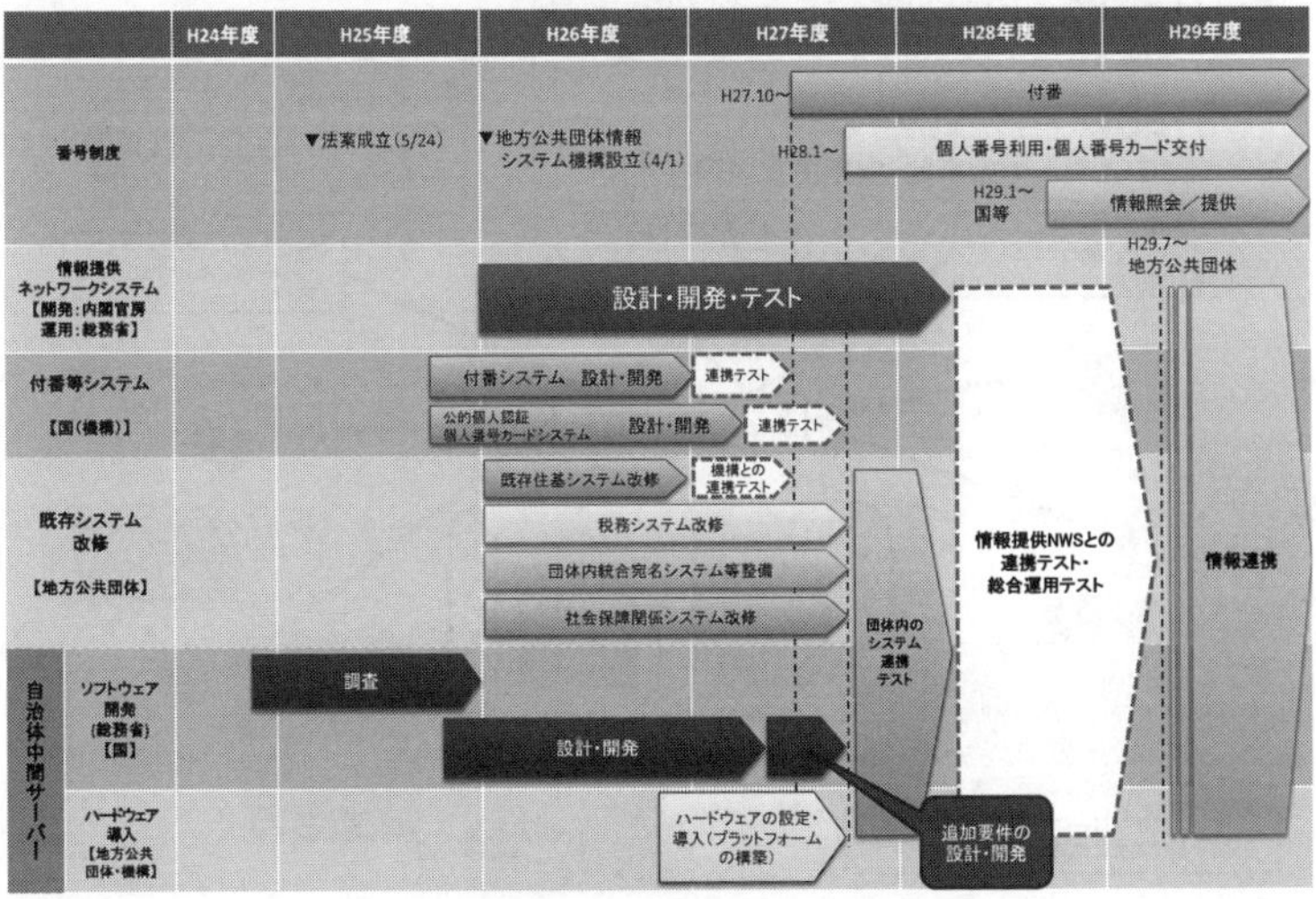

資料 マイナンバー制度に係る地方税分野の業務について（１ページ）
提供）総務省自治税務局市町村税課

地方税分野における番号制度の利用場面

①番号を用いた地方税情報の管理

○納税義務者等が提出する申請・届出等の記載事項に番号を追加

○エルタックスを通じて国税当局から提供される確定申告情報等や税当局間の通知に番号を追加

○番号を用いた情報の名寄せ・管理

▶ 公平・公正な課税、事務の効率化

②情報提供ネットワークシステムを通じた情報の取得

課税事務のため、現在は紙で照会している他の市町村の所得情報や、添付書類の提出を求めている生活保護の情報などをネットワークを通じて取得

▶ 公平・公正な課税、納税者の利便性向上

③情報提供ネットワークシステムを通じた情報の提供

所得情報の提供により、社会保障分野の手続で求めている所得証明書の添付を省略

※このほか、マイポータルを通じた納税者への情報提供も実施予定

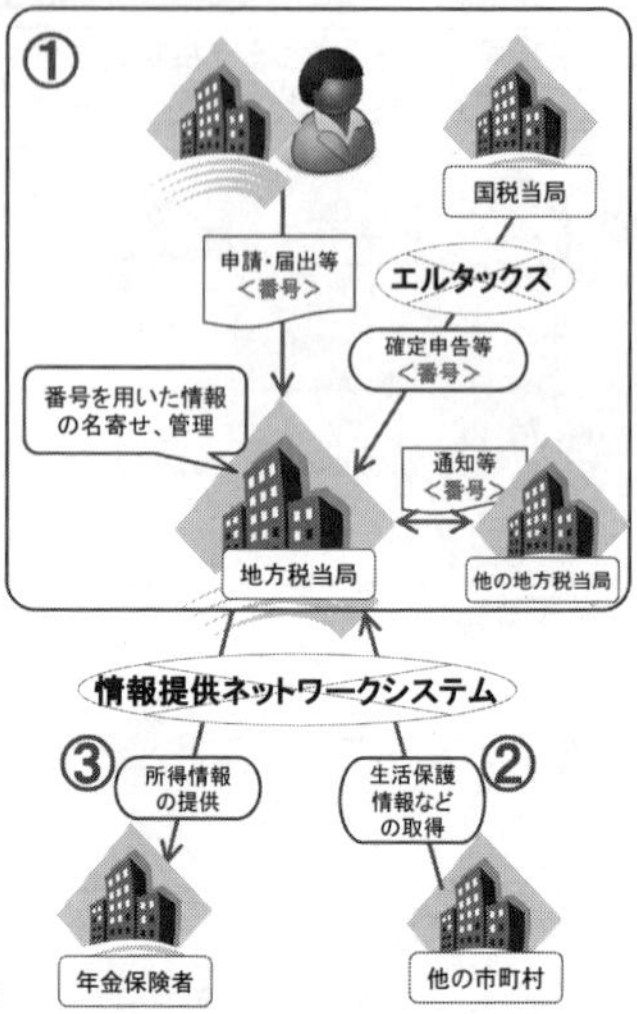

資料 マイナンバー制度に係る地方税分野の業務について（２ページ）
提供）総務省自治税務局市町村税課

～地方税分野における番号制度の利用場面①～
社会保障・税番号制度を個人住民税で利用する場合のイメージ

地方税分野では、確定申告書や住民税申告書の情報、給与支払報告書等の資料情報や、市町村の有する住民情報等を、番号をキーとして名寄せ・突合でき、納税者の所得情報をより的確かつ効率的に把握することが可能となる。

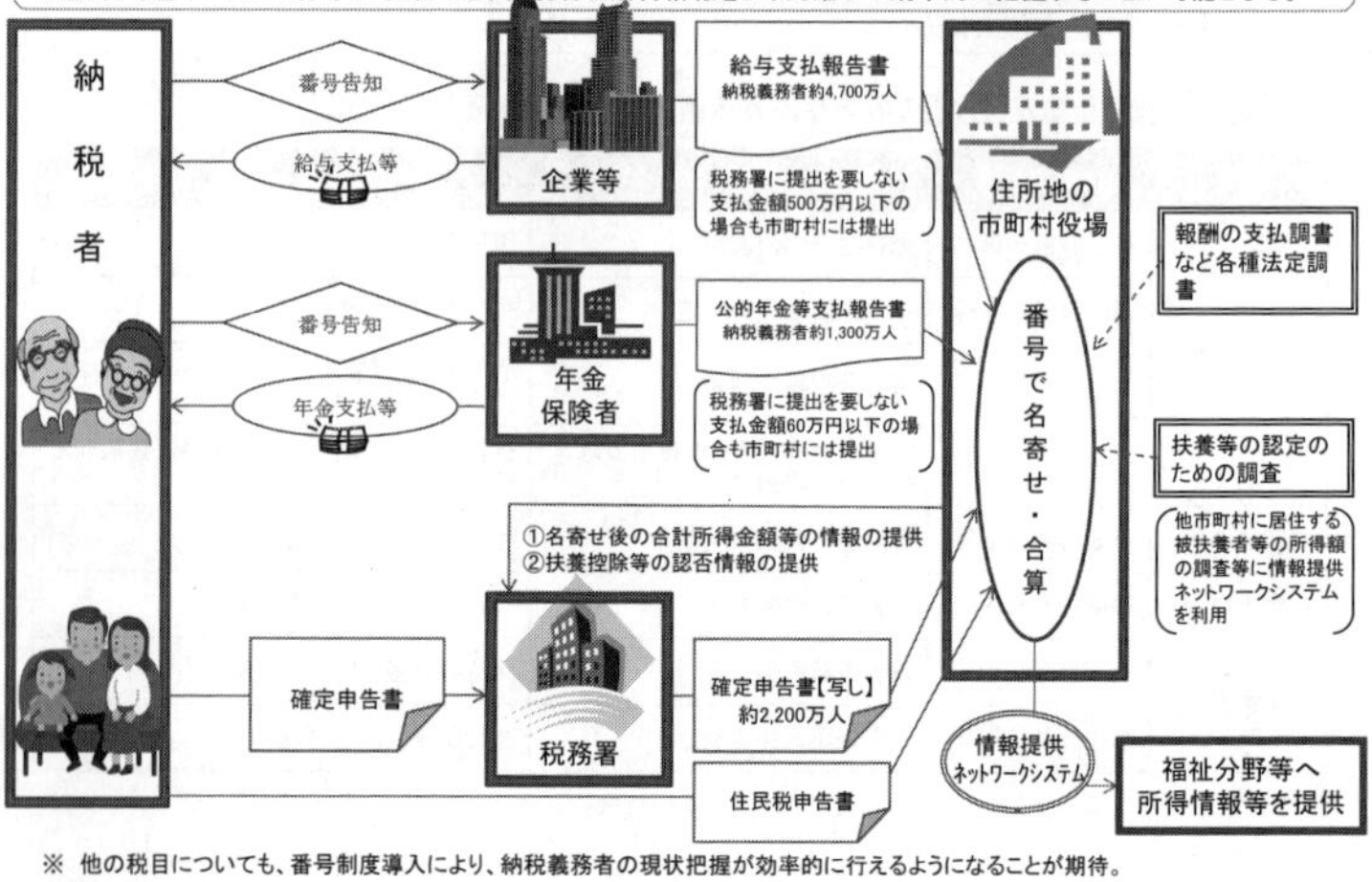

※ 他の税目についても、番号制度導入により、納税義務者の現状把握が効率的に行えるようになることが期待。

資料 マイナンバー制度に係る地方税分野の業務について（3ページ）
提供）総務省自治税務局市町村税課

～地方税分野における番号制度の利用場面①～
支払調書の名寄せの精度向上について

国税当局から提供される支払調書に個人番号が付され、申告情報との名寄せが容易になることで、申告された所得情報の確認、未申告者の洗い出しが効率的かつ的確に行われる。

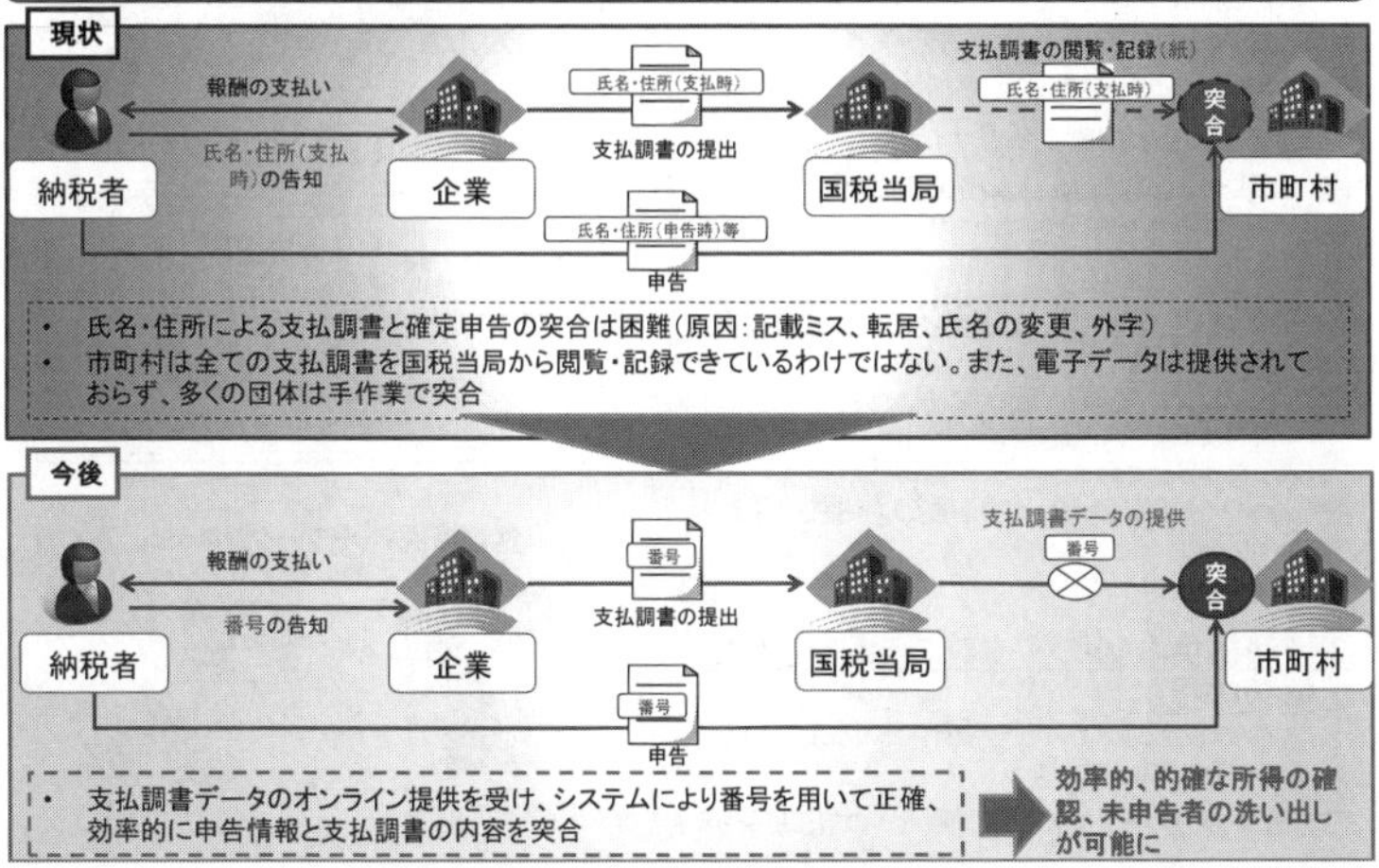
現状
報酬の支払い
氏名・住所（支払時）の告知
納税者
企業
氏名・住所（支払時）
支払調書の提出
国税当局
支払調書の閲覧・記録（紙）
氏名・住所（支払時）
突合
市町村
氏名・住所（申告時）等
申告
・ 氏名・住所による支払調書と確定申告の突合は困難（原因：記載ミス、転居、氏名の変更、外字）
・ 市町村は全ての支払調書を国税当局から閲覧・記録できているわけではない。また、電子データは提供されておらず、多くの団体は手作業で突合
今後
報酬の支払い
番号の告知
納税者
企業
番号
支払調書の提出
国税当局
支払調書データの提供
番号
突合
市町村
番号
申告
・ 支払調書データのオンライン提供を受け、システムにより番号を用いて正確、効率的に申告情報と支払調書の内容を突合
効率的、的確な所得の確認、未申告者の洗い出しが可能に

資料 マイナンバー制度に係る地方税分野の業務について（4ページ）
提供）総務省自治税務局市町村税課

～地方税分野における番号制度の利用場面②～
番号法により情報提供ネットワークシステムを通じて情報提供を受ける地方税分野での事務

- 現在は紙媒体等での照会により確認している被扶養者の所得等の確認や、障害者手帳の持参により確認している障害者減免の適用などが、社会保障・税番号制度の導入後は、情報提供ネットワークシステムを通じて照会することが可能となる。

情報提供を受ける地方税分野での事務の具体例（※　番号法別表第二に規定）

税目	情報提供者	想定している具体的な事務	求める情報
個人住民税	都道府県知事	障害者控除の適用	障害者手帳に関する情報
	都道府県知事等	生活保護減免の判定	生活保護受給者情報
	市町村長	家屋敷課税の判定	所得の額、障害者・未成年者・寡婦又は寡夫の該当の有無
		配偶者控除、配偶者特別控除、扶養控除の適用	被扶養者等の所得の額、他の扶養親族となっていない旨　等
固定資産税	都道府県知事等	生活保護減免の判定	生活保護受給者情報
自動車税	都道府県知事	障害者減免の判定	障害者手帳に関する情報
個人事業税	都道府県知事	障害者減免の判定	障害者手帳に関する情報
	都道府県知事等	生活保護減免の判定	生活保護受給者情報

資料 マイナンバー制度に係る地方税分野の業務について（5ページ）
提供）総務省自治税務局市町村税課

～地方税分野における番号制度の利用場面②～
扶養控除の要件の確認の精度向上について

○ 現在、個人住民税の課税において、被扶養者の所得要件や二重扶養となっていない旨を確認するため、市町村間で書面による照会を行っている。
○ このような照会を、情報提供ネットワークシステムを用いて正確かつ効率的に行うことができるようになり、公平で正確な税負担を実現

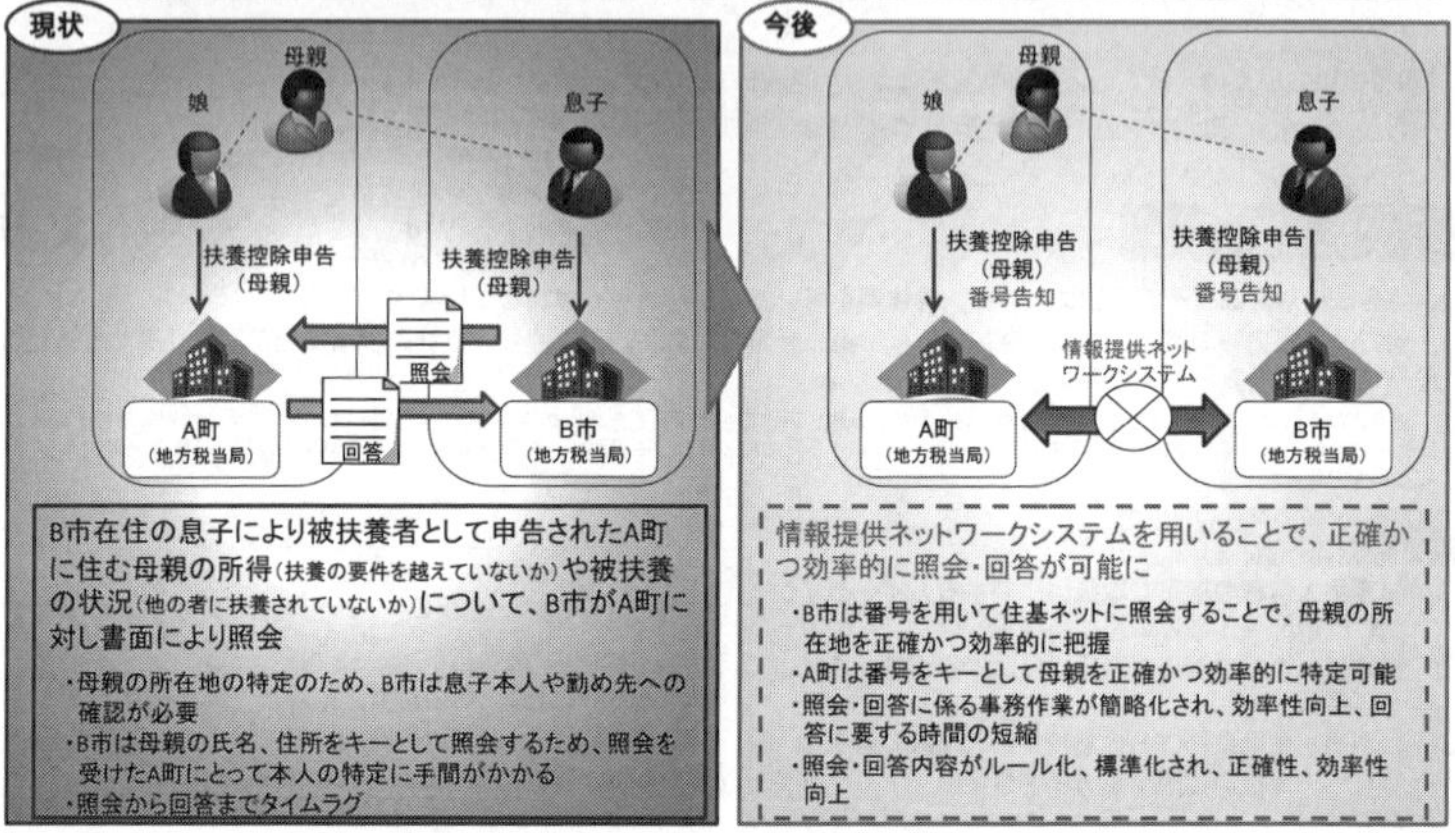
現状
母親
娘
息子
扶養控除申告（母親）
扶養控除申告（母親）
照会
回答
A町（地方税当局）
B市（地方税当局）
B市在住の息子により被扶養者として申告されたA町に住む母親の所得（扶養の要件を越えていないか）や被扶養の状況（他の者に扶養されていないか）について、B市がA町に対し書面により照会
・母親の所在地の特定のため、B市は息子本人や勤め先への確認が必要
・B市は母親の氏名、住所をキーとして照会するため、照会を受けたA町にとって本人の特定に手間がかかる
・照会から回答までタイムラグ
今後
母親
娘
息子
扶養控除申告（母親）番号告知
扶養控除申告（母親）番号告知
情報提供ネットワークシステム
A町（地方税当局）
B市（地方税当局）
情報提供ネットワークシステムを用いることで、正確かつ効率的に照会・回答が可能に
・B市は番号を用いて住基ネットに照会することで、母親の所在地を正確かつ効率的に把握
・A町は番号をキーとして母親を正確かつ効率的に特定可能
・照会・回答に係る事務作業が簡略化され、効率性向上、回答に要する時間の短縮
・照会・回答内容がルール化、標準化され、正確性、効率性向上

資料 マイナンバー制度に係る地方税分野の業務について（6ページ）
提供）総務省自治税務局市町村税課

～地方税分野における番号制度の利用場面③～
番号法により所得情報等の提供を予定している事務

● 番号法の別表第二において、情報提供を受ける事務として120の事務が規定され、そのうち53の事務に所得情報等の地方税関係情報の提供が規定されている。

所得情報等の地方税関係情報を提供する具体例

分野	提供先	具体的な事務
年金	厚生労働大臣	国民年金保険料の免除申請に関する事務、老齢厚生年金・障害厚生年金の加給年金額の加算に関する事務、遺族厚生年金等の裁定請求に関する事務
医療・介護（健康保険）	全国健康保険協会、健康保険組合	健康保険法による高額療養費の決定に関する事務、高額医療・高額介護合算制度に関する事務、入院時食事療養費等の決定に関する事務
医療・介護（国民健康保険）	市町村長、国民健康保険組合	国民健康保険法による保険給付の支給又は保険料の徴収に関する事務
福祉（児童福祉）	都道府県知事、市町村長	児童福祉法による小児慢性特定疾患治療研究事業、助産の実施に要する費用の徴収に関する事務
福祉（児童扶養手当）	都道府県知事等	児童扶養手当の支給に関する事務
福祉（老人福祉）	市町村長	老人福祉法による養護老人ホームに入所する際の利用者負担の決定に関する事務
福祉（養育医療）	市町村長	母子保健法による未熟児への養育医療の給付に関する事務
福祉（障害者福祉）	都道府県知事、市町村長	障害者自立支援法による自立支援給付に関する事務
労働等（職業訓練）	厚生労働大臣	職業訓練の実施等による特定求職者の就職の支援に関する法律による職業訓練受講給付金の支給に関する事務
労働等（学資の貸与）	独立行政法人日本学生支援機構	独立行政法人日本学生支援機構法による学資の貸与に関する事務

➡ 利用者負担の決定や給付の受給要件の確認に、現在は所得証明書等により確認しているが、社会保障・税番号制度の導入後は、情報提供ネットワークシステムを通じて照会することが可能となる。

資料 特定個人情報の適正な取扱いに関するガイドラインのポイント（1ページ）
提供）特定個人情報保護委員会事務局　※平成27年２月版 地方公共団体等向け

「特定個人情報の適正な取扱いに関するガイドライン」の概要

安心・安全の確保

○ 個人番号を用いた個人情報の追跡・突合が行われ、集約された個人情報が外部に漏えいするのではないか。
○ 他人の個人番号を用いた成りすまし等により財産その他の被害を負うのではないか。
○ 国家により個人の様々な個人情報が個人番号をキーに名寄せ・突合されて一元管理されるのではないか。

番号法においては、特定個人情報の適正な取扱いを確保するため、個人番号の利用範囲を限定し、利用目的以外の目的での利用を禁止するなど各種の保護措置が設けられています。

特定個人情報とは、個人番号をその内容に含む個人情報をいいます。

趣　旨

○ 番号法の規定及びその解釈について、具体例を用いて分かりやすく解説しています。
○ 地方公共団体等の実務担当者が参加する検討会の議論を踏まえ、個人番号が実務の現場で適正に取り扱われるための具体的な指針を示しています。

※ 番号法において、国は個人番号その他の特定個人情報の取扱いの適正を確保するために必要な措置を講ずる（4条）、委員会は個人番号その他の特定個人情報の有用性に配慮しつつ、その適正な取扱いを確保するために必要な行政機関や民間事業者に対する指導及び助言等の措置を講ずる（37条）とされています。

種　別

○ 特定個人情報の適正な取扱いに関するガイドライン（行政機関等・地方公共団体等編）
○ 特定個人情報の適正な取扱いに関するガイドライン（事業者編）
○ （別冊）金融業務における特定個人情報の適正な取扱いに関するガイドライン

＜ガイドラインの構成（共通）＞
第１　はじめに
第２　用語の定義等
第３　総論〔目的、適用対象、位置付け等を記述〕
第４　各論〔利用の制限、安全管理、提供の制限等を記述〕
（別添）特定個人情報に関する安全管理措置

資料 特定個人情報の適正な取扱いに関するガイドラインのポイント（2ページ）
提供）特定個人情報保護委員会事務局　※平成27年２月版 地方公共団体等向け

地方公共団体等における個人番号利用事務等

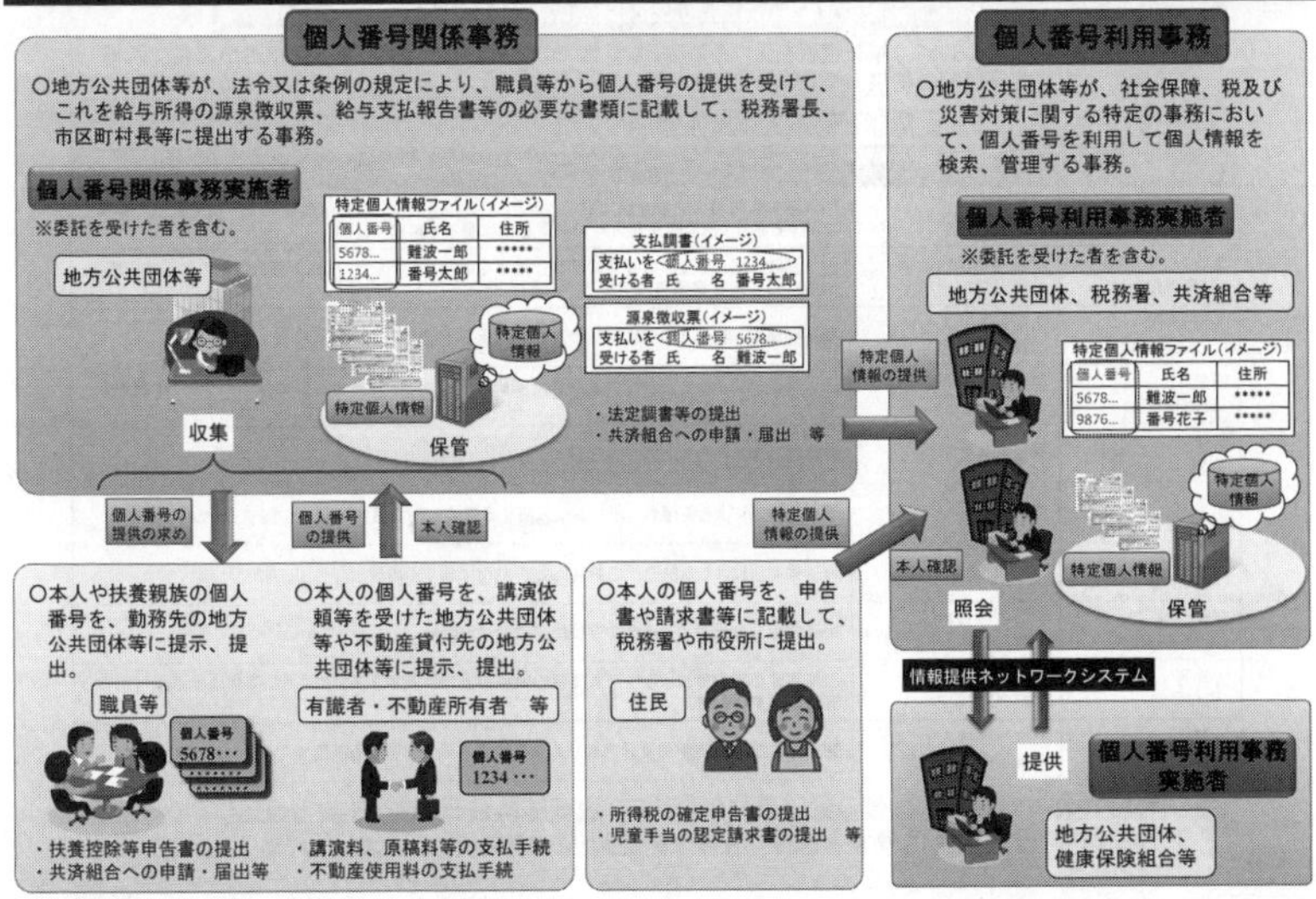

資料　特定個人情報の適正な取扱いに関するガイドラインのポイント（3ページ）

提供）特定個人情報保護委員会事務局　※平成27年2月版 地方公共団体等向け

ガイドライン（行政機関等・地方公共団体等編）の内容　①

＜利用の制限＞

○　個人番号は、番号法があらかじめ限定的に定めた事務以外で利用することはできません。

○　地方公共団体が個人番号を利用するのは、個人番号利用事務（番号法別表第1に掲げられている事務及び番号法第9条第2項に基づいて条例で規定した事務）、個人番号関係事務（職員等の社会保障及び税に関する手続書類の作成事務）、番号法第19条第12号から第14号までに基づき特定個人情報の提供を受けた目的を達成するために必要な限度で利用する事務に限られます。

○　個人番号の例外的な利用は、①金融機関が激甚災害時等に金銭の支払を行う場合、②人の生命、身体又は財産の保護のために必要がある場合に限られています。

＜提供の制限＞

○　個人番号利用事務等を処理するために必要がある場合に限って、本人等に個人番号の提供を求めることができます。

○　番号法で限定的に明記された場合を除き、個人番号の提供を求めてはなりません。

○　番号法で限定的に明記された場合を除き、特定個人情報を提供してはなりません。

＜番号法で限定的に明記された場合＞（番号法第19条各号（抄））
- a　個人番号利用事務実施者からの提供（第1号）
- b　個人番号関係事務実施者からの提供（第2号）
- c　本人又は代理人からの提供（第3号）
- d　機構による個人番号の提供（第4号、第14条第2項、施行令第11条）
- e　委託、合併に伴う提供（第5号）
- f　住民基本台帳法上の規定に基づく提供（第6号、施行令第19条）
- g　情報提供ネットワークシステムを通じた提供（第7号、施行令第21条）
- h　国税・地方税法令に基づく国税連携及び地方税連携による提供（第8号、施行令第22条、第23条）
- i　地方公共団体の他の機関に対する提供（第9号）
- j　委員会からの提供の求め（第11号）
- k　各議院審査等その他公益上の必要があるときの提供（第12号、施行令第26条、施行令別表）
- l　人の生命、身体又は財産の保護のための提供（第13号）
- m　委員会規則に基づく提供（第14号）

＜収集・保管制限＞

○　番号法で限定的に明記された場合を除き、特定個人情報を収集又は保管してはなりません。

○　番号法で限定的に明記された事務を処理する必要がなくなった場合で、文書管理に関する規程等によって定められている保存期間を経過した場合には、個人番号をできるだけ速やかに廃棄又は削除しなければなりません。

資料　特定個人情報の適正な取扱いに関するガイドラインのポイント（4ページ）

提供）特定個人情報保護委員会事務局　※平成27年2月版 地方公共団体等向け

ガイドライン（行政機関等・地方公共団体等編）の内容　②

委　託

○　委託者（地方公共団体等）は、委託先において、番号法に基づき個人番号利用事務等を行う委託者が果たすべき安全管理措置と同等の措置が講じられるよう必要かつ適切な監督を行わなければなりません。

○　委託先が再委託する場合は、最初の委託者（地方公共団体等）の許諾を得た場合に限り、再委託をすることができます。再々委託以降も同様です。

《必要かつ適切な監督》
①　委託先の適切な選定
②　委託先に安全管理措置を遵守させるための必要な契約の締結
（契約に盛り込む必要がある内容）
秘密保持義務、事業所内からの特定個人情報の持出しの禁止、特定個人情報の目的外利用の禁止、再委託における条件、漏えい事案等が発生した場合の委託先の責任、委託契約終了後の特定個人情報の返却又は廃棄、特定個人情報を取り扱う従業者の明確化、従業者に対する監督・教育、契約内容の遵守状況について報告を求める規定、必要があると認めるときに実地調査を行うことができる規定等
③　委託先における特定個人情報の取扱状況の把握

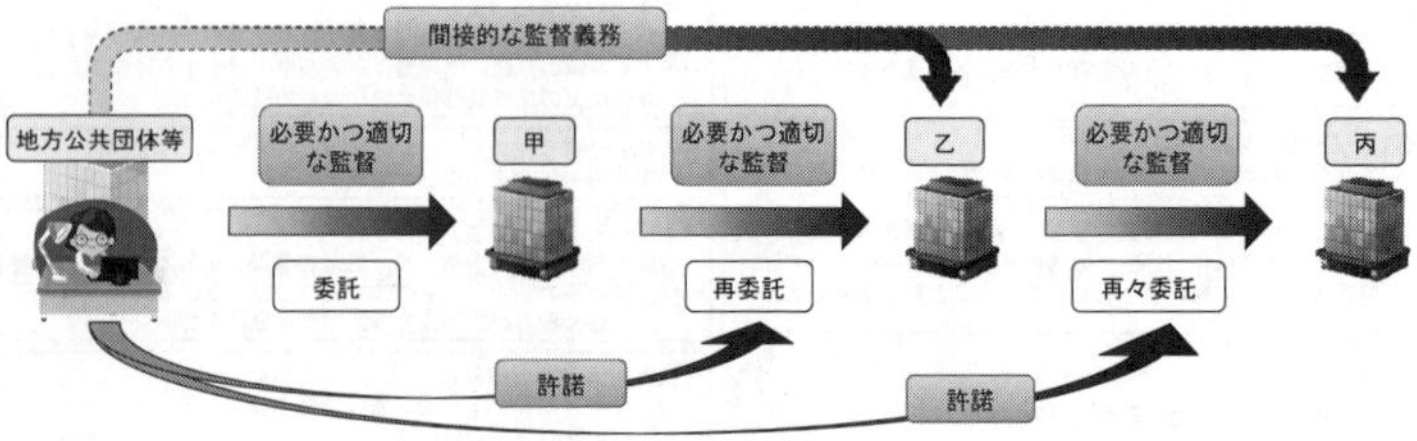

資料　特定個人情報の適正な取扱いに関するガイドラインのポイント（5ページ）
提供）特定個人情報保護委員会事務局　※平成27年２月版 地方公共団体等向け

ガイドライン（行政機関等・地方公共団体等編）の内容　③

情報提供ネットワークシステムによる特定個人情報の情報連携

○　地方公共団体等は、番号法第19条第７号の規定及び別表第２に基づき、情報提供ネットワークシステムを通じて、情報照会者として他の個人番号利用事務実施者から個人番号利用事務を処理するために必要な特定個人情報の提供を受け、又は情報提供者として他の個人番号利用事務実施者に対し特定個人情報を提供することとなります。

○　情報提供者は、番号法第19条第７号の規定により特定個人情報の提供を求められた場合において、同法第21条第２項の規定による総務大臣からの通知を受けたときは、番号法施行令で定めるところにより、情報照会者に対して求められた特定個人情報を提供しなければならなりません。（番号法第22条第１項）

※　情報提供ネットワークシステムを使用できる者は限定されており、地方公共団体等から個人番号利用事務の委託を受けた者（法令の規定により、番号法別表第２の第２欄に掲げる事務の全部又は一部を行うこととされている者及び同表の第４欄に掲げる特定個人情報の利用又は提供に関する事務の全部又は一部を行うこととされている者を除く。）は、情報提供ネットワークシステムに接続された端末を操作して情報照会等を行うことはできません。

情報提供等の記録　情報照会者及び情報提供者となる地方公共団体等は、情報提供等の記録を７年間保存しなければなりません。

特定個人情報保護評価

○　特定個人情報保護評価は、評価実施機関が、特定個人情報ファイルを取り扱う事務における当該特定個人情報ファイルの取扱いについて自ら評価するものです。（特定個人情報保護評価の詳細は、「特定個人情報保護評価に関する規則」及び「特定個人情報保護評価指針」を参照してください。）

特定個人情報保護評価に記載した措置の実施

○　評価実施機関は、個人のプライバシー等の権利利益に影響を与え得る特定個人情報の漏えいその他の事態を発生させるリスクを軽減するための措置として特定個人情報保護評価書に記載した全ての措置を講ずることとなります。

特定個人情報保護評価に係る違反に対する措置

○　特定個人情報保護評価の実施が義務付けられているにもかかわらずこれを実施していない場合は、情報連携を行うことが禁止されています（番号法第21条第２項第２号、第27条第６項）。

資料　特定個人情報の適正な取扱いに関するガイドラインのポイント（6ページ）
提供）特定個人情報保護委員会事務局　※平成27年２月版 地方公共団体等向け

（別添）特定個人情報に関する安全管理措置の概要

安全管理措置

○　個人番号・特定個人情報の漏えい、滅失又は毀損の防止その他の適切な管理のために、必要かつ適切な安全管理措置を講じなければなりません。また、職員等に対する必要かつ適切な監督も行わなければなりません。

《基本方針の策定》
○特定個人情報等の適正な取扱いの確保について組織として取り組むために、基本方針を策定することが重要です。

《取扱規程等の見直し等》
○特定個人情報等の具体的な取扱いを定めるために、取扱規程等の見直し等を行わなければなりません。
○特定個人情報等の複製及び送信、特定個人情報等が保存されている電子媒体等の外部への送付及び持出し等については、責任者の指示に従い行うことを定めること等が重要です。

《組織的安全管理措置》
○組織体制の整備、取扱規程等に基づく運用、取扱状況を確認する手段の整備、情報漏えい等事案に対応する体制の整備、取扱状況の把握及び安全管理措置の見直し

《人的安全管理措置》
○事務取扱担当者の監督・教育

《物理的安全管理措置》
○特定個人情報等を取り扱う区域の管理、機器及び電子媒体等の盗難等の防止、電子媒体等の取扱いにおける漏えい等の防止、個人番号の削除、機器及び電子媒体等の廃棄

《技術的安全管理措置》
○アクセス制御、アクセス者の識別と認証、不正アクセス等の防止、情報漏えい等の防止

※　特定個人情報等：個人番号及び特定個人情報

ガイドラインについては，下記のURLよりご参照ください。

http://www.ppc.go.jp/legal/policy/

特定個人情報の適正な取扱いに関するガイドライン

事業者編

ガイドライン

特定個人情報の適正な取扱いに関するガイドライン（事業者編）（本文及び（別添）特定個人情報に関する安全管理措置）
（別冊）金融業務における特定個人情報の適正な取扱いに関するガイドライン

Q&A

「特定個人情報の適正な取扱いに関するガイドライン（事業者編）」及び「（別冊）金融業務における特定個人情報の適正な取扱いに関するガイドライン」に関するＱ＆Ａ

ガイドライン資料集

ガイドライン資料集
※ガイドラインの概要をまとめた資料はこちらです。従業員の研修等で利用いただけます。

行政機関等・地方公共団体等編

ガイドライン

特定個人情報の適正な取扱いに関するガイドライン（行政機関等・地方公共団体等編）（本文及び（別添）特定個人情報に関する安全管理措置）

資料　社会保障分野における番号制度の導入に向けて（１ページ）
提供）厚生労働省

１．番号制度の導入に向けて

- 社会保障・税番号制度の導入により、地方公共団体において生活保護、児童手当、介護保険といった社会保障分野の事務に個人番号を利用することとなります。
- これにより、同一の住民の方の情報を適切に管理することができようになるとともに、各種給付事務などに必要な、他の機関の保有する情報を、オンラインで共有することが可能になります。
- 本説明書は、地方公共団体の社会保障関係事務への番号制度の導入に向けて、その具体的な内容や作業の工程等を示したものです。
- 各団体で番号制度の導入に向けた準備作業をされる上で、各種法令やデジタルPMOに掲載されている詳細情報をご確認いただく際の、基礎的な資料となります。
- ご参照の上、制度準備へのご協力をお願いします。

資料　社会保障分野における番号制度の導入に向けて（２ページ）
提供）厚生労働省

２．地方公共団体の社会保障関係事務における番号利用の概要

番号利用：行政機関における個人番号を利用した対象者情報の管理（番号法別表第1関連）

- 行政機関は、番号法別表第1に規定する事務を処理するため、個人番号を利用した対象者情報の管理を行うことが可能。
- 行政機関は、個人番号が記載された申請書、届出書等の提出を受け、提出者その他必要な者（世帯員、児童等が想定される。）の個人番号を取得。
- このため、申請書、届出書等の記載事項、様式に個人番号・法人番号の追加を行う厚生労働省令の改正を実施予定。（H26.12現在、デジタルPMOで改正内容を掲載中）
一方、通知書等には、個人情報保護の観点から、原則個人番号の追加は行わないことが考えられる。

※　制度導入の際に既に保有している対象者情報については、情報提供ネットワークシステムを通じた情報連携が必要となる者等と個人番号との紐付け（初期突合）を実施。

（参考）
番号法第9条第1項
　別表第一の上欄に掲げる行政機関、地方公共団体、独立行政法人等その他の行政事務を処理する者（法令の規定により同表の下欄に掲げる事務の全部又は一部を行うこととされている者がある場合にあっては、その者を含む。第三項において同じ。）は、同表の下欄に掲げる事務の処理に関して保有する特定個人情報ファイルにおいて個人情報を効率的に検索し、及び管理するために必要な限度で個人番号を利用することができる。当該事務の全部又は一部の委託を受けた者も、同様とする。

資料　社会保障分野における番号制度の導入に向けて（３ページ）
提供）厚生労働省

情報連携：情報提供ネットワークシステムを通じた情報連携の実施・添付書類の省略（番号法別表第2関連）

● 情報照会機関は、番号法別表第2に規定する情報照会機関の事務を処理するため、対象者の同表に規定する情報（所得情報、住民票世帯情報等）を、情報提供ネットワークシステムを通じて情報提供機関に照会。

※　情報照会機関は、対象者の個人番号に対応する符号、情報項目、情報提供機関の名称等を指定して送信。

● 情報提供機関は、上記の情報照会機関からの照会を受け、対象者の番号法別表第2に規定する情報を、情報提供ネットワークシステムを通じて情報照会機関に提供。

● 上記の情報提供が実施された場合においては、対象者の当該情報に係る添付書類が提出された取扱いとなり、当該書類の添付省略が可能となる。

（参考）
番号法第19条　何人も、次の各号のいずれかに該当する場合を除き、特定個人情報の提供をしてはならない。
七　別表第二の第一欄に掲げる者（法令の規定により同表の第二欄に掲げる事務の全部又は一部を行うこととされている者がある場合にあっては、その者を含む。以下「情報照会者」という。）が、政令で定めるところにより、同表の第三欄に掲げる者（法令の規定により同表の第四欄に掲げる特定個人情報の利用又は提供に関する事務の全部又は一部を行うこととされている者がある場合にあっては、その者を含む。以下「情報提供者」という。）に対し、同表の第二欄に掲げる事務を処理するために必要な同表の第四欄に掲げる特定個人情報（情報提供者の保有する特定個人情報ファイルに記録されたものに限る。）の提供を求めた場合において、当該情報提供者が情報提供ネットワークシステムを使用して当該特定個人情報を提供するとき。

番号法22条2項　前項の規定による特定個人情報の提供があった場合において、他の法令の規定により当該特定個人情報と同一の内容の情報を含む書面の提出が義務付けられているときは、当該書面の提出があったものとみなす。

資料　社会保障分野における番号制度の導入に向けて（４ページ）
提供）厚生労働省

社会保障分野における番号利用による効果

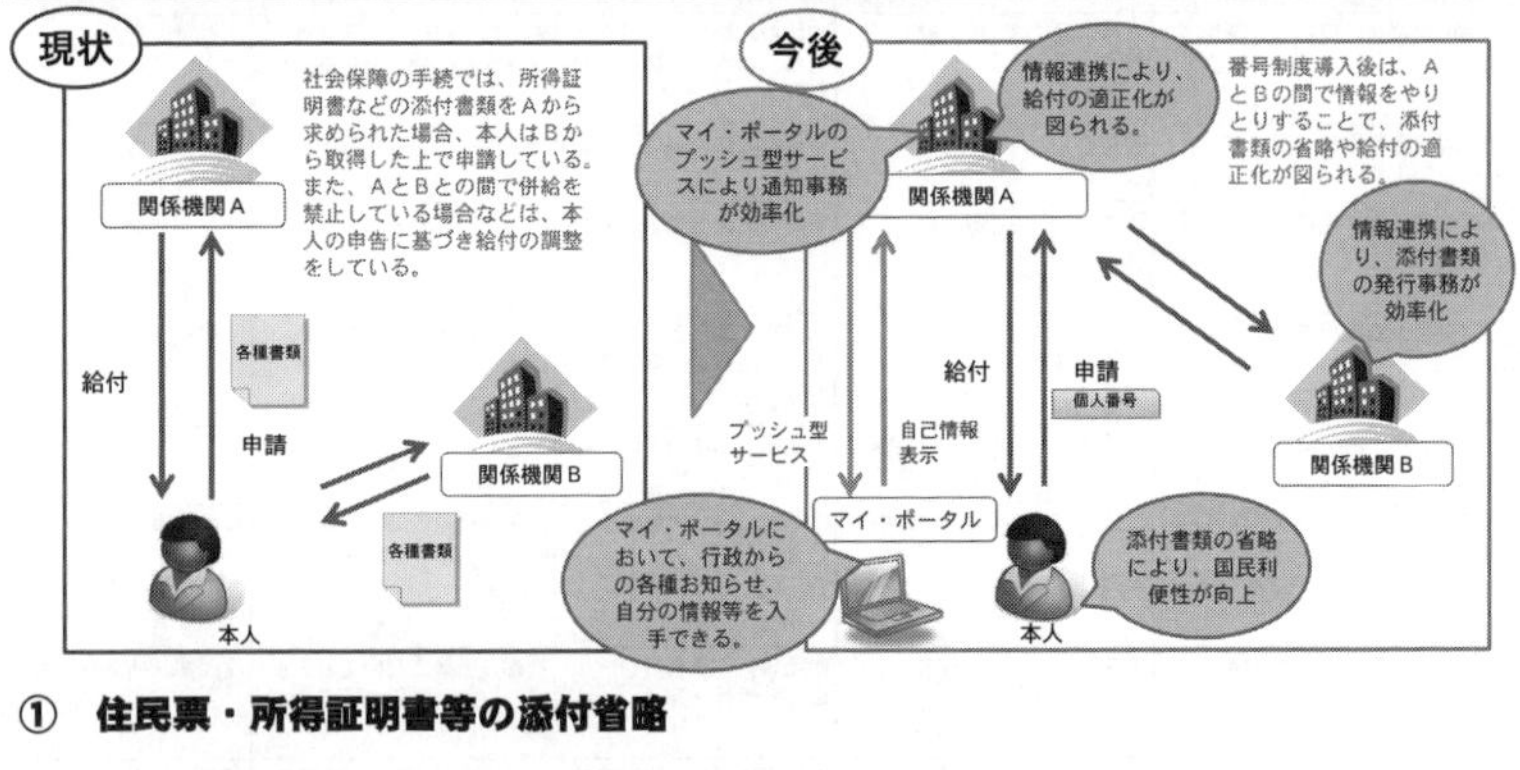

①　住民票・所得証明書等の添付省略

②　異なる制度間における給付調整の確実性の向上

③　マイ・ポータルを活用したプッシュ型サービス

資料　社会保障分野における番号制度の導入に向けて（5ページ）
提供）厚生労働省

3．個人番号の利用・情報連携を行う具体的な手続

【生活保護システム】

手続	条項	提出者	提出先	個人番号の記入	情報連携の内容(例)	省略できる添付書類(例)
生活保護の申請	法24	申請者（要保護者）	都道府県、市、福祉事務所町村	申請書に申請者（要保護者）の個人番号を記入	市町村から申請者（要保護者）の所得情報を、年金保険者から申請者（要保護者）の給付情報を、医療保険者から申請者（要保護者）の加入情報を、厚労省から申請者（要保護者）の雇用保険給付情報を取得	所得証明書、年金証書、被保険者証、雇用保険受給資格者証

＊「情報連携の内容（例）」に記載の情報提供者ついては、番号法第19条第1項第7号の規定により、実際の情報提供者が異なる場合があります。

資料　社会保障分野における番号制度の導入に向けて（6ページ）
提供）厚生労働省

【障害者福祉システム①】

手続	条項	提出者	提出先	個人番号の記入	情報連携の内容(例)	省略できる添付書類(例)
介護給付費等の支給申請	障支援法20	障害者又は障害児保護者	市町村	申請書に障害者又は保護者及び障害児の個人番号を記入	転入前市町村から障害者、保護者等の所得情報を取得	所得証明書
特定障害者特別給付費等の支給申請	障支援法34	障害者	市町村	申請書に障害者の個人番号を記入	転入前市町村から障害者等の所得情報を取得	所得証明書
地域相談支援給付費等の支給申請	障支援法51の6	障害者	市町村	申請書に障害者の個人番号を記入	―	―
自立支援医療費の支給申請	障支援法52	障害者又は障害児保護者	市町村	申請書に障害者又は保護者及び障害児の個人番号を記入	転入前市町村から障害者、保護者等の所得情報を取得	所得証明書
身体障害者手帳の交付申請	身障法15①	申請者	市町村経由で都道府県	申請書に申請者の個人番号を記入	―	―
精神障害者保健福祉手帳の交付申請	精障法45	申請者	市町村経由で都道府県	申請書に申請者の個人番号を記入	※都道府県において年金保険者から給付情報を取得	年金証書
特別児童扶養手当の支給申請受付	特児法5	申請者	市町村	申請書に申請者及び児童の個人番号を記入	※都道府県において転入前市町村から申請者等の所得情報を取得	住民票、所得証明書
特別児童扶養手当の現況届受付	特児法35	受給者	市町村	届出書に受給者及び児童の個人番号を記入	※都道府県において転入前市町村から受給者等の所得情報を取得	所得証明書

＊「情報連携の内容（例）」に記載の情報提供者ついては、番号法第19条第1項第7号の規定により、実際の情報提供者が異なる場合があります。
（注）現時点での考え方を示したものである。また、すべての手続及び情報連携、添付書類等の内容を網羅したものではない。

資料　社会保障分野における番号制度の導入に向けて（7ページ）
提供）厚生労働省

【障害者福祉システム②】

手続	条項	提出者	提出先	個人番号の記入	情報連携の内容（例）	省略できる添付書類（例）
障害児福祉手当の支給申請	特児法17	申請者	都道府県、市、福祉事務所町村	申請書に申請者等の個人番号を記入	市町村から申請者等の住民票情報、所得情報を取得	住民票、所得証明書
障害児福祉手当の現況届	特児法35	受給者	都道府県、市、福祉事務所町村	届出書に受給者等の個人番号を記入	市町村から受給者等の所得情報を取得	所得証明書
特別障害者手当の支給申請	特児法26の2	申請者	都道府県、市、福祉事務所町村	申請書に申請者等の個人番号を記入	市町村から申請者等の住民票情報、所得情報を取得	住民票、所得証明書
特別障害者手当の現況届	特児法35	受給者	都道府県、市、福祉事務所町村	届出書に受給者等の個人番号を記入	市町村から受給者等の所得情報を取得	所得証明書
障害児通所給付費等の支給申請	児福法21の5の5	障害児保護者	市町村	申請書に保護者及び障害児の個人番号を記入	転入前市町村から保護者等の所得情報を取得	所得証明書
障害児入所給付費等の支給申請	児福法24の3	障害児保護者	都道府県、指定都市児相市	申請書に保護者及び障害児の個人番号を記入	市町村から保護者等の所得情報を取得	所得証明書
障害児相談支援給付費等の支給申請	児福法24の26	障害児保護者	市町村	申請書に保護者及び障害児の個人番号を記入	－	－

＊「情報連携の内容（例）」に記載の情報提供者ついては、番号法第19条第1項第7号の規定により、実際の情報提供者が異なる場合があります。
（注）現時点での考え方を示したものである。また、すべての手続及び情報連携、添付書類等の内容を網羅したものではない。

資料　社会保障分野における番号制度の導入に向けて（8ページ）
提供）厚生労働省

【児童福祉システム①】

手続	条項	提出者	提出先	個人番号の記入	情報連携の内容（例）	省略できる添付書類（例）
里親の認定申請	児福法6の4	申請者	都道府県、指定都市、児相市	申請書に申請者及び同居人の個人番号を記入	市町村から申請者等の住民票情報、所得情報を取得	住民票、所得証明書
小児慢性特定疾病医療費の支給申請	児福法19条の3	保護者	都道府県、指定都市、中核市	申請書に保護者及び児童の個人番号を記入	市町村から保護者等の住民票情報を取得	住民票
保育所入所申込み	児福法24	保護者	市町村	申請書に保護者及び児童の個人番号を記入	転入前市町村から保護者等の所得情報を取得	所得証明書
・施設入所措置に係る費用徴収 ・母子生活支援施設及び自立援助ホームへの入居にかかる費用徴収	児福法56②	－ （入居の申し込みは入居者が行う）	（都道府県、指定都市、児相市が実施）	（都道府県、指定都市、児相市において個人番号を利用して対象者管理）	・市町村から同一世帯に属する者の住民票情報、所得情報、障害児通所支援情報、及び障害者自立支援給付の受給の有無を取得 ・都道府県から同一世帯に属する者の身体障害者手帳又は精神障害者保健福祉手帳の有無、同一世帯の措置児童の有無、同一世帯に属する者の障害児入所支援に関する情報、特別児童扶養手当の受給の有無を取得 ・都道府県、市又は福祉事務所町村から母子生活支援施設への入居の有無、生活保護費の受給の有無、児童扶養手当の受給有無、中国残留邦人等支援給付費の受給の有無を取得 ・日本年金機構から障害基礎年金の受給の有無を取得	－

＊「情報連携の内容（例）」に記載の情報提供者ついては、番号法第19条第1項第7号の規定により、実際の情報提供者が異なる場合があります。
（注）現時点での考え方を示したものである。また、すべての手続及び情報連携、添付書類等の内容を網羅したものではない。

資料　社会保障分野における番号制度の導入に向けて（9ページ）提供）厚生労働省

【児童福祉システム②】

手続	条項	提出者	提出先	個人番号の記入	情報連携の内容(例)	省略できる添付書類(例)
児童扶養手当の認定請求	児扶法6	申請者	市町村	申請書に申請者、児童、申請者の配偶者及び申請者の扶養義務者の個人番号を記入	・都道府県、指定都市及び中核市から児童の身体障害者手帖の有無を取得 ・転入前市町村から申請者等の所得情報及び住民票情報を取得 ・都道府県、指定都市及び児相市から障害児入所支援に関する情報及び措置児童の有無を取得 ・市区町村から療養介護の利用状況又は施設入所の有無を取得 ・日本年金機構等から申請者等の公的年金給付に関する情報を取得 ・都道府県から特別児童扶養手当の受給の有無を取得	所得証明書、住民票、年金証書
児童扶養手当の現況届受付	児扶法28①	受給者	市町村	届出書に受給者、児童、受給者の配偶者及び受給者の扶養義務者の個人番号を記入	上記と同様	上記と同様
児童手当の認定請求	児手法7	申請者	市町村（公務員は所属庁）	申請書に申請者の個人番号を記入。また、同意書等に配偶者等の個人番号を記入。	転入前市町村から申請者の所得情報を、年金保険者から申請者の加入情報を取得	所得証明書、被用者年金への加入証明
児童手当の現況届	児手法26	受給者	市町村（公務員は所属庁）	届出書に受給者の個人番号を記入。また、同意書等に配偶者等の個人番号を記入。	転入前市町村から受給者の所得情報を、年金保険者から受給者の加入情報を取得	所得証明書、被用者年金への加入証明

＊「情報連携の内容（例）」に記載の情報提供者ついては、番号法第19条第1項第7号の規定により、実際の情報提供者が異なる場合があります。
（注）現時点での考え方を示したものである。また、すべての手続及び情報連携、添付書類等の内容を網羅したものではない。

資料　社会保障分野における番号制度の導入に向けて（10ページ）提供）厚生労働省

【児童福祉システム③】

手続	条項	提出者	提出先	個人番号の記入	情報連携の内容(例)	省略できる添付書類(例)
寡婦福祉資金貸付の申請	母子父子寡婦法32	申請者	都道府県、指定都市中核市	申請書に申請者の個人番号を記入	市町村から申請者の所得情報を取得	所得証明書
母子福祉資金の貸付(特例児童扶養資金に限る。)に対する償還免除の申請	母子父子寡婦法１３	申請者	都道府県、指定都市、中核市	申請書に申請者の個人番号を記載	市町村から申請者の所得情報を取得	所得証明書
母子（父子）自立支援給付金	母子父子寡婦法31、31の10	申請者	都道府県、市、福祉事務所町村	申請書に申請者及び同一世帯に属する者等の個人番号を記入	・市町村から申請者等の所得情報を取得 ・都道府県、市、福祉事務所町村から児童扶養手当の受給の有無、教育訓練給付金の受給資格の有無及び職業訓練受講給付金の受給の有無を取得	所得証明書、児童扶養手当証書
ひとり親家庭等日常生活支援事業の申請	母子父子寡婦法17、31の7、33	申請者	都道府県、市町村	申請書に申請者及び同一世帯に属する者の個人番号を記入	・市町村（転入前の市町村を含む）から申請者等の所得情報を取得 ・都道府県、市及び福祉事務所町村から児童扶養手当の受給の有無を取得	所得証明書、児童扶養手当証書
健康診査の実施	母子保健法12、13	－	（市町村において実施）	（妊娠の届出の様式に申請者の個人番号を記入。市町村において当該個人番号を利用して対象者管理）	－	－
養育医療給付の申請	母子保健法20	保護者	市町村	申請書に申請者の個人番号を記入	転入前市町村から保護者等の所得情報を取得	－

＊「情報連携の内容（例）」に記載の情報提供者ついては、番号法第19条第1項第7号の規定により、実際の情報提供者が異なる場合があります。
（注）現時点での考え方を示したものである。また、すべての手続及び情報連携、添付書類等の内容を網羅したものではない。

資料　社会保障分野における番号制度の導入に向けて（11ページ）
提供）厚生労働省

【国民健康保険システム】

手続	条項	提出者	提出先	個人番号の記入	情報連携の内容（例）	省略できる添付書類（例）
被保険者の資格取得届	法9①、規則2、3	世帯主	市町村	届出書に被保険者の個人番号を記入	前医療保険者の資格情報を取得	資格喪失証明書
被保険者証の再交付申請	法9①、規則7	世帯主	市町村	申請書に被保険者の個人番号を記入	—	—
70歳以上一部負担金割合に係る基準収入額適用申請	規則24の3	世帯主	市町村	申請書に被保険者等の個人番号を記入	—	—
標準負担額減額・限度額適用認定の申請	規則26の3、27の14の2	世帯主	市町村	申請書に被保険者等の個人番号を記入	転入前市町村から被保険者等の所得情報を取得	所得証明書
高額療養費の支給申請	法57の2	世帯主	市町村	申請書に被保険者等の個人番号を記入	転入前市町村から被保険者等の所得情報を取得	所得証明書
保険料賦課	法76	—	（市町村において賦課）	（市町村において個人番号を利用して対象者管理）	転入前市町村から被保険者等の所得情報を取得	—
保険料の特別徴収	法76の3	—	（市町村において、年金保険者による特別徴収により徴収）	※当面は既存の情報収受の仕組みを引き続き活用することを想定。		—

＊「情報連携の内容（例）」に記載の情報提供者ついては、番号法第19条第1項第7号の規定により、実際の情報提供者が異なる場合があります。
（注）税情報に係る情報連携を行う事務については、総務省と調整中である
（注）現時点での考え方を示したものである。また、すべての手続及び情報連携、添付書類等の内容を網羅したものではない。

資料　社会保障分野における番号制度の導入に向けて（12ページ）
提供）厚生労働省

【後期高齢者医療システム】

手続	条項	提出者	提出先	個人番号の記入	情報連携の内容（例）	省略できる添付書類（例）
被保険者の資格取得届受付	法54①	被保険者又は世帯主	市町村	届出書に被保険者の個人番号を記入	—	—
被保険者証の再交付申請受付	法54③	被保険者	市町村	申請書に被保険者の個人番号を記入	—	—
一部負担金割合に係る基準収入額適用申請受付	規則32	被保険者	市町村	申請書に被保険者（及び世帯員）の個人番号を記入	—	—
限度額適用・標準負担額減額認定の申請受付	規則67	被保険者	市町村	申請書に被保険者の個人番号を記入	転入前市町村から被保険者等の所得情報を取得	所得証明書
高額療養費の支給申請受付	法84	被保険者	市町村	申請書に被保険者の個人番号を記入	転入前市町村から被保険者等の所得情報を取得	所得証明書
保険料の特別徴収	法107	—	（市町村において、年金保険者による特別徴収により徴収）	※当面は既存の情報収受の仕組みを引き続き活用することを想定。		—

＊「情報連携の内容（例）」に記載の情報提供者ついては、番号法第19条第1項第7号の規定により、実際の情報提供者が異なる場合があります。
（注）税情報に係る情報連携を行う事務については、総務省と調整中である
（注）現時点での考え方を示したものである。また、すべての手続及び情報連携、添付書類等の内容を網羅したものではない。

資料　社会保障分野における番号制度の導入に向けて（13ページ）
提供）厚生労働省

【介護保険システム①】

手続	条項	提出者	提出先	個人番号の記入	情報連携の内容（例）	省略できる添付書類（例）
第1号被保険者の資格取得届	法12①②	第1号被保険者又は世帯主	市町村	届出書に第1号被保険者の個人番号を記入	−	−
第2号被保険者の被保険者証の交付申請	法12③	被保険者	市町村	申請書に当該被保険者の個人番号を記入	医療保険者から第2号被保険者の医療保険資格情報を取得	医療保険被保険者証
第1号被保険者の要介護認定の申請	法27①、32①	被保険者	市町村	申請書に被保険者の個人番号を記入	−	−
第2号被保険者の要介護認定の申請	法27①、32①	被保険者	市町村	申請書に被保険者の個人番号を記入	医療保険者から第2号被保険者の医療保険資格情報を取得	医療保険被保険者証
住所変更後の要介護認定の申請	法36	被保険者	市町村	申請書に被保険者の個人番号を記入	転入前市町村から要介護認定情報を取得	介護保険受給資格証明書
居宅サービス計画作成依頼の届出	法46④、58④	被保険者	市町村	届出書に被保険者の個人番号を記入	−	−
福祉用具購入費の支給申請	法44、56	被保険者	市町村	申請書に被保険者の個人番号を記入	−	−
住宅改修費の支給申請	法45、57	被保険者	市町村	申請書に被保険者の個人番号を記入	−	−
高額介護サービス費の支給申請	法51、61	被保険者	市町村	申請書に被保険者の個人番号を記入	※保険料賦課に係る所得情報活用が基本	−

＊「情報連携の内容（例）」に記載の情報提供者ついては、番号法第19条第1項第7号の規定により、実際の情報提供者が異なる場合があります。

（注）現時点での考え方を示したものである。また、すべての手続及び情報連携、添付書類等の内容を網羅したものではない。

資料　社会保障分野における番号制度の導入に向けて（14ページ）
提供）厚生労働省

【介護保険システム②】

手続	条項	提出者	提出先	個人番号の記入	情報連携の内容（例）	省略できる添付書類（例）
特定入所者介護サービス費の支給申請	法51の3、61の3	被保険者	市町村	申請書に被保険者の個人番号を記入	※保険料賦課に係る所得情報活用が基本	−
第1号被保険者の保険料賦課	法129	−	（市町村において賦課）	（市町村において個人番号を利用して対象者管理）	転入前市町村から被保険者又は世帯員の所得情報を取得	−
第1号保険料の特別徴収	法135	−	（市町村において、年金保険者による特別徴収により徴収）	※当面は既存の情報収受の仕組みを引き続き活用することを想定。		−

＊「情報連携の内容（例）」に記載の情報提供者ついては、番号法第19条第1項第7号の規定により、実際の情報提供者が異なる場合があります。

（注）現時点での考え方を示したものである。また、すべての手続及び情報連携、添付書類等の内容を網羅したものではない。

資料 社会保障分野における番号制度の導入に向けて（15ページ）
提供）厚生労働省

【健康管理システム】

手続	条項	提出者	提出先	個人番号の記入	情報連携の内容（例）	省略できる添付書類（例）
予防接種の実施	予防接種法5、6	―	（市町村において実施）	（市町村において個人番号を利用して対象者管理）	―	―
予防接種の実費徴収	予防接種法28	―	（市町村において実施）	（市町村において個人番号を利用して対象者管理）	転入前市町村から接種を受けた者又は保護者の所得情報を取得	―
予防接種実施の記録	予防接種令6の2	―	（市町村において実施）	（市町村において個人番号を利用して対象者管理）	―	―
検診の実施	健康増進法19の2	―	（市町村において実施）	（市町村において個人番号を利用して対象者管理）	―	―
感染症入院医療費の支給申請	感染症法37	申請者	都道府県、保健所設置市	申請書に申請者等の個人番号を記入	市町村から申請者等の所得情報を取得	所得証明書

＊「情報連携の内容（例）」に記載の情報提供者ついては、番号法第19条第1項第7号の規定により、実際の情報提供者が異なる場合があります。
（注）現時点での考え方を示したものである。また、すべての手続及び情報連携、添付書類等の内容を網羅したものではない。

資料 社会保障分野における番号制度の導入に向けて（16ページ）
提供）厚生労働省

【国民年金システム】

手続	条項	提出者	提出先	個人番号の記入	情報連携の内容（例）	省略できる添付書類（例）
第1号被保険者の資格取得届・種別変更届	法12①	被保険者又は世帯主	市町村	届出書に被保険者の個人番号を記入	―	―
保険料免除の申請受付	法90①、90の2	被保険者	市町村	申請書に被保険者等の個人番号を記入	※年金機構において市町村から被保険者等の所得情報を取得	所得証明書
学生等の保険料納付特例の申請受付	法90の3	被保険者	市町村	申請書に被保険者の個人番号を記入	※年金機構において市町村から被保険者の所得情報を取得	所得証明書
老齢基礎年金、障害基礎年金、遺族基礎年金等の裁定請求受付	法16	受給権者	市町村	申請書に受給権者等の個人番号を記入	※年金機構において市町村から受給権者等の住民票情報、所得情報を取得	住民票、所得証明書

＊「情報連携の内容（例）」に記載の情報提供者ついては、番号法第19条第1項第7号の規定により、実際の情報提供者が異なる場合があります。
（注）現時点での考え方を示したものである。また、すべての手続及び情報連携、添付書類等の内容を網羅したものではない。

資料 社会保障分野における番号制度の導入に向けて（17ページ）
提供）厚生労働省

4．番号制度に関する主な法令等とスケジュール

番号法： 行政手続における特定の個人を識別するための番号の利用等に関する法律（平成25年法律第27号）

・市町村長による個人番号の指定、通知等に関する部分　平成27年10月施行予定

・個人番号の利用に関する部分　　平成28年1月施行予定

・他の行政機関等との情報連携に関する部分　平成29年1月施行予定（地方公共団体は平成29年7月を予定）

法別表第1関連省令： 行政手続における特定の個人を識別するための番号の利用等に関する法律別表第一の主務省令で定める事務を定める命令（平成26年内閣府・総務省令第5号）

・番号法別表第1に基づき、個人番号を利用する具体的な事務手続を定めたもの。

法別表第2関連省令： 行政手続における特定の個人を識別するための番号の利用等に関する法律別表第二の主務省令で定める事務及び情報を定める命令（平成26年内閣府・総務省令第7号）

・番号法別表第2に基づき、情報提供ネットワークシステムを利用して情報照会を行う具体的な事務手続き、情報提供する特定個人情報の内容を定めるもの。

各種申請書等を改正する省令： 各種申請書様式への個人番号の追加等に関する厚生労働省令の改正

・番号制度の施行に伴い、各種申請書様式や申請項目へ個人番号を追加するための厚生労働省令の改正を実施予定。（H26.12現在、デジタルPMOで改正内容を掲載中）

資料 社会保障分野における番号制度の導入に向けて（18ページ）
提供）厚生労働省

番号法施行に伴う様式改正例（児童手当の認定請求書に個人番号欄を追加）

※現時点で想定される例であり、今後の検討過程で変更があり得る

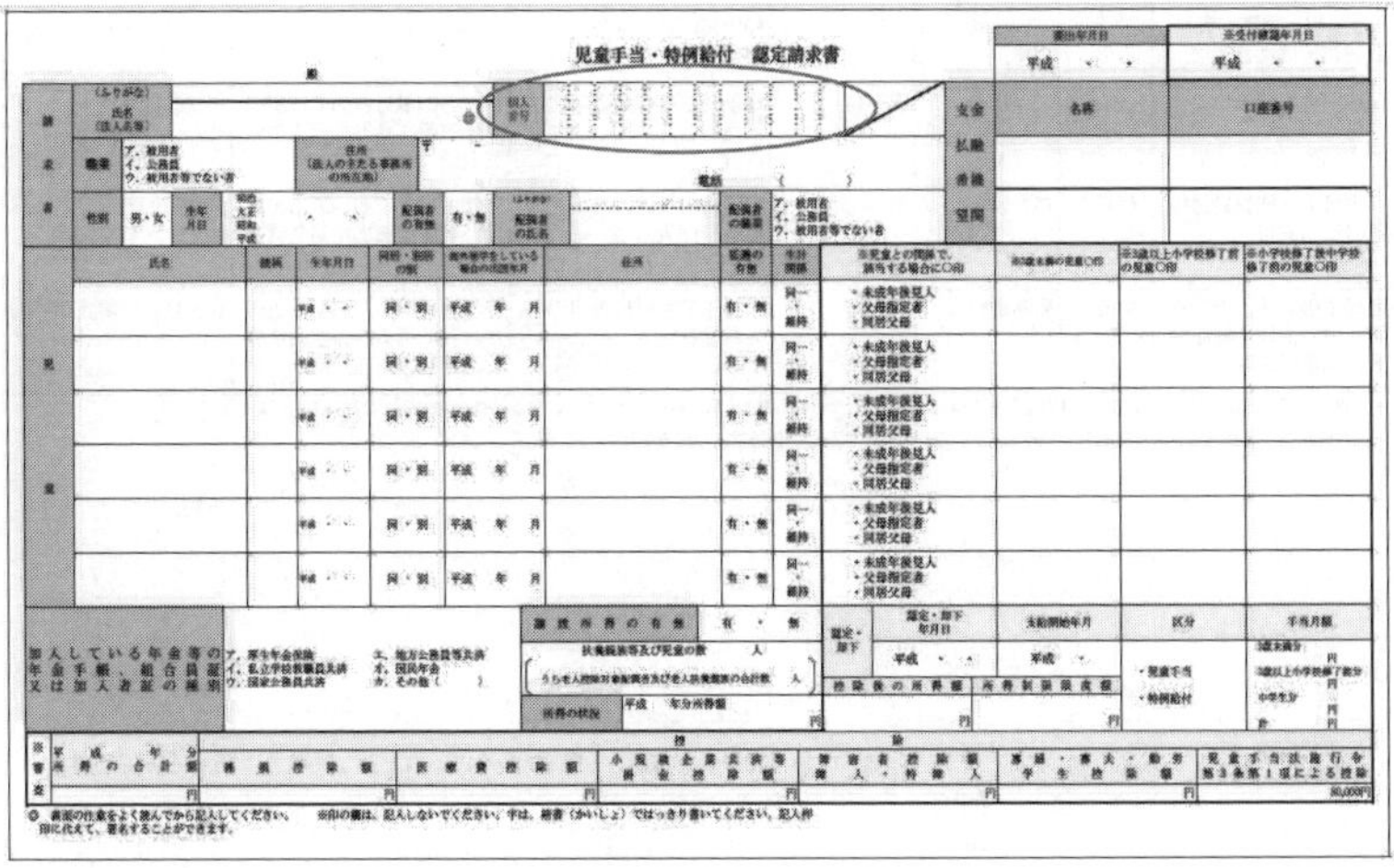

資料　社会保障分野における番号制度の導入に向けて（19ページ）
提供）厚生労働省

5．番号制度の導入に関して必要な作業

	地方公共団体でご対応いただく主な事項	参照資料
制度の理解 2.2.1.～3. A-1.～3.	・社会保障・税番号制度及び導入スケジュールについて庁内職員への共有、理解の促進 ・整備体制の構築、作業スケジュールの策定等	・マイナンバー概要資料（内閣官房HP） ・地方公共団体のみなさまへ（内閣官房HP、厚労省HP） ・社会保障・税番号制度の導入について（厚労省説明資料）
番号利用事務等の確認 2.2.4. A-4	・各地方公共団体で行っている事務について、社会保障・税番号制度の導入により、個人番号を利用することとなる事務、情報提供ネットワークシステムを利用した情報連携を行うこととなる事務及び所管課を確認 ・上記の情報連携を行うこととなる事務については、情報連携する特定個人情報の内容や影響（添付書類の省略、情報の参照・照会・提供、書式、システム改修、条例等規定整備等）を確認	・行政手続における特定の個人を識別するための番号の利用等に関する法律別表第一の主務省令で定める事務を定める命令（平成26年内閣府・総務省令第5号） ・行政手続における特定の個人を識別するための番号の利用等に関する法律別表第二の主務省令で定める事務及び情報を定める命令（平成26年内閣府・総務省令第7号） ・各種申請書様式等のうち、「個人番号」の追加等の変更があるものに関する厚労省令・告示（H26.12現在デジタルPMOで改正内容を掲載中） ・番号法別表第1及び第2に規定される主務省令事項の整理について（デジタルPMO）　※後ページに見方の例を記載しています ・特定個人情報データ標準レイアウト（案）（デジタルPMO） ・社会保障・税に関わる番号制度が情報システムへ与える影響に関する調査研究 ・地方公共団体における番号制度の導入ガイドライン第2章 ・団体間連携の実現に向けた業務プロセス検討の手引き ・補助金交付要綱、システム改修支援Q＆A ・特定個人情報保護評価指針、同解説 ・特定個人情報の適正な取扱いに関するガイドライン（行政機関等・地方公共団体等編） ・他市の取組事例（デジタルPMO）
業務の見直し 2.6.1. E-1	・各種申請書様式や申請項目のうち、「個人番号」の追加等、変更があるものについて確認（厚生労働省令・告示を改正予定） ・上記及び「番号利用事務等の確認」で特定した影響内容について、社会保障・税番号制度導入後の**事務、業務フローの見直し、課題抽出、対応方法・対応時期の検討を進める。**	
業務システムの改修 2.8.1. G-1	・改修要件の整理 ・改修費用の予算措置（予算要求（議会）、厚労省への補助金申請） ・改修調達 ・PIA（特定個人情報保護評価）の実施	
条例等の改正 2.11.1. J-1	・特定個人情報の庁内連携による独自利用等、条例等の改正が必要なものを検討	・番号法第9条第2項及び第19条第9号の条例について①②（平成26年度　社会保障・税番号制度担当者説明会資料1-1） ・行政手続における特定の個人を識別するための番号の利用等に関する法律第9条第2項に基づく条例制定について（平成26年10月24日総務省通知） ・他市の取組事例（デジタルPMO）

※　表に記載の他、番号制度の導入のために行う必要のある準備作業全般について「マイナンバー対応における推奨アクションプラン【都道府県・市区町村向け】（計画編）」に記載（左列の番号はアクションプランにおける該当章）。また、当該アクションプランに基づき順次対応状況を確認。
※　この他、社会保障関連事務に限られないが、宛名システムの整備、中間サーバの導入等に対応

資料　社会保障分野における番号制度の導入に向けて（20ページ）
提供）厚生労働省

● 番号利用事務等を確認する場合には、番号法、番号法別表第1に係る省令等とともに 、デジタルPMOの、「番号法別表第1及び第2に規定される主務省令事項の整理について」（※）を参照されたい。

※　番号法別表第1、第2の項番号順に、個人番号を利用する具体的な手続きや、情報提供ネットワークシステムを利用して情報連携を行う具体的な手続きを明らかにしたもの。
※　番号法別表第1、第2の主務省令は、当該整理の表をもとに、それぞれ、『誰が、何の事務のために、番号を利用できるか』、『誰が、何の事務のために、どのような特定個人情報を情報連携できるか』を定める。

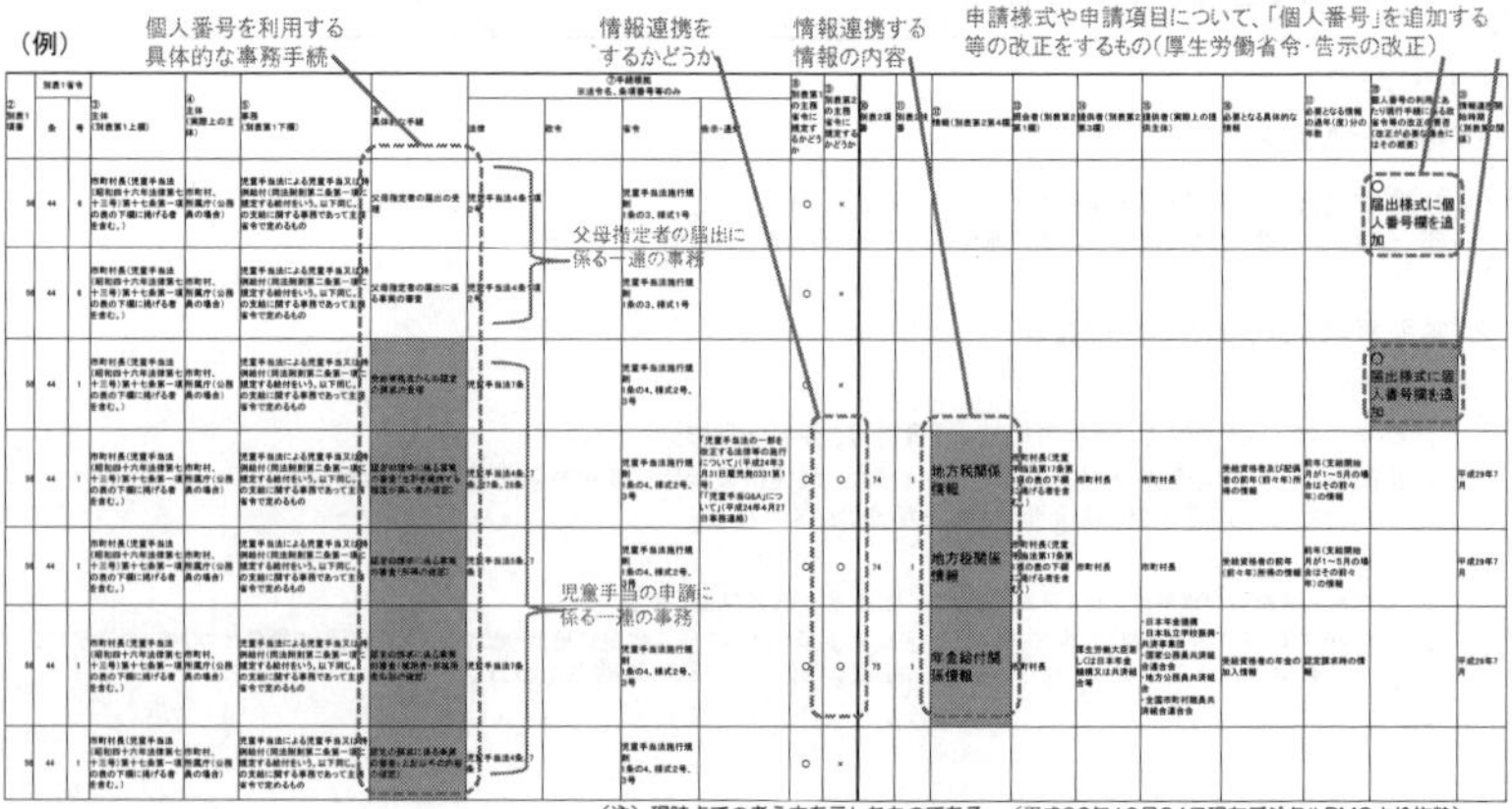

（注）現時点での考え方を示したものである。（平成26年10月24日現在デジタルPMOより抜粋）

資料 社会保障分野における番号制度の導入に向けて（21ページ）
提供）厚生労働省

6．業務フローの確認及び見直し

● 各地方公共団体においては、個人番号利用事務、情報連携を行う事務とその内容、申請書等の変更などをご確認いただき、既存の業務フローの変更箇所等の確認を進めていく必要がある。

1 現行業務フローの確認
現行業務フローの確認（存在しない場合は作成）に当たっては、以下のポイントに注意する。
① 次の情報が網羅されているか。
・業務関係者及び組織体（申請者、自団体の自組織職員及び他組織職員、他団体の関係者等）
・取り扱う情報（申請情報、組織内で保有している情報、他組織から入手する情報等）
・情報格納場所（業務システム、出力帳票等）
② 業務及び情報の流れ並びに処理の判断が明確かつ正しく整理されており、実際の業務と相違ないか。

2 見直し後業務フローの作成
現行業務フローを元に、以下の観点から番号制度導入後の業務フローを作成する。
① 情報連携で入手することになる情報は、文書照会からシステム間情報連携へ変更
② 制度導入に伴い業務処理の標準化、効率化の余地がないか（他業務と比較し複雑な処理がないか等）。

※業務フローサンプル（デジタルPMOに掲載）
社会保障関係事務・手続における番号制度導入後の業務フローサンプルを提示するので、参考の上、自治体独自の業務フローを作成すること（サンプルはあくまで一例であり、自治体の業務を踏まえて作成すること）。

資料 社会保障分野における番号制度の導入に向けて（22ページ）
提供）厚生労働省

7．業務システム改修に係る国庫補助等

● 番号制度導入のための業務システム改修に対する国庫補助等を措置。
● 社会保障関係業務システム改修に係る補助金は平成26～28年度の3年間を予定しており、厚生労働省へ申請する必要がある。

1 補助対象団体

都道府県及び市町村（特別区を含む。以下同じ。）
※ 介護保険等の一部事務組合又は広域連合（以下「一部事務組合等」という。）も対象。

2 補助対象システムと対象経費等
（1） 補助対象システム
① 都道府県・・・生活保護、障害者福祉、児童福祉、健康管理のシステム
② 市町村・・・・・生活保護、障害者福祉、児童福祉、国民健康保険、後期高齢者医療（市町村分）、介護保険、健康管理、国民年金のシステム

※ 後期高齢者医療広域連合のシステム改修に対しては、別途国庫補助を実施。
※ 平成26年3月3日事務連絡「平成26年度社会保障・税番号制度システム整備費補助金の交付（1次交付）の準備について」の様式1に記載したシステムについて、番号制度導入に必要な改修を行う場合に補助対象となる。

資料　社会保障分野における番号制度の導入に向けて（23ページ）
提供）厚生労働省

（2）対象経費

社会保障・税番号制度導入に必要な業務システムの改修（番号対応部分）に係る経費。

表　各年度事業における対象経費

事業	対象経費
２６年度事業	システム設計、プログラム開発・単体テスト
２７年度事業	プログラム結合・総合テスト、団体内連携テスト
２８年度事業	総合運用テスト

※26年度に交付申請行っていない自治体（26 年度に交付申請を行っていても申請額が基準額を下回る自治体も含む。）は、27年度に26年度事業分の申請が可能。
パッケージソフトの場合であっても、番号対応部分に係る対象経費を抽出した上で、上記区分に分けて申請する必要あり。

（参考）補助対象外と想定される主な経費
- システム影響度調査、調達仕様書作成支援、工程管理支援
- 特定個人情報保護評価（PIA）実施に係る経費
- 条例による個人番号の独自利用に係る経費

（3）社会保障・税番号制度導入に必要なシステム改修の例

- 個人番号利用に伴う表示機能（画面、帳票）の改修
- データベースにおけるデータ項目の追加
- 個人番号による検索機能の追加
- 情報連携に伴う業務プログラムの改修（中間サーバへの情報提供データの抽出、情報照会内容の表示等）　等

※　中間サーバ・ハードウェアの整備経費等を除く。

資料　社会保障分野における番号制度の導入に向けて（24ページ）
提供）厚生労働省

3　補助額
- 補助対象経費として厚生労働大臣が認めた額の 2/3（国民年金、及び障害者福祉のうちの特別児童扶養手当については、10/10）
  ※　千円未満の端数は切り捨て、地方負担分（1/3）については、普通交付税及び特別交付税措置。
- 国庫補助基準額は、予算の範囲内において、想定事業費（注）を基礎として人口規模及びシステム類型に応じた標準的な費用として算出。
- 基準額は、人口規模で公平に算出するため、単純に人口規模区分に当てはめるのではなく、自治体の人口数に応じて基準額が増加するように算出。また、1次交付、2次交付以降を通じて同様の算出方法とすることで、公平に算出。
- なお、基準額は、一般分及び国民年金・特別児童扶養手当分の区分で設定。各自治体は、当該区分ごとの配分額の範囲内で、システム別に事業費を配分し交付申請することが可能。

4　その他

（1）補助金交付事務の委任
市町村（一部事務組合等を含む。）に対する補助金交付事務の一部については、補助金適正化法26条2項により都道府県に委任。
※　委任する事務の例
- 市町村の交付申請、実績報告書等の審査、取りまとめ
- 市町村に対する交付決定、交付額確定等の通知

（2）一部事務組合等に対する補助
構成市町村等に対し一旦内示された額について、一部事務組合等へ配分する額を調整していただいた上で、一部事務組合等の基準額を設定。

（3）補助金に関するQ＆A
厚生労働省ホームページに掲載中。http://www.mhlw.go.jp/stf/seisakunitsuite/bunya/0000063255.html

資料 社会保障分野における番号制度の導入に向けて（25ページ）
提供）厚生労働省

番号制度における情報連携の概要・システム改修支援等の範囲

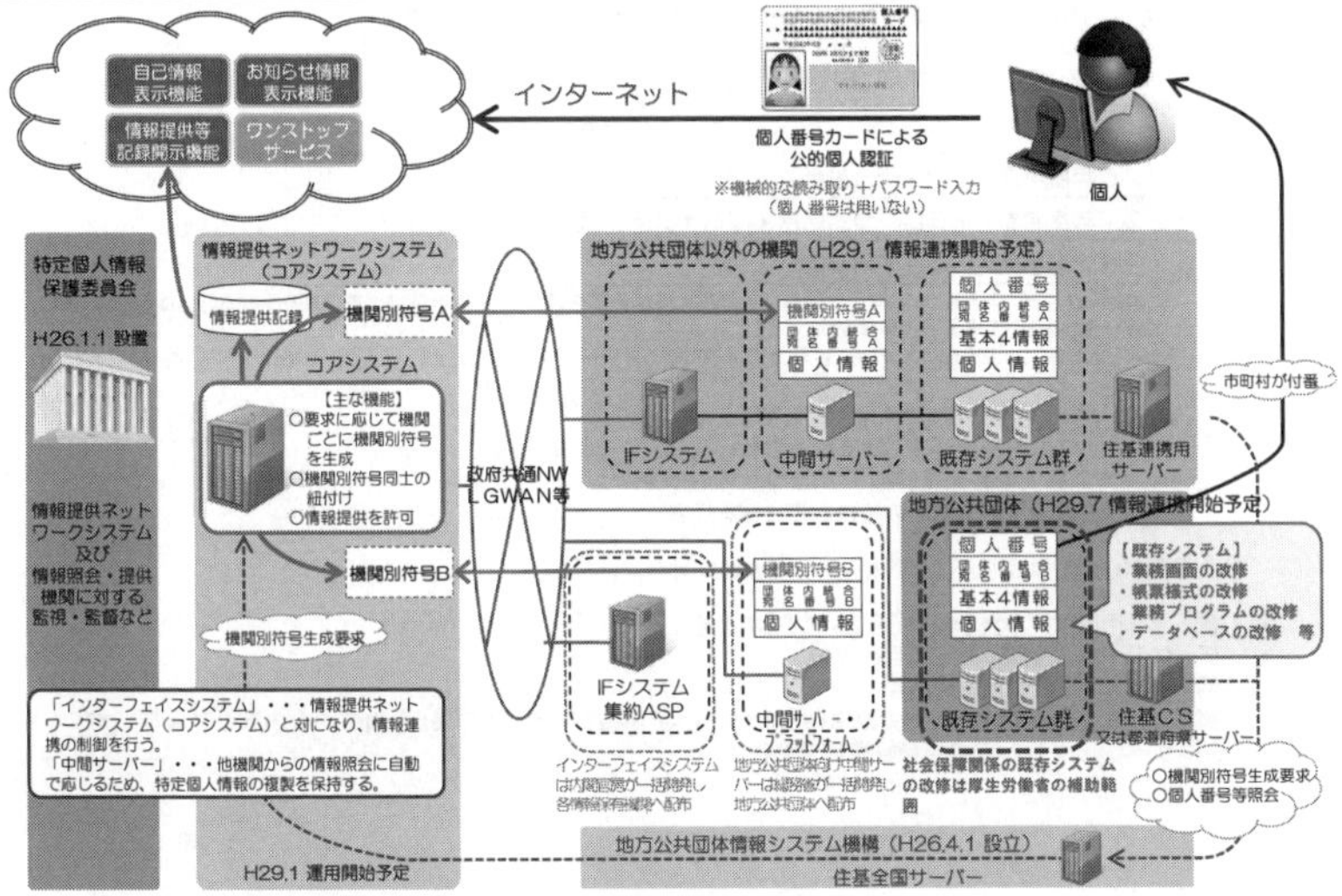

資料 社会保障分野における番号制度の導入に向けて（26ページ）
提供）厚生労働省

8．今後のスケジュール

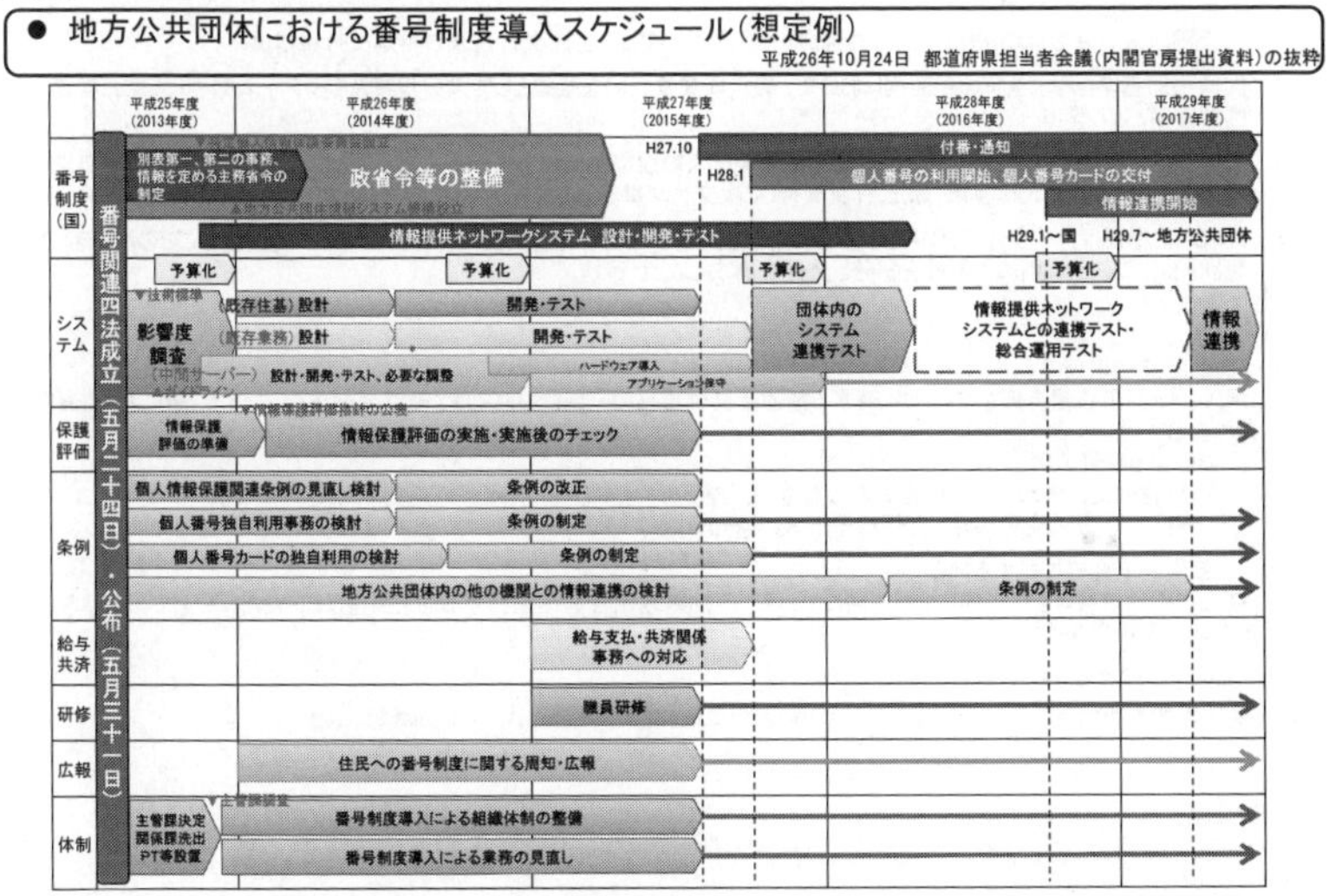

資料　社会保障分野における番号制度の導入に向けて（27 ページ）提供）厚生労働省

業務フローサンプルの例

主管部署	○○課	作成者		作成日		頁
事務名	身体障害者福祉法（昭和二十四年法律第二百八十三号）による身体障害者手帳の交付に関する事務であって主務省令で定めるもの	更新者		更新日		1/2
処理名	身体障害者手帳の交付			処理サイクル		随時

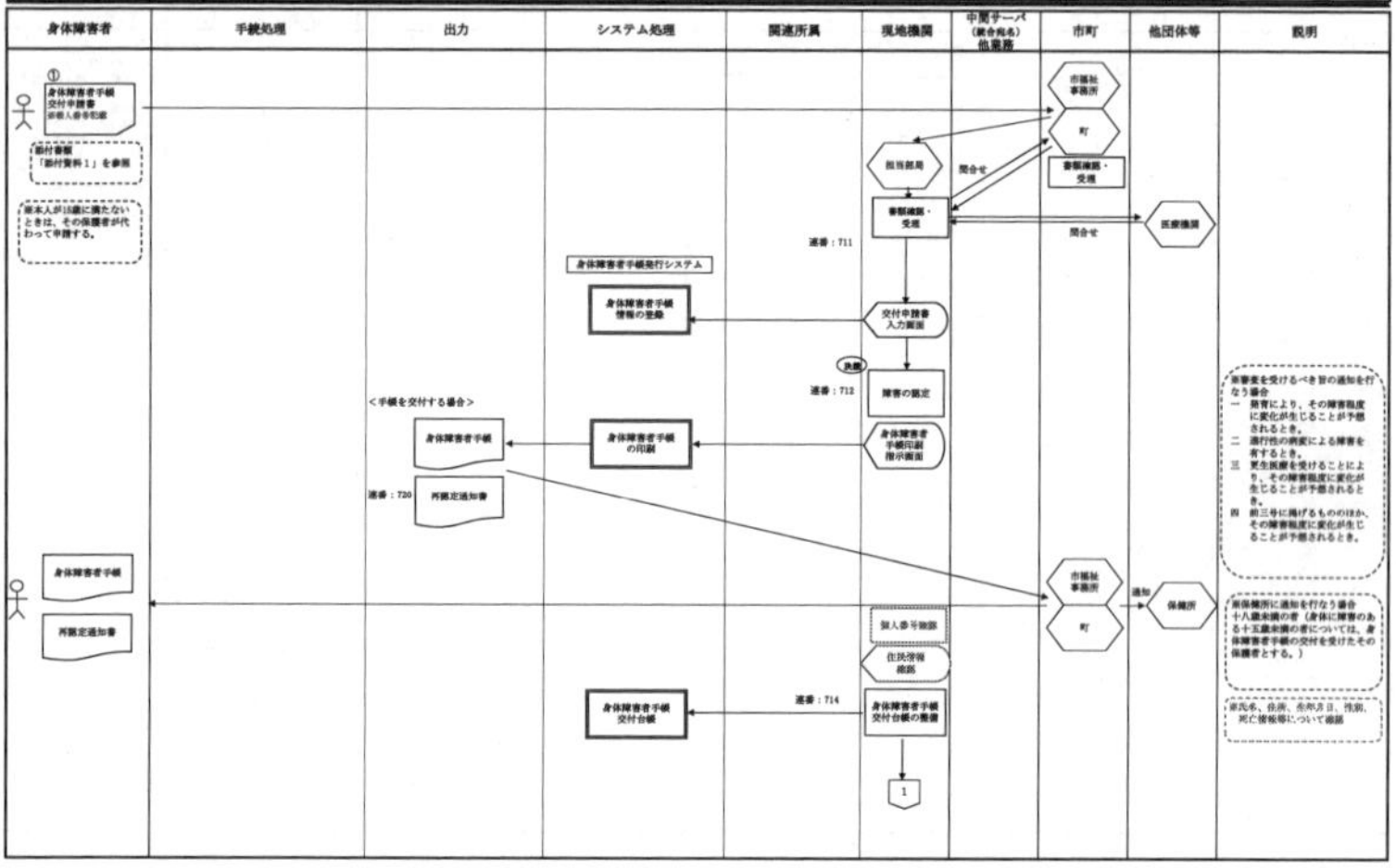

資料　社会保障分野における番号制度の導入に向けて（28 ページ）提供）厚生労働省

主管部署	○○課	作成者		作成日		頁
事務名	身体障害者福祉法（昭和二十四年法律第二百八十三号）による身体障害者手帳の交付に関する事務であって主務省令で定めるもの	更新者		更新日		2/2
処理名	身体障害者手帳の交付			処理サイクル		随時

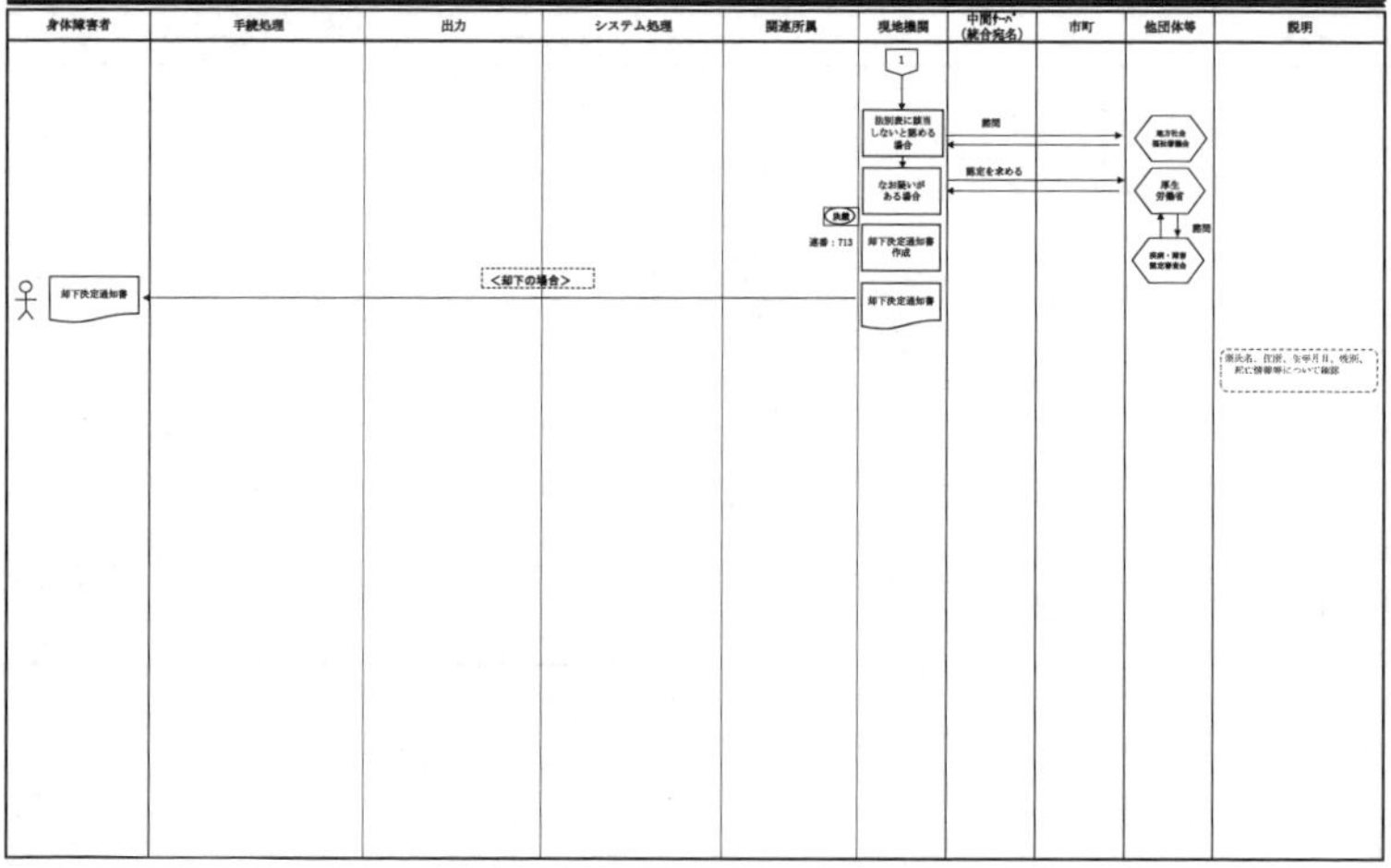

資料 社会保障分野における番号制度の導入に向けて（29 ページ）提供）厚生労働省

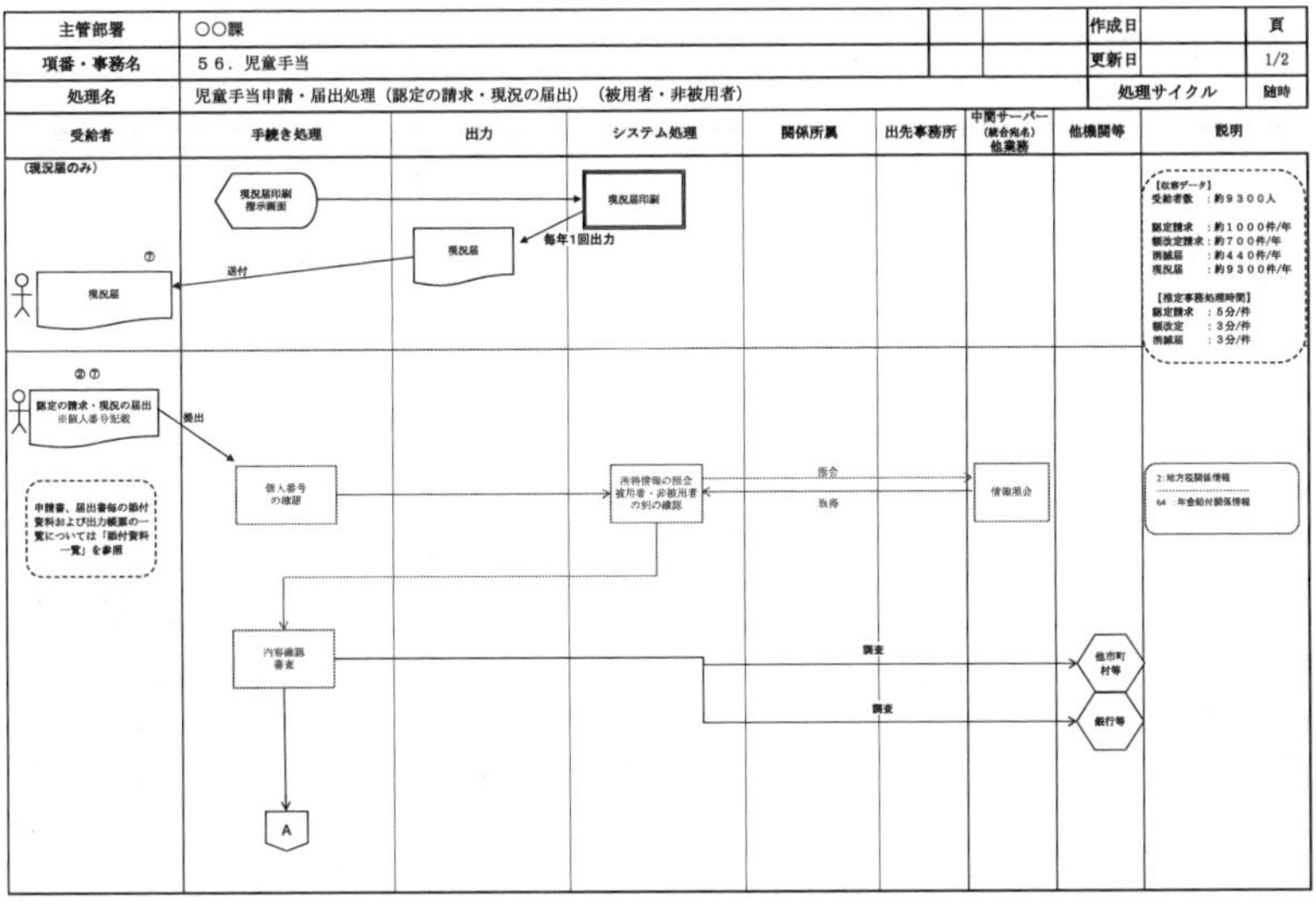

資料 社会保障分野における番号制度の導入に向けて（30 ページ）提供）厚生労働省

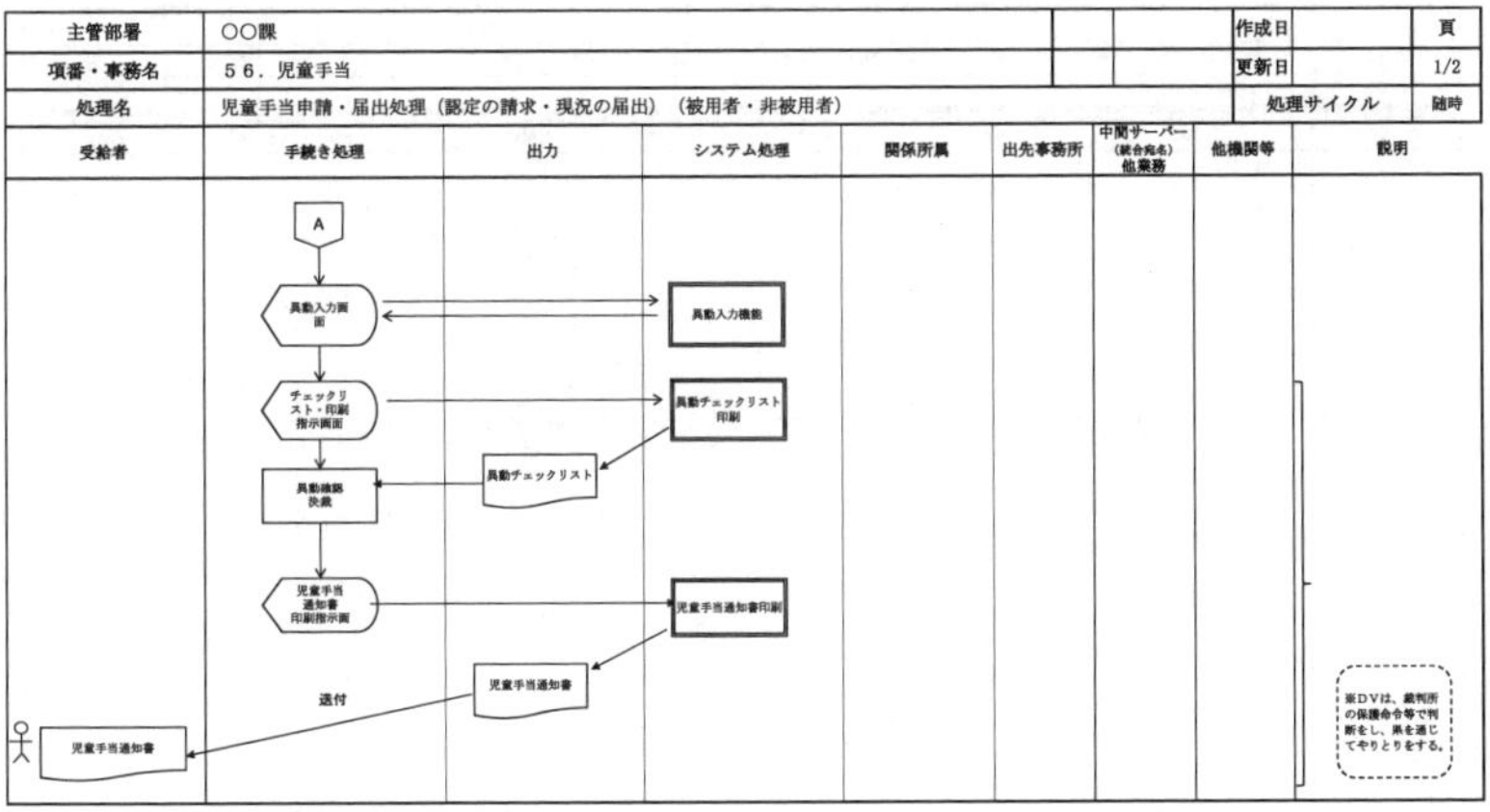

資料 社会保障分野における番号制度の導入に向けて（31 ページ）提供）厚生労働省

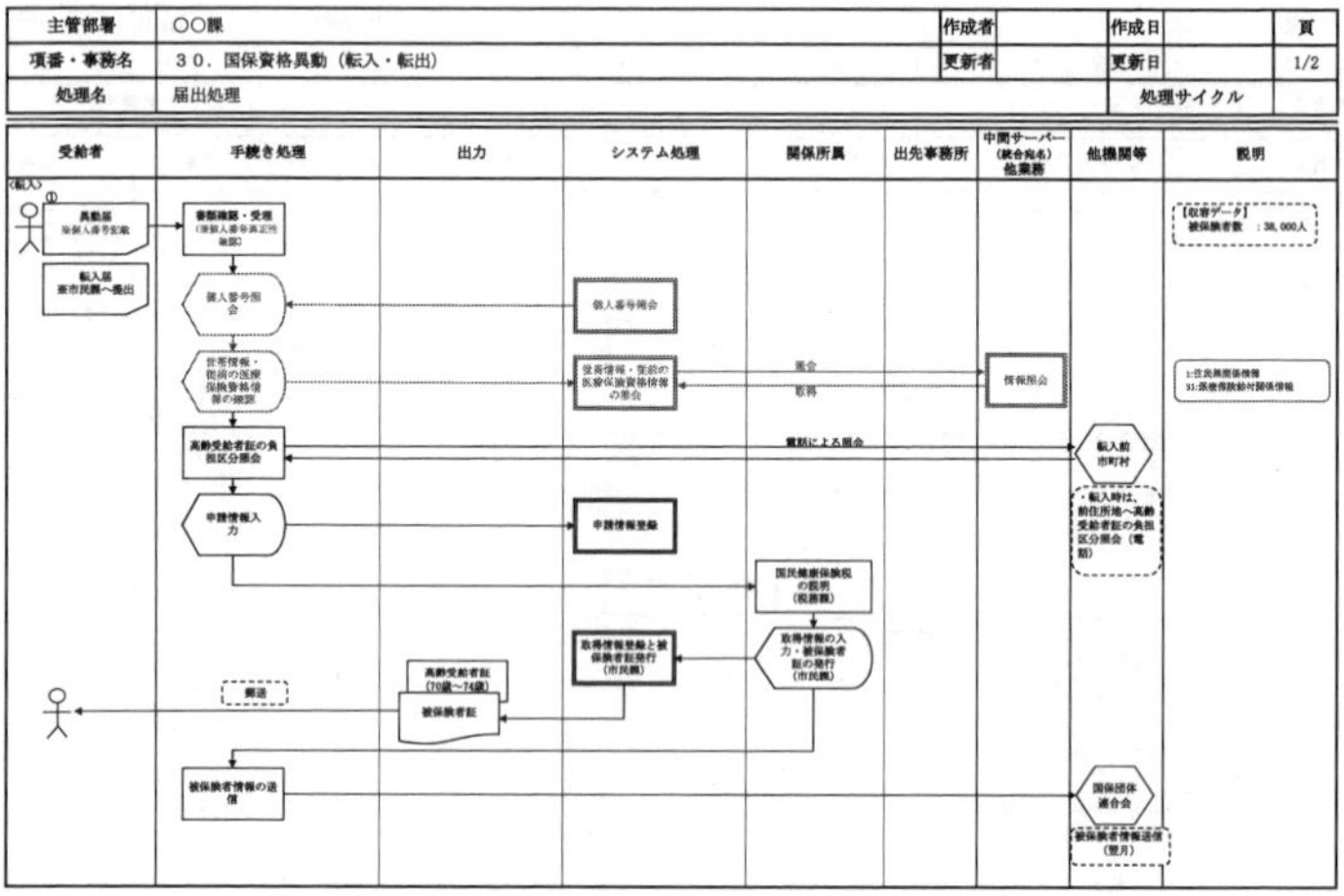

資料 社会保障分野における番号制度の導入に向けて（32 ページ）提供）厚生労働省

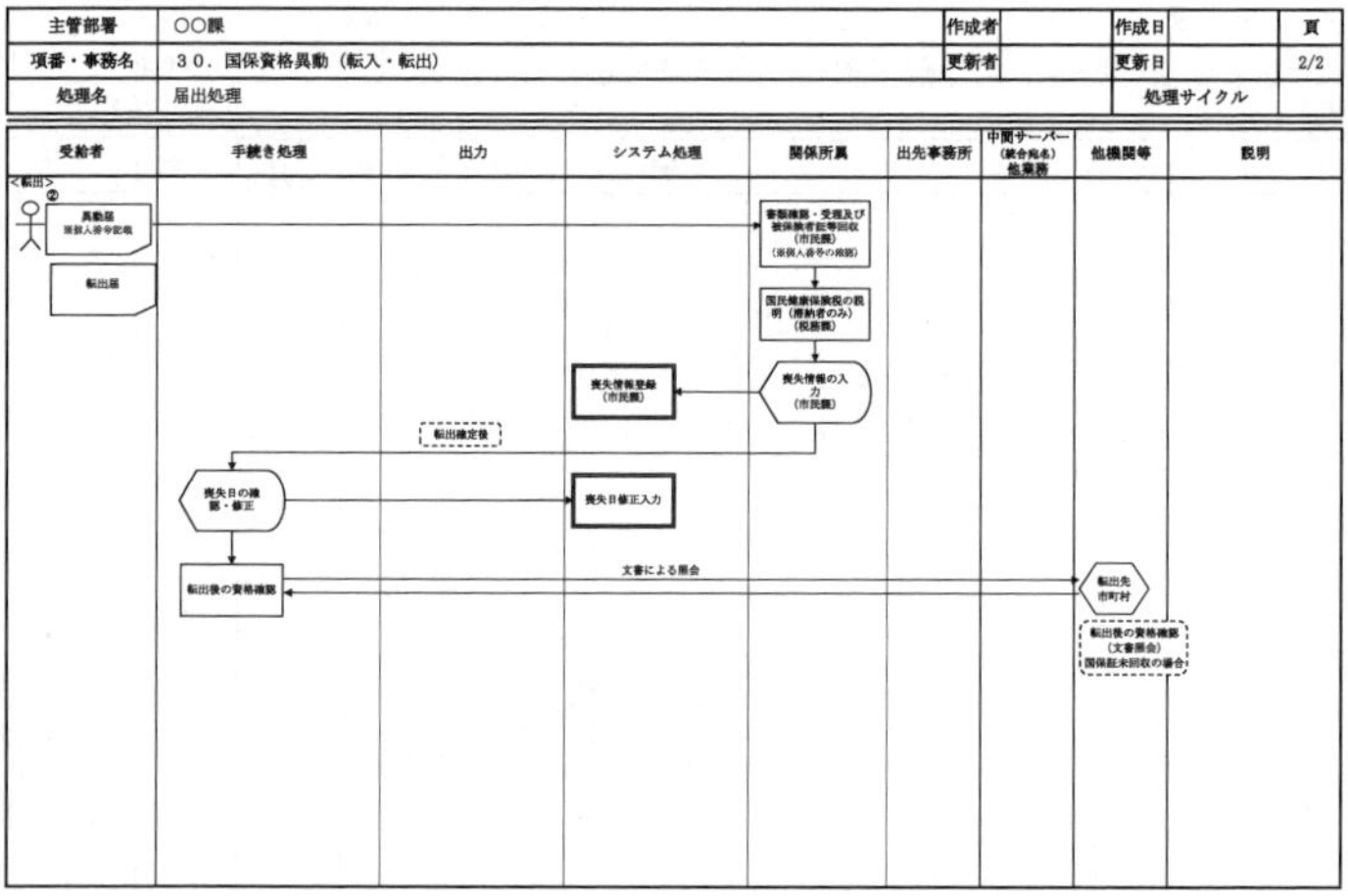

資料 社会保障分野における番号制度の導入に向けて（33ページ）提供）厚生労働省

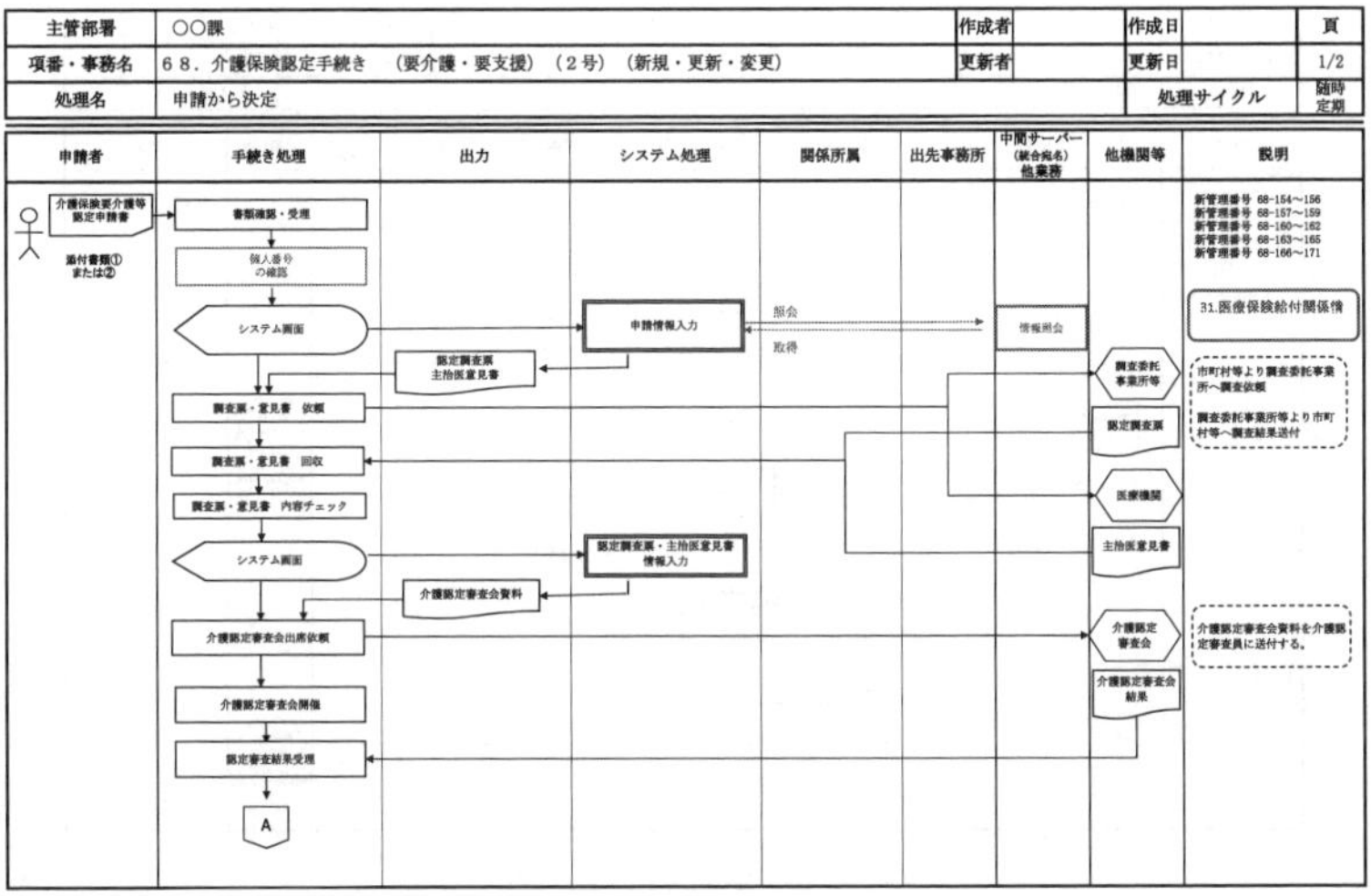

資料 社会保障分野における番号制度の導入に向けて（34ページ）提供）厚生労働省

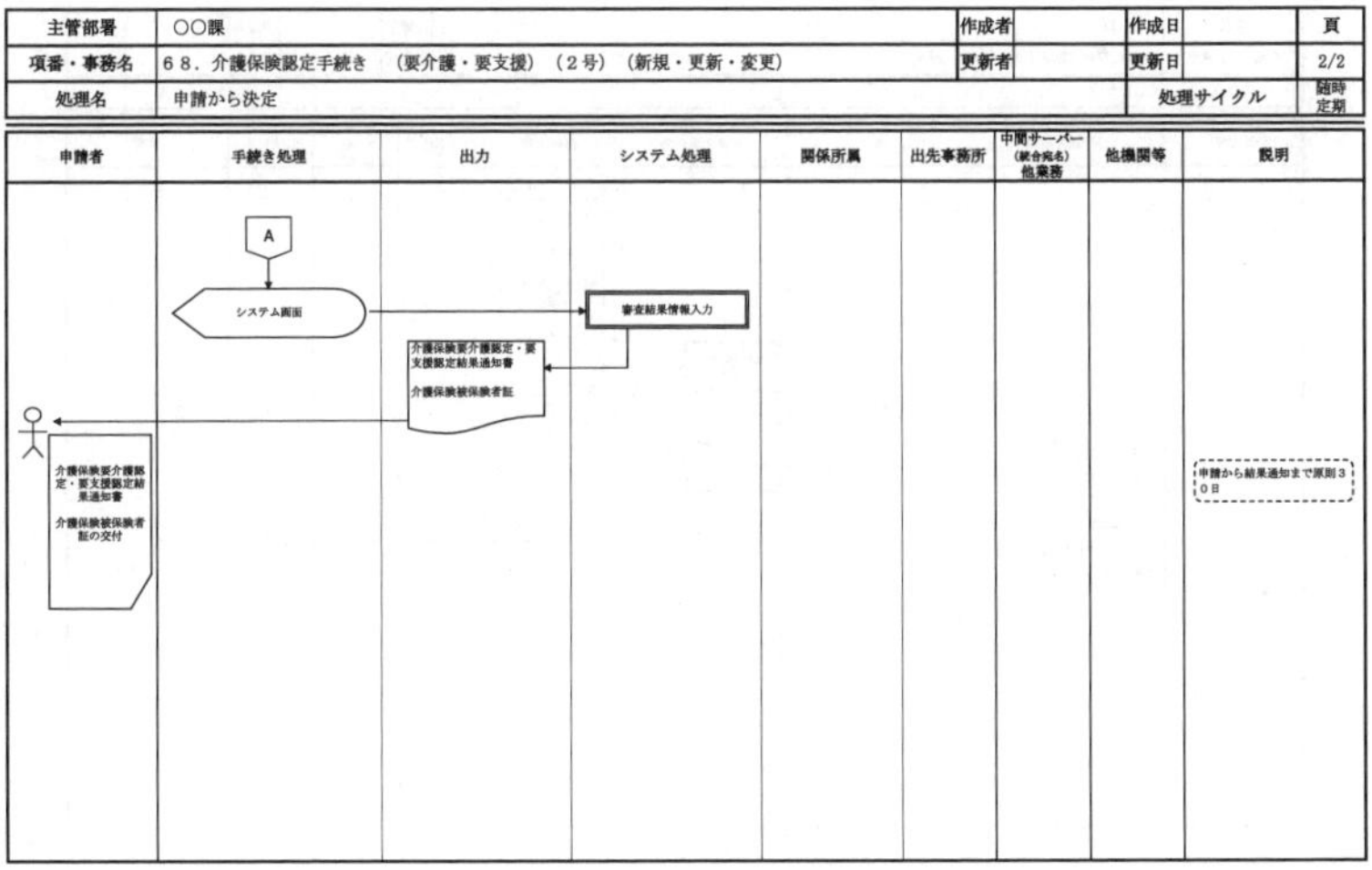

資料　**法人番号について　法人番号で，わかる。つながる。ひろがる。（1ページ）**
提供）国税庁・内閣府

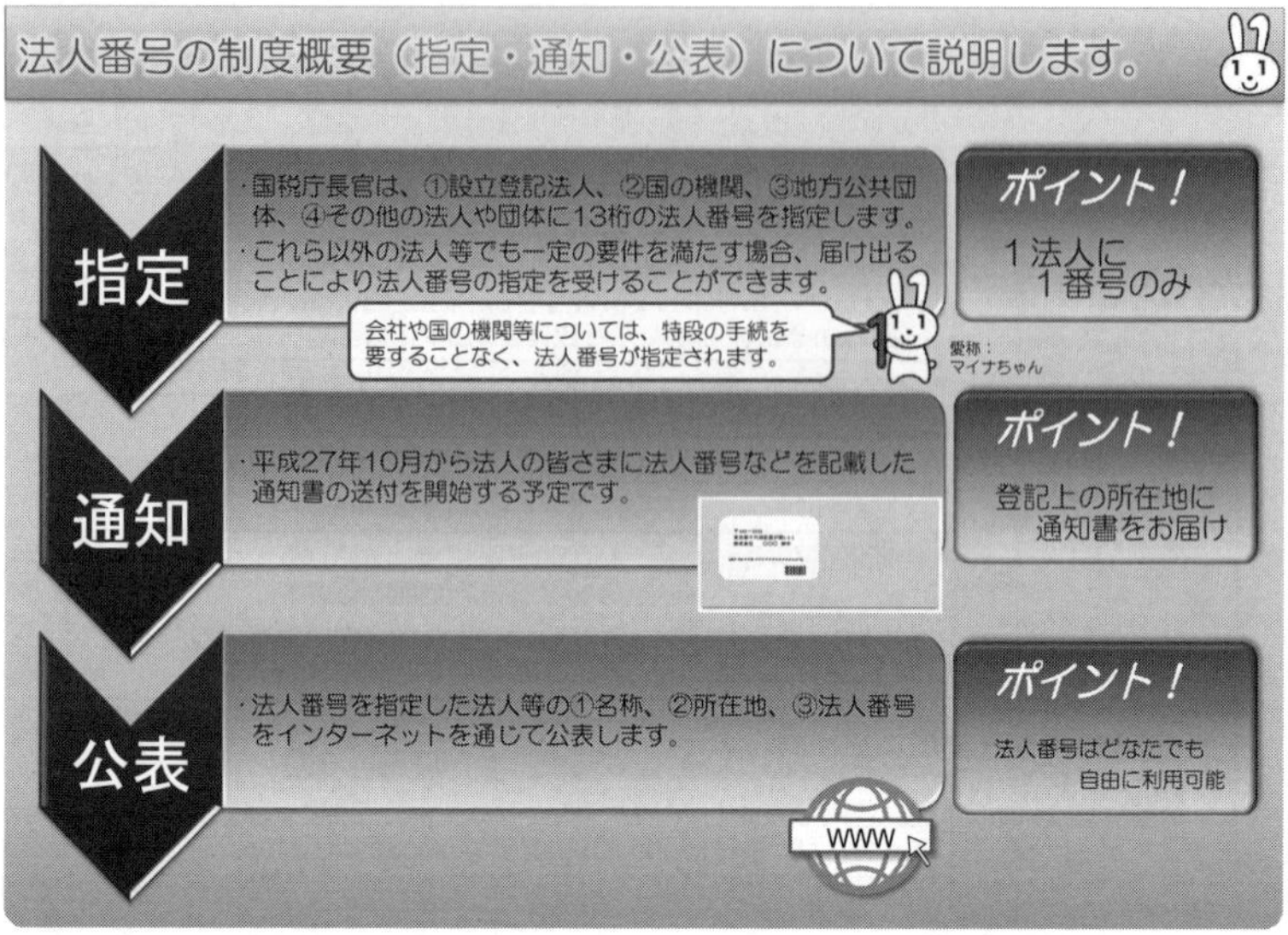
法人番号の制度概要（指定・通知・公表）について説明します。
指定
・国税庁長官は、①設立登記法人、②国の機関、③地方公共団体、④その他の法人や団体に13桁の法人番号を指定します。
・これら以外の法人等でも一定の要件を満たす場合、届け出ることにより法人番号の指定を受けることができます。
会社や国の機関等については、特段の手続を要することなく、法人番号が指定されます。
ポイント！
1法人に 1番号のみ
愛称：マイナちゃん
通知
・平成27年10月から法人の皆さまに法人番号などを記載した通知書の送付を開始する予定です。
ポイント！
登記上の所在地に 通知書をお届け
公表
・法人番号を指定した法人等の①名称、②所在地、③法人番号をインターネットを通じて公表します。
ポイント！
法人番号はどなたでも 自由に利用可能
WWW

資料　**法人番号について　法人番号で，わかる。つながる。ひろがる。（2ページ）**
提供）国税庁・内閣府

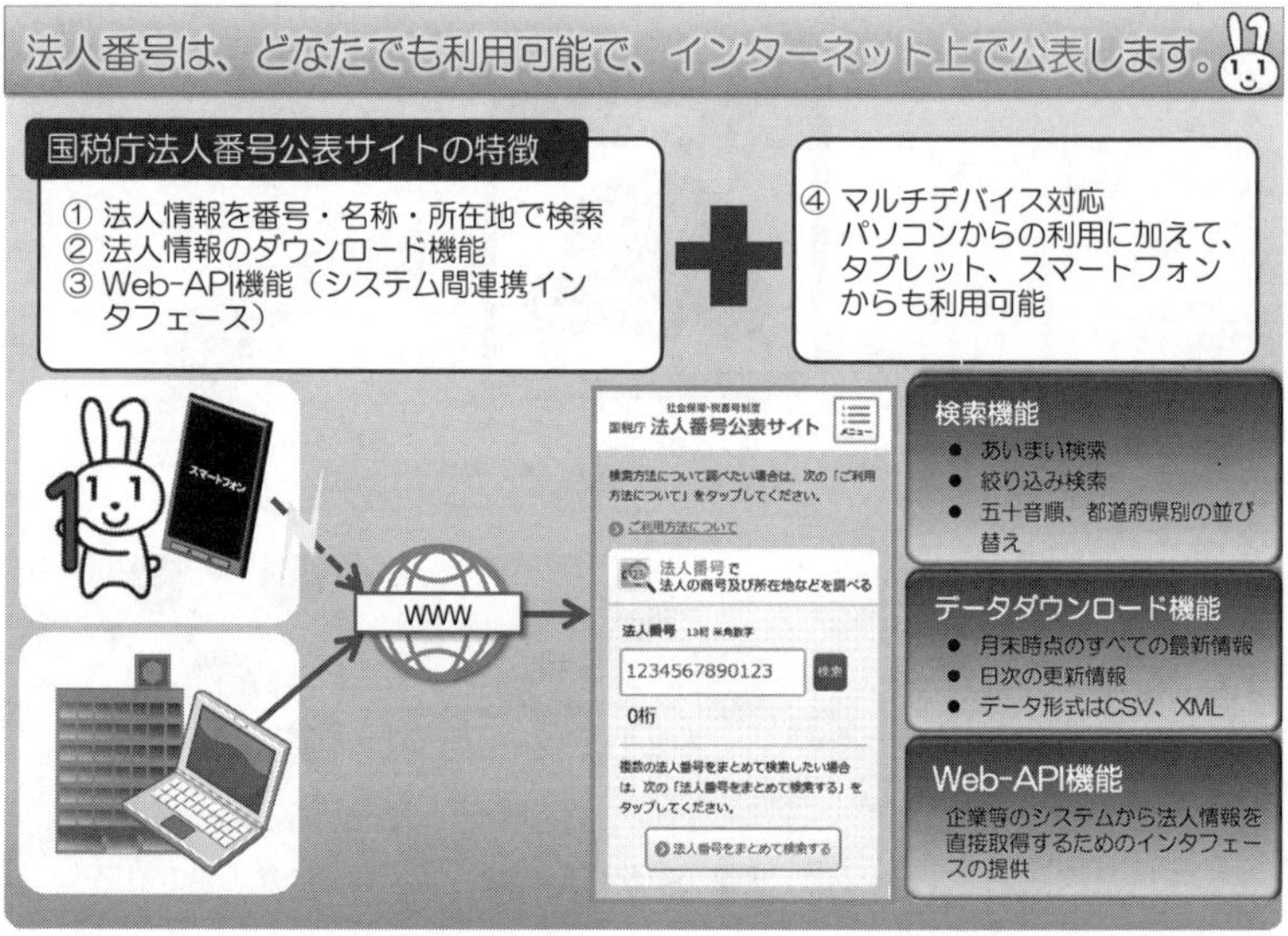
法人番号は、どなたでも利用可能で、インターネット上で公表します。
国税庁法人番号公表サイトの特徴
① 法人情報を番号・名称・所在地で検索
② 法人情報のダウンロード機能
③ Web-API機能（システム間連携インタフェース）
④ マルチデバイス対応 パソコンからの利用に加えて、タブレット、スマートフォンからも利用可能
スマートフォン
WWW
社会保障・税番号制度
国税庁 法人番号公表サイト
メニュー
検索方法について調べたい場合は、次の「ご利用方法について」をタップしてください。
ご利用方法について
法人番号で 法人の商号及び所在地などを調べる
法人番号 13桁 ※半角数字
1234567890123
検索
0桁
複数の法人番号をまとめて検索したい場合は、次の「法人番号をまとめて検索する」をタップしてください。
法人番号をまとめて検索する
検索機能
● あいまい検索
● 絞り込み検索
● 五十音順、都道府県別の並び替え
データダウンロード機能
● 月末時点のすべての最新情報
● 日次の更新情報
● データ形式はCSV、XML
Web-API機能
企業等のシステムから法人情報を直接取得するためのインタフェースの提供

資料 **法人番号について　法人番号で，わかる。つながる。ひろがる。（3ページ）**
提供）国税庁・内閣府

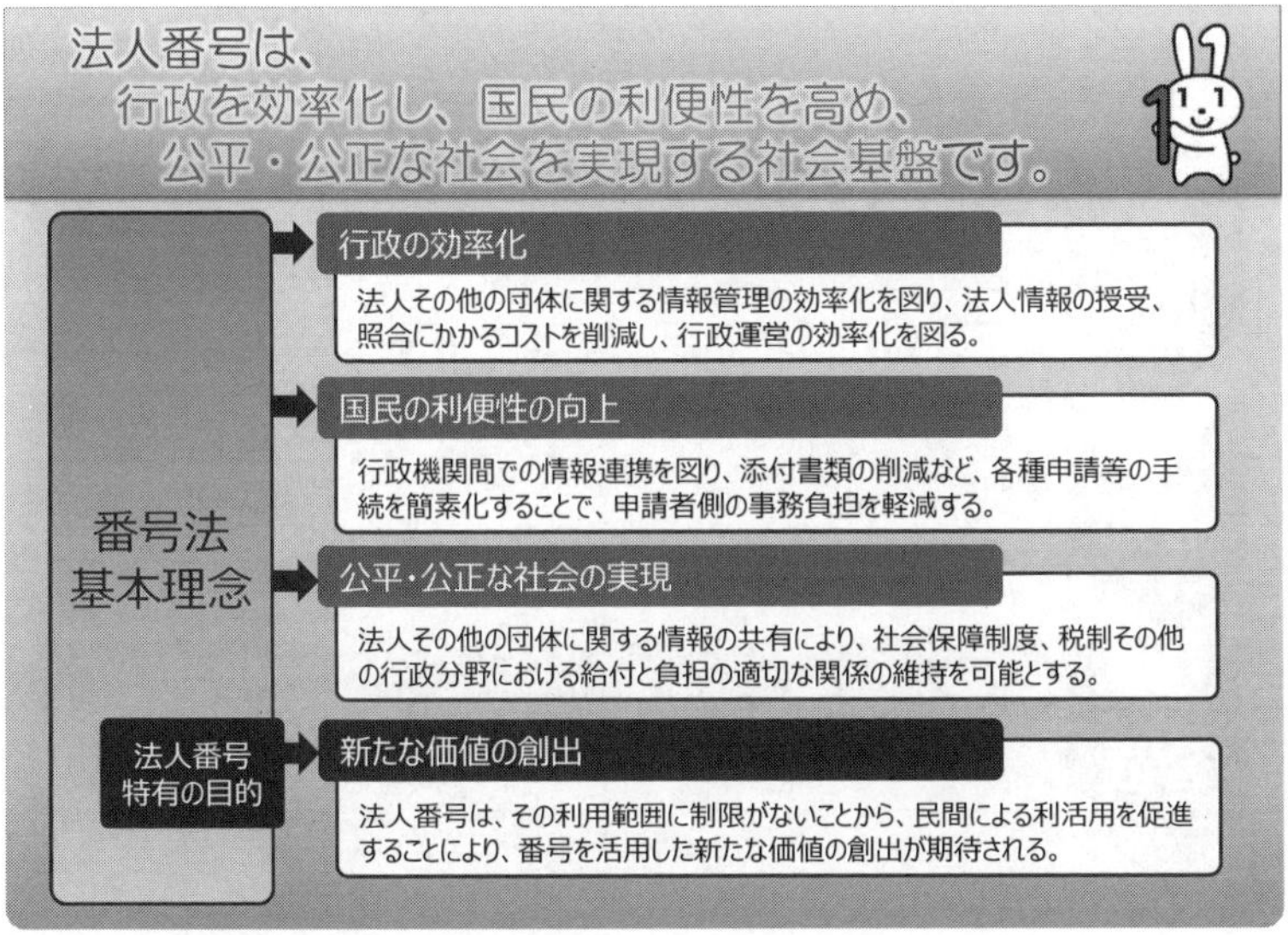
法人番号は、
行政を効率化し、国民の利便性を高め、
公平・公正な社会を実現する社会基盤です。
番号法
基本理念
行政の効率化
法人その他の団体に関する情報管理の効率化を図り、法人情報の授受、照合にかかるコストを削減し、行政運営の効率化を図る。
国民の利便性の向上
行政機関間での情報連携を図り、添付書類の削減など、各種申請等の手続を簡素化することで、申請者側の事務負担を軽減する。
公平・公正な社会の実現
法人その他の団体に関する情報の共有により、社会保障制度、税制その他の行政分野における給付と負担の適切な関係の維持を可能とする。
法人番号
特有の目的
新たな価値の創出
法人番号は、その利用範囲に制限がないことから、民間による利活用を促進することにより、番号を活用した新たな価値の創出が期待される。

資料 **法人番号について　法人番号で，わかる。つながる。ひろがる。（4ページ）**
提供）国税庁・内閣府

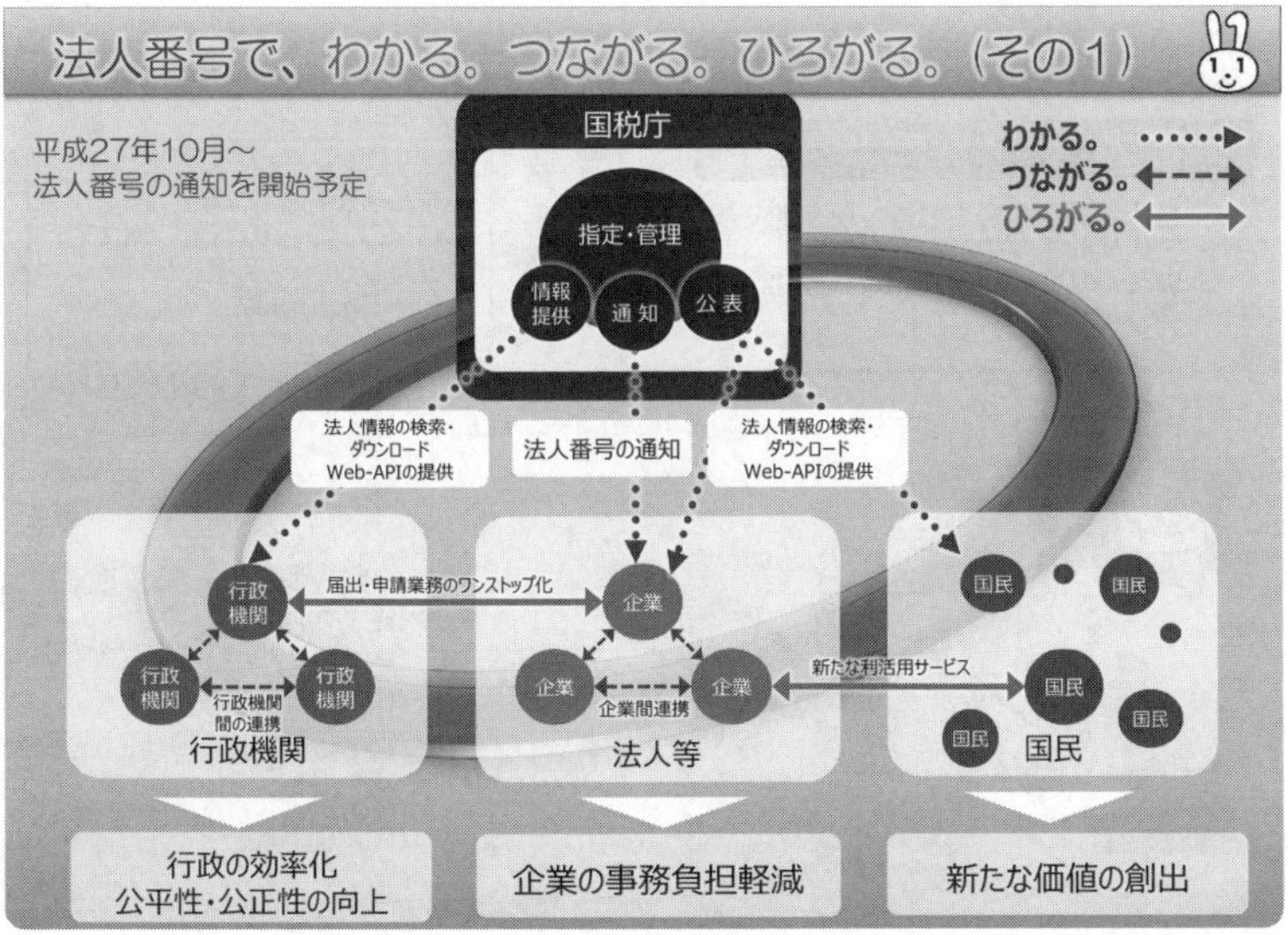
法人番号で、わかる。つながる。ひろがる。（その1）
平成27年10月～
法人番号の通知を開始予定
国税庁
指定・管理
情報提供
通知
公表
わかる。
つながる。
ひろがる。
法人情報の検索・ダウンロード
Web-APIの提供
法人番号の通知
法人情報の検索・ダウンロード
Web-APIの提供
行政機関
届出・申請業務のワンストップ化
企業
行政機関
行政機関
行政機関間の連携
企業
企業
企業間連携
新たな利活用サービス
国民
国民
国民
国民
国民
行政機関
法人等
国民
行政の効率化
公平性・公正性の向上
企業の事務負担軽減
新たな価値の創出

資料 **法人番号について　法人番号で，わかる。つながる。ひろがる。（5ページ）**
提供）国税庁・内閣府

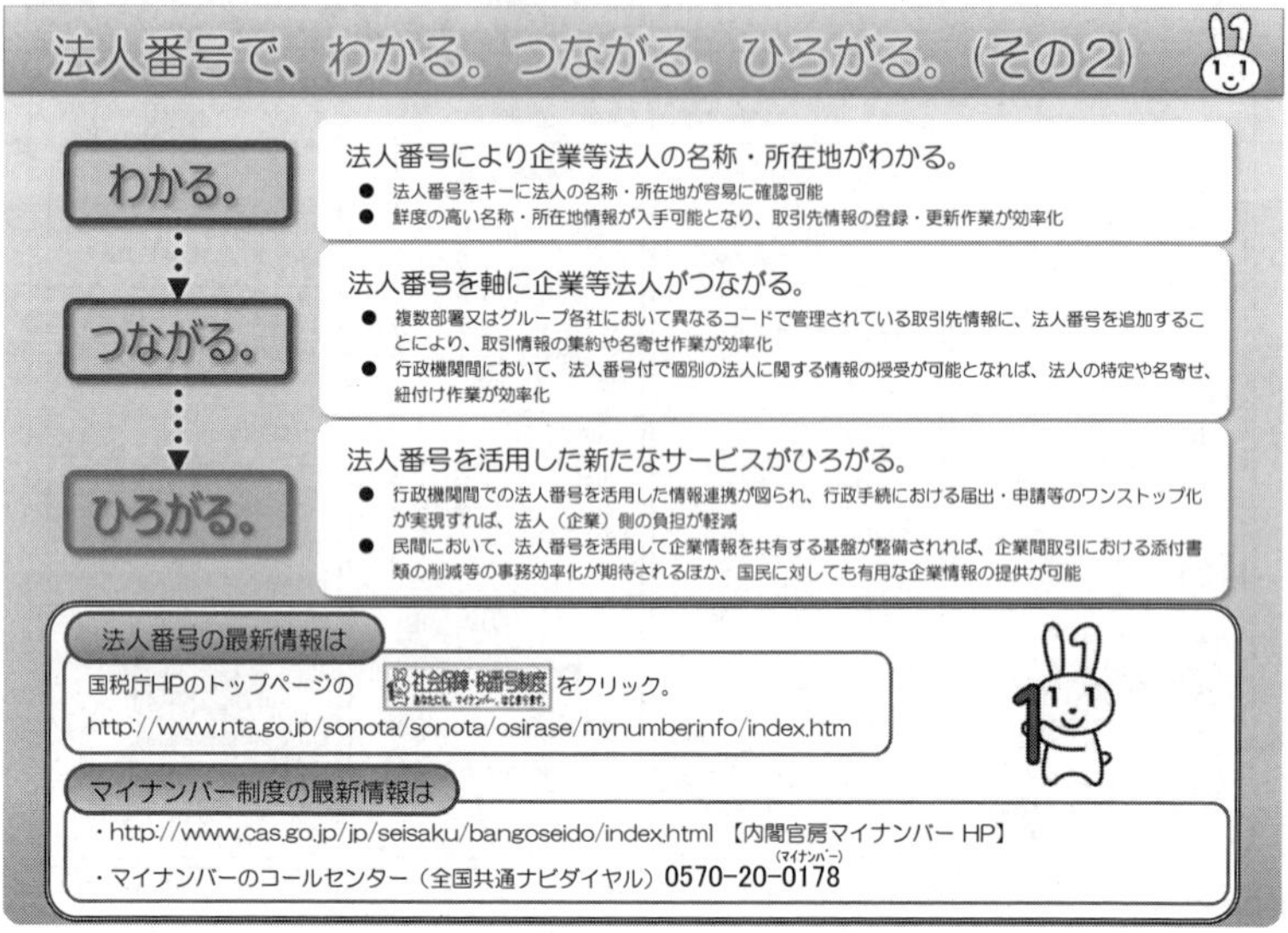
法人番号で、わかる。つながる。ひろがる。（その2）
わかる。
法人番号により企業等法人の名称・所在地がわかる。
● 法人番号をキーに法人の名称・所在地が容易に確認可能
● 鮮度の高い名称・所在地情報が入手可能となり、取引先情報の登録・更新作業が効率化
つながる。
法人番号を軸に企業等法人がつながる。
● 複数部署又はグループ各社において異なるコードで管理されている取引先情報に、法人番号を追加することにより、取引情報の集約や名寄せ作業が効率化
● 行政機関間において、法人番号付で個別の法人に関する情報の授受が可能となれば、法人の特定や名寄せ、紐付け作業が効率化
ひろがる。
法人番号を活用した新たなサービスがひろがる。
● 行政機関間での法人番号を活用した情報連携が図られ、行政手続における届出・申請等のワンストップ化が実現すれば、法人（企業）側の負担が軽減
● 民間において、法人番号を活用して企業情報を共有する基盤が整備されれば、企業間取引における添付書類の削減等の事務効率化が期待されるほか、国民に対しても有用な企業情報の提供が可能
法人番号の最新情報は
国税庁HPのトップページの 社会保障・税番号制度 をクリック。
http://www.nta.go.jp/sonota/sonota/osirase/mynumberinfo/index.htm
マイナンバー制度の最新情報は
・http://www.cas.go.jp/jp/seisaku/bangoseido/index.html 【内閣官房マイナンバー HP】
・マイナンバーのコールセンター（全国共通ナビダイヤル）0570-20-0178《マイナンバー》

資料　法人番号の情報提供機能に係る仕様（1ページ）
提供）国税庁長官官房企画課法人番号準備室

1. 58条4項（公表）及び59条2項（情報提供）[国税庁が付番機関として提供する機能]

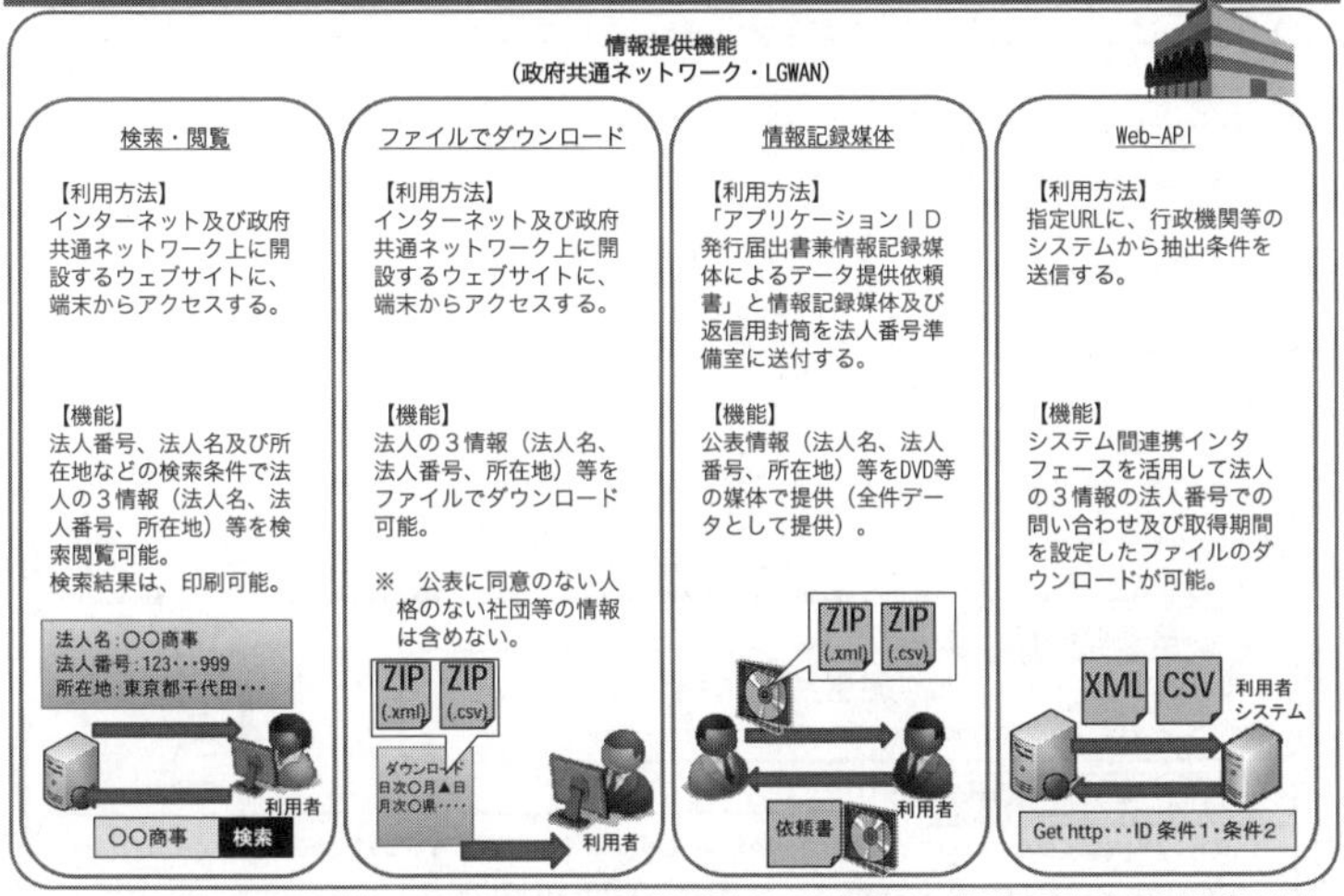
情報提供機能
（政府共通ネットワーク・LGWAN）
検索・閲覧
【利用方法】
インターネット及び政府共通ネットワーク上に開設するウェブサイトに、端末からアクセスする。
【機能】
法人番号、法人名及び所在地などの検索条件で法人の3情報（法人名、法人番号、所在地）等を検索閲覧可能。
検索結果は、印刷可能。
法人名：○○商事
法人番号：123・・・999
所在地：東京都千代田・・・
利用者
○○商事
検索
ファイルでダウンロード
【利用方法】
インターネット及び政府共通ネットワーク上に開設するウェブサイトに、端末からアクセスする。
【機能】
法人の3情報（法人名、法人番号、所在地）等をファイルでダウンロード可能。
※　公表に同意のない人格のない社団等の情報は含めない。
ZIP (.xml)
ZIP (.csv)
ダウンロード
日次○月▲日
月次○県・・・・
利用者
情報記録媒体
【利用方法】
「アプリケーションＩＤ発行届出書兼情報記録媒体によるデータ提供依頼書」と情報記録媒体及び返信用封筒を法人番号準備室に送付する。
【機能】
公表情報（法人名、法人番号、所在地）等をDVD等の媒体で提供（全件データとして提供）。
ZIP (.xml)
ZIP (.csv)
依頼書
利用者
Web-API
【利用方法】
指定URLに、行政機関等のシステムから抽出条件を送信する。
【機能】
システム間連携インタフェースを活用して法人の3情報の法人番号での問い合わせ及び取得期間を設定したファイルのダウンロードが可能。
XML
CSV
利用者システム
Get http・・・ID 条件1・条件2

Web-APIとは、Web標準技術を用いて、利用者が構築しているシステムからインターネット等を通じて簡単なリクエストを送信することで、利用者側のシステムで必要なデータを取得することが可能となるインタフェースをいう。

資料　法人番号の情報提供機能に係る仕様（2ページ）
提供）国税庁長官官房企画課法人番号準備室

2. 公表機能と情報提供機能の違い

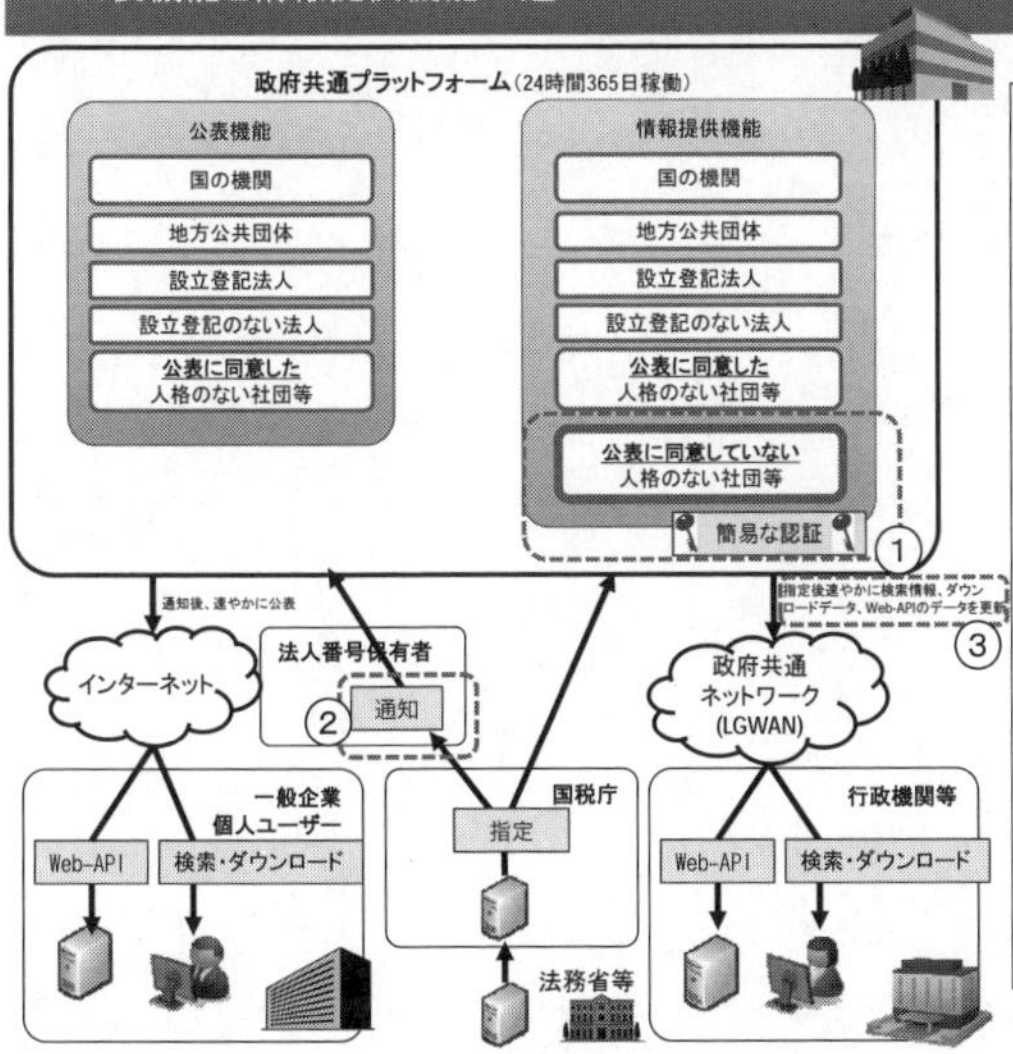
政府共通プラットフォーム（24時間365日稼働）
公表機能
国の機関
地方公共団体
設立登記法人
設立登記のない法人
公表に同意した人格のない社団等
情報提供機能
国の機関
地方公共団体
設立登記法人
設立登記のない法人
公表に同意した人格のない社団等
公表に同意していない人格のない社団等
簡易な認証
①
通知後、速やかに公表
法人番号保有者
②
通知
指定後速やかに検索情報、ダウンロードデータ、Web-APIのデータを更新
③
インターネット
政府共通ネットワーク(LGWAN)
一般企業 個人ユーザー
Web-API
検索・ダウンロード
国税庁
指定
法務省等
行政機関等
Web-API
検索・ダウンロード

＜公表機能との違い＞

① 行政機関等への情報提供（ダウンロード機能を除く。）においては、「公表に同意していない人格のない社団等」の情報を含めて提供することから、検索機能とシステム間連携機能であるWeb-API機能においては、簡易な認証（どの部署の誰がを入力）を設ける。
なお、「公表に同意していない人格のない社団等」については、行政機関等向けにのみ提供される情報であるため、取扱に注意が必要である。

② インターネット上での公表は、法人番号を指定し、法人番号を法人番号保有者（指定対象者）に通知した後、速やかに公表することとしているため、行政機関等への情報提供に比べ、タイムラグが大きい。
商号、所在地等の異動情報の反映は、公表機能と情報提供機能との差異はない。

③ 検索・閲覧及び法人番号を指定したWeb-APIで問い合わせる情報は、稼働日（x日）の夕刻に更新する予定。
ダウンロード機能及びWeb-APIの日次の更新情報は、稼働日の翌日（x日＋1日）の午前0時以降に取得可能とする予定。

資料 法人番号の情報提供機能に係る仕様（3ページ）
提供）国税庁長官官房企画課法人番号準備室

3. 検索画面①（法人番号で商号及び所在地を調べる）

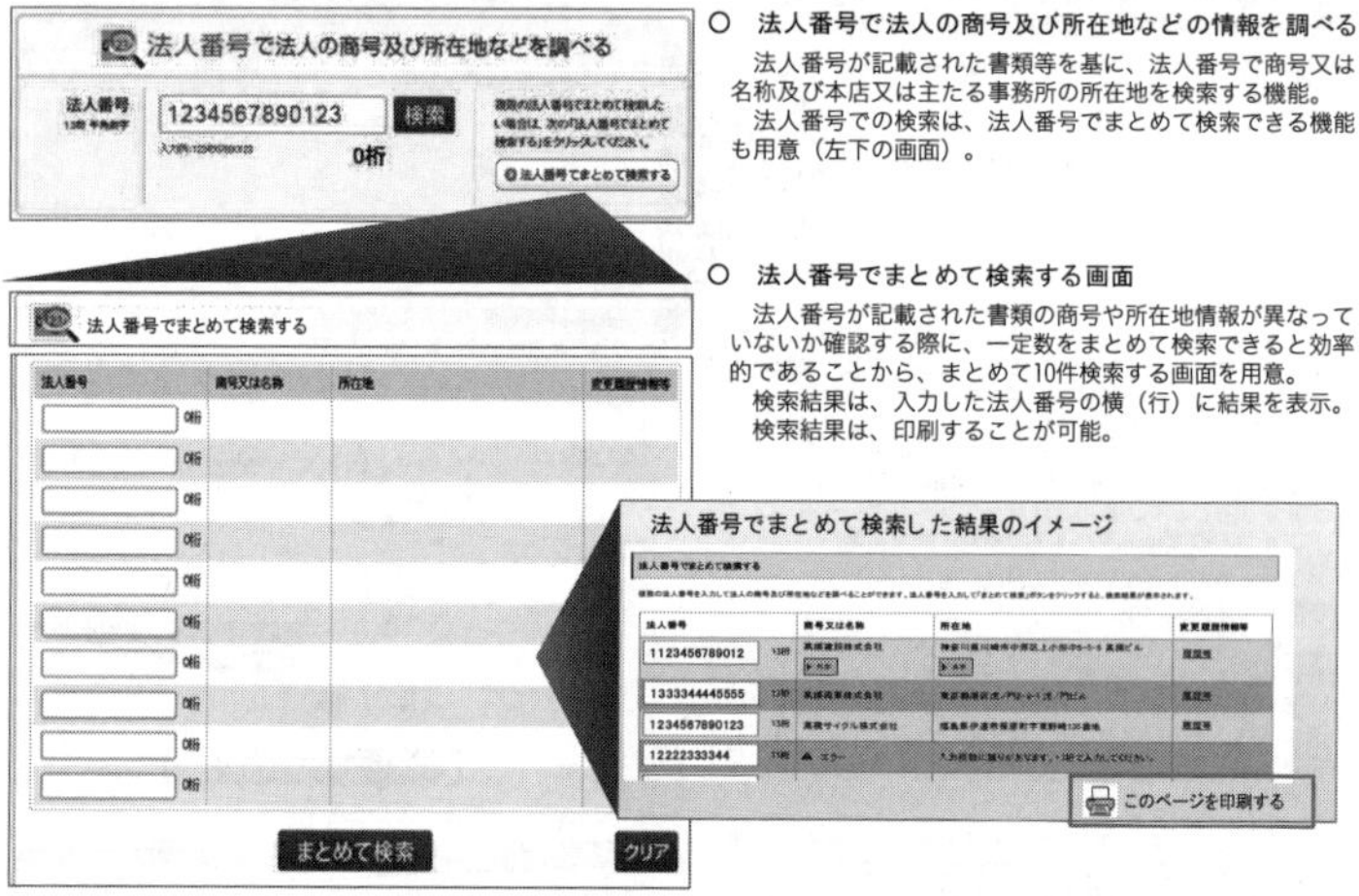

○ 法人番号で法人の商号及び所在地などの情報を調べる
法人番号が記載された書類等を基に、法人番号で商号又は名称及び本店又は主たる事務所の所在地を検索する機能。

法人番号での検索は、法人番号でまとめて検索できる機能も用意（左下の画面）。

○ 法人番号でまとめて検索する画面
法人番号が記載された書類の商号や所在地情報が異なっていないか確認する際に、一定数をまとめて検索できると効率的であることから、まとめて10件検索する画面を用意。

検索結果は、入力した法人番号の横（行）に結果を表示。

検索結果は、印刷することが可能。

資料 法人番号の情報提供機能に係る仕様（4ページ）
提供）国税庁長官官房企画課法人番号準備室

4. 検索画面②（商号及び所在地などから法人番号を調べる）

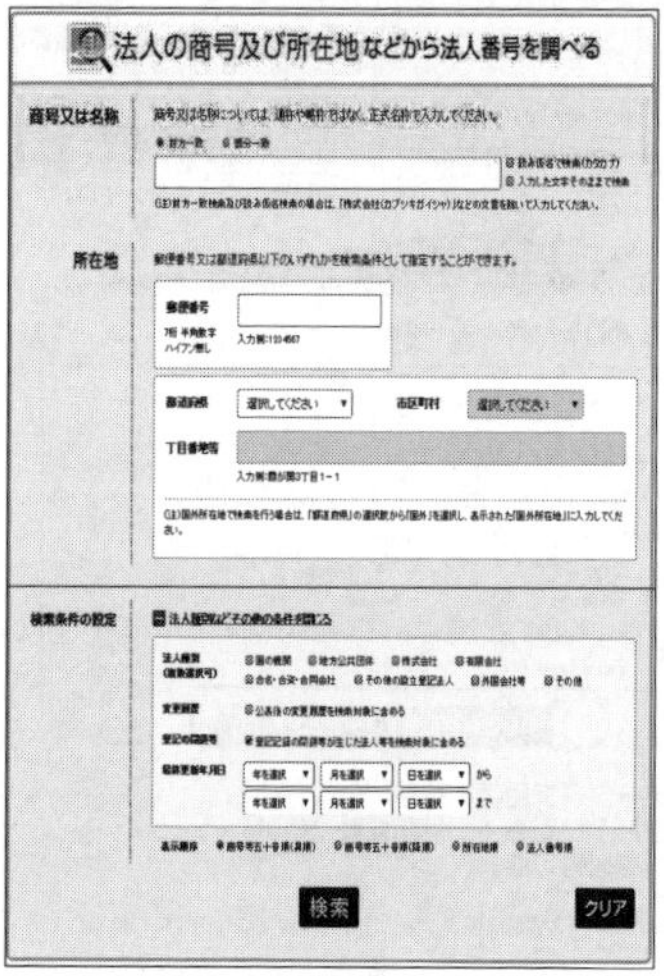

【商号又は名称】
・商号及び名称は、ヨミカナ検索を可能とするとともに、部分一致検索や表記のゆれによるあいまい検索に対応。
（初期値：前方一致検索）
※ 前方一致検索及びヨミカナ検索の場合は、株式会社などの入力は省略。
・連絡された登記情報の商号及び所在地をあらかじめJIS第一・第二水準に縮退した検索項目を用意。
※ 例えば、「髙」を含む情報を「高」、「麵」を含む情報を「麺」の文字で検索可能とする。
・JIS第一～第四水準の入力した文字そのままで検索をしたい場合（あいまい検索・縮退検索をしたくない場合）は、「入力した文字そのままで検索」を選択して検索することも可能。

【所在地】
・所在地での検索は、郵便番号の入力又は都道府県及び市区町村を選択することにより、絞り込みが可能（市区町村を選択する場合は都道府県の選択必須／外国法人等を国外の所在地で検索する場合は都道府県で国外を選択）。

【検索条件の設定】
・国の機関、地方公共団体、株式会社、有限会社、合名・合資・合同会社、その他の設立登記法人、外国会社及びその他の法人種別による絞り込みが可能（初期値：選択なし／複数選択可能）。
・検索対象に、過去の商号又は名称、本店又は主たる事務所の所在地を含めて検索可能（初期値：含めない）。
・閉鎖（清算の結了等）の事由が生じた法人等を検索対象に含めて検索可能（初期値：含める）。
・検索結果の表示順序を商号等五十音順（昇順）、商号等五十音順（降順）、所在地順及び法人番号順のいずれかを選択可能。
（初期値は、商号等五十音順（昇順））

資料 法人番号の情報提供機能に係る仕様（5ページ）
提供）国税庁長官官房企画課法人番号準備室

5. 検索結果（検索結果一覧及び詳細情報表示）

・検索条件に合致した法人等の法人番号、商号又は名称、所在地及び変更履歴情報等を一覧形式で表示（下の画面）。

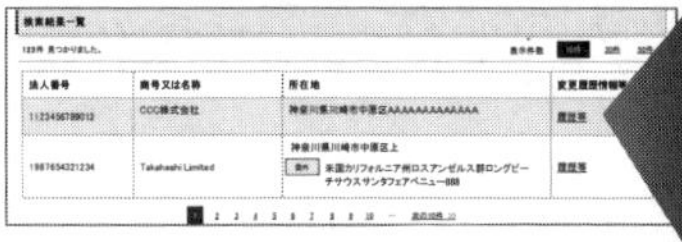

・検索結果一覧の表示に当たっては、JIS第三・第四水準やシステム外字は、利用者が使用するパソコンで表示できない事象（「　」、「・」、「?」などで表示される事象）が生じることから、政府が推進している文字情報基盤等をコード変換テーブルとして活用し、連絡された登記情報の商号及び所在地をあらかじめJIS第一・第二水準に縮退した文字で検索結果を表示することで、利用者はパソコン、タブレット、スマートフォン等のマルチデバイスで検索、閲覧可能。

・外国法人の所在地は、国内における主たる事務所の所在地と本店の所在地を表示。

・システム外字を含む法人等の商号及び所在地の情報は、あらかじめシステム外字を含む法人等の商号及び所在地の情報をイメージファイル化することにより、検索結果一覧の「商号又は名称」欄及び「所在地」欄に表示されている〔外字〕ボタンを押下することにより、登記上の表記を確認可能。

法人情報詳細画面は、検索結果一覧の履歴等から遷移
法人番号で検索した場合の検索結果画面（この法人情報詳細画面）

印刷に当たっては、システム外字を含む商号及び所在地の情報については、登記上の表記で印刷される仕様としている。
また、すべての変更履歴情報が印刷される仕様としている。

資料 法人番号の情報提供機能に係る仕様（6ページ）
提供）国税庁長官官房企画課法人番号準備室

6. ダウンロード画面

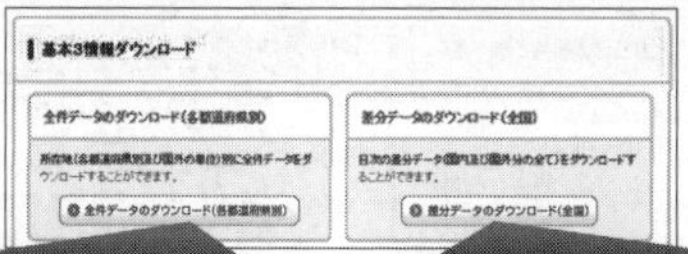

・全件データは、公表されているすべての法人等の月末時点の最新情報のデータファイル。

・差分データは、作成日に新規、変更及び閉鎖された法人等の変更履歴のデータファイル。

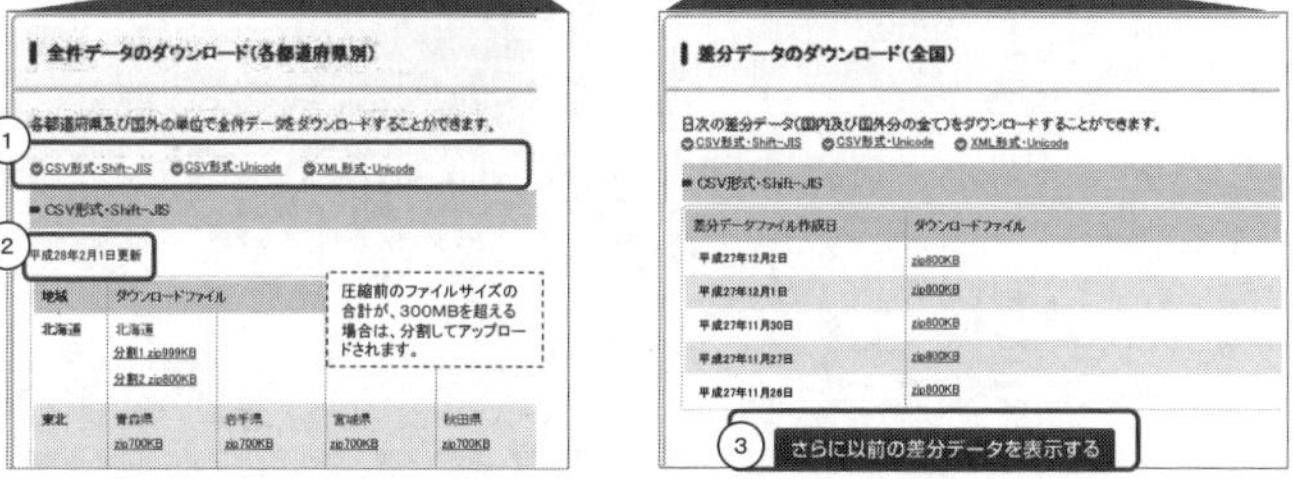

①ファイルの形式を選択すると、選択したファイル形式のデータ選択画面に遷移。
②全件データのダウンロードは、月末時点の最新データを翌月1日から1ヶ月間掲載（提供）。
③差分データのダウンロードは、最長40日前までのデータを取得可能。

※　データ提供依頼は、「アプリケーションＩＤ発行届出書兼情報記録媒体によるデータ提供依頼書」を法人番号準備室に郵送等にて提出していただくことになります。

資料 法人番号の情報提供機能に係る仕様（７ページ）
提供）国税庁長官官房企画課法人番号準備室

7. ダウンロードデータの集約単位及びデータ形式等

【ダウンロードファイルの形式及び集約単位等】

・ZIP形式で圧縮
・都道府県別（47グループ）及び国外（1グループ）に作成
・１ファイルが300MBを超過する場合は、ファイルを分割
・データファイルの命名規則等は、下表のとおり。

【ダウンロードデータのデータ形式及び文字コード】

①二次活用が容易であり一般的に利用されているCSV形式及びXML形式の２種類のデータ形式で提供
②文字コードは、Shift-JIS（JIS第一・第二水準）及びUnicode（JIS第一～第四水準）の２種類の文字コードで提供

※①と②の組み合わせのうち、一般的でない組み合わせ「XML／Shift-JIS」のデータ形式は提供はしない。

データファイルのファイル命名規則等

	情報提供サイト		情報記録媒体
	全件ダウンロード データファイル	差分ダウンロード データファイル	情報記録媒体提供用 全件データファイル
作成周期	月次	日次	月次
データの種類	最新情報データ	差分情報データ	最新情報データ
データの概要	作成時点で公表されているすべての法人等の最新情報デーファイル	作成日に新規、変更及び閉鎖された法人等の変更履歴データファイル	作成時点で公表されているすべての法人等の最新情報デーファイル
作成単位	都道府県及び国外の４８グループ	全国	都道府県及び国外の４８グループ
ＺＩＰファイル	都道府県コード_都道府県名_all_作成年月日[_一連番号].zip	diff_作成年月日[_一連番号].zip	都道府県コード_都道府県名_all_作成年月日_j_c_ファイル形式[_一連番号].zip
CSVファイル	都道府県コード_都道府県名_all_作成年月日[_一連番号].csv	diff_作成年月日[_一連番号].csv	都道府県コード_都道府県名_all_作成年月日_j_c_ファイル形式[_一連番号].csv
XMLファイル	都道府県コード_都道府県名_all_作成年月日[_一連番号].xml	diff_作成年月日[_一連番号].xml	都道府県コード_都道府県名_all_作成年月日_j_c_ファイル形式[_一連番号].xml

資料 法人番号の情報提供機能に係る仕様（８ページ）
提供）国税庁長官官房企画課法人番号準備室

8. データ項目（データリソース）について

ダウンロードデータとして提供するデータ項目及びデータ形式等の詳細については、別紙1「リソース定義書」を参照してください。

項番	項目名		データ形式等		項目値		提供方法（凡例2参照）		項目の説明
	名称	リソース名 ①	形式（凡例1参照） ②	桁数	コード ③	項目値名称	ダウンロード ④	Web-API	
3	総件数	count	ZZZZZZZ9	1～8	-	-	-	共通	Web-API機能で情報を取得した際にヘッダー情報として出力される情報。総件数は、Web-APIで指定した条件に合致したデータの総件数を表す。
6	法人等要素	corporation	-	-	-	-	XMLのみ		法人等要素は、XML文書のデータ階層構造上、項番7「一連番号」から項番29「公表の同意」までの上位に位置する親要素。法人等要素は、CSV形式で取得する場合は設定されない。
9	処理区分	process	99	2	01	新規	共通		値「01」は、新たに法人番号が指定されたことを表す情報であることを意味する。
					11	商号又は名称の変更			値「11」は、商号又は名称が変更されたことを表す情報であることを意味する。
13	商号又は名称	name	全角文字	150（最大）	-	-	共通		法人番号保有者の商号又は名称を示すデータ項目。商号又は名称の文字数が、150文字を超過した場合、151文字目以降の文字は格納されないため、151文字目以降の情報は、イメージファイルを閲覧することにより確認することができる。
14	商号又は名称イメージID	nameImageId	99999999	8	-	-	共通		商号又は名称イメージIDは、イメージファイルを閲覧するために指定する値（情報）。当該データ項目は、商号又は名称にJIS第1～4水準以外の文字を使用している場合及び商号又は名称の文字数が150文字を超過した場合に値を設定する項目。なお、当該イメージIDを設定したURI※でアクセスすることにより、検索画面で確認できるイメージファイルと同様のイメージファイルを直接閲覧することができる。※（http://www.houjin-bangou.nta.hq.admix.go.jp/image?imageid=イメージID）各システムの画面にイメージファイルを表示したいなどの要件がある場合に活用することができる。
15	法人種別	kind	999	3	101	国の機関	共通		値「101」は、行政機関、裁判所及び国会の機関に係る情報であることを意味する。
					201	地方公共団体			値「201」は、地方自治法第1条の3において定義されている普通地方公共団体及び特別地方公共団体に係る情報であることを意味する。
					301	株式会社			値「301」は、株式会社の情報であることを意味する。
25	登記記録の閉鎖等年月日	closeDate	YYYY-MM-DD	10	-	-	共通		登記記録の閉鎖等の事由が生じた年月日を表す。

＜リソース定義書の見方＞
① リソース名は、XMLファイルのXMLタグに表示される要素名です。CSVファイルでは表示されません。
② 項目値のデータ形式及び桁数を示しています。
③ コードにより表す項目について、コードの一覧を示しています。
④ データの提供方法（ダウンロード、Web-API）の区別ごとに、XML形式の場合のみ提供する項目か、CSV形式及びXML形式で共通して提供する項目かを示しています。

資料 法人番号の情報提供機能に係る仕様（9ページ）
提供）国税庁長官官房企画課法人番号準備室

9. Web-APIの方式

※ Ｗｅｂ－ＡＰＩの機能を利用するためには、アプリケーションＩＤが必要となります。

・Web-APIのアーキテクチャスタイルは、REST方式です。
・利用機関のシステムから法人番号情報提供サイトに条件を指定してリクエストを送信すると、指定された条件に基づき、法人番号システムで動的にデータを生成し、データのダウンロードが開始される。

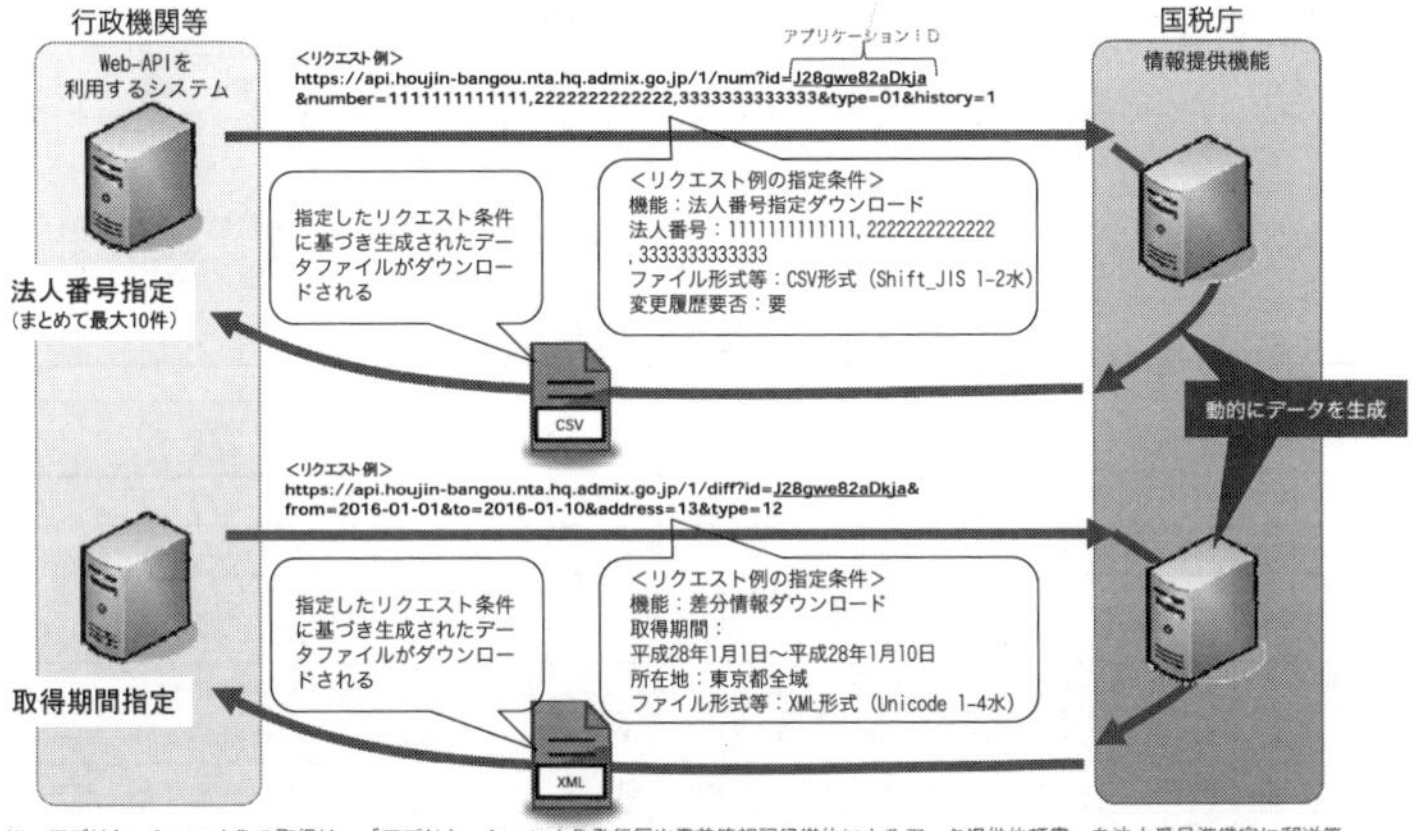

※ アプリケーションＩＤの取得は、「アプリケーションＩＤ発行届出書兼情報記録媒体によるデータ提供依頼書」を法人番号準備室に郵送等にて提出していただくことになります。なお、サービス開始後は、情報提供サイトから申し込みを行うことができるようにする予定。

資料 法人番号の情報提供機能に係る仕様（10ページ）
提供）国税庁長官官房企画課法人番号準備室

10. リクエストのフォーマット

以下のリクエストフォーマットに基づきリクエストを作成し、送信することでWeb-APIを利用し、データを取得することができる。

【リクエストフォーマット】
https://api.houjin-bangou.nta.hq.admix.go.jp/ ①バージョン / ②機能名 ?id= ③アプリケーションID & ④条件1 & 条件2 & 条件N

① バージョンは、Web-APIのバージョン値で、リリース時は「1」。バージョンアップする際はサイト内の「お知らせ」で周知。
② 指定された期間内における新規、変更及び削除された法人の変更履歴を取得する「差分情報ダウンロード」機能を利用する場合コード値は「diff」。指定された法人番号における最新情報又は全ての変更履歴を取得する「法人番号指定ダウンロード」機能を利用する場合のコード値は「num」とセット。
③ アプリケーションID発行届出後に払出される、13文字のアプリケーションID（法人番号ではない。）をセット。
④ 1つの条件は「項目ID=項目値」で構成される。複数の条件をセットする場合は”＆” で条件を繋ぐ。

項番	項目名	ダウンロード条件指定※		項目ID	形式	項目値		項目の説明
		差分情報	番号指定					
1	取得期間開始日	◎	×	from	YYYY-MM-DD	－		取得の対象とする更新年月日の開始日を指定。
2	取得期間終了日			to	YYYY-MM-DD	－		取得の対象とする更新年月日の終了日を指定。
3	法人番号	×	◎	number	9999999999999[99…]	－		カンマ区切りで最大10個まで指定可能。
4	所在地	○	×	address	99	都道府県コード		国内所在地の都道府県コード及び市区町村コードを指定します。国外所在地を指定する場合の値は「99」
					99999	都道府県コード＋市区町村コード		
5	法人種別	○	×	kind	99[,99,…]	01	国の機関	法人種別のコードを指定します。 なお、カンマ区切りで最大4個まで指定することができます。
						02	地方公共団体	
						03	設立登記法人	
						04	外国会社等・その他	
6	応答形式	◎	◎	type	99	01	CSV/Shift-JIS(JIS第一及び第二水準)	応答形式のコードを指定します。
						02	CSV/Unicode(JIS第一～第四水準)	
						12	XML/Unicode(JIS第一～第四水準)	
7	変更履歴要否	×	○	history	9	0	変更履歴なし	変更履歴を取得する場合は「1」、取得しない場合は「0」を指定します。 指定しない場合は、「0」として処理されます。
						1	変更履歴あり	
8	分割番号	○	×	divide	ZZZZ9	－		分割番号を指定します。 指定しない場合は、「0」として処理されます。

※ ダウンロード条件の指定について、「◎」は条件指定が必要な項目、「○」は任意で条件指定ができる項目、「×」は条件指定ができない項目となる。

資料 法人番号の情報提供機能に係る仕様（11 ページ）
提供）国税庁長官官房企画課法人番号準備室

11. HTTPステータスコード・エラーコード

Web-API機能を利用したリクエストに誤りがある場合に返却するエラー情報（エラーコード及びエラーメッセージ）は、別紙2「HTTPステータスコード、エラーコード及びエラーメッセージ一覧」のとおり。
エラー情報が返却された場合は、別紙2の内容を確認して、ダウンロード条件を修正し、リクエストを再送信してください。

HTTPステータスコード 、エラーコード 及びエラーメッセージ一覧

HTTPステータスコード	エラーコード	エラーメッセージ	内　容	対象機能	
				差分情報	番号指定
①		②	③	④	
400	010	取得期間開始日が指定されていません。	取得期間開始日が指定されていない場合に設定されます。	○	
400	011	取得期間開始日は「YYYY-MM-DD」の形式で指定してください。	取得期間開始日が「YYYY-MM-DD」の形式で指定されていない場合に設定されます。	○	
400	012	取得期間開始日について、日付の指定に誤りがあります。存在する日付を指定してください。	取得期間開始日を10桁で指定しているが、存在する日付を指定しない場合に設定されます。	○	
400	013	取得期間開始日はYYYY-MM-DD以降を指定してください。	取得期間開始日がYYYY-MM-DD以前の場合に設定されます。	○	
400	020	取得期間終了日が指定されていません。	取得期間終了日が指定されていない場合に設定されます。	○	
400	021	取得期間終了日は「YYYY-MM-DD」の形式で指定してください。	取得期間終了日が「YYYY-MM-DD」の形式で指定されていない場合に設定されます。	○	

①HTTPステータスコードは、ブラウザからサーバに送信したリクエストに対する返答の状態を3桁の数字（200：正常終了、400：不正な要求など）で表すものです。
②応答されるエラーコード及びエラーメッセージの一覧です。
③エラーメッセージの内容です。エラーの内容を踏まえて、ダウンロード条件を修正してください。
④ダウンロード条件で「差分情報ダウンロード」か「法人番号指定ダウンロード」で表示されるエラーか区分しています。

資料 法人番号の情報提供機能に係る仕様（12 ページ）
提供）国税庁長官官房企画課法人番号準備室

12. 法人番号の体系及び検査用数字を算出する算式

法人番号は、１２桁の番号（以下「基礎番号」という。）及びその前に付された１桁の検査用数字（法人番号を電子計算機に入力するときに誤りのないことを確認することを目的として、基礎番号を基礎として財務省令で定める算式により算出される１から９までの整数をいう。）により構成。

○検査用数字を算出する算式
財務省令で定める算式は、次に掲げる算式。
【算式】

$$9-\left(\sum_{n=1}^{12} Pn \times Qn \text{を}9\text{で除した余り}\right)$$

【算式の符号】
Pn ： 基礎番号の最下位の桁を1桁目としたときのn桁目の数字
Qn ： nが奇数のとき１ ／ nが偶数のとき２

13	12	11	10	9	8	7	6	5	4	3	2	1
1～9の検査用数字	0	0	0	0	1		国の機関					
	0	0	0	0	2		地方公共団体（団体コードあり）					
	0	0	0	0	3		地方公共団体（団体コードなし）					
	0	1			0		登記法人					
	～				0							
	5				0							
	6						予備					
	7	0	0	1			設立登記のない法人・人格のない社団等					
	8						予備					
	9											

設立登記法人以外の者の法人番号を構成する基礎番号は、他のいずれの法人番号を構成する基礎番号及びいずれの会社法人等番号とも異なるものとなるように、財務省令で定める方法により国税庁長官が定めるもの
【政令35条3項】

財務省令で定める方法は、国の機関、地方公共団体、設立登記法人及びこれら以外の者を区分して識別することができるような１２桁の番号を電子計算機及びプログラムを用いて算出【省令3条】

会社法その他の法令の規定により設立の登記をした法人の法人番号を構成する基礎番号は、その者の会社法人等番号であって、その者の本店又は主たる事務所の所在地を管轄する登記所において作成される登記簿に記録されたもの
【政令35条2項】

注意事項
予備部分の番号体系を他の用途で利用しないこと。
有限会社から株式会社に組織変更があっても法人番号（ 会社法人等番号）は変更されない。

資料 法人番号の情報提供機能に係る仕様（13 ページ）
提供）国税庁長官官房企画課法人番号準備室

13. 法人番号システムにおける文字コードについて

設立登記法人の情報提供元である登記情報システム（法務省管轄）は、登記統一文字を利用しているが、これには55,000字ものJIS規格外の文字を保有している。

そのため、法人番号システムでは、登記統一文字からJIS規格文字への縮退（縮退とは、例えば、「髙」⇒「高」へ置き換えることをいう。）を行いJIS規格の文字に変換している。

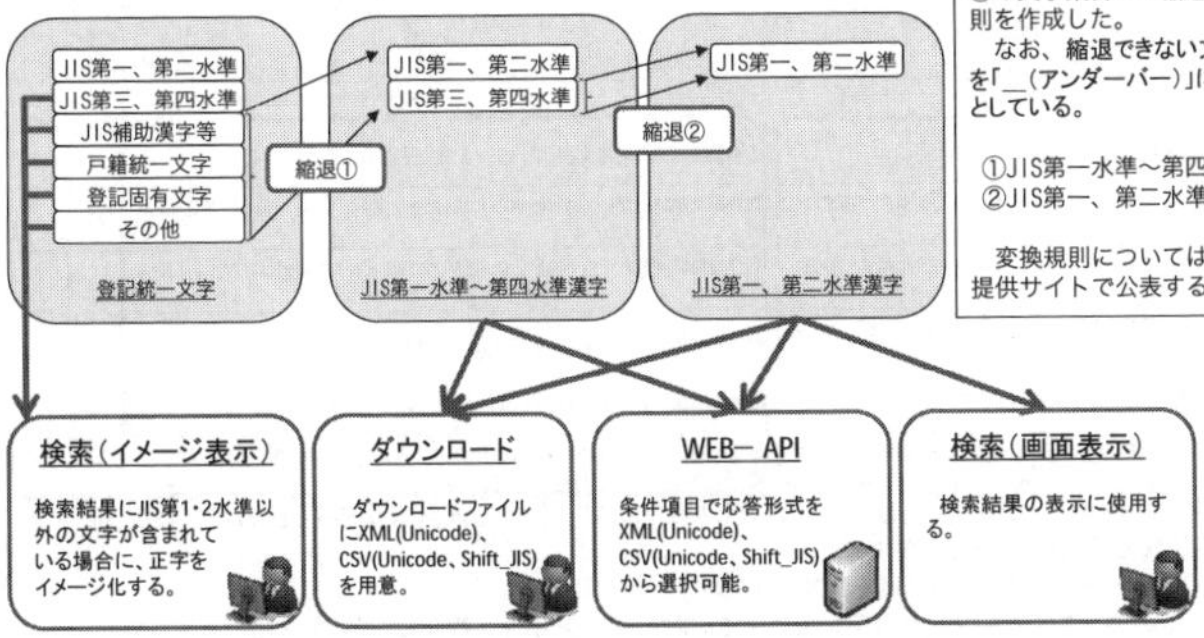

○ JIS規格文字への縮退
登記統一文字について、次の①及び②の文字集合への縮退を行い、変換規則を作成した。

なお、縮退できない文字はその文字を「＿（アンダーバー）」に置き換えることとしている。

①JIS第一水準～第四水準漢字、
②JIS第一、第二水準漢字

変換規則については、法人番号情報提供サイトで公表する予定である。

資料 法人番号の情報提供機能に係る仕様（14 ページ）
提供）国税庁長官官房企画課法人番号準備室

14. 提供データサイズについて

提供するデータファイルの容量及びデータ件数は、現時点では下表のとおり想定しています。

種　　類	ファイル形式	文字コード	データファイルの容量	圧縮後※	一件当たりのデータ容量
全件データファイル（約4,400,000件）	CSV	Shift-JIS（JIS第一及び第二水準）	約1.3GB	約0.4GB	約0.3KB
		Unicode（JIS第一～第四水準）	約1.7GB	約0.5GB	約0.4KB
	XML	Unicode（JIS第一～第四水準）	約5.5GB	約1.7GB	約1.4KB
差分データファイル（約1,400件）	CSV	Shift-JIS（JIS第一及び第二水準）	約0.4MB	約0.2MB	約0.3KB
		Unicode（JIS第一～第四水準）	約0.6MB	約0.2MB	約0.4KB
	XML	Unicode（JIS第一～第四水準）	約1.8MB	約0.6MB	約1.4KB

※ 圧縮後のデータ容量については、テキスト データをＺＩ Ｐファイルで圧縮した際の一般的な圧縮率（ 30%）で算出しています。

資料 **法人番号の情報提供機能に係る仕様（15ページ）**
提供）国税庁長官官房企画課法人番号準備室

15. 問い合わせ先

本書に関するお問い合わせについては、以下のメールアドレスに直接お問い合わせ願います。
メールアドレスにお問い合わせいただく場合は、行政機関名（担当部署）、氏名、連絡先電話番号の記載をお願いします。

メールアドレス ： kokuzei-houjinbangou@nta.go.jp

お問い合わせの回答については、1週間以内に行う予定ですが、内容について確認が必要な場合には、1週間以上お時間をいただくことがありますので、ご了承ください。

国税庁　企画課 法人番号準備室
法人番号システム総括一担当

資料 **法人番号の情報提供機能に係る仕様（別紙1（1ページ））**
提供）国税庁長官官房企画課法人番号準備室

リソース定義書（ 目次）　　＜行政機関等向け＞

項番	項目名 名称	リソース名	ページ
1	ルート要素	corporations	1
2	最終更新年月日	lastUpdateDate	1
3	総件数	count	1
4	分割番号	divideNumber	1
5	分割数	divideSize	1
6	法人等要素	corporation	1
7	一連番号	sequenceNumber	2
8	法人番号	corporateNumber	2
9	処理区分	process	2〜3
10	訂正区分	correct	3
11	更新年月日	updateDate	3
12	変更年月日	changeDate	3
13	商号又は名称	name	4
14	商号又は名称イメージID	nameImageId	4
15	法人種別	kind	4〜5

※項番2〜5：Web-API機能で情報を取得した際にヘッダー情報として出力される項目。

項番	項目名 名称	リソース名	ページ
16	国内所在地（都道府県）	prefectureName	5
17	国内所在地（市区町村）	cityName	5
18	国内所在地（丁目番地等）	streetNumber	5
19	国内所在地イメージID	addressImageId	6
20	都道府県コード	prefectureCode	6
21	市区町村コード	cityCode	6
22	郵便番号	postCode	6
23	国外所在地	addressOutside	6
24	国外所在地イメージID	addressOutsideImageId	6
25	登記記録の閉鎖等年月日	closeDate	7
26	登記記録の閉鎖等の事由	closeCause	7
27	承継先法人番号	successorCorporateNumber	7
28	変更事由の詳細	changeCause	7
29	公表の同意	consent	7

資料

法人番号の情報提供機能に係る仕様（別紙1（2ページ））
提供）国税庁長官官房企画課法人番号準備室

リソース定義書（ 凡例） ＜行政機関等向け＞

項番	凡例	凡例の説明
凡例1	YYYY-MM-DD	インターネットの技術標準を議論するIETFによる、RFC3339に則った形式。 平成27年10月1日（2015年10月1日）の場合は、「2015-10-01」と設定する。
	Z	0から9の半角数字を意味する。上位（左側）の桁が「0」の場合には、設定されない。
	9	0から9の半角数字が必ず設定される。
	全角文字	CSV形式で取得する場合、ダブルクォーテーション「″」で囲む。
	全半角混在	
凡例2	共通	すべてのデータ形式（XML形式及びCSV形式）で共通して提供するデータ項目
	XMLのみ	XML形式においてのみ出現するデータ項目（CSV形式には存在しないデータ項目）
	－	ダウンロードによる提供方法においては提供されないデータ項目（Web-API機能を利用する場合においてのみ提供するデータ項目）

資料

法人番号の情報提供機能に係る仕様（別紙1（3ページ））
提供）国税庁長官官房企画課法人番号準備室

リソース定義書（ ダウンロードファイル等） ＜行政機関等向け＞

項番	項目名		データ形式等		項目値		提供方法（凡例2参照）		項目の説明
	名称	リソース名	形式（凡例1参照）	桁数	コード	項目値名称	ダウンロード	Web-API	
1	ルート要素	corporations	－	－	－	－	XMLのみ		ルート要素は、XML文書に必要な要素で、XML文書のデータ階層構造の最上位に位置する要素。 このルート要素は、CSV形式で取得する場合は設定されない。
2	最終更新年月日	lastUpdateDate	YYYY-MM-DD	10	－	－	－	共通	Web-API機能で情報を取得した際に、ヘッダー情報として、出力される情報（Web-APIの検索条件で参照する項目ではない。）。 この最終更新年月日は、政府共通プラットフォーム上の公表及び情報提供のデータベースを更新した日付を表す。 政府共通プラットフォーム上のデータベースの更新処理は、当日の夕刻に実施する予定である（具体的な運用スケジュールは、テストが終わり次第公開する予定。）。 当日分の更新情報は、夕刻のデータベース更新処理実施後から0時の日付切替処理までの時間帯においては、国税庁法人番号情報提供サイトでの検索及びWeb-APIの法人番号を指定した情報取得処理により取得することができる。 なお、当日分のすべての追加・更新情報を取得したい場合は、0時の日付切換処理後に前日の日付をセットして取得する必要がある。
3	総件数	count	ZZZZZZZ9	1～8	－	－	－	共通	Web-API機能で情報を取得した際にヘッダー情報として出力される情報。 総件数は、Web-APIで指定した条件に合致したデータの総件数を表す。
4	分割番号	divideNumber	ZZZZ9	1～5	－	－	－	共通	Web-API機能を利用して情報を取得する場合、一度に取得することができるデータ量に制限を設けるため、条件に合致するデータを取得する際にファイルが分割されることがある。 分割番号は、その際の分割数の分子を表すデータ項目。 次項の分割数と当該データ項目（分割番号）が一致するまでWeb-APIダウンロード条件の分割番号をカウントアップしてリクエストを送出することにより、条件に合致する情報をすべて取得することができる。
5	分割数	divideSize	ZZZZ9	1～5	－	－	－	共通	Web-API機能で情報を取得した際にヘッダー情報として出力される情報。 分割数は、分割番号の分母を表すデータ項目。 条件に合致する情報（ファイル）の取得において分割されない場合、値が「1」となる。
6	法人等要素	corporation	－	－	－	－	XMLのみ		法人等要素は、XML文書のデータ階層構造上、項番7「一連番号」から項番29「公表の同意」までの上位に位置する親要素。 法人等要素は、CSV形式で取得する場合は設定されない。

資料　法人番号の情報提供機能に係る仕様（別紙１（４ページ））
提供）国税庁長官官房企画課法人番号準備室

リソース定義書（ダウンロードファイル等）　＜行政機関等向け＞

項番	項目名		データ形式等		項目値		提供方法（凡例2参照）		項目の説明
	名称	リソース名	形式（凡例1参照）	桁数	コード	項目値名称	ダウンロード	Web-API	
7	一連番号	sequenceNumber	ZZZZZZZ9	1～8	–	–	共通		月次データ（月末時点の最新情報）やWeb-API機能による法人番号を指定した最新情報の取得以外の場合（例えば、ある法人の情報を履歴情報を含めて取得する場合や、日次の更新情報を取得する場合。）には、同一法人に関する情報が複数存在することがある。 その際に、法人（法人番号）単位に時系列の更新処理等を行う場合に、一連番号が小さい値の情報から順番に処理することにより、時系列に順序性を保って更新処理を行うことを可能にするために設けた項目。
8	法人番号	corporateNumber	9999999999999	13	–	–	共通		法人番号の指定を受けた者（以下「法人番号保有者」という。）の法人番号を示すデータ項目。
9	処理区分	process	99	2	–	–	共通		法人番号の指定、商号又は所在地に変更等が発生した事由をコード値で表す項目。
					01	新規			値「01」は、新たに法人番号が指定されたことを表す情報であることを意味する。
					11	商号又は名称の変更			値「11」は、商号又は名称が変更されたことを表す情報であることを意味する。
					12	国内所在地の変更			値「12」は、国内における本店又は主たる事務所の所在地の変更、国内に本店又は主たる事務所がない法人等の場合は、国内における事務所又は営業所の所在地の変更又は、市区町村合併等により住居表示が変更されたことを表す情報であることを意味する。
					13	国外所在地の変更			値「13」は、国外における本店又は主たる事務所の所在地が変更されたことを表す情報であることを意味する。
					21	登記記録の閉鎖等			値「21」は、清算の結了、合併による解散などの事由により登記記録の閉鎖等の事由が生じたことを表す情報であることを意味する。
					22	登記記録の復活等			値「22」は、法人等が清算の結了、合併による解散などの事由により登記記録の閉鎖等が生じた後、清算結了等の手続きに瑕疵があり、清算結了が無効になるなどの事由により登記記録が復活等したことを表す情報であることを意味する。
					31	公表の同意			値「31」は、人格のない社団等の代表者又は管理人が、公表することに同意したことを表す情報であることを意味する。
					32	公表の同意の撤回			値「32」は、公表することに同意した人格のない社団等がその同意を撤回したことを表す情報であることを意味する。

資料　法人番号の情報提供機能に係る仕様（別紙１（５ページ））
提供）国税庁長官官房企画課法人番号準備室

リソース定義書（ダウンロードファイル等）　＜行政機関等向け＞

項番	項目名		データ形式等		項目値		提供方法（凡例2参照）		項目の説明
	名称	リソース名	形式（凡例1参照）	桁数	コード	項目値名称	ダウンロード	Web-API	
9	処理区分	process	99	2	71	吸収合併	共通		値「71」は、設立登記法人が、吸収合併を行ったことを表す情報であることを意味する。
					72	吸収合併無効			値「72」は、吸収合併後存続した設立登記法人の吸収合併について無効判決が確定したことを表す情報であることを意味する。
					81	商号の登記の抹消			値「81」は、設立登記法人について商号の登記が抹消されたことを表す情報であることを意味する。
					99	削除			値「99」は、法人番号の重複指定等の理由により法人番号の指定を撤回したことを表す情報であることを意味する。
10	訂正区分	correct	9	1	–	–	共通		訂正区分は、誤った内容で提供したデータを正しいデータに訂正するために使用するデータ項目。当該データ項目を活用し、誤った内容のデータを削除して、訂正後の正しいデータを取り込むことにより、データを訂正することができる。 なお、訂正処理があった場合は、訂正した法人等に係る全ての履歴データを提供する。
					0	訂正以外			訂正したデータ（訂正区分が「1」）以外の場合、当該訂正区分に訂正以外「0」を設定する。
					1	訂正			訂正したデータの場合、当該訂正区分に訂正「1」を設定する。
11	更新年月日	updateDate	YYYY-MM-DD	10	–	–	共通		法務省等からデータを受け取り、当庁でデータを更新した日付を表す。
12	変更年月日	changeDate	YYYY-MM-DD	10	–	–	共通		事象が発生した日を表すデータ項目。 ○処理区分が新規（01）の場合 法人番号が指定された年月日を意味する。 ○処理区分が新規（01）以外の場合 ・設立登記法人：処理区分の事由に係る登記年月日を意味する。 ・設立登記法人以外：処理区分の事由が生じた年月日を意味する。

資料 法人番号の情報提供機能に係る仕様（別紙1（6ページ））
提供）国税庁長官官房企画課法人番号準備室

リソース定義書（ダウンロードファイル等） ＜行政機関等向け＞

項番	項目名		データ形式等		項目値		提供方法（凡例2参照）		項目の説明
	名称	リソース名	形式（凡例1参照）	桁数	コード	項目値名称	ダウンロード	Web-API	
13	商号又は名称	name	全角文字	150（最大）	－	－	共通		法人番号保有者の商号又は名称を示すデータ項目。 商号又は名称の文字数が、150文字を超過した場合、151文字目以降の文字は格納されないため、151文字目以降の情報は、イメージファイルを閲覧することにより確認することができる。
14	商号又は名称イメージID	nameImageId	99999999	8	－	－	共通		商号又は名称イメージIDは、イメージファイルを閲覧するために指定する値（情報）。 当該データ項目は、商号又は名称にJIS第1・第2水準以外の文字を使用している場合及び商号又は名称の文字数が150文字を超過した場合に値を設定する項目。 なお、当該イメージIDを設定したURI※でアクセスすることにより、検索画面で確認できるイメージファイルと同様のイメージファイルを直接閲覧することができる。 ※（http://www.houjin-bangou.nta.hq.admix.go.jp/image?imageid=イメージID） 各システムの画面にイメージファイルを表示したいなどの要件がある場合に活用することができる。
15	法人種別	kind	999	3	－	－	共通		法人種別を判別するためのデータ項目。 例えば、データの取込み処理を行う場合などにおいて、処理対象として必要としない法人（組織区分）のデータを、法人種別のコード値を利用して除外設定を行うなどの活用が考えられるために提供する項目。 コード化した法人種別は、以下のとおり。
					101	国の機関			値「101」は、行政機関、裁判所及び国会の機関に係る情報であることを意味する。
					201	地方公共団体			値「201」は、地方自治法第1条の3において定義されている普通地方公共団体及び特別地方公共団体に係る情報であることを意味する。
					301	株式会社			値「301」は、株式会社の情報であることを意味する。
					302	有限会社			値「302」は、特例有限会社の情報であることを意味する。
					303	合名会社			値「303」は、合名会社の情報であることを意味する。
					304	合資会社			値「304」は、合資会社の情報であることを意味する。
					305	合同会社			値「305」は、合同会社の情報であることを意味する。

資料 法人番号の情報提供機能に係る仕様（別紙1（7ページ））
提供）国税庁長官官房企画課法人番号準備室

リソース定義書（ダウンロードファイル等） ＜行政機関等向け＞

項番	項目名		データ形式等		項目値		提供方法（凡例2参照）		項目の説明
	名称	リソース名	形式（凡例1参照）	桁数	コード	項目値名称	ダウンロード	Web-API	
15	法人種別	kind	999	3	399	その他の設立登記法人	共通		値「399」は、株式会社（301）、有限会社（302）、合名会社（303）、合資会社（304）及び合同会社（305）以外の法令の規定により設立の登記をすることによって成立する法人の情報であることを意味する。
					401	外国会社等			値「401」は、外国、外国の行政区画及び外国会社並びに法律又は条約の規定により認許された外国法人の情報であることを意味する。
					499	その他			上記以外の人格のない社団等及び日本の法律の規定により成立し、設立の登記を行わない法人の情報であることを意味する。
16	国内所在地（都道府県）	prefectureName	全角文字	10（最大）	－	－	共通		法人番号保有者の本店又は主たる事務所の所在地の都道府県名。 国内所在地の項目（「都道府県」、「市区町村」、「丁目番地等」）について、1項目にまとめた場合、利用者側で「都道府県」、「市区町村」及び「丁目番地等」をそれぞれ別の項目に分割する手間が掛ることから、国内所在地の項目を分割している。 なお、本店又は主たる事務所の所在地が国外にある法人番号保有者は、国内の事務所又は営業所の所在地の都道府県名。
17	国内所在地（市区町村）	cityName	全角文字	20（最大）	－	－	共通		法人番号保有者の本店又は主たる事務所の所在地の市区町村名。 なお、本店又は主たる事務所の所在地が国外にある法人番号保有者は、国内の事務所又は営業所の所在地の市区町村名。
18	国内所在地（丁目番地等）	streetNumber	全角文字	300（最大）	－	－	共通		法人番号保有者の本店又は主たる事務所の所在地の丁目番地等。 国内所在地の文字数が、都道府県、市区町村、丁目番地等を合わせて、300文字を超過した場合、301文字目以降の文字は格納されないため、301文字目以降の情報は、イメージファイルを閲覧することにより確認することができる。 なお、本店又は主たる事務所の所在地が国外にある法人番号保有者の場合は、国内の事務所又は営業所の所在地の丁目番地等。

資料　法人番号の情報提供機能に係る仕様（別紙1（8ページ））
提供）国税庁長官官房企画課法人番号準備室

リソース定義書（ダウンロードファイル等）　　＜行政機関等向け＞

項番	項目名		データ形式等		項目値		提供方法（凡例2参照）		項目の説明
	名称	リソース名	形式（凡例1参照）	桁数	コード	項目値名称	ダウンロード	Web-API	
19	国内所在地イメージID	addressImageId	99999999	8	－	－	共通		国内所在地イメージIDは、イメージファイルを閲覧するために指定する値（情報）。 当該データ項目は、国内所在地にJIS第1・第2水準以外の文字を使用している場合及び国内所在地の文字数が300文字を超過した場合に値を設定する項目。 なお、当該イメージIDを設定したURI※でアクセスすることにより、検索画面で確認できるイメージファイルと同様のイメージファイルを直接閲覧することができる。 ※（http://www.houjin-bangou.nta.hq.admix.go.jp/image?imageid=イメージID） 各システムの画面にイメージファイルを表示したいなどの要件がある場合に活用することができる。
20	都道府県コード	prefectureCode	99	2	－	JIS X 0401に準ずる	共通		データを取り込み、名寄せ作業や不要なデータを識別する際、当該コードを活用することにより、効率的な作業を行うことができる。 都道府県コード及び市区町村コードの詳細については、以下のURI※（日本工業標準調査会/データベース検索）を参照のこと。 ※（http://www.jisc.go.jp/app/JPS/JPSO0020.html）
21	市区町村コード	cityCode	999	3	－	JIS X 0402に準ずる	共通		
22	郵便番号	postCode	9999999	7	－	－	共通		国内所在地の情報を基に作成した郵便番号。
23	国外所在地	addressOutside	全角文字	300（最大）	－	－	共通		法人番号保有者の国外における本店又は主たる事務所の所在地を示すデータ項目。 なお、国外所在地の文字数が300文字を超過した場合、301文字目以降の文字が格納されないため、301文字目以降の情報は、イメージファイルを閲覧することにより確認することができる。
24	国外所在地イメージID	addressOutsideImageId	99999999	8	－	－	共通		国外所在地イメージIDは、イメージファイルを閲覧するために指定する値（情報）。 当該データ項目は、国外所在地にJIS第1・第2水準以外の文字を使用している場合及び国外所在地の文字数が300文字を超過した場合に値を設定する項目。 当該イメージIDを設定したURI※でアクセスすることにより、検索画面で確認できるイメージファイルと同様のイメージファイルを直接閲覧することができる。 ※（http://www.houjin-bangou.nta.hq.admix.go.jp/image?imageid=イメージID） 各システムの画面にイメージファイルを表示したいなどの要件がある場合に活用することができる。

資料　法人番号の情報提供機能に係る仕様（別紙1（9ページ））
提供）国税庁長官官房企画課法人番号準備室

リソース定義書（ダウンロードファイル等）　　＜行政機関等向け＞

項番	項目名		データ形式等		項目値		提供方法（凡例2参照）		項目の説明
	名称	リソース名	形式（凡例1参照）	桁数	コード	項目値名称	ダウンロード	Web-API	
25	登記記録の閉鎖等年月日	closeDate	YYYY-MM-DD	10	－	－	共通		登記記録の閉鎖等の事由が生じた年月日を表す。
26	登記記録の閉鎖等の事由	closeCause	99	2	調整中	調整中	共通		閉鎖の事由は、登記記録の閉鎖等が生じた事由を表すデータ項目。
27	承継先法人番号	successorCorporateNumber	9999999999999	13	－	－	共通		合併による解散により登記記録が閉鎖された場合の存続する法人の法人番号。
28	変更事由の詳細	changeCause	全角半角混在	500	－	－	共通		合併等による事業承継があった場合の事業承継内容を示すデータ項目。 合併等の"等"は、新設分割の無効判決である。
29	公表の同意	consent	9	1	－	－	共通		この項目は、人格のない社団等であるか否かの判別と、人格のない社団等の場合、公表の同意がある者かない者かを判別する項目。 インターネット上での公表においては、提供しない項目。
					0	公表の同意なし			値「0」は、人格のない社団等が基本3情報を公表することに同意していないことを意味する。 この公表の同意がないデータについては、機密性が高い情報になることから、情報漏えい等のセキュリティ事故が発生しないように、各行政機関等において取扱いに注意が必要な情報である。
					1	公表の同意あり			値「1」は、人格のない社団等が基本3情報を公表することに同意していることを意味する。
					9	公表の同意不要			値「9」は、人格のない社団等以外の情報であることを意味する。

資料 法人番号の情報提供機能に係る仕様（別紙２）
提供）国税庁長官官房企画課法人番号準備室

HTTPステータスコード、エラーコード及びエラーメッセージ一覧　〈行政機関等向け〉

HTTPステータスコード	エラーコード	エラーメッセージ	内容	対象機能	
				差分情報	番号指定
400	010	取得期間開始日が指定されていません。	取得期間開始日が指定されていない場合に設定されます。	○	
400	011	取得期間開始日は「YYYY-MM-DD」の形式で指定してください。	取得期間開始日が「YYYY-MM-DD」の形式で指定されていない場合に設定されます。	○	
400	012	取得期間開始日について、日付の指定に誤りがあります。存在する日付を指定してください。	取得期間開始日を10桁で指定しているが、存在する日付を指定しない場合に設定されます。	○	
400	013	取得期間開始日はYYYY-MM-DD以降を指定してください。	取得期間開始日がYYYY-MM-DD以前の場合に設定されます。	○	
400	020	取得期間終了日が指定されていません。	取得期間終了日が指定されていない場合に設定されます。	○	
400	021	取得期間終了日は「YYYY-MM-DD」の形式で指定してください。	取得期間終了日が「YYYY-MM-DD」の形式で指定されていない場合に設定されます。	○	
400	022	取得期間終了日について、日付の指定に誤りがあります。存在する日付を指定してください。	取得期間終了日を10桁で指定しているが、存在する日付を指定しない場合に設定されます。	○	
400	030	取得期間開始日は取得期間終了日以前を指定してください。	取得期間開始日が取得期間終了日後を指定している場合に設定されます。	○	
400	031	取得期間は指定可能な最大日数の範囲で指定してください。	取得期間が指定可能な最大日数の範囲で指定されていない場合に設定されます。※	○	
400	040	法人番号が指定されていません。	法人番号がダウンロード条件として指定されていない場合に設定されます。		○
400	041	法人番号は10件以内で指定してください。	法人番号が10件以内で指定されていない場合に設定されます。		○
400	042	法人番号は半角数字で指定してください。	法人番号が半角数字で指定されていない場合に設定されます。		○
400	043	法人番号は13桁で指定してください。	法人番号が13桁で指定されていない場合に設定されます。		○
400	050	所在地は半角数字で指定してください。	所在地が半角数字で指定されていない場合に設定されます。	○	
400	051	所在地は2桁又は5桁で指定してください。	所在地が2桁又は5桁で指定されていない場合に設定されます。	○	
400	052	所在地の項目値が正しくありません。	JIS X 0401に準ずる都道府県コード又はJIS X 0402に準ずる市区町村コードに存在しないコードを指定した場合に設定されます。	○	
400	060	法人種別は4件以内で指定してください。	法人種別が4件以内で指定されていない場合に設定されます。	○	
400	061	法人種別は半角数字で指定してください。	法人種別が半角数字で指定されていない場合に設定されます。	○	
400	062	法人種別は2桁で指定してください。	法人種別が2桁で指定されていない場合に設定されます。	○	
400	063	法人種別の項目値が正しくありません。	法人種別の項目値を「国の機関(01)」、「地方公共団体(02)」、「設立登記法人(03)」、「外国会社等・その他(04)」以外の項目値で指定した場合に設定されます。	○	
400	070	応答形式が指定されていません。	応答形式が指定されていない場合に設定されます。	○	○
400	071	応答形式は半角数字で指定してください。	応答形式が半角数字で指定されていない場合に設定されます。	○	○
400	072	応答形式は2桁で指定してください。	応答形式が2桁で指定されていない場合に設定されます。	○	○
400	073	応答形式の項目値が正しくありません。	応答形式の項目値を「CSV/Shift-JIS(JIS第一及び第二水準)(01)」、「CSV/Unicode(JIS第一～第四水準)(02)」、「XML/Unicode(JIS第一～第四水準))(12)」以外の項目値で指定した場合に設定されます。	○	○
400	080	変更履歴要否は半角数字で指定してください。	変更履歴要否が半角数字で指定されていない場合に設定されます。		○
400	081	変更履歴要否は1桁で指定してください。	変更履歴要否が1桁で指定されていない場合に設定されます。		○
400	082	変更履歴要否の項目値が正しくありません。	変更履歴要否の項目値を「変更履歴なし(0)」、「変更履歴あり(1)」以外の項目値で指定した場合に設定されます。		○
400	090	分割番号は半角数字で指定してください。	分割番号が半角数字で指定されていない場合に設定されます。	○	
400	091	分割番号はZZZZ9以下で指定してください。	分割番号が分割数の範囲で指定されていない場合に設定されます。なお、分割番号及び分割数については、別紙4を参照してください。	○	
403	-	-	同一アプリケーションIDを用い、一定期間内に多数のアクセスをした結果アクセス制限された後に、当該IDを利用しアクセスした場合に設定されます。	○	○
404	-	-	指定されたアプリケーションIDが登録されていない又は無効の場合等に設定されます。	○	○
500	-	-	法人番号情報提供機能に障害等が発生した場合に設定されます。	○	○

※ 取得期間の指定可能最大日数については、確定次第、掲載する予定です。

個人番号カード
広報リーフレット

（表面）

総務省
Ministry of Internal Affairs and Communications
暮らしを便利に。
みんなの一枚、個人番号カード。
平成28年1月、交付開始。
2016.1
START
とっても
便利！
交付手数料は
無料！
平成27年10月から、
みなさまの住民票の住所に、マイナンバーの通知をお届けします。
また、個人番号カードは、申請により、平成28年1月から無料で交付されます。
通知を確実にお受け取りいただくため、
今のお住まいと、住民票の住所が異なる方は、
お住まいの市町村に、住民票の異動をお願いします。
■ マイナンバー制度のお問合せは
コールセンター（全国共通ナビダイヤル）
0570-20-0178《マイナンバー》
【受付時間】平日 9:30~17:30（土日祝日・年末年始を除く）※ナビダイヤルは通話料がかかります。
WEBで
マイナンバー
検索

（裏 面）

こんなに便利な個人番号カード。

1 個人番号を証明する書類として

マイナンバーの提示が必要な様々な場面で、マイナンバーを証明する書類として利用できます。

2 本人確認の際の身分証明書として

マイナンバーの提示と本人確認が同時に必要な場面では、これ１枚で済む唯一のカードです。

3 様々なサービスがこれ１枚で※

市町村等が提供する様々なサービス毎に必要だった複数のカードが個人番号カードと一体化できます。

4 各種行政手続のオンライン申請に

平成29年１月から開始されるマイポータルへのログインをはじめ、各種の行政手続のオンライン申請に利用できます。

5 各種民間のオンライン取引に

オンラインバンキングをはじめ、各種の民間のオンライン取引に利用できるようになります。

6 コンビニなどで各種証明書を取得※

コンビニなどで住民票、印鑑登録証明書などの公的な証明書を取得できます。

※ 市町村によりサービスの内容が異なりますので、詳細はお住まいの市町村にお問合せください。

交付は無料！個人番号カードの申請方法

ステップ１

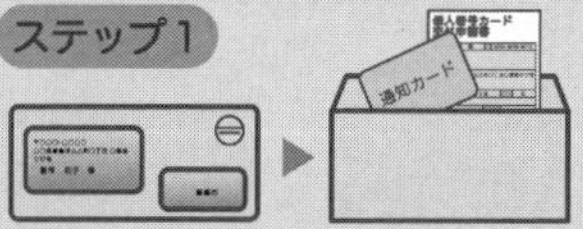

平成27年10月以降、住民票の住所に、マイナンバーの通知カードが、簡易書留で届きます。

ステップ２

同封されている個人番号カード交付申請書に、顔写真を貼り付け、返信用封筒に入れて、ポストに投函。

ステップ３

平成28年１月以降、個人番号カードの交付準備が整うと、はがきで交付通知書が送られてきますので、運転免許証などの本人確認書類、通知カードをあわせてお持ちになり、市町村窓口へお越しください。

ステップ４

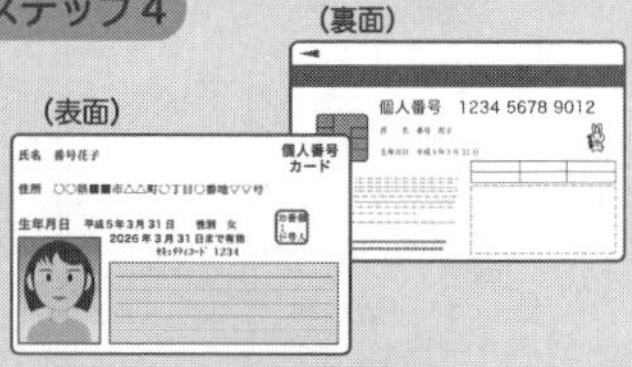

本人確認の上、暗証番号を設定していただき、個人番号カードが交付されます。

スマートフォン等を利用したWEB申請もできるよ！

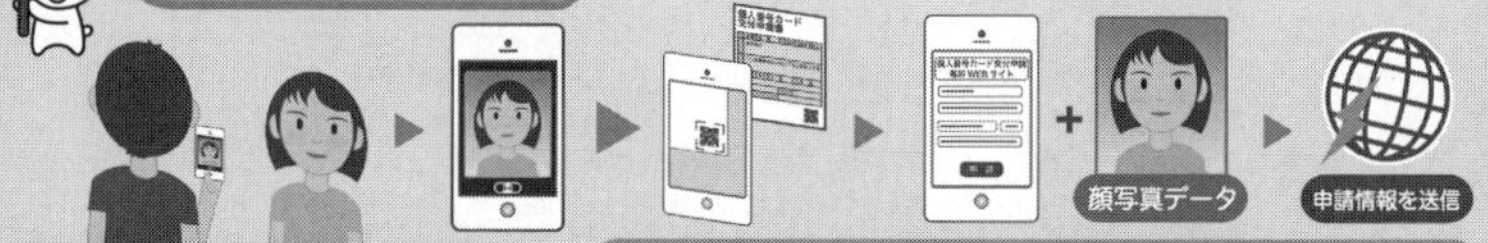

❶ スマートフォン等のカメラで顔写真を撮影。

❷ 交付申請書のQRコードから申請用WEBサイトにアクセス。必要事項を入力の上、顔写真のデータを添付し送信すれば、申請が完了します。あとは、ステップ３と同じ。

住民行政の窓号外

必携! マイナンバー制度最新データブック

定価：3,700円（税別）

平成27年4月10日　発行

編集協力　市町村自治研究会
編　　集　住民行政の窓編集部
発 行 者　尾　中　哲　夫

発行所　日本加除出版株式会社
本　　社　郵便番号 171－8516
東京都豊島区南長崎3丁目16番6号
TEL　(03)3953－5757（代表）
(03)3952－5759（編集）
FAX　(03)3953－6612
URL　http://www.kajo.co.jp/
営 業 部　郵便番号 171－8516
東京都豊島区南長崎3丁目16番6号
TEL　(03)3953－5642
FAX　(03)3953－2061

組版・印刷　㈱亨有堂印刷所　／　製本　㈱倉田印刷

落丁本・乱丁本は本社でお取替えいたします。
© 2015 Printed in Japan
ISBN978-4-8178-4221-3 C2032 ¥3700E
ISSN1340-6612

JCOPY 〈㈳出版者著作権管理機構　委託出版物〉

本誌を無断で複写複製（電子化を含む）することは，著作権法上の例外を除き，禁じられています。複写される場合は，そのつど事前に㈳出版者著作権管理機構（JCOPY）の許諾を得てください。
また本誌を代行業者等の第三者に依頼してスキャンやデジタル化することは，たとえ個人や家庭内での利用であっても一切認められておりません。

〈JCOPY〉　HP：http://www.jcopy.or.jp/，e-mail：info@jcopy.or.jp
電話：03-3513-6969，FAX：03-3513-6979

商品番号：40048	
略　　号：住逐	

全訂
住民基本台帳法逐条解説

市町村自治研究会 編著

2014年12月刊 A5判上製箱入 776頁 定価9,720円(本体9,000円) ISBN978-4-8178-4204-6

- ●住民基本台帳制度の適正かつ円滑な実務に必携の一冊。
- ●各条文につき趣旨、解釈、運用等の項目に分け、詳述しながら解説し、その条文に関連する重要な法令、実例（通知・判例）を参考として掲載。

商品番号：50002	
略　　号：26住基	

平成26年度
住民基本台帳六法
法令編　通知・実例編

市町村自治研究会 監修

2014年10月刊 A5判上製箱入2巻組 1,864頁 定価6,588円(本体6,100円) ISBN978-4-8178-4183-4

- ●本年度版より、「法令編」と「通知・実例編」に分冊。
- ●「住民基本台帳法」、「行政手続における特定の個人を識別するための番号の利用等に関する法律」の改正部分の未施行の改正内容については、該当条文の末尾に分かりやすく収録。

商品番号：40539	
略　　号：Q外住	

Q&A
外国人住民に係る住民基本台帳制度

市町村自治研究会 編著

2014年2月刊 A5判 176頁 定価1,944円(本体1,800円) ISBN978-4-8178-4138-4

- ●制度施行から現在に至るまでに蓄積された、全国の市町村役場からの疑問等を一冊に集約。
- ●スムーズな対応ができるよう、Q&Aを事項別に整理・分類。
- ●各設問では、実務的な視点に基づき丁寧に解説。

日本加除出版
〒171-8516 東京都豊島区南長崎３丁目16番６号
TEL（03）3953-5642　FAX（03）3953-2061（営業部）
http://www.kajo.co.jp/